普通高等教育"十一五"国家级规划教材

U0586920

信息管理学（第2版）

主 编 周 明

重庆大学出版社

内容提要

本书从宏观背景入手,分析了信息时代信息技术的发展趋势及主要国家的信息技术战略,通过概念基础部分的介绍,明晰了信息的基本特征,以及信息在进行科学决策和实施有效控制中的重要作用;围绕信息资源的全生命周期,介绍了"信息的收集与治理""信息的存储与检索""信息的加工与激活""信息的呈现与传播",明确了对信息资源实施有效管理的基本任务与基本方法;从信息与组织管理的关系、信息与组织的战略、信息与组织的决策、信息与组织的控制以及信息与组织的变革等方面的概念和方法的介绍,明确了信息如何应用于组织的管理;通过信息系统与组织管理层级的关系、信息系统在组织中的类别、信息系统的规划及开发方法的介绍,明确了在组织管理体系中存在的各类信息系统,以及如何有效地规划和开发信息系统。

本书可作为高等院校信息管理类、企业管理类和其他管理类专业的学生学习信息管理学的教材,也可作为相关行业从业人员的培训用书。

图书在版编目(CIP)数据

信息管理学 / 周明主编. --2 版.-- 重庆 : 重庆
大学出版社,2020.9
公共管理系列教材
ISBN 978-7-5689-2409-2

Ⅰ.①信… Ⅱ.①周… Ⅲ.①信息管理—高等学校—
教材 Ⅳ.①G203

中国版本图书馆 CIP 数据核字(2020)第 154815 号

信息管理学
(第 2 版)
主编 周 明
策划编辑:尚东亮

责任编辑:尚东亮 版式设计:尚东亮
责任校对:张红梅 责任印制:张 策

*

重庆大学出版社出版发行
出版人:饶帮华
社址:重庆市沙坪坝区大学城西路 21 号
邮编:401331
电话:(023) 88617190 88617185(中小学)
传真:(023) 88617186 88617166
网址:http://www.cqup.com.cn
邮箱:fxk@ cqup.com.cn(营销中心)
全国新华书店经销
重庆俊蒲印务有限公司印刷

*

开本:787mm×1092mm 1/16 印张:20.75 字数:494 千
2020 年 9 月第 2 版 2020 年 9 月第 2 次印刷
印数:3 001—6 000
ISBN 978-7-5689-2409-2 定价:49.00 元

前言

伴随新一轮信息技术的迅猛发展及其应用向广度和深度的拓展,信息技术现已成为当今社会最活跃和最先进的生产力,信息正在成为重要的财富源泉和产业发展的引擎。一个崭新的现实是:传统的管理模式、个人的经验和洞察力已然不足以应对迅速变化的世界。我们需要新的分析能力来作出更好的决策,而且随着时间的推移,这些经验甚至会影响我们的本能、直觉或者反应,依托数据的分析正在成为我们思考的核心,是我们能够真正变得更加智慧的唯一途径。现代组织为了应对前所未有的发展机遇与竞争压力,极度需要大批掌握信息技术,运用信息方法,在深度分析信息的基础上,发现问题、洞察机遇、科学决策、实施控制、预见风险的信息管理专门人才。

信息管理,有着各种各样的定义,编者认为:所谓信息管理,是以信息方法为指导,以现代信息技术为手段,对人类社会信息活动的相关因素(包括人、信息、技术和机构等)进行科学的规划、组织和控制,以合理开发与充分利用信息资源,并实现信息所服务的有目的活动的整个过程。

这一定义反映出信息管理的两个层面的含义:

①对信息资源的管理,即对信息本体的管理,是以信息为管理对象,围绕其生命周期,进行信息的收集与组织、存储与检索、分析与预测、提供与服务并实现其价值最大化的管理过程。

②基于信息的管理,即以信息方法为视角,以信息技术为手段,以信息活动所抽象和代表的人类有目的、有组织的管理活动为对象,通过对信息的深度分析,发现问题、寻找机会、洞察风险,并提供解决方案,实施智能管理的过程。

基于以上定义,编者重点从两个视角对信息管理学这一门课程进行了课程体系的重构。

①以信息的生命周期为线索,介绍信息的收集与组织方法、信息的存储与检索方法、信息的加工与激活方法、信息共享与传播方法、信息分析与预测方法、信息的呈现与应用方法。

②以依托信息实现组织的智能管理为线索,介绍信息与组织的战略、信息与组织的变革、信息与组织的业务优化、信息与组织的科学决策、信息与组织的有效控制、信息与组织的智能化。

本教材在内容上形成了较为清晰的逻辑。第一,从宏观背景入手,通过分析信息时代信息技术的发展趋势及主要国家的信息技术战略,明确了信息已经成为新的财富基础和产业发展引擎,成为催生新兴学科的桥梁和纽带;第二,通过概念基础部分的介绍,明晰了信息的基本特征,以及信息在进行科学决策和实施有效控制中的重要作用;第三,围绕信息资源的全生命周期,介绍了"信息的收集与治理""信息的存储与检索""信息的加工与激活""信息的呈现与传播",明确了对信息资源实施有效管理的基本任务与基本方法;第四,通过信息与组织管理的关系、信息与组织的战略、信息与组织的决策、信息与组织的控制以及信息与组织的变革等方面的概念和方法的介绍,明确了信息如何应用于组织的管理;第五,通过信息系统与组织管理层级的关系、信息系统在组织中的类别、信息系统的规划及开发方法的介绍,明确了在组织管理体系中存在的各类信息系统,以及如何有效地规划和开发信息系统。

通过本教材的学习,读者可以初步具备在新一轮信息革命的时代背景下,形成以信息方法为视角,以信息技术为手段,以各自专业领域的问题为对象,以对信息的深度分析为基础,运用信息分析和解决问题的能力与素养。

在本教材的编写过程中,编者参考并引用了大量的国内外信息管理领域有关的研究成果,在此,对于所涉及的专家、学者表示衷心的感谢。本教材的编写得到了重庆大学"本科优质课程建设项目"的立项支持,重庆大学出版社为本教材的出版付出了大量的辛勤劳动。对此,一并表示特别致谢。

编　者
2020 年 4 月

目录

第1编 时代背景

第2编 信息管理的概念基础

第3编 信息资源的管理

第 4 编　基于信息的管理

第1编
时代背景

第1章　信息时代及其发展趋势

1.1　信息化与信息时代

　　自人类社会开始有了有组织的活动以来，人们便开始了对信息的表达、存储、加工、传播和利用的研究。然而真正的信息革命浪潮，则是由以计算机为核心的现代信息技术所驱动和引领。20世纪下半叶，信息技术和网络技术在世界范围内的迅猛发展，正在深刻地改变着人们的生存方式和生产方式。信息时代科学技术的发展既为人们带来了巨大的物质财富，又为人类带来了新的生存与发展机遇。

　　回顾历史的发展，每一次新的技术革命都引领着新一轮的产业革命，都使人类的生产方式发生巨大变化，生产力水平得到大幅提高，经济活动的范围、规模空前扩大，人们的社会生活方式发生根本性的改变。以蒸汽动力应用为标志的第一次工业革命，为世界开启了机械化生产之路；以电力的应用为标志的第二次工业革命，催生了流水生产线与大规模标准化生产；以电子信息技术与互联网的应用为标志的第三次工业革命，促使制造业实现了自动化控制；而以智能技术、大数据分析技术和物联网技术的信息化应用为标志的第四次工业革命，正在把人类社会带入个性化、网络化、智能化的全新时代，将会极大地改变人们的知识技术创新方式，为人类带来全方位的智能生活。

　　最早预见信息时代的到来，要追溯到20世纪80年代初期。针对以计算机为核心的信息技术的迅猛发展，给全球带来的革命性变化以及由此引发的社会性的大变革，兴起了一股"未来学"热潮。以美国思想家、未来学家阿尔文·托夫勒(Alvin Toffler)、埃森哲评选的全球50位管理大师之一的约翰·奈斯比特(John Naisbitt)、法国政治家兼记者让·雅克·塞尔旺-施赖贝尔(J.J. Servan-Schreiber)为代表的一批未来学家，纷纷撰文预测即将到来的新的社会，探讨它所带来的革命性变化及其所具有的基本特征。虽然其观点各一，但无一例外地给予了这个崭新的社会以同样的称谓——"信息社会"。他们认为："我们正在从指数曲线式消耗自然资源的工业社会，过渡到指数曲线式创造物质财富，并能使人类才智得到充分发展的信息社会"；"我们已经进入了一个以创造和分配信息为基础的社会,在工业社会,战略资源是资本。而在信息社会,战略资源是信息"。而在这样的社会里,"以'知识储备'为财富工具的社会将占领战略的制高点、'知产阶级'将成为新社会的主流人群","信息加工系统将深深地进入社会的各种结构之中,并以无数的方式与社会结构相互作用。一个比黄金、货币、土地更灵活的无形的财富和权力基础正在形成,这个新的基础以思想、技术和通信占优势为标志,也就是以信息为标志"。

随着时间的推移,在今天,我们正在全面步入信息时代,当年学者们的预测正在逐一变成现实,而且还在不断地深化、拓展和延续,信息技术还在持续不断地发展、裂变。移动智能通信、云计算、物联网、大数据、人工智能、区块链等新兴的信息技术正在将信息化的进程推向一波又一波新的高潮。信息化早已超出了它的技术、物理范畴,正在演进为一场全方位的社会变革,并以前所未有的速度、广度和深度,渗透并冲击着现代社会的每个角落,不仅带来了人们交流方式和生活方式的重大变化,也深刻影响并改变着一个国家的政治、经济、社会、文化、军事等领域。

1.2　信息科技的发展趋势

在可以预见到的未来,也就是从现在起到 21 世纪中叶,信息技术及其应用将会继续以惊人的速度向深度和广度发展,其影响力和渗透力将进一步扩大。分析未来信息技术的发展和应用前景,我们认为信息科学与技术的发展和应用将具有以下的基本趋势。

1.2.1　摩尔定律将持续有效

1965 年 4 月,时任美国仙童半导体公司研究开发实验室主任的戈登·摩尔(Gordon E. Moore)应邀为《电子学》(*Electronics Magazine*)杂志创刊 35 周年专刊写了一篇观察评论报告《让集成电路填满更多的组件》,在文中摩尔预言"半导体芯片上集成的晶体管和电阻的集成度每 3 年增加 4 倍,而芯片的特征尺寸每 3 年缩小 $\sqrt{2}$ 倍"。这即是所谓的摩尔定律(Moore's Law)。与摩尔定律相关的另外一个预见是"等比例缩小规律",其由IBM 的工程师罗伯特·登纳德(Robert Dennard)提出,该规律阐明"在 MOS 内部电场不变的情况下,随着其结构尺寸的缩小,其工作速度将会增加,功耗会降低,而且可以等比例地降低成本",此即著名的"Dennard Scaling"。

一个对未来事物发展的预判被社会现实不断地证实,这个预判即可称为定律。在以集成电路为核心的信息技术的发展过程中,这两个规律所阐述的基本趋势一直延续至今,而且不断地被现实所证明,得到了"摩尔定律"的称谓。

在摩尔定律发挥效用的 50 多年里,计算机从神秘不可接近的庞然大物,变成了人们工作和生活都不可或缺的常用工具,信息技术由高端的实验室进入无数个普通家庭,因特网将全世界联系起来,多媒体视听设备丰富着每个人的生活。

在摩尔定律的持续作用下,以计算机为核心的信息技术正向着 4 个方向持续发展。

1）功能更强

2017年，我国在每年一度的计算机性能大赛上又一次拔得头筹，代表我国参赛的"神威·太湖之光"计算机的测试性能为93.015PFlops。而美国橡树岭国家实验室与劳伦斯利福摩尔国家实验室秘密打造的Summit，Sierra两台超级计算机的速度已经达到14.86和9.464 PFlops的水平。

我国在2016年启动了新一代"E级（1 000PFIops）"超级计算机的研制。这种新一代超级计算机的强大计算功能将为航天、新型材料、气候气象、环境保护等多领域的关键应用提供强有力支撑，在生命科学、材料科学、大气科学、海洋科学、地球物理、宇宙探测、经济学、社会学以及大型基因组组装、基因测序、污染治理等一系列事关国计民生的大科学、大工程中"大显身手"。

2）体积更小

计算机的体积已经从最初的ENIAC占地170 m²缩小到了微纳米级。其典型的应用便是微机电系统（Micro Electromechanical System，MEMS）。MEMS是微电路和微机械按功能要求在芯片上的集成，芯片尺寸通常在毫米、微米，甚至纳米级，其特点是体积小、重量轻、微型化、能耗低、智能化、多功能、高集成度。比如，2018年IBM的一款"世界上最小的计算机"，它比密歇根大学2015年推出的"密歇根微尘"还要小，这种微型计算机是一种边缘设备构架和计算平台，造价不足10美分，在边长1毫米的矩形材料体中集成了约100万个晶体管，可用来完成数据的监测、分析、传递甚至执行，其装有光伏电池用于持续供电。2010年5月，美国哥伦比亚大学的科学家成功研制出一种由脱氧核糖核酸（DNA）分子构成的纳米蜘蛛机器人，它们能够跟随DNA的运行轨迹行走、移动、转向以及停止，并且它们能够自由地在二维物体的表面行走。这一进展的强大之处在于：一旦被编程，纳米蜘蛛机器人就能够自动完成指定的任务，而不需要人为地介入。比如，纳米机器人可以用于医疗事业，无害地介入人体，帮助人类有效识别并杀死癌细胞，以达到治疗癌症的目的，还可以帮助人们完成外科手术，清理动脉血管里的垃圾等。

计算机体积向微纳米级的方向发展，已经可以进入我们期望它进入的任何空间，因此广泛应用于航空航天、信息通信、生物化学、疾病控制、自动控制、消费电子以及兵器等应用领域。

3）价格更低

由于高纯硅材料及其工艺的独特性，集成度越是提高，晶体管的价格越是便宜，这样也就引出了摩尔定律的经济学效益，同样的性能其价格每个周期降低2~3倍。在20世纪60年代初，一个晶体管要10美元左右，但随着晶体管体积越来越小，直到小到一根头发丝上可以放1 000个晶体管时，每个晶体管的价格只有千分之一美分。根据有关统计，按运算10万次乘法的价格算，IBM704计算机为1美元，IBM709降到20美分，而60年代中期IBM耗资50亿美元研制的IBM360系统计算机现在已变为仅仅价值3.5美分。

4）万维互联，即计算机的网络化

计算机网络一问世便得到了迅猛发展。自1969年Internet的前身——美国的ARPA

网投入运行,在短短几十年的时间里,随着互联网技术的不断成熟和发展,加上计算机网络所固有的外部性特征,互联网用户和互联网资源呈"滚雪球"的态势迅速增长。图 1-1、图 1-2 是中国互联网络信息中心所发布的第 44 次《中国互联网络发展状况统计报告》所披露的 2019 年我国网络普及、增长情况,截至 2020 年 3 月,我国网民规模已经达到 9.03 亿,互联网普及率则达到了 64.5%。

图 1-1　中国网络普及率情况

来源:CNNIC 中国互联网络发展状况统计调查

与之相呼应网络资源也相应快速增长,根据百度公司的统计,截至 2019 年年底,我国的网页数已经达到 2 978 亿个。

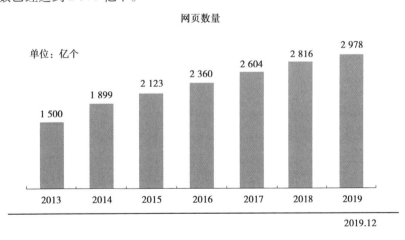

图 1-2　中国网络应用增长态势

来源:百度在线网络技术(北京)有限公司

互联网+营销连接消费者和供应商便形成了电子商务;互联网+教育连接学习者和教育资源便形成了 E-Learning 和 U-Learning;互联网+政务连接公众和政府便形成了电子政务、电子社区;互联网+资源连接需求者与供应者便形成了共享经济;区块链技术与实体经济联合驱动着互联网由信息互联网向价值互联网的转变……正在形成"万维互联"的格局。

但是,与任何事物的增长都必然会有发展的极限一样,计算机芯片集成度的不断提高,已经逼近其物理和技术的极限。因此,有不少学者认为摩尔定律将会失去效用。比如,早在 1995 年在芝加哥举行的信息技术国际研讨会上,美国科学家和工程师杰克·基尔比就表示"5 纳米处理器的出现或将终结摩尔法则";2012 年,日裔美籍理论物理学家加来道雄则预言:"在 10 年左右的时间内,我们将看到摩尔法则崩溃"。

为了应对这一迟早将会到来的情况,各国科技界未雨绸缪,竞相开始了新一代计算机的前瞻性研究,除了研制基于新材料(如石墨烯、纳米管等)、新功能器件形成超越硅基CMOS 和系统芯片,使得摩尔定律得以延续和扩展外,纳米计算机、量子计算机、分子计算机、光子计算机等方面的研发已经蓬勃展开,寻求获得颠覆性的技术突破。

在纳米计算机方面,2012 年 10 月 28 日,美国 IBM 研究所的科学家宣称,最新研制的碳纳米管芯片符合了"摩尔定律"周期。应用纳米技术研制的计算机内存芯片,其体积只有数百个原子大小,相当于人的头发丝直径的千分之一。而其运算速度将是硅基芯片计算机的 1.5 万倍,而且纳米计算机几乎不需要耗费任何能源。

在量子计算机(Quantum Computer)方面,为加速进入量子计算机阵营,各国政府纷纷加大投入。欧盟在 2016 年宣布投入 10 亿欧元支持量子计算研究,美国仅政府的投资即达每年 3.5 亿美元。中国也在大力投入,目前正在筹建量子信息国家实验室,一期总投资约 70 亿元。在 2017 年,我国量子科学家潘建伟教授领衔的科技团队在已经实现的全球首次十光子纠缠操纵的基础上,利用高品质的量子点单光子源,构建了世界上首台超越早期经典计算机的单光子量子计算机。通过和经典算法相互比较,该计算机比人类历史上第一台电子管计算机(ENIAC)和第一台晶体管计算机(TRADIC)的运行速度快 10~100 倍。标志着我国在量子计算机的研究方面站在了世界前列。

在分子计算机方面。分子计算机指利用分子计算的能力进行信息处理的计算机。分子计算机的运行靠的是分子晶体可以吸收以电荷形式存在的信息,并以更有效的方式进行组织排列。分子计算机就是尝试利用分子计算的能力进行信息的处理。

分子计算机的体积小、容量大,1 立方厘米空间的 DNA 即可存储 100 万片 CD 的容量;分子计算机速度快、能耗低,其计算速度可以达到每秒数十亿次,而能耗仅为普通计算机的十亿分之一。

此外,由于蛋白质分子能够自我组合,使得分子计算机具有生物体的一些特征,能够发挥生物体自身的调节机能,自动修复故障等。

分子计算机的研究已经取得了可喜的进展。2000 年美国威斯康星麦迪逊大学的研发团队成功地将 DNA 固定到一块镀金的玻璃载片上,形成了 DNA 芯片;2001 年,以色列科学家研制成功世界上第一台 DNA 计算机,其输入、输出和软硬件全部由在活性有机体中存储和编码的 DNA 分子组成;2002 年,日本的 Olympus 公司宣布,该公司与东京大学联合研制成功了世界上第一台商用 DNA 计算机。

在光子计算机方面。光子计算机是一种由光信号进行数字运算、逻辑操作、信息存贮和处理的新型计算机。它由激光器、光学反射镜、透镜、滤波器等光学元件和设备构成,靠激光束进入反射镜和透镜组成的阵列进行信息处理,以光子代替电子,光运算代替电运算。光的并行、高速,天然地决定了光子计算机的并行处理能力很强,具有超高运算速度。光子计算机还具有与人脑相似的容错性,系统中某一元件损坏或出错时,并不影响最终的计算结果。光子在光介质中传输所造成的信息畸变与失真度极小,光在传输、转换时能量消耗和散发热量极低,对环境条件的要求比电子计算机低得多。

在光子计算机的研究方面,已经取得了一些突破性的进展,来自美国杜克大学的计算机电子工程师团队已经研发出了能够实现超快速开关的 LED 灯管,具有每秒开关 900 亿次的性能,是构成光子计算机的硬件基础。

以上的努力以及所形成的阶段性成果,不仅意味着摩尔定律将会继续延寿,而且表明计算设备体积越来越小,价格越来越便宜,性能越来越强大的发展趋势将不会改变。而摩尔定律效用的持续作用,将导致信息技术应用的全民普及、全领域普及、全应用普及,这是信息技术在未来发展的基础性的趋势。

1.2.2 信息世界将向人机物三元世界转型

以物联网为基础,通过数字物理系统(Cyber Physical System,CPS)实现多网重叠与融合,将单一的人机互联的信息空间拓展到包含人类社会(人)、信息空间(机)、物理世界(物)的三元世界,这将是未来信息技术发展的又一大趋势。

物联网这个概念,中国在 1999 年就提出来了。当时称其为传感网,其定义是:通过无线射频识别(RFID)、红外感应器、全球定位系统、激光扫描器等信息传感设备,按约定的协议,把任何物品与互联网相连接,进行信息交换和通信,以实现智能化识别、定位、跟踪、监控和管理的一种网络概念。

"物联网概念"是在"互联网概念"的基础上,将其用户端延伸和扩展到任何物品与物品之间的互联互通,进行人、机、物三元信息的交换和通信的全新网络。

通过物联网将无处不在(Ubiquitous)的末端设备(Devices)和设施(Facilities),包括具备"内在智能"的传感器、移动终端、工业系统、楼宇控制系统、家庭智能设施、视频监控系统等和"外在使能"(Enabled)的,如贴上 RFID 的各种资产(Assets)、携带移动终端的个人与车辆等"智能化物件或动物"或"智能尘埃"(Mote),通过各种无线和/或有线的、长距离和/或短距离的通信网络,实现互联互通(M2M)、应用大集成(Grand Integration),以及基于云计算的 SaaS 营运等模式。

在内网(Intranet)、专网(Extranet)和/或互联网(Internet)互联互通的环境下,采用适当的信息安全保障机制,提供安全可控乃至个性化的实时在线监测、定位追溯、报警联动、调度指挥、预案管理、远程控制、安全防范、远程维保、在线升级、统计报表、决策支持、领导桌面(集中展示的 Cockpit Dashboard)等管理和服务功能,从而实现对"万物"的"高效、节能、安全、环保"的"营(营运)、管(管理)、控(控制)"一体化的互联网络。

借助物联网、移动互联网、云计算、大数据计算、人工智能等新一代信息技术,使人与人之间、物与物之间、物与人之间实现互联,将人工智能融入万物,实现无缝对接和协同计算,形成人类社会、虚拟空间、自然空间、机器物理空间联通互动、数字双生、虚实交融的景象,最终形成以人为中心的人、机、物三元融合的全新社会形态。在这个新的社会形态中,人的自由而全面的发展有可能真正实现,每个人将成为一个中心信息节点,围绕个人兴趣和需求,组织、利用信息资源进行生产、生活和创造,在终身教育、创新创业、社交休闲、购物娱乐、健康保健等方面享受更精准、更舒适、更高质量的服务。而数字经济、智慧国家、智慧城市、超智能社会都是人类社会向人、机、物三元融合社会迈进这一历史进程的阶段性表现。

1.2.3 信息成为新的财富基础和产业引擎

从宏观方面看,信息时代的若干发展趋势已经成为不可逆转的历史潮流,而改变着当今世界的面貌和格局。

首先,与发展中国家的工业化过程并行,发达国家正出现以信息技术为主的后工业化扩散周期,在全球形成两个周期并行、交叉、重合的局面,由此对社会的产业结构、生产活动方式、全球经济结局、组织结构、管理决策等诸方面产生了深刻而久远的历史性变化。

其次,国际性产业结构调整成为全球性趋势,促进了新的经济秩序的出现和世界经济发展中心的转移。在一个历史时期内,世界经济所出现的以互相依赖、分工合作、协同发展(当然隐含着更加激烈的竞争)为主要内容的国际经济新秩序,以及由此建立而发生的经济发展中心东移的总体趋势,应当看作是信息时代经济和社会发展的一个动力因素。

最后,由于信息和信息技术的巨大作用,政治、经济、文化等各方面的全球化已经成为不可回避的现实和趋势。市场和生产中心的全球化;传播和电讯网的全球化,即信息技术的全球化;资产的全球化;企业组织全球化以及商业竞争的全球化等必将引起国家之间、企业之间经济关系和政治格局的变化。

信息正在成为重要的财富源泉,其经济规模将持续扩大。根据《中国数字经济发展与就业白皮书(2019 年)》,2018 年中国数字经济规模达到 31.3 万亿元,按可比口径计算,同比名义增长 20.9%,高于同期 GDP 的增速约 11.2 个百分点;占 GDP 比重达到34.8%。其中,数字产业化规模达到 6.4 万亿元,占 GDP 比重为 7.1%;产业数字化规模超过 24.9 万亿元,同比名义增长 23.1%,占 GDP 的比重由 2005 年的 7% 提升至 2018 年的27.6%。数字经济蓬勃发展,推动传统产业改造提升,为经济发展增添新动能,2018 年数字经济发展对 GDP 增长的贡献率达到 67.9%,贡献率同比提升 12.9 个百分点,超越部分发达国家水平,成为带动我国国民经济发展的核心关键力量。据有关方面预测,到 2030年,我国数字经济的规模将超过 100 万亿元,占 GDP 的比重将超过 50%。

信息对经济增长的引擎作用更加凸显。研究表明,数字化程度每提高 10%,人均GDP 增长 0.5%~0.62%。从全球来看,数字经济领跑经济发展已经成为全球各发达经济体的趋势,2016 年美国数字经济增速高达 6.8%,而其同期 GDP 增速仅为 1.6%;日本数字经济增速为 5.5%,而其同期 GDP 增速为 0.9%。中国数字经济增速高达 16.6%。数字经济在经济增长中的引擎作用将进一步凸显,数字经济将成为带动经济增长的核心动力。

数字经济将更好地提升经济发展质量。一方面,数字经济将继续引领传统产业转型升级,促进实体经济高质高效发展。网络覆盖范围的扩大,骨干网络的优化升级,将为产业链和价值链上相互链接的各环节之间的顺畅互联提供更为有力的保障,将会有越来越多的制造企业、互联网企业、软件和信息服务企业开展跨界合作,提升产业的发展效率和质量,形成产业数字化和数字产业化相互促进的格局。互联网技术将改造传统农业的生产和流通环节,无人机、机器人等农业智能设备的应用将持续提升农业产业化生产的效率和品质。另一方面,数字经济将继续推动创新经济的发展,新业态、新模式将不断涌现。移动支付、共享经济等新型互联网业务蓬勃发展,数字经济将催生更多的新业态、新平台,创造更多新兴的高质量就业机会。数据表明,2018 年,中国数字经济领域就业岗位达到 1.91 亿个,占全年总就业人数的 24.6%,同比增长 11.5%,显著高于同期全国总就业规模的增速。其中,第三产业劳动力数字化转型成为吸纳就业的主力军,第二产业劳动力数字化转型吸纳就业的潜力巨大。数字经济领域已经成为我国重要的就业渠道。

数字经济将给人们生活带来更多获得感。共享单车、网上外卖的火爆改变了人们的出行方式和就餐模式,"人脸识别"的无人零售打造了消费新场景,智能家居、无人驾驶带来了"住行"的新体验。如今,数字化浪潮正在重新定义消费场景,新的商业模式和服务模式的不断涌现,必将为人们提供更加精准和智能化的服务和个性化体验。

随着新兴信息技术的产生和应用,信息化正在全方位地改变经济增长的模式、促进生产方式的转变和人们生活方式的转变。中国工程院院士邬贺铨认为,"随着信息技术与各行各业结合得更加紧密,未来工业的生产方式,也将发生显著的改变"。信息化引导的数字经济正在重构全球经济版图,数字经济将成为全球主要大国和地区重塑竞争力的关键。

1.2.4 信息技术成为发展新兴科学的纽带

信息技术的深入发展和广泛应用,为不同学科领域之间相互渗透、交叉发展提供了可能性,以计算机+X 或者 X~info 形式出现的新兴交叉学科层出不穷,如计算物理学、计算化学、计算生物学、生物信息学、空间信息学、纳米信息学等。信息科学技术成为穿插在众多科学中的纽带和桥梁,正如图灵奖得主 Richard Karp 所指出的:"算法的世界观正在改变科学,计算机科学已经处在科学论述和思想交流的中心"。依托信息技术为纽带发展新兴科学技术最为重要的有三个领域:生物计算学、社会计算学、智能认知科学。

在生命科学领域,酿酒酵母(Saccharomyces cerevisiae)的完整基因组测序的完成、秀丽线虫(Caenorhabditis elegants)作为多细胞动物最重要的模式生物测序的完成、人类基因组工作草图发布等生物学中的重大进展,不但促进了生物学的发展,也为信息科学提出了重大的研究课题。生物体的复杂性不但表现在 DNA、蛋白质等信息结构复杂性上,还表现在这些信息运动过程及运动规律上。随着生命科学相关数据的不断积累,对生命生长、发展这一复杂过程的理解也会进入到更深、更本质的层次,为生命系统构建模型并进行计算模拟、实现大规模基因组测序中的拼接、组装以及基因标注等信息分析功能,开展遗传密码起源和生物进化研究,深刻认识生命过程的本质特性和基本规律,实现活生物体系统的整体模拟,正常与疾病状态的有效预测和解释等。成为以信息技术向生命科学领域发展,构建生物计算学的重要使命和任务。

在智能与认知科学领域,探索智力的本质,了解人类大脑及其认知功能,发展人工智能是当代最具挑战性的科学命题之一。深入研究人的认知过程和认知机理,将脑科学、认知科学与人工智能密切结合,在揭示人类智力本质的同时,研制具有推理、感知、学习能力的更高智能的计算机和信息处理系统,探索智能科学的新概念、新理论和新方法,是依托信息技术发展交叉科学的又一重大课题。

在社会科学领域,长期以来由于缺乏有效的研究实验手段,使得社会科学的研究成果存在不具有"先验性"这一重大缺陷。以认知科学、智能科学和复杂性科学为基础,开展社会计算研究与应用,构建社会计算学,解决社会科学研究长期不能逾越的短板,已经成为确保国家安全、建设和谐社会和落实新时期发展理念的重大任务。社会计算学研究的总体目标是,形成一套完善的以信息与知识为基础的新型计算理论和分析方法,对复杂的社会问题进行研究并开展虚拟实验的有效手段,解决重大社会问题的科学分析和有效的决策支持,实现其在解决社会问题中的具有普遍意义的应用。

在以上四大趋势的共同作用下,已经持续了半个世纪的信息技术革命依然方兴未艾,"信息技术革命正在改变国家之间财富和实力的对比。"虽然人们对信息革命可能带来的后果评论不一,但可以断言:谁要是低估了信息革命和信息产业对社会经济生活带来的深刻影响,谁就将会丧失时代机遇。

为确保跨世纪的竞争优势,各个发达国家纷纷制定国家层面的信息化战略,力图抢占信息技术现代化的制高点,引领经济的持续健康发展。在今天,信息产业和信息资本与国家的兴衰、企业的存亡紧密相联。在特定意义上说,信息就是生命,信息就是资本,拥有最新的有效信息,就能够拥有竞争和发展的优势。

第2章　主要国家的信息化战略

2.1　美国:从 NII 到 NITRD

纵观美国的经济发展史,自 1854 年至今,已经经历了 30 多个经济周期,每个经济周期平均约为 53 个月,其中扩张期约为 35 个月,收缩期约为 18 个月。但在 20 世纪 90 年代,自美国经济从 1994 年 3 月走出经济衰退以来,到 2000 年的 12 月曾经保持了长达 120 个月的持续增长势头。

在传统的经济学理论中,宏观经济的管控有四大基本目标,即物价稳定、充分就业、经济增长和国际收支平衡。但是,这四大目标很难同时实现,几乎所有的经济学经典模式都假定,经济增长将导致工资的提高,工资提高会引起物价的上涨和通货膨胀率的上升,而通货膨胀又导致失业率增加,进而导致经济衰退。

而这一轮美国经济持续增长引人注目的特点,不仅是其超长的扩张期,还在于它与低通胀、低财政赤字、低失业率并存。这显然超出了传统经济学理论的解释,因此被国际上一些经济学家称为美国的"新经济"现象。

对美国新经济现象产生的原因说法不一,争论也很大,但基本达成共识的有如下几点:信息化、经济的全球化及美国宏观经济政策变革等。其中,以信息化为先导的美国经济结构大调整是美国"新经济"产生的第一要素。

面对 1973 年的世界性石油危机所导致的全球性经济危机,美国政府以占领 21 世纪世界经济技术发展制高点为战略,强化了对信息化等高科技领域的政府干预。

作为总统候选人时,克林顿就提出了"技术:经济增长的火车头"的竞选口号。在就任总统后,克林顿成立了由总统任主任的国家科技委员会,并在宣誓就任总统后的第一个星期,即发布了任职后的第一个白皮书:*The National Information Infrastructure：Agenda for Action*,即所谓的 NII 计划——也就是世人所称的"信息高速公路"计划。

正如时任美国副总统的戈尔所强调的:"建设信息高速公路是美国掌握未来世界竞争先机的枢纽"。NII 是美国政府发动并主导的一场信息革命,旨在通过该计划的引领,完成美国从工业时代向信息时代的过渡,将美国从经济缓慢复苏的困境中解脱出来,再次刺激美国经济的繁荣与发展,持续保持美国世界第一经济强国的地位。NII 的成功实施为美国迎来了"新经济"。

源于信息技术引领的新经济与传统经济相比有五个显著不同的特点和变化:第一,经济表现及周期不同。它以高增长、低通货膨胀、低失业率、低财政赤字的所谓"一高三低"并存及无周期或无明显周期为特征。第二,经济增长的原动力不同。它是以高科技、信息技术等为增长的原动力。第三,生产方式不同。它以集约型为主。第四,交换方式不同。它以电子商务为主要交换手段。第五,经济交往的主体不同。新经济趋向全球一体化。这些变化给美国带来了巨大的资本流入和投资机会,实现了信息技术、企业经营活动和政府经济决策的良性互动,确保了美国在国际经济体系中的领导者地位。

NITRD 是继 NII 之后美国联邦政府在信息技术领域的又一重大的跨部门战略计划(THE NETWORKING AND INFORMATION TECHNOLOGY RESEARCH AND DEVELOPMENT PROGRAM),该计划自 2003 年启动持续至今。

NITRD 的目标是:确保美国在计算、网络和信息技术领域的领先地位,以满足科学界、工业界、政府在 21 世纪的利益需求;加速先进和实验信息技术的开发,保持美国在科学、工程学、数学领域的世界领先,改善生活质量,促进经济的长期增长,促进终身教育,保护环境,开发信息技术,促进国家安全;提高生产率和企业的竞争力。

NITRD 的基本愿景是:依靠下一代的 IT 基础设施与能力建设,使得美国在经济创新、科学发现、国家安全、教育与生活质量等方面继续保持全球领先。

NITRD 的重点领域:持续推动美国在计算、信任和网络三个主要领域的能力构建。这些领域被认为是保持美国在未来信息社会的领导力的基石。这些领域中的重点任务是:①网络安全与信息保障(CSIA);②计算机人机交互与通信(CHuman);③计算机网络物理系统(CPS);④大规模数据管理与分析(LSDMA);⑤具有超算能力的计算机研发(EHCS);⑥超级计算基础设施及应用(HCIA);⑦机器人与智能系统(RIS);⑧大规模网络(LSN);⑨软件设计和生产力(SDP);⑩教育与劳动力(EdW)。

美国政府对 NITRD 计划的重视从对其投资的增速可见一斑。表 2-1 是美国联邦政府 2019 财年 NITRD 的财政预算。

表 2-1　美国 NITRD2019 年度预算

Agency	CHuma	CNPS	CSP	EdW	EHCS	HCIA	IRAS	LSDMA	LSN	SPSQ	Total
FY2017 Actuals	731.2	138.0	744.6	168.0	323.5	1 255.4	387.7	683.2	434.1	290.5	5 126.4
FY2018 Estimates	754.2	138.8	783.2	160.9	327.0	1 195.2	301.2	705.9	489.6	295.5	5 151.5
FY2019 Request	744.0	139.1	739.7	156.6	384.9	1 353.3	342.6	710.6	522.8	283.9	5 277.6

Agency NITRD Budgets by PCA, FYs 2017—2019 FY2017 Budget Actuals, FY2018 Budget Estimates and FY2019 Budget Request (Dollars in Millions).

从表 2-1 中可以知道,美国联邦政府为该计划 2019 年度的预算投资额高达 52.77 亿美元,较之于该项计划启动之年 2003 年的财政预算额度,其经费已经翻了整整一倍。

其中,HCIA(11.68 亿)、CSIA(7.43 亿)、CHuman(5.90 亿)和 LSDMA(5.12 亿)的预算均超过 5 亿美元。

HCIA 关注能支持或实现高能力计算研发的大规模、共享信息技术基础设施,其战略优先领域涉及领导级与生产级高能力计算系统(HCS),促进高能力计算应用,高能力计算基础设施,提高生产率,扩大影响等方面。其中,能源部将为其科学办公室提供大容量 HPC 系统,为开放科研社区提供大容量的领导级系统;国防部将通过计算研究工程采购工具与环境项目提供多物理应用开发,以服务于飞行器、地面车辆、船舶、射频天线等采购工程社区。NSF 将继续支持数据驱动型科学与工程计算、面向可持续创新的软件基础设施、科学软件创新研究所等项目,以及教育、培训与拓展活动。

CSIA 关注能对损害计算机与网络系统可用性、完整性和可信性的行动进行检测、阻止、抵御、响应及实现恢复的研发。针对网络安全与信息保障领域,要保持与 2016 联邦网络安全研发战略规划一致,确立威慑、保护、检测和适应的战略优先地位,其中,DARPA 开展了网络容错攻击恢复、高保障网络军用系统、面向网络安全的时空分析、审查 IT 软件和固件商品、快速攻击检测、隔离和表征系统、透明计算等一系列项目。针对隐私研发领域,要致力于开发能识别和减轻新兴隐私风险的知识与技术,例如,国土安全部推出了数据隐私研发项目,以解决移动计算、传感器平台、大数据及算法相关的隐私问题。

CHuman 关注计算与信息驱动型系统的研发,这些系统能增强个人与系统及与他人交互的能力,其战略优先领域为人类与计算交叉领域的系统和科学基础研究,通过协调促进社会计算与人机系统的发展,涉及网络—人类系统,智能与互联社区,国家机器人项目 2.0——无所不在的协作型机器人,人类表现的评估、反馈和支持,更高效培训系统的设计等项目。

LSDMA 重在开发能分析大规模、多样化、异构数据并从中提取知识的能力,其战略优先领域包括数据与数据分析、可视化工具的改进与大规模数据集的操控、劳动力发展、数据共享、隐私与恢复。其中,DARPA 推出了"大机制"与"深度文本挖掘"两个项目,致力于通过上千份的研究论文的机器阅读从数据中获取信息。NSF 启动 TRIPODS 项目来开展数据科学基础研究。在开发能实现数据互操作性和可用性的基础设施与工具方面,NIH 推出的"数据公地"与"大数据轮辐"项目,以及 NASA/NOAA/EPA 推出的遥感信息网关项目是典型。

为了应对大数据时代的来临,NITRD 委员会于 2016 年 5 月,发布了 *THE FEDERAL BIG DATA RESEARCH AND DEVELOPMENT STRATEGIC PLAN*(以下简称《大数据战略》),强调大数据与日俱增的发展潜力,为联邦大数据研发的发展和扩张提供指导。

该《大数据战略》围绕以下七个重点方面展开:①发展大数据的分析基础、方法和技术;②支持研发,考察数据可信度,进而做出更优化的选择,促进突破性科学发现的诞生;③建立、维护科研网络基础设施,使大数据创新成为可能;④建立鼓励数据分享和管理的相关政策,提高数据价值;⑤理解大数据收集、共享和使用过程中的隐私问题、安全问题和伦理问题;⑥加大"大数据"教育培训的规模,应对国家对分析型人才日益增长的需求,应对不断上升的劳动力承载力;⑦促进政府机关、大学、企业和 NGO(非政府组织)之间的合作,为大数据创新生态系统注入活力。

为了应对迅速成为热点的人工智能,美国政府于 2016 年 10 月又发布了 *THE NATIONAL ARTIFICIAL INTELLIGENCE RESEARCH AND DEVELOPMENT STRATEGIC PLAN* 战略计划。要求对人工智能领域的研究实施长期投资,开发有效的人工智能协作,理解并解决人工智能的伦理、法律和社会问题,确保人工智能系统的安全,为人工智能的培训和测试开发共享的公共数据集和环境,构建测试和评估人工智能技术的标准和基准,更好地了解国家人工智能研发队伍的需求,并形成国家层面的人工智能研究的远景规划。

在电子政务领域,美国也走在了全球的前列。1993 年,克林顿政府成立了"国家绩效评估委员会"(National Performance Review Committee,NPR),NPR 通过大量的调查研究后,发布了《创建经济高效的政府》和《运用信息技术改造政府》两份报告,揭开了美国电子政务建设的序幕。

1994 年,美国政府信息技术服务小组(Government Information Technology Services)提出了《政府信息技术服务的前景》报告,要求建立顾客导向型的电子政府,为民众获得政府服务提供更多的机会与途径。

到 1996 年,在电子政务计划的持续推动下,美国联邦政府精简了 2 000 多个办公室;减少了政府员工 24 万人;简化了 31 000 多页的各种规定;废止了 16 000 多页过时的行政规章;减少了联邦政府开支 1 180 亿美元;200 多个部、局确立了 3 000 多条新的服务标准。

在 1997 年,美国政府推出了"走进美国"计划,目标是到 21 世纪初,实现政府对公民的电子化服务。

2000 年,美国政府宣布实施电子政府工程并开通"第一政府"网站。目前,该网站已经基本上建成了网上政府服务目录体系,连接了 24 000 多个政府部门的门户网站,拥有 18 000 万网页,拥有超过 1 000 万次/每周的公众访问量,每年大约有 1 370 万公民使用政府网站提供的服务项目。

2011 年奥巴马政府启动了一个全新的在线工具"We the People"项目,让美国的普通公众能直接向白宫请愿,使政府能够直接听到他们的声音。"We the People"允许用户创建账户、登录、发起请愿并投票,当投票超过美国政府设置的"阈值",政府将会对其"Petition"发表官方回复。至此,美国的电子政务已经实现了任何公众,只需要点击 4 次鼠标即可获得满意的政务服务的目标。

在产业方面,以信息物理系统(CPS)为核心的新一轮工业革命给制造业带来了划时代的影响。为了应对这一影响,美国政府的政策重点是推动互联网与制造业的深度融合——推进云计算、大数据、互联网与制造业"硬件产品"的嫁接与整合,启动了一系列

"再工业化发展战略",奥巴马政府出台了《先进制造业伙伴计划》及《先进制造业国家战略计划》,旨在推行美国版"工业 4.0"战略——"工业互联网"。为抢占先进制造业的制高点,奥巴马政府投资 10 亿美元,在全国创建 15 个"国家制造业创新网络"(NNMI)。该网络被称为"美国造"计划。顾名思义,此乃美国未来工业的摇篮。

2017 年 1 月,NNMI 的第 14 个研究所——"先进机器人制造创新中心"宣告成立。该研究所设在匹兹堡的卡内基梅隆大学。白宫发言人曾就此表态:"'美国造'研究所计划是推进公私合作的有意义的实验,目标在于增强美国制造业的竞争力,推动建设强有力、可持续的国家制造研发基础设施"。研究所挂牌与特朗普入主白宫时间刚好巧合,有着特殊的寓意。特朗普总统在其就职讲话中疾呼"从匹兹堡出发",意图在传统制造业"坟场"的匹兹堡让美国实体经济重新崛起,走上"再工业化"的道路。

2.2　欧盟:从 ICT 到数字化欧洲议程

为了应对全球化的信息化浪潮,欧盟加大了信息化的工作力度,2010 年 3 月,欧盟委员会出台了《欧洲 2020 战略》,提出了三项重点任务,即实现智慧型增长、可持续增长和包容性增长。该战略指出,智慧型增长意味着要强化知识创造和创新,要充分利用信息技术。因此,信息技术是欧盟实现智慧型增长和可持续增长的关键动力。把"欧洲数字化议程"确立为欧盟促进经济增长的七大旗舰计划之一。

以"欧洲数字化议程"为中心,在一切可能的领域应用信息技术,以提高劳动生产率、节约资源和能源,实现绿色发展,从而达到应对危机、促进增长的目的。为此,欧盟采取了一系列措施。

第一,在"欧洲数字化议程"中提出构建数字化统一市场。这一计划有四部分,包括开发数字化内容市场、大力推动电子商务、建立和维护消费者对数字化统一市场的信任、构建电信服务统一市场等。为促进跨成员国的电子商务,欧盟已经在 2012 年初通过了《促进电子商务行动计划》。

第二,构建信息化领域的统一标准。2011 年 6 月,欧盟委员会通过《欧洲标准规则》提案,要求加大信息化标准工作的力度,建立和健全有关的法律、法规。同年 12 月,欧盟通过了关于建立欧洲各相关方信息技术标准平台的决定,要求欧盟各成员国、企业界、公共服务界、科研界等认真执行有关信息化标准的政策,推动信息化标准工作的开展。

第三,建立高速互联网。2011 年 10 月,欧盟委员会通过"连接欧洲通信"项目。这一项目总计投入 92 亿欧元,用于建设欧洲的高速、特高速的宽带网络,并改善和提升数字化服务,实现"欧洲 2020 战略"中提出的目标。这里的"高速"是指达到 30 Mbps 以上的网络实现 100% 全覆盖,而"特高速"是指达到 100 Mbps 以上的网络覆盖率超过 50%。

第四,加强信息技术领域的研发。欧盟委员会2011年11月30日公布了欧盟新的科技一揽子规划——"地平线2020"科技规划提案。这一为期7年、预计总耗资约800亿欧元的规划把信息技术列为该计划的重中之重,要求整合欧盟各成员国和社会各界资源,增加对信息技术研发的投入,其中各成员国政府的投入加倍,简化资助信息技术研发的手续等。

第五,加大信息技术的应用。利用信息化推动环保工作和"绿色经济"发展,例如欧盟委员会正在就智能电网进行调研,以利用信息技术节约电能。为加大信息技术在医疗保健领域的应用,提高医疗保健的水平和效率,欧盟从2012年开始实施"电子健康行动计划2012—2020"。欧盟还将大力推动信息技术在文化、政务、交通等领域的应用,发展数字图书馆、数字电影院、电子政务、智能交通等项目。

第六,加大信息安全工作力度。欧盟认为,自"欧洲数字化议程"2010年实施以来,欧盟在制定实施信息安全宏观政策、加强对网络数据和隐私的保护、加强对信息基础设施的安全保障、打击网络犯罪和加强有关宣传工作等有关信息安全工作的5个方面都取得积极进展。欧盟正在制定"欧洲互联网安全战略",正在调研、论证成立欧洲打击网络犯罪中心,并在2012年初修订了《数据保护指令》,2012年中期还讨论通过了有关加强电子隐私保护的具体措施。

第七,加大对信息化的宣传和教育的力度。欧盟把提高公众信息化素养、增加公众适应信息社会的能力作为一项重要工作。2012年,欧盟委员会研讨了如何建立信息化素养的指标体系,并要求在该年建成信息化在线教育平台,欧盟还通过开展欧洲"更安全的互联网日"活动,增加公众的网络安全意识。

为了保障欧盟"欧洲数字化议程"的有效实施,在完成科学技术发展第七框架(FP7,2009—2013)计划的基础上,欧盟于2013年发布了其新的一期科技计划:HORIZON 2020。其预算投入高达800亿欧元,较FP7增长46%,其中以ICT为核心内容的使能技术和工业技术项目(LEIT)投入超过130亿欧元,其研究重点在延续FP7基本任务的基础上,将原来FP7框架下的ICT内容作了大幅度的调整,形成了以下9个方面的内容:①新一代器件与系统;②先进计算;③未来网技术;④内容技术及信息管理;⑤智能机器人技术;⑥微/纳米系统的整合;⑦ICT技术整合;⑧ICT协同创新;⑨未来新兴技术。

此外,欧盟启动了名为《欧洲2011—2015电子政府管理行动计划:利用信息和通信技术促进智能、可持续和创新的政府管理》的计划,以推进欧盟政务信息化的进程。要求到2020年,实现超过50%以上的人口使用电子政务的目标。

为了达到以上目标,欧盟逐年加大了对ICT的投入,其投入强度从2004年占政府研发预算的比例的4%猛增到2014年的8%。

作为欧盟领头羊的德国,是欧盟国家中重视信息化建设、信息化程度较高的国家之一。为迎接信息社会的新挑战,确保大数据时代德国在欧洲的领先地位,2014年8月20日,德国联邦政府内阁通过了由德国联邦经济和能源部、内政部、交通与数字基础设施建设部联合推出的《2014—2017年数字议程》,提出在变革中推动"网络普及"

"网络安全""数字经济发展"三个重要进程,希望以此打造具有国际竞争力的"数字强国"。无论是早先的信息社会发展战略,还是现在的数字议程,德国始终在互联网基础设施建设、数据安全保护、挖掘数字化价值创造潜力,以及信息化在公共管理和国民经济各领域的运用等方面保持了高度关注,这些措施为德国迈入大数据时代提供了有力支撑。

要推动大数据快速发展,网络基础设施需要达到较高的水平。早在 20 世纪末,德国就开始大力进行互联网基础设施的建设,并取得了显著的成效。1999 年,在德国政府制定的《21 世纪信息社会的创新与工作机遇》行动纲领中,德国政府提出了行动纲领的三个目标,分别是发展传输速度更高的互联网基础设施、实施"全民享有互联网"项目以及帮助平时接触不到网络的弱势群体也能够上网。从这份有着统领性质的行动纲领可以看到,互联网基础设施建设被认为是德国迎接信息社会挑战的首要任务和基础性任务。

2009 年 2 月,德国公布了"宽带战略"的主要目标和举措,力图将德国宽带网扩充成高速、富有竞争力的网络。在 2010 年出台的《德国 ICT 战略:数字德国 2015》中,德国提出了扩大数字基础设施和网络以满足未来需要的要求。为进一步满足数字化需求、建设必不可少的数字化基础设施,在后续出台的《2014—2017 年数字议程》中,德国决定于2018 年前在全国普及高速宽带网络。

在政策的不断强化下,近年来,德国的互联网基础设施一直走在时代的前列。1998年,德国互联网使用者仅为 1 400 万人,只有 15% 的学校接入互联网;而到 2009 年,根据德国经济和技术部等机构发布的《数字德国监控报告》,德国家庭互联网接入普及率已经达到 79.1%,而家庭计算机普及率则为 84.1%,大众无线电话普及率为 130.9%。截至2012 年年底,德国在 100 个城市建设了第四代移动通信网络(4G),大大提高了居民上网的速度。

以数据开放促进科学决策与社会创新,对政府管理而言,大数据的价值在于提供尽可能多的详尽信息并对信息进行有效分析,促进决策科学化和管理精细化。德国凭借自身较高的信息化水平,通过大型基础数据库和地方数据库的建设,重视在政府管理中运用数据资源服务公众和服务决策。

早在 2000 年,德国就发布了《2005 年联邦政府在线计划》,要求联邦政府到 2005 年将所有可以在网上提供的服务在线提供给公众。2003 年 6 月,德国推出了整合电子政务的"德国在线"计划,加强基础数据库和地方数据库建设力度,整合与集成大量分散的信息资源,以公众需求为导向,为公众提供更便捷的数据服务。

数据库的建设和开放体现了德国一直以来所倡导的"让数据而不是让公民跑路"的导向,切实地为公众提供了便利;数据库的建设和开放也为各地政府的科学决策提供了基础性支持。在数据库的建设中,涉及人口资源、经济社会、地理环境等基础数据库资源的开发建设,主要由联邦和州一级政府负责,州一级的统计局兼具州政府全面信息服务商的角色。例如,德国西部的北莱茵-威斯特法伦州统计局建立了该州的"中央数据库",

专门向州政府提供人口分布、地理数据、矿藏信息等信息服务，并提供相应分析软件。通过应用软件对大量数据的分析，州政府的各部门能获得很多有价值的信息，从而促进决策的科学化。类似的大型数据库的建立，将分散在各个政府部门的大量数据整合起来，使德国的政府信息资源得到了很好的利用。

除了强调数据库在政府系统的运用，德国也重视各行各业之间的信息资源共享。例如，2013年1月，为了提高科研与教育中的数字信息支撑能力，德国科学组织联盟启动了第二期数字信息计划，该计划主要包括以专业的信息科学与信息技术方法实现科研数据的收集、存储和开放共享，确保用于科研目的的科研数据不受访问限制，实现数字出版物的永久保存等内容。可以看到，德国对数据资源的运用并不仅仅局限于数据本身的开放和提供，数据更是促进政府更有效运转和社会更多发挥创造能力的强有力的支撑，以数据开放来支持和促进社会创新，能够更好地发挥数据的价值。

"工业4.0"与传统制造业的数字化升级。"工业4.0"这一概念于2011年首次出现在德国汉诺威工业博览会上，2013年，德国联邦教研部与联邦经济和技术部正式将"工业4.0"战略纳入了德国《高技术战略2020》。德国认为，工业革命可以分为四个阶段，第三次工业革命引入了电子与信息技术，在此基础上，如果德国可以广泛地将物联网和服务网应用于制造业领域，在智能工厂中实现数字和物质两个系统的无缝融合，德国就可以在第四次工业革命中占领先机，从而巩固德国工业的竞争地位。德国"工业4.0"战略提出"确保德国制造业的未来"的目标，是德国将信息化的时代特征与工业化历史进程紧密结合的战略。

"工业4.0"的实施重点在于信息互联技术与传统工业制造的结合。通过机械和机械之间的互联和信息流转，未来的生产过程将变得更加灵活与快捷。据德国国家科学与工程院的估算，"工业4.0"可以使企业的产品生产效率提高30%。在"工业4.0"战略下，制造企业如果能够增强对大数据的处理能力，整个行业就能更快地迈向数字化与信息化的新阶段。

成为数据保护和信息安全的典范。出于严谨的民族特征，德国一方面大力推动信息化建设，另一方面格外重视数据保护和信息安全。通过立法来保障信息安全，是德国的一大特色，德国的数据保护法律比较系统和规范，被誉为"欧洲信息安全的典范"。

1997年，德国颁布了全面规范互联网信息传播行为的法律——《信息和通信服务规范法》。2002年，德国通过《联邦数据保护法》，并于2009年进行了修订。《联邦数据保护法》是德国关于数据保护的专门法，该法律规定，信息所有人有权获知自己的哪些个人信息被记录、被谁获取、用于何种目的，私营组织在记录信息前必须将这一情况告知信息所有人，如果某人因非法或不当获取、处理、使用个人信息而对信息所有人造成伤害，此人应承担法律责任。《联邦数据保护法》修改生效后，更多德国企业开始对客户信息实施高水平的保护措施，提高了客户信息的保密性和安全性。按照《2014—2017年数字议程》的要求，德国在2015年出台《信息保护基本条例》。除了立法，德国也通过一系列战略方案和具体的行动来加强大数据时代的信息安全。

2.3　日本：从 E-Japan 到 I-Japan

　　"信息化"这一概念其实最早产生于日本。早在 1963 年，日本学者梅倬忠夫即在其《信息产业论》一书中描绘了"信息革命"和"信息化社会"的前景，预见到信息科学技术的发展和应用将会引起一场全面的社会变革，并将人类社会推入"信息化社会"。

　　1967 年，日本政府的一个科学、技术、经济研究小组在研究经济发展问题时，依照"工业化"的概念，正式提出了"信息化"概念，并从经济学角度给出了信息化的一个定义："信息化是向信息产业高度发达且在产业结构中占优势地位的社会——信息社会前进的动态过程，它反映了由可触摸的物质产品起主导作用向难以捉摸的信息产品起主导作用的根本性转变"。

2.3.1　"E-Japan"：迈向信息化征程的号角

　　2000 年 7 月，日本政府召开了 IT 战略会议，创立了 IT 战略总部，将其作为国家信息化的集中研究组织。次年 1 月，这个成立不到一年的 IT 战略总部便提出了推行"E-Japan"战略的响亮口号，其中的"E"是"electronic"的首字母，"E-Japan"即电子日本。

　　那个时候，计算机网络这一新兴事物正在快速崛起，人们对有线或移动网络的需求都在迅猛增长。然而基础设施不完善、IP 地址资源有限、通信质量较差等问题成为当时日本信息产业进一步发展的瓶颈。

　　"E-Japan"战略担负起了打破这一瓶颈的重要使命。该战略的核心目标是促进信息化基础设施建设以及相关技术的研发，为信息化的发展打下坚实的物质基础，其中明确提出"到 2005 年，在全日本建成有 3 000 万家庭宽带上网及 1 000 万家庭超宽带（30～100 Mbps）上网的环境"。力图在 5 年之内，致力于使日本成为世界最先进的 IT 国家之一。

　　为了实现这些目标，"E-Japan"战略提出了诸如"为地理环境恶劣的地区建立高速互联网，通过地方公共团体构建并充实广域公共网络"以及"为使地区之间以及地区内的主干光纤线路流畅，开放道路、河流、港口等公共设施管理用光纤线路"等实施方案。

　　此外，"E-Japan"战略还在教育上下足了功夫。除了鼓励培养高级 IT 人才、完善 IT 教材外，该战略重点对校园内网络的建设以及利用 IT 提升教学质量等，提出了高标准的要求。

　　2001 年，日本政府在"E-Japan"战略的基础上推出了"E-Japan"2002 年工程计划。根据计划，日本要在 2002 年建成全国各级政府网络的基本构架。可以说，从家庭、学校到政府，从核心干道到偏远地区实现全覆盖，"E-Japan"战略的实施有力地推进了整个日本的信息基础设施建设。

2.3.2 "U-Japan":创造充满活力的上网环境

随着"E-Japan"目标的提前实现,2004年3月,日本政府召开了"实现泛在网络社会政策"座谈会。同年5月,"U-Japan"战略正式诞生。

用"U"(Ubiquitous,意指"无所不在的")取代"E",虽然只有一个字母之差,却蕴含了战略框架的转变。根据"U-Japan"战略,到2010年,在日本形成无所不在的信息基础设施,实现"随时随地、何人何物"均可轻易上网的目标。而"U"的概念又细化为3个小"u"即:

第一个"u"即universal(普及):让所有人均可方便地使用网络资源,达到人与人之间更加紧密的沟通;

第二个"u"即user-oriented(用户导向):强调一切应用都要重视使用者的便利性,做到以人为本,从每一个细部都体现出科技的人文关怀;

第三个"u"即unique(独特性):通过ICT体现使用者鲜活的个体特性,为大众提供充分展现活力与个性的广阔舞台。

通过这些策略,"U-Japan"战略要构建一个适合人们、吸引人们应用现代信息网络的大环境,让网络资源得到充分利用,从而不断地创造出新的服务模式和新的商务形态。使日本成为未来全世界信息社会发展的楷模和标准。

2.3.3 "I-Japan":转动公共部门的网络齿轮

在提前完成"U-Japan"计划后,2009年7月6日,日本政府正式推出至2015年的中长期信息技术发展战略,该战略命名为"I-Japan战略2015"(简称为"I-Japan")。期望通过数字化技术与其他产业的深度融合,从根本上提升效率,产生新的附加值。这里,"I-Japan"当中的"I"有两层含义。

①Inclusion:让数字化技术如同空气和水一般,渗透和融入日本社会的每一个角落,由此实现安全、稳定、公平、易用的信息使用环境,从而打造国民生活丰富多彩、人与人关系更加和谐的社会。

②Innovation:数字化技术也将为日本经济社会带来变革,激发新活力,能够使企业积极自主地创新,使企业向低成本、高收益转型,形成经济可持续发展的、与国际社会协调合作的社会环境。

"I-Japan"战略将执行目标聚焦在了三大公共部门:电子政府、医疗与健康和教育与人才。

"I-Japan"战略针对政府部门的执行策略有许多特别之处,其中之一就是设立首席信息官一职,赋予其必要的权限,并为其配备相关辅佐专家,以实现电子政务的推进和跨部门的整合。此外,"I-Japan"战略还提出要广泛普及并落实"国民电子个人信箱",为国民提供专用账号,让国民能够放心获取并管理年金记录等与个人相关的各类行政信息,同时,国民可经由各种渠道轻松享受"一站式"行政服务,并可主动参与电子政务。

而在医院和学校这两大公共部门,"I-Japan"战略将推动电子病历、远程医疗、远程教育、无所不在的教育以及推进"产学官合作"等应用的发展。

三大公共部门这些应用的发展将会产生辐射效应,不仅可以带动其他领域的信息化应用,还可以形成新的市场,从而达到激活传统产业和培育新兴产业的目的。

总体来说,从"E-Japan"到"U-Japan"再到"I-Japan",规划了日本的信息化建设"三级跳"的美好蓝图。

但是,"I-Japan"因为受到那一时期日本政府更迭频繁以及 2011 年日本大地震的影响,未能完全实现其预定的目标。2012 年,安倍晋三成为日本第 96 届首相后,迅即调整了日本的信息技术战略,相继出台了"新 IT 战略——创建最尖端的 IT 国家宣言(2013)""面向 2020 年的 ICT 综合战略(2013)""Smart—Japan ICT 战略(2104)"等一系列新的战略。

通过这些战略计划的规划与实施,日本在信息通信技术领域取得了显著的进步,其主要体现在信息基础设施建设、ICT 在公共领域的应用、国际竞争力以及国民生活方式的转变等方面。

在信息基础设施建设方面,日本移动电话的普及率(包括 PHS、功能手机和智能手机等)普及率达到了 154%,其中智能手机为 75.6%。2017 年日本的宽带网络用户从 2003 年的 300 万户发展到 2017 年的接近 4 000 万户,其中高速光纤宽带(FTTH)用户达到 2 933 万户,而且日本家庭的宽带上网费用仅仅占每个家庭收入的 0.8%,为全球最低;日本每万人拥有互联网服务器由 2003 年的 93 台,增加到 2015 年的 971 台。

在 ICT 领域,日本仅次于美国,位居全球第二,甚至在部分领域实现了对美国、欧洲发达国家的超越,比如在显示技术和 LED 领域,日本已经处于全球顶尖水平,再如,在个人计算机芯片领域,美国依然保持领先,但在宽带技术所需的芯片领域日本却遥遥领先;在大数据应用方面,2011 年日本的大数据相关行业的市场规模为 1 900 亿日元,2017 年就迅速增长到 6 300 亿日元,增长了 2.3 倍,按此增长速度,预计 2020 年度将达到13 500亿日元。

在信息技术国际竞争力方面,根据世界经济论坛(WEF)《全球信息技术报告(The Global Information technology Report)》提供的数据,日本信息技术领域的综合竞争力从 2009 年的综合排名第 21 位上升至 2016 年的第 10 位。从综合竞争力的各组成要素来看,日本的信息技术使用情况排名最高,信息技术已经被广泛应用于日本的个人生活和消费、商业交易、政府办公等领域,这种广泛的应用性使日本的信息技术竞争力在全球名列前茅,可以说,这为日本应对未来的国际数字经济竞争蓄积了巨大的潜力。

从以上具有代表性的西方发达国家的信息化战略介绍,从整体上我们可以看到,加快信息化的发展进程,已经成为世界各国一致的共同选择。相关国家纷纷制定其国家层面的信息化战略规划,力图迅速占据信息化发展的制高点,并借此引领经济、社会的全面发展,形成新的国家间的比较优势。

2.4 中国:U-NIS 及大数据战略与智能化战略

为了应对"信息化"这一全球共同的战略选择,我们国家也制定了国家层面的信息化战略及相应的实施规划。2017 年我国颁布了《国家信息化发展战略纲要》,它是在我国网民数量、网络零售交易额、电子信息产品制造规模已经位居全球第一;一批大信息技术企业和互联网企业跻身世界前列;"互联网+"迅速异军突起,经济社会数字化、网络化转型步伐加快;网络空间的正能量进一步汇聚和增强;我国已经进入新型工业化、信息化、城镇化、农业现代化同步发展的关键时期,这样的大背景下提出的,用以规范和指导我国未来信息化发展的纲领性文件,是我国国家战略体系的重要组成部分。

我国信息化战略的终极目标是:到 21 世纪中叶,我国全面步入信息化社会,成为引领全球信息化发展的重要强国。

为实现上述目标,未来 10~40 年,我国的信息化战略将以以下 6 项重点任务为主攻方向。

图 2-1　我国信息化战略的重点任务

以上 6 项重点任务凝聚成一个总任务,即建设"惠及全民,无所不在的信息网络体系(Ubiquitous Information Networks Systems,U-INS)",实现"构建称心如意、惠及大众的信息基础设施,引领国民经济高质量发展,推动新兴科学发展以及维护国家与社会安全"4 个分目标。

其具体任务如图 2-2 所示。

在以上任务中,与信息管理密切相关的有以下几项任务:

1)构建无所不在、称心如意的信息网络

第一,全面部署基于 IPv6 的下一代网络,解决网络由于地址不足而带来的网络应用瓶颈,提高网络的安全性和可管理性,实现无论何人、何物、何时、何地均能够轻易地通过网络实现互联的目标。

第二,实现基于 Web3.0 的语义网络的大规模应用,人们可以借助自然语言调动、组合网络资源,获取个性化的信息应用服务,这些服务包括:基础设施(计算能力、存储能力)服务(IaaS)、平台服务(PaaS)、数据服务(DaaS)以及软件服务(SaaS)。

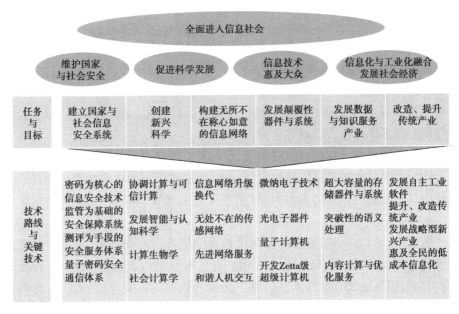

图 2-2　我国信息化战略的具体任务

第三,实现传统媒体网络与互联网媒体的联动融合,构建无所不在的"传感网"与物联网,实现大规模综合信息的实时获取与协同感知,实现网络信息空间与物理世界的有机融合。

第四,实现多模态的智能交互机制,形成和谐、普适的人机交互环境,满足设备的互联性、数据的共享性、交互的自然性。

第五,建立网络服务科学体系,实现泛在的、可持续的网络服务,实现网络信息在数字社会中的广泛应用。实现这一任务的技术路线如图2-3所示。

社会与物理融合的 网络系统论	人机物融合的 网络计算交叉学科	支持普惠泛在的 网络信息论
多模态交互	智能交互空间 和谐交互环境	三维、个性化、人机交互
Web2.0社会网络 基于网络的现代服务	Web3.0语义网 人性化的网络现代服务	建立服务科学 实现可持续网络服务
协同感知自适应网络	多网整合（感知、 反馈、控制一体化）	可预测的智能泛在网络
泛在、可信的下一代网络 （IPv6、重叠网、云计算）	IP后的新网络体系	全面普及IP后网络体系 形成U-INS

2005　　　　　　　2020　　　　　　　2035　　　　　　　2050

图 2-3　构建称心如意的信息网络

2）发展数据、知识服务产业

数据知识服务产业是伴随信息技术的飞速发展和应用的日益广泛而发展起来的一个全新的产业，它是围绕数据和知识的生产，并从数据知识的提供与服务中创造经济、社会价值的全新产业。其又可以细分为数据产业与知识产业。

数据产业是指围绕数据的收集、处理、存储、传播、分析、管理和服务，以及相关软硬件研发与制造而形成的相关产业的总称。

而知识产业则泛指以知识产品的生产、流通和应用以及相关服务的提供为核心业务的产业。随着信息技术的日益成熟和广泛应用，数据知识产业将会逐渐成为社会发展与经济增长中具有支配性作用的重要力量，信息资源的开发、利用也将成为信息化的重要内容。

发展数据知识服务产业，首先需要解决数据的汇集与存储问题，因此首先得发展低成本的海量存储技术，原子存储、全息存储以及关联存储等新兴存储技术，普及存储服务，实现面向应用领域的海量的人、机、物三元世界数据的有效存储，为广大终端用户提供无所不在的智能存储和个性化存储，形成数据的网上互联，实现存储服务的普及应用。

将数据转化为内容和知识，则要依赖有效的计算手段和分析软件，因此需要研制低成本、高通量、高可用、易编程的大规模并行计算系统，研究支持高效的数据挖掘和知识提取并行算法，实现时变、多源、多模态、有噪声的数据处理。

同时还需要发展语义互联网技术，中文语言分析工具，实现话语理解和场景理解；提供专业化的中文内容服务和用户参与的内容计算；发展支持语义、内容和文化的普惠信息网络基础平台，实现知识与情感理解。

此外，还要大力发展具备推理和学习能力的智能互联网；发展支持语义、内容和文化的数据知识服务的技术体系，实现连接三元世界的内容服务，提供对数据内容综合理解基础上的多目标决策支持。实现这一任务的发展技术路线如图 2-4 所示。

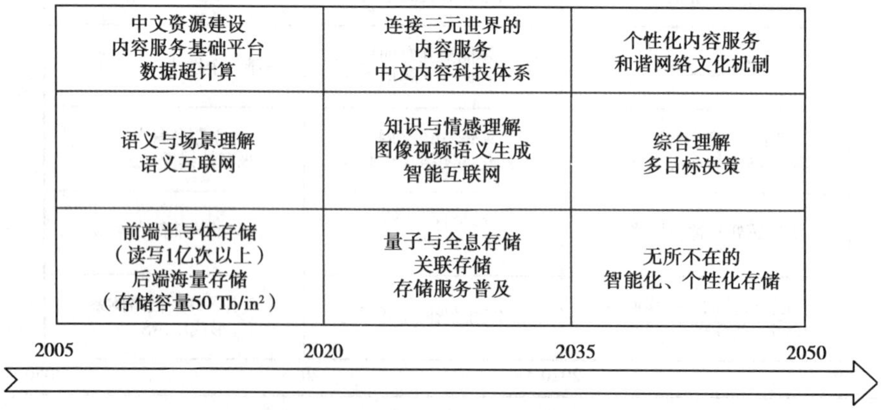

中文资源建设 内容服务基础平台 数据超计算	连接三元世界的 内容服务 中文内容科技体系	个性化内容服务 和谐网络文化机制
语义与场景理解 语义互联网	知识与情感理解 图像视频语义生成 智能互联网	综合理解 多目标决策
前端半导体存储 （读写1亿次以上） 后端海量存储 （存储容量50 Tb/in²）	量子与全息存储 关联存储 存储服务普及	无所不在的 智能化、个性化存储

| 2005 | 2020 | 2035 | 2050 |

图 2-4　发展数据知识服务产业

伴随上述任务的逐步实施，信息消费将成为创新最活跃、增长最迅速、辐射最广泛的新兴消费领域，对于优化经济结构、普惠社会民生、拉动内部需求、促进广泛就业、引领产业升级将发挥重要的作用。预计到 2020 年,我国的信息消费将达到 6 万亿元的规模,带动相关领域的产出达到 15 万亿元。

3) 实现两化融合、推动产业升级换代

实体经济是社会生产力的集中体现,是强国之本、兴国之基,是物质财富创造的根本源泉。经过长期的努力,我国的工业产业在形成完整的工业体系的同时,在数字化、智能化领域也正在紧跟时代的潮流,实现"信息化"与"工业化"两化融合,推动互联网、物联网、大数据、人工智能同实体经济的深度融合,引领我国实体经济实现向价值链高端的转型,是我国信息化战略的又一重点任务。

其中短期目标是:以信息化改造传统产业,推进企业高端化,实现设计研发信息化、生产装备数字化、生产过程智能化和生产经营网络化,促进企业变革与转型。广泛使用信息技术推动高能耗、高物耗和高污染行业改造,推动供应链管理(SCM)和客户关系管理(CRM),发展电子商务,降低物流成本和交易成本,实现精准、高效生产。

而长期目标是:完善工业软件理论体系,促进产业从信息化向集成化和智能化转变。集成化将从企业内部全生命周期(设计、生产、销售、服务)、全方位层次(设备控制、生产执行、企业管理)走向产业链一体化;智能化则将从实现企业的信息和功能集成,发展到知识和智能集成,最终实现企业的人机智慧集成。

为实现以上任务,我国相继制定了《中国制造 2025》和《智能制造发展规划》,重点围绕制造领域的关键环节,开展新一代 IT 与制造装备融合的集成创新和工程应用。通过政产学研用联合攻关,开发智能产品和自主可控的智能装置并实现产业化。依托优势企业,紧扣关键工序智能化、关键岗位机器人替代、生产过程智能优化控制、供应链优化,建设重点领域智能工厂/数字化车间。在基础条件好、需求迫切的重点行业、重点企业中,分类实施流程制造、离散制造智能装备和产品,新业态、新模式、智能化管理、智能化服务等试点示范及应用推广,建立智能制造标准体系和信息安全保障系统,搭建智能制造网络系统平台。

到 2020 年,制造业重点领域智能化水平显著提升,试点示范项目运营成本降低 30%,产品生产周期缩短 30%,不良品率降低 30%。到 2025 年,制造业重点领域全面实现智能化,试点示范项目运营成本降低 50%,产品生产周期缩短 50%,不良品率降低 50%。

重点任务:

①发展产品设计的创新理论。目标是提高产品设计的效率、质量。包括:全生命周期的产品数字化建模与仿真技术;产品快速开发的设计与管理技术,最终用户自行设计的技术。

②发展各种流的集成建模与优化技术。包括:物质流、能量流、资金流、信息流、价值流等仿真。

③发展企业管理的创新理论和平行管理理论。包括:帮助企业实现全面创新的软件实现技术与方法体系的构建,驱动企业从单一创新、部分创新走向整个产业链的集成创

新;运用平行控制和平行管理理论与方法,建立人工系统对动态变化的企业的等价实施描述,通过计算实验揭示企业与环境要素间的相互作用规律。

④构建挖掘工业大数据的核心技术体系。形成依托信息物理系统(CPS)的、面向不同的生产对象的基于数据汇总、分析、预测能力,实现虚拟与现实生产空间的映射与融合,打造面向产品全生命周期的数据管理平台,提升整个生产过程的智能化水平。

4)促进交叉、汇聚科学的发展

研究多算法间的交互行为及交互机制;构建算法网络理论,突破软件结构化与高可信软件关键技术;研制具有推理、感知、学习能力的计算机系统;突破脑信号处理与脑、机结合系统关键技术;建立多个算法协同工作的新型分布式与交互式算法理论;奠定高可信软件系统的设计方法学;研制具有思维、多模态交互能力的计算机系统。

实现基因组、蛋白质组、结构组等组学(nomics)数据深度整合,建立基于系统生物学的生物起源及演化动力学,推进生物计算学的发展,实现活生物体系统以及生物体整体的模拟及其状态预测。在基因与蛋白质的计算机辅助设计、比较基因组分析、生物系统模型、细胞信号传导与基因调控网络研究、专家数据库、生物软件包等领域发挥重要作用。

构建面向社会活动、社会过程、社会结构、社会组织和社会功能的计算理论和方法。在若干领域构建平行社会系统的模拟仿真系统,实现计算社会实验,确定复杂系统管理的决策及反馈机制,克服传统社会研究缺乏"先验性"的关键性障碍。实现社会计算理念与方法的常态化与社会化,实现重大问题的科学分析与决策支持。

构建算法对演化与人类智能(脑科学、认知科学、人工智能)建模;发展具有演化及人类智能特征的计算理论,研制成功具有情感计算的、能够自然交互的计算机及类脑计算机。

这中间,属于社会科学范畴的管理科学(尤其是信息管理)要特别关注依托信息技术所形成的社会计算学的发展。

社会科学从产生、发展到现在,所走过的是一条坎坷不平的道路,正如美国社会学家柯林斯和马科夫斯基所说的,社会科学并不是一门不可能的科学,但的确是一门很艰难的科学(柯林斯 等,2006)。所谓很艰难的科学,主要是指社会科学在研究方法上经历了一个艰难探索的过程。

社会科学研究方法被作为重要问题进行探索并引起争论开始于20世纪50年代,此时西方社会学的定量研究迅速发展成为主流研究方法。随之而来的是对各种方法的争论。例如,美国纽约1956年召开了一次"社会测量大会",聚集了一大批当时顶尖的社会科学学者,对社会科学研究方法的发展提出了多种意见与构想。心理学家史蒂文斯(S.S.Stevens)提出社会科学研究需要测量手段的更新(reinvent measurement),社会学家拉扎斯菲尔德(Paul Lazarsfeld)提出需要关注定性研究与定量研究之间的关系问题(Mohr et al.,2014)等。这次会议对此后包括社会学在内的社会科学研究方法的发展起到了重要的推动作用,特别是进一步提高了定量方法在社会学研究中的主导地位。

进入 20 世纪 70 年代后,由于计算机的发展与广泛使用,以及由此所带来的各种数据分析统计软件的问世,社会科学研究在大样本问卷调查、数据的多变量统计建模与分析方面,达到了一个前所未有的水平。与此同时,人们也在积极探索其他研究方法,如进行社会科学实验和开展社会现象的计算机建模研究等。

尽管如此,社会科学研究方法所面临的问题似乎越来越多、越来越严重。社会科学研究方法领域的专家、美国国家科学院院士、密歇根大学谢宇教授坦承“现在用于研究社会和社会关系的所有方法,包括定量与定性方法,都存在局限性”。在他看来,社会科学中最明显也是后果最为严重的问题是研究方法上的矛盾,社会科学也因此而分化为不同的阵营。

社会科学研究方法所面临的困境,实际上是人类行为研究所受时代条件限制的反映。大数据时代的到来,正在为社会科学研究方法突破困境创造条件。

20 世纪 90 年代中后期以来,一系列技术进步使得社会科学研究方法的进一步创新成为可能,其中最重要的成就表现在 4 个方面:其一,社会网络理论与研究方法的发展;其二,人工智能的发展带来新型文本与影音资料处理系统的问世;其三,计算机模拟领域内基于行动者模拟方法(Agent-Based Modeling, ABM)的发展;其四,互联网的快速发展,特别是移动互联网时代的到来。1996 年,经济学界先人一步,出版了《计算经济学手册》(Handbook of Computational Economics, Amman et al., 1996),正式宣告了“计算经济学”的诞生。在最近 10 年内,正是这些新的理念和技术推动着人们不断探寻社会科学研究方法上的根本性突破,为新计算社会学的产生做好了必要的准备,新计算社会学的孕育过程逐渐完成。

2009 年,包括哈佛大学教授拉泽尔(David Lazer et al., 2009)在内的 15 名顶级学者在《科学》(Science)上共同署名发表论文,正式提出“计算社会科学”(Computational Social Science)这一概念。文章预言一个以新计算机技术、互联网为基础,具有无限可能性的计算社会科学的产生正在成为现实。过去,我们只能够获取间断的、片面性的社会数据,而如今,借助视频监控、电子邮件、计算机智能命名系统等,社会科学家搜集与处理海量数据的能力得到了空前提升,人们将在前所未有的深度和广度上自动地收集和利用数据,为社会科学的研究服务。这正是计算社会科学得以产生的一个重要原因。另一个原因是认知科学的发展。人类对自身认知机制的深入了解,神经生物学、计算机科学以及其他学科的融合,为人类行为研究的计算机模拟提供了条件。

在这两个原因的共同推动下,一种崭新的社会科学研究方法被提了出来。“计算社会学”(Computational Sociology)这个名词已在瑞泽尔(George Ritzer)2007 年出版的《布莱克威尔社会学百科全书》(Blackwell Encyclopedia of Sociology)中出现(Bainbridge, 2007)。2014 年 8 月美国社会学界举办的“新计算社会学研讨会”则首次提出了“新计算社会学(New Computational Sociology)”的概念。

所谓社会计算学目前还没有一个明确和公认的定义。笼统而言,它是一门现代计算技术与社会科学之间的交叉学科。国内有学者将其定义为:面向社会活动、社会过程、社会结构、社会组织和社会功能的计算理论和方法,是依托信息技术的横向拓展而形成的社会学的一门学科分支,它使用密集演算的方法和模拟仿真手段来研究和剖析复杂的社会现象。借助计算机模拟、人工智能、复杂统计方法,以及社会性网络分析等新的途径,由下而上地塑造虚拟与现实社会互动的模型,来分析与测试复杂社会过程,从而从根本上解决既往的社会科学研究缺乏有效的实验分析手段而导致的不具有"先验性"的缺陷。从而形成一整套用计算科学方法为重要研究工具,以传统人文社会科学理论为指导,有效地洞察、分析和解决社会、经济、政治等诸多领域问题的理论与方法学体系。

为实现其目标,社会计算学应该具备5个重要能力:

(1)综合信息的实时获取的能力

即针对所面临的问题,进行综合信息有效的实时采集,并为个性化应用实现关联信息的存取能力,是进行社会计算学计算和分析处理的基础。海量社会信息的智能化感知对社会信息的精准、实时和智能化获取是社会计算研究的数据基础和前提。新兴社会媒体信息作为典型的大数据应用,不仅数据量增长迅速,而且具有多源性、异构性、混杂性和个体倾向性,增加了精准获取社会媒体数据的难度。此外,重大社会经济事件通常具有瞬时爆发、快速传播、大范围扩散与海量数据积聚等特点,给社会媒体信息的实时感知带来很大困难。因此,社会计算研究需寻求社会媒体数据的精准感知和主动获取方法,通过自适应地构建和优化部署社会传感网络,提高社会媒体信息获取的效率和质量。

(2)内容计算与理解的能力

即对采集到的信息进行计算处理并理解其"内容",提取分析问题所需的数据,为进一步数据建模和模拟提供支撑的能力。其要解决的核心问题包括:在海量社会信息的深度理解方面,底层社会信息与高层语义之间存在的语义鸿沟;以及在社会信息的计算方面,社会信息存在多样性、混杂性、噪声多、数据量大等问题。另外社会认知状态还具有较大的模糊性。

基于上述需求,多源、异构社会信息深度理解的关键技术主要包括:①在多源异构海量异构网络信息的深度融合方面,形成包括关键目标语义的提取与关联分析技术、基于内容的跨媒体分析与索引技术,以及交互式语义检索及多媒体内容的可视化表示技术。②在海量社会信息的处理与分析方面,形成包括观点和情感挖掘技术、大规模网络社区发现技术、网络群体影响力识别与分析技术、数据驱动的机制设计和演化博弈技术等。

(3)构建平行社会系统的能力

即借助计算机的模拟仿真分析手段,构建能够准确模仿现实系统的人工系统,通过两套系统的相互连接,对二者的行为进行对比分析,形成对各自未来状态的"借鉴"和"评估",提高预见结果和洞察风险的能力。

早期的建模方法主要是通过一致性假设,并采用数学方程来描述社会规律。随着社会问题复杂性的增加,传统的自上而下的建模方法已经无法满足复杂系统的建模需求。同时,计算技术的广泛应用和数值计算方法的发展成熟,特别是可获取和可利用数据量的激增,使得利用仿真的方法研究社会系统的动态特性成为现实。20世纪90年代初,美国 Rand 公司提出了人工社会的概念,其核心思想是采用基于智能体的基于数据驱动的建模方法,自底向上地构建复杂社会系统的模型。目前,基于海量社会信息的人工社会构建方面的关键技术与方法主要包括:①社会分层模型构建技术。其通过研究社会群体的类型、分布、组织结构和社会网络关系,以及个体的行为和交互方式,构建社会群体的社会分层模型。②多智能体协调技术。其通过分析多智能体交互行为,构建合理有效的多智能体协调机制。③大规模高保真人工社会环境构建技术。其通过社会环境的基本要素进行一致性描述,并结合实时海量社会数据,构建开放且支持互操作的大规模高保真人工社会环境。

(4)计算社会实验和决策支持的能力

即使计算模拟成为"计算实验室"中的"试验"过程和"生长、培育"复杂系统的手段,进行特定系统的社会计算试验,对相关决策行为和政策的可能结果进行反复试验、比对和评估,从而实现优化决策以及有效控制与管理的能力。

复杂社会的整体行为往往是不可预知的,因此不能使用传统的还原论方法进行处理,也往往不存在最优的解决方案。数据驱动的计算实验即成为一种分析、管理复杂系统的有效解决方案。其核心思想是"将计算机作为实验室"。通过设计大量虚拟或者真实的社会和经济事件场景,利用数据驱动的计算实验的可设计性和可反复进行等特点,对复杂社会系统中的实际问题进行计算实验,从而实现社会、经济形势等的平行执行与管理。复杂社会系统计算实验与平行执行的关键技术主要包括:①基于人工社会的社会学习与推理。该技术可为社会组织的规律和结构以及社会关系进行分析和推理。②基于人工社会的计算实验。该技术主要通过智能模拟、交互,实现重大社会问题的计算实验。③平行系统互动与优化。人工社会与实际社会构成了平行系统,该技术通过平行系统体系结构设计及优化、平行系统互动调节与反馈,实现对实际社会的有效管理与决策支持。

(5)复杂系统的决策、执行与反馈的能力

即利用平行系统进行管理和控制,使管理的角色从被动到主动,从静态到动态,从离线到在线,由从属地位上升到平行地位,发挥人工系统在管理、控制中的作用,并增加实际系统对决策信息的反馈,实现自动的调节与控制,并同时提高计算社会试验的预见性、准确性、可控性的能力。

上述关键技术与方法的实现需要面向海量数据的计算环境平台的有效支持。同时,需要构建统一的、可编程的社会计算实验平台和实验环境,动态可视化显示社会计算的实验评估结果。社会计算支撑平台与环境构建关键技术主要包括:①大规模、分布式计算平台的构建。该技术主要解决海量社会群体数据的实时采集、分析与计算,实现具有高计算能力、高存储能力、高稳定性、高安全性的数据管理系统和分布式并行存储与集群计算环境。②计算实验和平行执行编程语言的精确描述与表示。③实验设计、评估、数据可视化、平行系统序优化模块的标准化与可扩展化设计。④图形化编程环境设计。该技术可以实现动态可视化的实验平台管理与配置。

发展社会计算学需要解决以下 3 个层次的学科问题和关键技术:

①技术层:形成支持社会计算的相关基础技术,包括:数据获取与组织技术、机器学习与数据描述技术、内容理解与情感挖掘技术、分析结果与过程的动态可视化技术、计算心理学与社会计算学。

②模型层:形成在基础技术支持下对特定社会问题和现象进行模型构建的方法,包括:认知与行为建模、复杂网络与复杂系统分析、模型综合集成与人机交互研讨等。

③决策层:其主要思想是人工社会与现实系统的平行管理。借助所构建的广泛模型,提供准确的模拟和仿真结果,支持最终决策者的决策。

发展社会计算的战略步骤:

第一阶段:实现社会计算基础理论与重大问题领域的典型性应用。包括:常态化和非常态化的社会监控与舆情分析,尤其是对突发事件的监控与覆盖;城市交通及化工过程的智能化控制;电子商务机制的研究和电子商务计算实验研究。

第二阶段:完善社会计算理论与技术框架,实现重要领域内的普及应用,以舆情监控为基础,构建综合社会信息系统并完善社会安全的应急管理体系;在交通智能控制基础上,实现对其他公共设施和环境的智能管理;在电子商务研究基础上构建对商业系统的智能分析和决策系统。

第三阶段:通过社会计算的更广泛应用,促进政府与企业组织的决策科学化,实现社会各职能的数字化,包括数字政府、数字经济、数字企业等。同时社会计算不断完善,形成一门具有理论框架和技术支持的完整学科。

第四阶段:通过对各种应用方法的推广、普及以及社会计算的教育,实现社会计算理念与方法的常态化和社会化。最终形成完整的数字社会并构成知识引擎,支撑智能决策。同时在社会计算学基础上,发展出社会宏观信息学。

2.5　对未来信息社会的展望

当我们成功地实现了上述任务,我国将全面迈入信息社会,在未来的信息社会里:

信息将成为社会中最重要的战略性资源,信息的生产和应用将成为创造社会财富的重要基础,知识和信息服务业将发展成为社会的主导行业。

信息技术将成为影响生产率提高和生产过程优化的关键因素,信息化、网络化、智能化成为社会的主要特征。

泛在网络与空间、地面、接入等网络将实现全面融合,网络通信无所不在而且具有可靠保证,网络通信成本极为低廉,网络通信将极大普及。

信息网络成为知识处理、知识计算的基础性平台。人们将能够按照自己的意愿消费并生产信息,人们获取知识、接受教育的途径和范围将极大地拓宽。

通过功用丰富的信息设备及系统,信息使用者可以自由地选择功能和应用模式,用户能够方便地根据自己的需求开发新的应用并且不受资源提供者的限制。

在多人、多机组成的动态网络相互链接的社会环境下,将会形成人人增智、人机增智、机机增智的格局,并最终导致社会智能的持续涌现,从而实现以创新为原动力的可持续发展。

信息产品的应用市场将超过产品本身的市场规模,信息服务将极大超过硬/软件产品的消费,信息产业将成为可持续发展的产业。

在这样的社会里"规定世界权力与财富性质的游戏规则已经改变。一个比黄金、货币和土地更灵活的无形的财富和权力基础正在形成。这个新基础以信息技术和通信占优势为标志,一句话,以'信息'为标志"。

第 2 编
信息管理的概念基础

  概念(Concept)是反映事物本质属性的思维产物,是逻辑思维的最基本单元和形式,是构成命题、展开分析和进行推理的基本要素。概念都有内涵和外延,其内涵是指一个概念所概括的思维对象本质所特有的相关属性的总和。而其外延则是指一个概念所概括的思维对象的数量及其范围。

  概念和理论有用吗?我们为什么不直奔信息管理的本质、诀窍和真谛,反倒讨论起理论和概念呢?管理信息系统学科的创始人、美国明尼苏达大学教授戈登·戴维斯(Gordon B.Davis)在其《管理信息系统》一书中也曾经提出过同样的问题。他的回答是:"理论和概念能够为我们思考和分析问题提供一个基本的逻辑框架,借助于这个框架,有助于我们构造所要解决的问题,以及选择可用的方案"。

  本编的基本目的在于,通过对信息、系统和决策这三个与信息管理密切相关的、重要的、基础性的概念的介绍,来界定信息管理学所赖以展开的逻辑设定,明确信息管理学研究问题的基本框架和方法论,以及信息管理学分析与解决问题的切入点和落脚点,即以信息分析为研究问题的切入点,而以形成科学的决策和实施有效的控制为落脚点。

第 3 章 信息的概念

3.1 信息的定义

"信息"一词有着非常悠久的历史,早在两千多年前的西汉,即有"信"字的出现。"信"常可作消息来理解。作为日常用语,"信息"经常是指"音讯""消息"等意思,但至今信息还没有一个公认的定义。

在参照已有的对信息的相关定义的基础上,我们给出以下定义:

信息是伴随客观事物的运动而产生的,是对客观事物的存在方式、运行状态和运动方式及运动规律的表征或标识。

这一定义首先阐明了信息的来源。即只要有客观事物的存在及其运动,就会伴随这种运动产生信息。这里的所谓"事物"泛指一切可能的研究对象,既包括外部世界的物质客体,也包括主观世界的精神现象;而"运动"则泛指一切意义上的变化,包括机械运动、化学运动、思维运动和社会运动等;"运动方式"是指事物的运动在时间上所呈现的过程及其规律;"运动状态"则是事物运动在空间上所展示的形状与态势。

其次,它阐明了信息的基本作用,即信息能够对客观事物的存在方式、运动状态乃至运动规律进行表征和刻画,从而为我们了解事物、洞察事物、分析事物,掌握事物的运动状态和发现事物的运动规律提供了可能。

与此同时,这一定义具有最大的普遍性,其不仅能够涵盖所有其他的对信息的定义,还可以通过引入相应的约束条件,使之转换为所有其他的对信息的定义。

例如,通过引入认知主体这一约束条件,可以将其转化为认识论意义上的信息定义,即信息是认知主体所感知或所表述的事物的运动状态与存在方式。而更换一个约束条件,以主体的认知能力和观察过程为依据,则可将认知论意义上的信息进一步划分为先验信息(即认知主体所具有的记忆能力)、实得信息(认知主体所具有的学习能力)和实在信息(在理想观察条件下认知主体所获得的关于事物的全部信息)。这样层层引入的约束条件越多,信息的内涵就越丰富,适用范围也就越明确,由此构成相互间有一定内在联系的信息概念体系。

通过以上关于信息的定义,我们还可以导出两个衍生的含义:

①从没有任何约束条件的本体论层次来理解信息:信息是一种客观存在,它不受认知主体主观意志的影响,只要存在不断运动的事物,就会持续地产生本体论意义上的信息,即便没有主体,信息依然存在。

②从受主体约束的认识论层次来理解信息:信息是认知主体所感知或表达的事物运动状态及其变化方式,是反映出来的客观事物的属性与特征,没有主体,就不能认知信息,也就没有认识论层次上的信息;而不同的认知主体对信息的感知和运用能力是不同的。

3.2　信息的特征

信息具有很多有益的基本特征,如普遍性、客观性、依附性、共享性、时效性、传递性等。下面通过对信息的一些主要特征描述,来进一步地认识和理解信息的概念。

①普遍性:只要有事物存在及运动,就有标识其存在方式、运动状态及运动规律的信息,信息与物质、能量构成了客观世界的三大要素。信息的普遍性特征,为我们以信息为切入点来观察和分析问题,并形成基于信息技术的解决方案提供了基础。

②客观性:世界是由物质组成的,物质是运动变化的。客观变化的事物不断地呈现出各种不同的信息,从而客观地表征出事物的属性、状态、内在联系和相互作用。

③动态性:信息将伴随事物的变化而不断变化和更新,信息的时效性即反映了信息的动态性特点。衡量信息的时效性不仅要从信息产生的时间来加以考量,还必须考虑产生该信息的源事物的变化速度,一旦信息已经不能够反映源事物的状态与方式,该信息就只能成为历史记录。信息从产生到完全失去效用构成了信息的生命周期。

④相对性:由于主体认知能力的有限性,即主体的感受力、理解力及目的性不同,其对信息的获取、感知和理解也是不同的,同样的信息对于不同的认知主体,其效用和价值具有相对性和非唯一性。

⑤依附性:信息本身是无形的,它只能依附在一定的物质形式或载体上,不能脱离物质载体而独立存在。同一个信息可以借助不同的信息媒体表现出来,如文字、图形、图像、声音、影视和动画等。信息所依附的不同载体,成为我们收集信息的不同信息源。

⑥可传递性:信息从时间或者空间的某一点向其他点移动的过程称为信息传递。信息的传递必须具备信源、信宿、信道和信息四个基本要素。信息在传输过程中,由于信道的干扰和阻碍,可能将不属于信源原意的内容附加其上,形成信息干扰。

⑦可加工性:信息可以通过分类、整理、转换、归纳、分析、推演、综合、扩充、浓缩等手段进行加工,将无序信息加工成有序信息,将无法利用的信息加工成有价值、有意义、可

利用的信息。

⑧可共享性:信息不同于物质和能源,信息具有使用上的非消耗性特点,使之能够为多个使用者同时占有、共同享用,但其本身的信息含量能够保持不变,还能够伴随共享使用而获得价值的增值。信息共享是知识经济时代的一个重要特征,提高信息的共享性是实现信息价值最大化的有效途径。

以上信息的特征是我们把握和理解信息的基本属性,也是我们依托信息对事物开展研究的有效切入点。

3.3　信息的分类

3.3.1　按照参与获取信息的人划分

按照参与获取信息的人可以将信息划分为:参与前的信息和参与后的信息。

①参与前的信息:获取信息的人没有参与的情况下所产生的信息。由于没有人为因素的参与,这个信息则是客观、真实的,不存在真假的问题,只是存在着每个人的认知能力和认知水平问题。

②参与后的信息:获取信息的人,参与了信息活动而获得的信息。由于有了获取信息的人的参与,这个信息就会掺入一些人为因素在里面,就会使得所获取的信息,不再是原始状态下的信息,这个信息就会或多或少地失去一些客观真实的内容。

3.3.2　按照主体的认知层次划分

按照主体的认知层次可以将信息划分为语法信息、语义信息和语用信息。

①语法信息:人们感知事物及其运动的外在形式所获得的信息,是人的感受力的表现;是只考虑了事物的存在方式或运动状态本身,而不考虑信息的内涵及效果的信息,只是客观事物形式上的单纯描述;是我们获取信息的基本来源。

②语义信息:对事物存在方式或运动状态在特定背景下的逻辑理解。在反映事物存在方式和运动状态的同时,还揭示了事物运动变化的意义。同样的语法信息,对于不同的接受者、不同的时间和地点语义信息表示的意义可能完全不同。语义信息是信息检索的重点。

③语用信息:事物存在方式、运动状态及运动规律的效用、价值或意义的反映,是信息认识过程的最高层次。在这个层次,认知主体不但感知到信息、理解了信息的意义,而且分析了其应用价值和效用,进而将其运用到生产、生活实践中,指导我们的行为。语用信息是信息分析和利用关注的重点。

语法信息、语义信息、语用信息的三位一体,共同构成了认识论层面的信息,即所谓的全信息(Comprehensive Information),即同时考虑事物运动状态及其变化的外在形式、内在含义和效用价值的认识论层次的信息。这一信息分类也是对信息实施序化和组织以及进行信息治理时的重要依据。

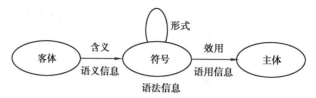

图 3-1　语法信息、语义信息、语用信息三位一体

3.3.3　按照信息的存在方式划分

按照信息的存在方式可以将信息分为结构化信息和非结构化信息两大类。

①结构化信息:信息经过分析后可分解成多个互相关联的组成部分,各组成部分间有明确的层次结构并且能够通过加工转换为数字化表达形式的信息。结构化信息的使用和维护可以通过数据库进行管理,并有一定的操作规范。我们通常接触的,包括生产、业务、交易、客户信息等方面的记录都属于结构化信息。

②非结构化信息:相对于结构化数据(即行数据,存储在数据库里,可以用二维表结构来逻辑表达实现的数据)而言,不方便用数据库二维逻辑表来表现的数据即称为非结构化数据,包括所有格式的办公文档、文本、图片、XML、HTML、各类报表、图像和音频/视频信息、超媒体信息等。

如果说结构化信息翔实地记录了企业的生产交易活动外在状态,是显性的表示,那么非结构化信息则隐性包含了掌握着企业命脉的关键信息,隐含着许多提高企业效益的机会。对于企业来说,企业内部以及企业与供应商、客户、合作伙伴和员工等通过数字化共享所有形式的数据资源,已越来越重要。在信息和知识的"结构化"世界之外,信息应用中还存在着一个"非结构化"的世界。对大多数组织来说,ERP 等业务系统所管理的结构化数据只占到企业全部信息和知识的 10%左右,其他的 90%左右都是数据库难以存取到的非结构化信息和知识。来自 IDC 的分析显示,虽然很多企业投资建立了诸多业务支撑系统,但仍有 72%的管理者认为知识没有在他们的组织得到重复利用,88%的人认为他们没有接触到企业最佳实践的机会。Gartner 公司也曾预言,对非结构化信息和知识的管理将会带来一个新信息技术应用潮流。

非结构化信息处理类似于 20 世纪 70 年代以前的结构化信息应用。割裂、无法进行数据互操作的应用是其主流。以人们最常用的文档软件来看,DOC 文档是 MSWORD 的专用格式,WPS、永中、中文 2000 等 OFFICE 产品厂商则各有各的"专属领地"。这样的情况下,文档格式的束缚使信息四分五裂,信息流无法通畅地实现流转,信息处理更加困难,信息资源因为"信息流的不通畅"而丧失了其应有的巨大价值。

可以预见,文档数据库技术的发展将成为信息处理技术下一步发展的潮流。文档数据库产业也将成为一个比数据库产业更加重要的核心产业,关系到信息技术的发展和应用的进程。该技术的应用将意味着文档信息也可以像结构化信息的应用操作一样,其信息的构建只要符合特定的数学模型,并设计一种可以对所有符合这种数学模型的文档进行各种操作的标准,文档应用软件就可以对所有此类文档进行相应的操作。

3.3.4　按照信息产生的次序或加工深度划分

按照信息产生的次序或加工深度可以将信息划分为零次信息、一次信息、二次信息和三次信息。

一次信息:又称为原始信息,也称一手资料,信息内容具体,具有原始性、详尽性和新颖性,是我们获取信息的最原始的来源。

二次信息:指根据特定的需求和应用目的,对原始信息资源(一次信息)进行加工、分析、改编、重组、综合、概括而生成的信息。二次信息具有以下特点:

①集中性:二次信息集中了某个特定领域范围的文献信息。它可以是某个信息部门的所有书刊资料、某个学科领域的信息、某个作者的所有信息等。二次信息是在所集中的某个特定范围的信息基础上,用科学的方法加工整理、组织编排而成的,它比较完整地反映了某信息部门、某学科、某作者等的信息情况。

②工具性:二次信息可称为工具性的文献,它以特定的方法,简练的语言揭示文献的外部特征和内容特征,并加以科学地编排。它是累积、报告和查找文献线索的一种工具。一般所说的信息检索,即指对于此类文献的有效利用,从中查检到一定的知识信息或某项课题的文献线索。

③系统性:二次信息本身具有自己的系统结构,为了方便利用,一般提供多个检索途径。所以好的二次信息往往具有比较固定的体系结构。

三次信息:根据二次信息提供的线索,查找和使用一次信息以及其他材料整合后产生的信息,如研究报告、综述、述评等。三次信息具有以下特点:

①综合性:三次信息是在大量有关文献的基础上,经过综合、分析而成。综合性就是将大量分散的有关特定课题的信息、事实和数据进行综合、评价、筛选,以简练的文字扼要叙述出来,内容十分概括。它可以是纵向综合,如某学科的过去、现状和将来的综述;也可以是横向的综合,如对各产业部门同类产品的比较综述等。

②针对性:三次信息是为了特定的目的,搜集大量相关的文献,进行分析、综合而编写出来的。因此,具有很强的针对性,即针对特定用户的信息需求,为特定的目的服务。

③科学性:三次信息是在已有的知识成果的基础上,对特定专业课题的总结和综述,因此,其观点比较成熟,内容比较可靠,有材料、有事实、有数据、有建议、有结论,具有较高的科学性,一般可直接参考、借鉴和使用,因而普遍为科研人员和管理者所重视。如循证医学中的系统评价和实践指南。

三次信息的文献表达方式是三次文献。典型的三次文献是各种手册、指南工具书、词典、年鉴和其他专题资料集等。

3.4　信息的价值

正如普通商品价值的大小会影响人们对该商品的消费一样,人们对信息的感觉(主观价值)会影响对它的需求,因而这是信息社会的一种重要影响因素。但是,信息不同于一般的普通商品,由于信息所独有的特征,使得它的价值难于进行评价。

首先,由于信息是一种经验性的商品,其价值只有在使用后才能够被揭示(Shapiro et al.,1999)。我们可以假定信息有一标准价值,但是由于每个人的经历、经验以及使用信息的目的不同,必然会对信息价值的判断出现较大的差异。所以,信息的标准价值就不可能是唯一的。换句话说就是所谓的"标准"已经变得"不标准"了。这样,反过来就能够发现评判信息的标准价值的假定是有问题的。

其次,由于信息的再生产主要是通过不断地复制完成的,因此信息的费用和其价值的产生都不与这种产品的数量有关。在决策制定上,信息是其他商品的决策的一种工具或输入产品,因此信息具有较强的间接效用,因而直接就信息的实际价值进行测量和评估是不适当的(Alstyne,1999),也是难以实现的。

但是,作为信息的使用者,我们总是希望能够获得对我们认识问题、把握问题有更高价值的信息,而且我们还希望能够预先知道,什么样的信息才更有价值。为了解决这一问题,在本节我们介绍两种定性的方法:其一是信息价值的三维度模型;其二是信息价值的布鲁克斯模型。

3.4.1　信息价值的三维度模型

对于信息的价值我们可以构造一个三维度模型来予以考察。这三个维度分别是:内容维、时间维和形式维。

1)内容维

衡量信息价值的内容维包含三个指标:准确性、完整性和相关性。

①准确性:信息的准确性也被称为信息的本质属性,这是信息第一位的、最基本的、最核心的性质。只有掌握准确的信息才能够得到有关事物的正确判断,并赖以制订正确的策略。失真以及错误的信息,不但不能得到对事物的正确判断和把握,相反还会造成判断的失误。所谓 GIGO(garbage in garbage out)即是说:如果输入的是垃圾信息,无论怎样加工处理,其输出也只能是垃圾信息。

②相关性:相关性指标要求信息与需要相互关联,即信息的需求具有问题导向性,只有与需要分析和解决的问题相互关联的信息,才是有价值的信息。例如,货币市场汇率的波动对于银行业务的相关性很高,其信息对于银行具有很高的价值,但对于业务基于国内的食品加工企业而言则相关性较低,汇率信息对于这类企业价值不大。

③完整性:完整性是与片面性对立的概念,完整性指标强调信息必须完整与全面,才

具有应用价值。才能够根据它得到对于问题的完整把握。

西班牙著名作家塞万提斯(S.Cervantes)的《堂吉诃德》的第 45 章中叙述的一个故事,可以帮助我们理解如果给出的信息量不足、信息不完整,会带来怎样的可笑结果。

桑丘·潘沙在任海岛总督时遇到了一个非常有趣的案子:一个小气鬼拿了一块布去请裁缝做一顶帽子。裁缝量了量布说能够做,小气鬼疑心裁缝赚他的布,就问裁缝够不够做两顶帽子,裁缝看透了小气鬼的心思,就回答说能够做。贪心的小气鬼又问够不够做三顶帽子,裁缝仍然说能够做。小气鬼就这样添了一顶又一顶,一直加到五顶帽子,裁缝还是说能够做,小气鬼才心满意足地走了。当小气鬼按照约定的时间去取帽子时,才知道上了当。原来裁缝做成的帽子只能戴在五个手指头上。两人争吵起来,官司打到总督桑丘·潘沙那里,小气鬼要裁缝赔布,裁缝要小气鬼支付工钱。总督桑丘·潘沙裁定,裁缝不准要工钱,小气鬼不准要布,做好的帽子充公。

这真是一桩糊涂案,因为要做成什么样的帽子,小气鬼并没有给出完整的描述和规定。不完整的信息,只能导致可笑的结果。

2)时间维

信息价值的时间维度主要考量信息的时效性,其指标包括:及时性与新颖性两个指标。

①及时性:及时性的含义是在人们需要的时候拥有信息。现代社会的信息纷繁复杂,瞬息万变,有些信息稍纵即逝,无法追忆。只有最迅速、最敏捷地获取反映事物变化的"即时信息",才能做到因变施策。在速度为王的今天,信息的及时性更是显得尤为重要。

②新颖性:新颖性的含义是获得最近和最新的信息,新颖的信息指信息的接收者原本不具有的信息,其对于信息接收者了解事物的最新变化和把握事物的最新动态具有价值。

3)形式维

信息价值的形式维度主要考量信息的呈现方式,其指标包括:详尽性与呈现性两个指标。

①详尽性:信息的详尽性指的是信息所描述事物的详尽程度,也称信息的"粒度(granularity)"。即信息的细化或综合程度。信息的细化程度越高,信息的粒度级别就越小;相反,信息的细化程度越低,信息的粒度级别就越大。大粒度信息对于事物的宏观把握,了解事物的总体态势具有价值;而小粒度信息对于事物的详尽分析具有价值。

②呈现性:信息要具有价值还必须注重呈现方式。信息的呈现方式多种多样,而信息接收者的认知风格也各不相同。信息的呈现方式对于信息的接收具有重要的影响,适当的信息呈现方式能够帮助接收者直观、有效地接收和利用信息,从而体现信息的价值。对信息呈现方式的追求使得信息的可视化成为现实信息应用中的研究热点。

3.4.2　信息价值的布鲁克斯模型

英国学者、著名情报学家布鲁克斯(B.C. Brookes)曾为信息和知识的关系建立了一个基本方程式(即布鲁克斯方程式):

$$K[S] + \Delta I = K[S + \Delta S]$$

式中,$K[S]$ 为信息接收者原有的知识结构;ΔI 为接收者所吸收的信息量,即能够理解、整合到自己知识结构中的信息;$K[S+\Delta S]$ 为吸收新的信息后形成的知识结构。

该模型揭示:能够满足人们信息需求的并不是所有的信息,而是能够使信息接收者的知识结构发生变化的一小部分知识和信息(ΔI)。这部分信息的获取和利用不仅仅是量的改变,而是信息接收者知识结构的优化和改善。这种对既有知识的优化和改善,才是信息价值的最重要体现,而且在很大程度上取决于信息接收和使用者已有的知识结构 $K[S]$。

因此,要想有效地实现和发展信息的应用价值,我们不但要具备获取对于分析和解决问题有价值的信息的能力,还应该不断完善自己的知识结构,增强自己有效吸纳信息的能力。

此外,按照信息论的创始人克劳德·艾尔伍德·香农(Claude Elwood Shannon)所给出的信息的定义:"信息是用来减少随机不定性的东西",信息的价值还表现在能够改善决策的不确定性程度。如果一个组织的决策方案只有一种确定的选择,所有相关信息也将失去价值,不具有决策方案的因果性,因此决策往往是在各种不确定条件下形成的。信息的获得能有效排除组织在决策时所面临的各种不确定因素,决策过程中信息所能够排除的不确定因素越多,信息的价值就越大。

3.5 数据、信息、知识

数据、信息与知识有着密切的关系,而在日常生活中却又经常被不加区别地使用。但是从信息管理的角度看,它们是有区别的。

图 3-2 所示的数据、信息与知识的关系表明,这几个术语有着层次上的区别。它们存在着加工、处理和应用上的逻辑递进关系。

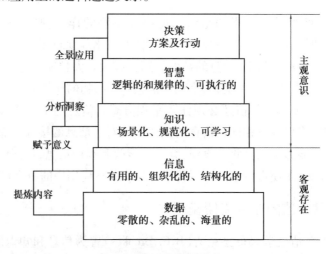

图 3-2　数据、信息与知识

3.5.1　数据(Data)

数据是对客观事物的属性的抽象标识,是未经组织的符号、数字、图像和信号,通过它们客观事物可以得到定性或定量的记录。而这些记录往往是零散的、片面的、缺乏相互联系的。在数据表达为有用的形式之前,数据本身是没有任何用途的。

通过对数据进行适当的加工、提炼,可以得到对其所表征的事物的认识——内容,这种对数据加工后得到的内容我们称之为信息。

因此,可以认为,信息是加工后的数据,而数据只是加工信息的原材料。对于数据,不同的学者给予了不同的定义。大体上有以下类别:

①数据即事实。数据是未经组织和处理的对事物离散的、客观的观察。由于缺乏上下文和解释,数据本身是没有任何含义和价值的。如果将事实定义为真实的、正确的观察,那么并非所有的数据都是事实。错误的、无意义的、非感知的数据不属于事实。

②数据即信号。从获取的角度,数据是基于感知的信号刺激或信号输入。而感知包括视觉、听觉、味觉、触觉等。所以,数据也被定义为感知到的一种或多种信号。

③数据即符号。无论数据有没有意义,其都可以表达为感官刺激或感知的符号集合。代表性的符号如:单词、数字、图表、图形和视频等,是人类社会用以沟通的基本手段。因此,数据就是记录或保存的事件或情景的符号。

3.5.2　信息(Information)

这里可以从与数据的关系的视角,重新定义信息,它是有一定含义的,有逻辑的,经过加工处理的,对决策有价值的数据。即信息是被赋予了意义和目的的数据。信息和数据的区别在于信息是有用的、有意义的。它能够回答诸如:谁、是什么、在哪里、有多少、什么时候等问题。因此信息是赋予了生命的数据,它能够辅助信息使用者的决策或行动。

信息具有以下基本特性:

①结构性与功能性:信息是按照一定的目的组织起来的结构化数据,与特定的目标和上下文有关联,是有特定功能的有意义的数据。

②表征性和主体性:信息是能够表征事物特定属性的数据;同时信息具有主体性,符合其所依附的对象。

3.5.3　知识(Knowledge)

知识是通过归纳、演绎、分析和解释等手段使信息的有价值的部分沉淀下来,并与已存在的人类知识体系相结合的信息集合。知识能够有效地反映事物运动、变化的一般规律,并指导人们进行有目的的行动。它是系统化、组织化后的信息。它提供一个框架和环境,用以评估和融入新的经验和信息。知识通常体现于文档和资料的描述中,也流转于组织的流程、处理和实践中。关于知识存在着以下的定义：

①知识即处理。与信息是组织化或结构化数据的定义相类似，知识既是多个信息源经过加工处理，在特定问题上的合成，也是情景信息、应用价值、经验和规则的合成。

②知识即过程。知识是一个通过实践经验了解"是什么（Know what）""为什么（Know why）""怎么做（Know how）"的过程。知识从经验背景中引申出一个连贯的、自我一致的协调行为。

③知识即命题。知识被认为是概念的构建或认知框架的外部化。

3.5.4　智慧（Wisdom）

智慧是人类基于已有的知识，针对物质世界运动过程中产生的问题，根据获得的信息进行分析、对比、演绎而形成的解决问题的方案和能力。知识与智慧之间存在一种状态：理解，即智慧是对经过评估后的知识的理解，是增加了应用价值和有效性的知识，并且是独特的和个性化的。

由此，整合以上概念，我们得到"信息链"的概念：一个完整的信息链由"事实"→"数据"→"信息"→"知识"→"智慧"五个环节组成，如图3-3所示。

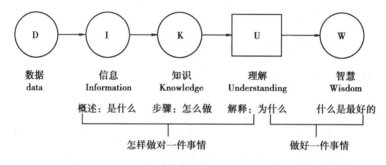

图3-3　由数据到智慧的信息链

在此链条中，上游是对事物存在的客观描述，其具有物理属性和表现属性；而下游则是认知主体主观意识的表达，具有认知属性和应用属性。它以数据为基础，按照信息流依次完成由数据到智慧的转换。

3.6　信息资源

3.6.1　信息资源的定义

"信息资源"是信息与资源两个概念整合、衍生而形成的概念，信息是事物及其运动的一种普遍属性，而资源是通过人类的参与而获得或可获得、可利用的物质、能源和信息的总和。因此，对于信息资源，可以这样认为：

①信息资源是信息的集合。信息积累达到一定数量时,才能成为信息资源。因此,信息资源是描述事物及其运动的多种信息的总和或集成。

②信息资源是经过选择的有用信息的集合。有用性是一切资源的本质属性,信息资源亦不例外。从众多的信息中提取出有用信息并将之与无用信息区分开来,是实现信息管理并发挥其资源效用的基本任务。

③信息资源是经过组织的有序信息的集合。无序信息不仅无法利用,还会阻碍信息的传递、交流和开发、利用。缺乏控制、未经组织和治理的信息不能成为有用资源。

信息资源从本质上讲,是一种附加了人类劳动的信息。因此,构成信息资源的要素是信息、人、符号、载体。信息是信息资源的源泉,人是信息资源的产生者和利用者,符号是生产、传递和利用信息资源的媒介和手段,而载体是存储和利用信息资源的物质形式。

信息作为一种资源,从狭义的角度理解,是指经过有序化加工并大量积累后的有用信息的集合;从广义的角度理解,信息资源还包括信息资源的生产者、信息和信息技术三个基本要素。

综上所述,我们将信息资源定义为:"信息资源是经过收集、筛选、组织、加工、存储,能够满足人们需求的各种信息的集合。"

3.6.2　信息资源的特征

1) 共享性和选择性

美国哈佛大学的研究小组给出了著名的资源三角形。他们指出:没有物质,什么都不存在;没有能量,什么都不会发生;没有信息,任何事物都没有意义。但物质和能量的利用具有占有性和消耗性,利用者之间是一种竞争关系;而信息资源可以使利用者在同等程度上共享同一份信息。与此同时,同样的信息在不同的用户中可能体现不同的价值,因此,信息资源的有效配置具有可选择性。

2) 有限性和时效性

信息是无限存在的,但信息成为有用资源时,则具有了有限性。稀缺性是经济资源最基本的经济学特征,在既定的时间和空间里,信息资源的拥有量总是有限的。另外,信息资源具有明显的时效性,需要注意掌握其利用和开发的时间。

3) 积累性和保存性

信息资源必须经过长期的、有目的性的系统积累,才能形成一定的规模和具备满足应用的效用。只有将信息资源有效保存并不断进行正向积累,才能确保在需要时向使用者提供。

4) 分散性和多样性

满足同一应用问题需求的信息资源,通常分散存储在不同的机构和媒介上,其内容又往往存在重复和交叉。同时,信息资源从载体到内容往往呈现多样性。

5) 不稳定性和价值差异性

信息资源是一种动态资源,呈现不断更新、不断丰富、不断增长的趋势。不稳定性主要指电子信息,信息的地址、信息的链接、信息的内容处于不断的变化中,信息的消亡和更迭无法预测。另外信息资源受收集者与发布者的价值取向影响,存在很大的自由度和随意性。

3.6.3　信息资源的管理

信息资源管理(Information Resources Management, IRM)是为确保信息资源的有效利用,以现代信息技术为手段,对信息资源实施计划、预算、组织、分配、协调和控制的一种人类管理活动,是由多种人类信息活动所整合而成的特殊形式的管理活动。

美国信息资源管理领域的学者霍顿(F. W. Horton)和马钱德(D. A. Marchand)等人在20世纪80年代初就指出:信息资源与人力、物力、财力和自然资源一样,都是企业或组织的重要资源,因此,应该像管理其他资源那样管理信息资源。

信息资源的管理包括数据资源管理和信息处理管理。数据资源管理强调对数据的控制,而信息处理管理则关心管理人员在特定的条件下如何有效地获取、处理和利用信息,且强调企业信息资源的重要性。

信息资源管理的基本任务是通过增强企业处理动态和静态条件下内、外信息需求的能力来提高管理的效益。以期达到"高效(Efficient)、实效(Effective)和经济(Economical)"的最佳效果,也称信息资源管理的3E原则。这三者之间的关系密切,互相制约。因此,信息资源管理的核心内容就是信息资源的合理、有效的配置。而信息资源的充分开发和有效利用则是信息资源管理的基本目标。

信息资源管理的发展是具有阶段性的。其大致分为四个阶段,即物理控制阶段、自动化技术管理阶段、信息资源管理阶段和知识管理阶段。信息资源管理可以用推动力量、战略目标、基本技术、管理方法和组织状态等因素进行比较。

3.7　大数据(Big Data)

随着信息技术的广泛应用,数据爆炸式的增长正在出乎人们的想象。据预计,到2020年,全球以电子形式存储的数据量将达到35 ZB(1 ZB等于1万亿GB),是2011年全球数据总量1.8 ZB的20倍。美国图灵奖得主Jim Gray则提出了"每18个月产生的数据,是过去所有数据的总和"这一所谓新摩尔定律的判断。数据的疯狂增长,使得适应和有效应对数据增长成为整个社会关注的焦点。"大数据"的概念正是在这一背景下应运而生的。

　　早在 1980 年，著名的未来学家阿尔文·托夫勒在其出版的《第三次浪潮》一书中，便将大数据热情地赞颂为"第三次浪潮的华彩乐章"。而真正引发对"大数据"重视的则是全球知名的战略咨询公司——麦肯锡。麦肯锡公司在其研究报告（Big data：The next frontier for innovation，competition，and productivity，McKinsey Global Institute，May 2011）中指出："数据已经渗透到每一个行业和业务职能领域，逐渐成为重要的生产因素；而人们对于海量数据的运用将预示着新一波生产率增长和消费者盈余浪潮的到来"。世界经济论坛（WEF）2012 年也发布报告，认定大数据为新的财富，其价值堪比石油。能否充分利用和把握大数据的机遇，将是决定未来成败的关键。

　　伴随麦肯锡公司的这一报告的发布，大数据引起了世界各国的高度重视。首先响应的是美国，2012 年 3 月，时任美国总统的奥巴马宣布了"大数据研发计划"（Big Data Research and Development Initiative）。并为该计划特别拨款 2 亿美元，计划目的在于提高人们从海量和复杂数据中获取知识的能力，加速美国在科学与工程领域前进的步伐，增强国家安全，转变现有教学和学习方式。2016 年 5 月美国联邦政府在 NITRD 计划框架下增列了"THE FEDERAL BIG DATA RESEARCH AND DEVELOPMENT STRATEGIC PLAN"。

　　在我国，大数据及其应用作为国家战略得到了应有的关注。2017 年 12 月，中共中央政治局就实施国家大数据战略进行了集体学习。会议指出：大数据是信息化发展的新阶段。随着信息技术和人类生产生活交汇融合，互联网快速普及，全球数据呈现爆发增长、海量集聚的特点，对经济发展、社会治理、国家管理、人民生活都产生了重大影响。

　　我们要瞄准世界科技前沿，集中优势资源突破大数据核心技术，加快构建自主可控的大数据产业链、价值链和生态系统。要加快构建高速、移动、安全、泛在的新一代信息基础设施，统筹规划政务数据资源和社会数据资源，完善基础信息资源和重要领域信息资源建设，形成万物互联、人机交互、天地一体的网络空间。要发挥我国制度优势和市场优势，面向国家重大需求，面向国民经济发展主战场，全面实施促进大数据发展行动。

　　要构建以数据为关键要素的数字经济，推动互联网、大数据、人工智能同实体经济深度融合。要运用大数据提升国家治理现代化水平。要建立健全大数据辅助科学决策和社会治理的机制，推进政府管理和社会治理模式创新，实现政府决策科学化、社会治理精准化、公共服务高效化。要运用大数据促进保障和改善民生，推进"互联网+教育""互联网+医疗""互联网+文化"等。要切实保障国家数据安全。要加强关键信息基础设施安全保护，强化国家关键数据资源保护能力，增强数据安全预警和溯源能力。

　　然而大数据既然叫大数据，就一定具有不同于传统数据的基本属性和特征。作为一种新型的、重要的信息资源，可以将大数据的特点归纳为以下四点：

　　①数据规模巨大（Volume）。传统大型数据集的规模一般为 TB 级别，而大数据的规模则从 TB 级跃升至 PB 级，并且通过各种设备产生的数据形成了海量数据。

②数据类型繁多(Variety)。大数据不再是传统单一的结构化数据,而是包括网络日志、视频、图片和地理位置信息等多种形式的非结构化信息,其在编码方式、数据格式、呈现方式、应用特征等多个方面存在差异性,而且常常是多信息源的异构数据。

③价值密度低(Value)。价值密度的高低与数据总量的大小成反比。以视频为例,一部1小时的视频,在连续不间断的监控中,有用数据可能仅有一二秒。如何通过强大的机器算法更迅速地完成海量数据的价值"提纯",成为目前大数据背景下亟待解决的难题。

④处理速度快(Velocity)。数据增长速度快,处理速度也快,时效性要求高。比如搜索引擎要求几分钟前的新闻能够被用户查询到,个性化推荐算法尽可能要求实时完成推荐。这是大数据区别于传统数据的显著特征。

此外,还可以增加一个特征——复杂性,即大数据的处理手段复杂(Complexity)。例如,在数据的采集阶段需要将分布在异构数据源中的数据,如关系数据、平面数据文件、流数据(Data Strom)多媒体数据等抽取到临时中间层后进行清洗、转换、集成、整合;而在数据的存储阶段,则需要针对异构数据,混合采用关系数据库、非关系数据、分布式文件系统、数据仓库等技术;在数据处理阶段,需要综合运用相关分析、关联规则分析、聚类分析、遗传算法、神经网络、模拟仿真、机器学习等分析、处理方法;在信息处理结果的呈现阶段,则需要利用标签云(Tag Cloud)、聚类图、空间信息流、热图等可视化手段。

以上这些特征汇集到一起构成了大数据(4V+1C)的特征。

更为重要的是,大数据对我们运用和分析数据的传统、固有观念带来了颠覆性的根本改变,英国牛津大学教授维克托·迈尔·舍恩伯格(Viktor Mayer Schönberger)和《经济学人》杂志编辑肯尼思·库克耶(Kenneth Cukier)在其合著的畅销书《大数据时代:生活、工作与思维的大变革(*Big Data:A Revolution That Will Transform How We Live,Work,and Think*)》中指出大数据带来的信息风暴正在变革我们的生活、工作和思维,大数据开启了一次重大的时代转型。而这些改变集中表现在三个方面:"是全部数据,而不是随机采样";"是大体方向,而不是精确制导";"是相关关系,而不是因果关系"。

①不是随机样本,而是全体数据:在大数据时代,我们具有了可以收集、提取和分析更多数据的条件和能力,有时候甚至可以处理与某个特别现象相关联的所有数据,而不再依赖于传统的随机采样(随机采样,以前我们通常把这看成理所应当的限制,但高性能的数字技术让我们意识到,这其实是在条件制约下的一种人为限制)。

②不是精确性,而是混杂性:可供研究的数据如此之多,以至于我们不再热衷于追求数据研究的精确度。之前需要分析和能够获取的数据很少,所以我们必须尽可能精确地量化我们的记录,随着数据规模的扩大,对精确度的痴迷将减弱;拥有了大数据,我们不再需要对一个现象刨根问底,只要能够掌握该现象大体的发展方向及演变规律即可,适当地忽略微观层面上的精确度,可能会让我们在宏观层面拥有更好的洞察力。

　　③不是因果关系,而是相关关系:我们不再热衷于寻找因果关系,寻找因果关系是人类长久以来的思维习惯。但是,在大数据时代,我们无须再紧盯事物之间的因果关系,而应该致力于寻找事物之间的相关关系;相关关系也许不能准确地告诉我们某件事情为何会发生,但是它会提醒我们这件事情正在发生或将要发生,从而对之做出正确、有效的应对。

　　舍恩伯格认为,世界的本质就是大数据,大数据正在开启重大的时代转型。大数据正在改变人们生活以及理解世界的方式,正在成为新发明和新服务的源泉。从因果关系到相关关系的思维变革,正是大数据应用的关键,建立在相关关系分析法基础上的预测才是大数据应用的核心。

　　以上大数据的特征和由大数据带来的改变,为我们有效地处理和应用大数据提出了挑战。

　　首先是数据管理的挑战。来自不同来源、不同标准,数据量大小不一、结构形式多样、实时性要求不同的数据,增加了数据采集、数据编辑、数据索引、数据提取以及数据整合的困难,需要对传统的数据传输工具(Extract-Transform-Load,ETL)及其流程进行重新设计。

　　其次是数据挖掘的挑战。大数据价值密度低,其内容提取要求大量的仿真和计算,必须同时协调成百上千个参数,大多数的数据挖掘算法具有很高的计算复杂度,需要实时操控超量和耗时的计算任务,需要全新的数据挖掘方法和算法的支持。

　　再次是数据呈现的挑战。多结构、多层次的分析数据需要可视化最终甚至是中间的计算结果,可能需要脑机工程技术,以便组合自动计算和高级智能,获得更直观、自觉的洞察力。

　　最后是数据应用的挑战,通过挖掘、分析大数据,洞察问题、发现规律、明辨风险、精准预测并将其结果有效地应用于所面临的问题是大数据应用的关键。

　　应对上述挑战,既对技术方面提出了全新的要求,也对具备相应能力的专门人才提出了需求,这样的人才麦肯锡称为"数据深度分析人才"。

　　在美国,根据麦肯锡公司的分析预测,2018 年具备深度分析大数据能力的人才的供给与需求之间的缺口就高达 19 万人之多;而在中国,2017 年较之于 2016 年,大数据人才的需求量猛增 6 倍之多。其中,对于自然语言处理(NLP)和自然语言理解(NLU)、大数据开发、数据深度挖掘、图像/视觉及智能硬件等人才需求总量超过 60 万人。

　　因此,针对大数据分析人才的这种强劲的社会需求,我们必须着力加强对信息管理人才,尤其是加强对能够依托大数据展开深度分析进而支持决策和控制的信息管理人才的培养,扩大信息管理人才培养的数量,提高信息管理人才培养的质量。

　　而在技术需求方面,为了应对大数据有别于传统数据加工、处理和应用的特殊要求,世界上的相关计算服务供应商,纷纷研究和提供技术解决方案。图 3-4 是有关大数据应用的一整套技术解决体系。

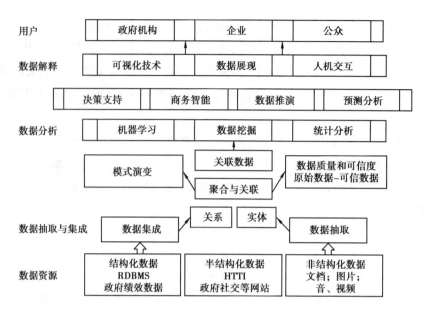

图 3-4 大数据应用技术解决体系

【案例】

大数据应用案例:奥伦·埃齐奥尼的 Farecast 系统

2003 年,美国华盛顿大学计算机科学系教授、艾伦人工智能研究所首席执行官奥伦·埃齐奥尼(Oren Etzioni)准备乘坐从西雅图到洛杉矶的飞机去参加弟弟的婚礼。他知道飞机票越早预订越便宜,于是他在这个大喜日子来临之前的几个月,就在网上预订了一张去洛杉矶的机票。在飞机上,埃齐奥尼好奇地问邻座的乘客花了多少钱购买机票。当得知虽然那个人的机票比他买得更晚,但是票价却比他便宜得多时,他感到非常气愤。于是,他又询问了另外几个乘客,结果发现大家买的票居然都比他的便宜。对大多数人来说,这种被敲竹杠的感觉也许会随着他们走下飞机而消失。然而,埃齐奥尼是美国最有名的计算机专家之一,从他担任华盛顿大学人工智能项目的负责人开始,他创立了许多在今天看来非常典型的大数据公司,而那时候还没有人提出"大数据"这个概念。

1994 年,埃齐奥尼帮助创建了最早的搜索引擎 MetaCrawler,该引擎后来被 InfoSpace 公司收购。他联合创立了第一个大型比价网站 Netbot,后来把它卖给了 Excite 公司。他创立的从文本中挖掘信息的公司 ClearForest 则被路透社所收购。在他眼中,世界就是一系列的大数据问题,而且他认为他有能力解决这些问题。作为哈佛大学首届计算机科学专业的本科毕业生,自毕业以来,他也一直致力于解决这些问题。

飞机着陆之后,埃齐奥尼下定决心要帮助人们开发一个系统,用来推测当前网页上的机票价格是否合理。作为一种商品,同一架飞机上每个座位的价格本来不应该有差别。但实际上,价格却千差万别,其中缘由只有航空公司自己清楚。

埃齐奥尼表示,他不需要去解开机票价格差异的奥秘。他要做的仅仅是预测当前的机票价格在未来一段时间内会上涨还是下降。这个想法是可行的,但操作起来并不是那么简单。这个系统需要分析所有特定航线机票的销售价格并确定票价与提前购买天数的关系。

如果一张机票的平均价格呈下降趋势,系统就会帮助用户做出稍后再购票的明智选择。反过来,如果一张机票的平均价格呈上涨趋势,系统就会提醒用户立刻购买该机票。换言之,这是埃齐奥尼针对 9 000 米高空开发的一个加强版的信息预测系统。这确实是一个浩大的计算机科学项目。不过,这个项目是可行的。于是,埃齐奥尼开始着手启动这个项目。埃齐奥尼创立了一个预测系统,它帮助虚拟的乘客节省了很多钱。这个预测系统建立在 41 天内价格波动产生的 12 000 个价格样本基础之上,而这些信息都是从一个旅游网站上搜集来的。这个预测系统并不能说明原因,只能推测会发生什么。也就是说,它不知道是哪些因素导致了机票价格的波动。机票降价是因为很多没卖掉的座位、季节性原因,还是所谓的周六晚上不出门,它都不知道。这个系统只知道利用其他航班的数据来预测未来机票价格的走势。"买还是不买,这是一个问题。"埃齐奥尼沉思着。他给这个研究项目取了一个非常贴切的名字,叫"哈姆雷特"。

这个小项目逐渐发展成为一家得到了风险投资基金支持的科技创业公司,名为Farecast。通过预测机票价格的走势以及增降幅度,Farecast 票价预测工具能帮助消费者抓住最佳购买时机,而在此之前还没有其他网站能让消费者获得这些信息。

这个系统为了保障自身的透明度,会把对机票价格走势预测的可信度标示出来,供消费者参考。系统的运转需要海量数据的支持。为了提高预测的准确性,埃齐奥尼找到了一个行业机票预订数据库。有了这个数据库,系统进行预测时,预测的结果就可以基于美国商业航空产业中,每一条航线上每一架飞机内的每一个座位一年内的综合票价记录而得出。如今,Farecast 已经拥有惊人的约 2 000 亿条飞行数据记录。利用这种方法,Farecast 为消费者节省了一大笔钱。

棕色的头发,露齿的笑容,无邪的面孔,这就是奥伦·埃齐奥尼。他看上去完全不像是一个会让航空业损失数百万潜在收入的人。但事实上,他的目光放得更长远。2008年,埃齐奥尼曾计划将这项技术应用到其他领域,比如宾馆预订、二手车购买等。只要这些领域内的产品差异不大,同时存在大幅度的价格差和大量可运用的数据,就都可以应用这项技术。但是在他将该计划实施之前,微软公司找上了他并以 1.1 亿美元的价格收购了 Farecast 公司。而后,这个系统被并入微软的必应搜索引擎。

到 2012 年为止,Farecast 系统使用了将近十万亿条价格记录来帮助预测美国国内航班的票价。到此时 Farecast 票价预测的准确度已经高达 75%,使用 Farecast 票价预测工具购买机票的旅客,平均每张机票可节省 50 美元。

Farecast 是大数据应用的一个缩影,也代表了当今世界发展的趋势。在五年或者十年之前,奥伦·埃齐奥尼是无法成立这样的公司的。他说:"这是不可能的。"那时候他所需要的计算机处理能力和存储能力太昂贵了! 虽说技术上的突破是这一切得以发生的主要原因,但也有一些细微而重要的改变正在发生,特别是人们关于如何使用数据的理念。

3.8 信息方法

3.8.1 信息方法的定义

所谓信息方法是指:"运用信息的观点,将所研究对象的运动过程看作借助于信息的获取、传递、加工、处理而实现其有目的的运动的一种研究方法"。

3.8.2 信息方法的特点

信息方法以信息的概念作为分析和处理问题的基础和视角,它完全撇开所研究对象的原有的具体结构和运动形态,而把对象系统的有目的性运动抽象为信息的加工、变换过程加以整体研究,从这一过程中发现问题、得出解释,并寻求基于信息技术的解决方案。

3.8.3 信息方法的功能

1)信息方法能够有效揭露物质运动形态之间的信息联系

人脑和机器是信息方法两种截然不同的物质运动形式。但是,我们用信息方法去考察就不难发现它们之间的对应关系和共同本质。人脑是一百多亿种细胞组成的,神经细胞可以处于兴奋和抑制两种状态。而电子计算机是由许多电子器件组成的机械,相应地有接通和断开两种状态。人脑工作的特征是利用神经脉冲,而机器可以利用电脉冲。机器与人脑都具有从外界获得信息、加工处理、传递信息的能力,它们存在着共同的信息联系,可以把它们看作一个信息变换的系统。从而认识到人脑这种高级运动形式的某些本质特征,为利用机器来模拟并代替部分人脑的功能提供科学根据。

2)信息方法能够揭示事物运动更深层次的活动规律

20世纪60年代以来,通过对生物遗传的深入研究,揭示了不同的核苷酸三元组遗传信息方法信息密码。通过解读其信息密码我们得知,许多以往使人无法理解的病变和症状,正是由于遗传信息密码及组合发生了变化而导致的。患者毛发皆白,而且畏光的白化病就是这样的遗传病。到目前为止,已发现了三千余种的遗传性疾病和症状。这为我们了解这些疾病的成因,攻克疾病的治疗方法提供了靶标。

3)信息方法可以提高掌握和运用客观规律的能力

我们知道,动物之中具有完整的发送和接收信息的生物通信系统。它们通过气味、姿态、色彩、超声波、电磁场等多种形式,互相递送信息。雌天蚕蛾就是通过性信息素的"气味语言",招引来甚至远在几千米以外的雄天蚕蛾。把握了生物信息通信的秘密,人们就可以用来趋利避害。目前,人们已经弄清楚了两百多种害虫的信息素的化学结构,并能合成其中的三十多种。

在农业领域,利用生物信息,采用人工合成的性信息素作为"性诱剂",把害虫聚而歼之,不但效果良好,而且不会造成环境污染和生态破坏。所以性诱剂灭虫方法又被誉为"无公害的农药"。

4)复杂的现代化组织管理不能不借助于信息方法

信息方法为科学技术、生产过程、社会管理的现代化提供了有效的手段,不论从事生产、科学实验以及经营管理都离不开人、物和信息。任何一项实践活动都离不开这三股流(人流、物流、信息流),其中任何一种流通过程发生堵塞、中断,都将会造成实践活动的破坏和停顿,而在这三股流中,信息流起着很大作用。信息流调节着人流和物流的数量、方向、速度、目标,它驾驶和控制着人和物做有目的、有规则的活动。

因此,复杂的现代化的组织管理不能不借助于信息方法。例如,铁路运输的管理,其中有许多具体变化是难以事先预测的。这就需要根据线路、货栈、机车、车辆、装卸能力、运行时间和流向等情况,将各种信息加以综合处理,以获得最为合理、最为经济有效的调度方案,并根据情况的变化不断加以调整。无数事实证明,它为实现科学技术、生产、经营管理,以及社会管理的现代化提供了有力的武器。

随着信息资源的开发利用和信息方法的应用,人们越来越认识到信息方法对于实现现代化社会的重要作用。没有信息化,现代化的一切活动就无法有效地进行。比如,在生产、商业、经济、行政管理以及各种工程技术自动化系统中,只有获得信息,并对信息进行处理、分析,通过正确的认识和判断,才能做出计划,实现有目的性的行动。信息方法的广泛应用,必然对国民经济各个部门产生直接的促进作用,大大推动各行各业的现代化。

3.8.4 运用信息方法的基本准则

1)信息方法的功能性准则

运用信息方法对复杂事物及其运动进行研究时,不需要对事物的具体结构和运动状态加以解剖性的分析,而是对伴随其运动过程的信息流程加以综合性考察,着眼于该对象系统在与环境交互作用过程中的动态功能,从而获得关于事物整体的知识——这就是信息方法的功能准则。

2)信息方法的整体性准则

信息方法不是割断系统的联系,不是用孤立的、局部的、静止的方法研究事物及其运动,也不是那种在剖析基础上进行简单的机械综合,而是运用系统方法,直接从整体出发,用联系的、全面的、转化的观点去综合分析对象系统的运动过程,并得出问题的解决方案——这就是信息方法的整体准则。

【案例】

信息方法的运用案例:艾拉托斯特尼的惊人贡献

已经消失的亚历山大图书馆是古代世界最为浪漫的传说之一。自公元前 330 年,该图书馆的目标就是成为世上每一片有用信息的居所。古希腊人艾拉托斯特尼（Eratosthenes，公元前276—公元前194年，著名的天文学家和地理学家）是该图书馆的第三任管理员。他做出了在那个时代人们所不可想象的事情，他在世界上第一次正确测算出了地球的周长！

艾拉托斯特尼通过观察了解到，在古埃及的色耶尼（即现在埃及的阿斯旺），仲夏正午的阳光会在头顶直射而下，投射到色耶尼的一口深井的井底，这意味着这个时刻太阳完全在井底的正上方。他通过骑乘骆驼往来于色耶尼与亚历山大之间所花费的时间得知，色耶尼在亚历山大正南约5 000斯塔德（古埃及的距离单位，约为800千米），并通过测量，同一时刻，太阳在亚历山大城的仰角约为7°12′，其大约是圆周长的1/50的圆弧所对应的圆心角的大小，通过这两个信息，艾拉托斯特尼令人惊奇地推算出了地球的周长。他是这样计算的，利用对地球的认识，假设地球是球体，而且有360°；那么5 000斯塔德就约为整个地球周长的1/50。于是艾拉托斯特尼通过简单的计算，求得地球的周长为250 000斯塔德。但是源于他对于一个能够被60整除的数字的渴求，他将计算的结果延伸到了252 000斯塔德。

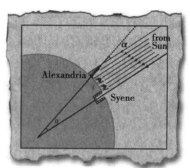

艾拉托斯特尼所得到的这一结果与实际数字非常接近。现在我们公认的地球周长是24 901.55英里（40 075.16千米），故而他的结果与我们知道的精确的地球周长仅仅偏差约0.004%！（这里我们选取了他的原始计算结果——250 000斯塔德）。难道不值得我们为他所获得的结果的精准程度赞叹吗。

在艾拉托斯特尼所生活的时代，既没有精确的测量设备，也没有环球航行的能力，更不可能借助卫星进行遥测。而他仅仅是坐在自己的图书馆里，以简单的观测和分析所获得的信息为基础，加上合理的演算就得到了即使现在看来也是如此完美的结果。这就是信息方法的奇特妙用！它能够化平凡为神奇。

以上案例给我们的启示是：当面对一个问题，应用传统领域知识或分析方法无法得到有效的解决方案时，我们可以求助于信息方法，将问题原有的物理运动过程抽象为信息加工处理的过程，从而寻求基于信息技术的解决方案。信息普遍存在于所有事物的运动过程，因此，信息方法具有普适性的应用价值。

3.9　信息管理

信息管理(Information Management,IM)是以现代信息技术为手段,对人类社会信息活动的各种相关因素(包括人、信息、技术和机构等)进行科学地规划、组织、控制,以实现信息资源的合理开发与有效利用的过程。包括对信息资源和信息活动的管理。

(1)信息资源

它是信息生产者、信息、信息技术的有机体。信息管理的根本目的是控制信息的合理流动、实现信息的效用与兑现信息的价值。但是,信息并不都是资源,要使其成为资源并实现其效用和价值,就必须借助"人"的智力和信息技术等手段。因此,"人"是控制信息资源、协调信息活动的主体,是主体要素,而信息的收集、存储、传递、处理和利用等信息活动过程都离不开信息技术的支持。没有信息技术的强有力作用,要实现有效的信息管理是不可能的。由于信息活动本质上是为了生产、传递和利用信息资源,信息资源是信息活动的对象与结果之一。信息生产者、信息、信息技术三个要素形成一个有机整体——信息资源,是构成任何一个信息系统的基本要素,是信息管理的研究对象之一。

(2)信息活动

它是指人类社会围绕信息资源的形成、传递和利用而开展的管理活动与服务活动。信息资源的形成阶段以信息的产生、记录、收集、传递、存储、处理等活动为特征,目的是形成可以利用的信息资源。信息资源的开发利用阶段以信息资源的传递、检索、分析、选择、吸收、评价、利用等活动为特征,目的是实现信息资源的价值,达到信息管理的目的。

信息活动是一种社会规模的活动,它是涉及广泛的社会个体、群体、国家普遍参与的信息获取、控制和利用的活动。按照信息方法的思想,这种活动又是它所伴随的人类有组织的管理活动的抽象与表达。对信息活动实施有效的管理,进而支持对它所映射和代表的人类的有组织、有目的的活动,是信息管理的重要目的。

因此,信息管理包含了两个层面的含义:

①对信息资源的管理:即是对信息本体的管理。即以信息资源为管理对象,围绕其生命周期,进行信息的收集与组织、存储与检索、分析与预测、提供与服务的管理过程。

②基于信息的管理:即是以信息方法为视角,以信息技术为手段,以信息活动所抽象和代表的管理活动为对象,针对其所面临的挑战,寻求并提供以信息技术为依托的解决方案,并实施有效管理的过程。

以上内容构成了信息管理学的基本研究范畴,即研究如何有效地实现对信息资源的管理以及怎样通过信息管理实现现代化管理。

第4章　系统的概念

4.1　系统的定义

尽管"系统(System)"一词频繁出现在当代的社会生活和学术领域中,但不同的人在不同的场合,往往赋予"系统"一词以不同的解释和含义。长期以来,系统的定义和其特征的描述无统一、规范的定论。

对于系统的定义,我们推荐以下几种:

定义1:系统是由若干要素(或部分)组成的统一体。这一定义又称为系统的广义定义,它泛指客观世界中广泛存在的各式各样的系统。

系统是普遍存在的,在宇宙间,从基本粒子到河外星系,从人类社会到人的思维,从无机界到有机界,从自然科学到社会科学,系统无所不在。按宏观层面分类,它大致可以分为自然系统、人工系统、复合系统。但是,无论什么样的系统,我们都可以用以上定义统合。因此定义1又称为广义的系统定义。

定义2:系统是由相互作用、相互依赖的若干组成部分结合而成的、具有特定功能的有机整体。而且这个有机整体又是它所从属的更大系统的组成部分(钱学森,1978)。

这一定义特指人造系统,因此此定义可以称为狭义的系统定义,它指出了人造系统的最根本的属性——目的性,即任何人造系统一定是围绕特定功能的实现而整合相关因素所形成的有机整体。

定义3:系统是由若干相互联系、相互作用的若干要素经特定关系组成,并与环境发生关系的具有整体功能的有机整体(Von Bertalanffy,1968)。

这一定义突出了系统与环境的关系,而系统与环境的区分则由系统的边界界定。贝塔朗菲(Von Bertalanffy)认为:"任何作为可以独立研究的实体的系统,必须有空间或动态的边界。"边界的内部是多种要素构成的系统的各部分,而边界的外部是多种条件构成的系统的环境,系统的行为要受到环境的影响和制约,而系统的行为还可以反作用于环境。同时,这一定义还突出强调了系统的整体性特征,贝塔朗菲指出:"一般系统论是关于'整体'的一般科学"。

4.2　系统的特征

1) 目的性特征：任何系统都是为完成特定目的而构造的

所谓目的性，是指系统在一定的环境下，必须具有达到最终状态的特性，它贯穿于系统发展的全过程，并集中体现了系统发展的总倾向和趋势。一般而言，系统的目的性与整体性是紧密联系在一起的，若干要素的集合，就是为了实现一定的目的。可以讲，没有目的就没有要素的集合，也就没有系统存在的必要性。

因此，人们在实践活动中首先必须确定系统应该达到的目的，以明确系统可能达到什么样的最终状态，以便依据这个最终状态来研究系统的现状与发展。

2) 集合性特征：任何系统都是由若干元素集合而成的

系统是由具有独立的功能的相关要素集合而成的。这些组成要素的功能相互支持、互为依托，是实现系统整体功能所不可或缺的。比如，要搭建一个控制系统，其必须具备5 个基本功能要素：控制对象、控制信息、控制指令、控制目标和控制主体。

这一特征要求，在明确了系统的目标之后，需要通过分析，弄清楚要实现系统的目标，需要具备哪些功能要素，以及实现这些要素所规定的功能的方法与技术路线。

3) 关联性特征：系统的组成元素间存在着相互依赖关系

系统是其构成要素的集合，这些要素彼此之间存在相互联系、相互制约的关系。系统内部各要素之间相对稳定的联系方式、组织秩序及失控关系的内在表现形式，就是系统的结构。例如钟表是由齿轮、发条、指针等零部件按一定的方式装配而成的，但一堆齿轮、发条、指针随意放在一起却不能构成钟表；人体由各个器官组成，而各器官简单拼凑在一起不能称其为一个有行为能力的人。

因此，在考虑系统问题时，在明确了系统的目标以及确保目标实现的所需要的功能要素之后，需要进而分析要素间的联系及其实现的方法，以形成合理的系统结构。

4) 整体性特征：系统的各个组成元素都要服从系统整体

系统的整体性又称为系统性，通常理解为"整体大于部分之和"，也就是说，系统的功能不等于其组成要素功能的简单相加，而是往往要大于各个部分功能的总和。它表明各功能要素在有机地组织成为系统时，这个系统已具有其构成要素本身所没有的新特质，其整体功能也不等于所组成要素各自的单个功能的总和。

之所以提出系统的整体性要求，其最根本的目的是要防范"次优化"问题。所谓次优化问题是指：在我们考察系统时，时常存在这样的系统，当考察组成系统的各个要素时，会发现每一个要素都是最优的，但是其所组成的系统整体却不是最优的。

根据系统整体性的这一特点，在研究任何一个对象的时候，不能仅仅研究宏观上的整体，也不能仅仅研究各个孤立的要素，而是应该了解整体是由哪些要素组成的以及在宏观上构成整体的功能并实现其最优。这就是说,人们在认识和改造系统时,必须从整体性概念出发,从组成系统的各要素间的相互关系中探求系统整体的本质和规律,把握住系统的整体效应。按照整体效应最优的要求,在构建系统时,须着力确保所有的系统要素及其相互间的关系实现均围绕系统整体最优的目标实现,形成1+1>2的系统整体效果。

5)界限性特征:系统边界确定系统范围

任何系统都存在于一定的环境之中,都要和环境有着现实的联系,系统的行为必然要受到环境的影响和制约。

所谓环境是指系统与边界之外进行物质、能量和信息交换的相关客观事物或其总和。系统的边界是系统所包含的功能与系统不包含的功能之间的界限,它由定义和描述系统的相关特征和要素的集合所组成,起到对系统的投入与产出进行过滤的作用,并区分系统及其环境,在边界之外是系统的外部环境,它是系统存在、变化和发展的必要条件。

虽然由于系统的作用,会给外部环境带来某些变化,但更为重要的是,系统外部环境的性质和内容发生的变化,往往会引起系统的性质和内部功能也发生相应变化。因此,任何一个具体的系统都必须具有适应外部环境变化的功能,否则,将难以确保系统持续地生存与发展。因此,在设计系统的时候,必须考虑系统的环境适应性。

以上系统的五大基本特征,既刻画了系统的本质属性,也为研究系统问题提供了逻辑思路与基本框架。

4.3　子系统

系统思想要求在分析、解决系统问题时需将分析对象作为一个整体来考虑,但对于一些组成要素众多、关系错综复杂的大而复杂的系统,欲从系统的整体进行分析难于实现时,可以遵循适当的原则将整个系统划分或分解为若干个具有相对独立性的部分——"子系统",并明确各子系统的边界和接口,以保证既能清晰定义各个子系统之间的关系,又确保所有的子系统之总和构成原来的完整系统。

通过子系统概念的应用,能够缩小问题涉及的范围,减少需要考虑的因素,从而降低大型复杂系统问题的分析难度,并确保当各子系统分别实现其功能时原有整体系统的问题也能够随之得到解决。

对于各子系统还可继续实施分解,直至将子系统分解成易于分析和管理的较小系统为止。

4.3.1　子系统的划分

实施系统的划分必须遵循一定的原则,才能够确保子系统的概念得到成功运用。在划分子系统时需要考虑以下原则:

①功能的独立性原则:确保划分出的子系统具有相对独立性;

②功能的完备性原则:确保经过划分后原系统功能的完备性;

③关系的合理性原则:确保子系统之间相互关系具有合理性。

4.3.2　子系统的化简

运用子系统概念将复杂系统分解成若干较小的子系统对于复杂问题的简化十分重要。但是,作为构成整体系统的相关子系统,其相互之间必然存在着相互联系。因此,需要为其相互联系的实现设计子系统之间的接口。于是,伴随着对系统实施的划分,增加了接口设计的要求。

例如,将原来的整体系统划分为 4 个相互独立而又相互作用的子系统,则将存在 6 个相互连接关系,而一个系统如果有 20 个相互作用的子系统,就可能有 90 个相互联系需要设计接口。由此可见,随着子系统的数量的增加,为实现其相互联系的接口设计的数量也将随之急遽增加。一般地,接口设计的数量将是 $n(n-1)/2$,其中 n 是子系统的数目。

此外,除了接口设计数量的增加,子系统间的联系还有可能非常紧密,从而增加了它们之间相互协调配合的难度,降低了子系统的独立性。比如,假设原材料一经送到工厂就必须立刻投入生产,原材料系统与生产系统就存在着紧密联系。这时,必须按照准确的时间发送原材料,以免延误生产或因原材料过早送达而造成仓储的紧张。这样的紧密联系除了对两个子系统提出过高的协同难度,还降低了其各自的独立性。此时,可以采用化简和解耦两种方式来予以处理。

1)化简

仔细分析划分出来的子系统,将其中相互依赖关系密切的若干子系统聚合成群,构成较大的子系统群,然后规定一个从该子系统群到其他子系统或子系统群的统一接口路径,就能够有效地减少接口设计的数量。

如图 4-1 所示,若将原来的整体系统划分为 8 个相互独立的子系统,并且假定各子系

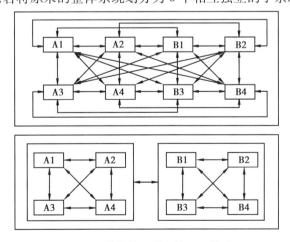

图 4-1　简化接口联系的子系统群

统两两之间均存在着联系,则需要为之设计 28 个实现其相互链接的接口,但经过分析,将其中联系密切的 A1~A4 子系统、B1~B4 子系统分别聚合成两个子系统群,在子系统群内各子系统互联,而群与群之间通过单一接口实现互联。即可将接口设计的数量要求大幅度减少(在本例中由 28 个减少为 13 个),从而可以简化子系统间的接口设计的数量要求。

2)解耦

"耦合"是对两个或两个以上的实体相互依赖于对方的紧密程度的一个量度。相互依赖越是紧密,两个实体的耦合强度就越高。所谓"解耦"就是用相应手段,降低实体间相互依赖的密切程度,将两个密切耦合的运动相互分离开来加以处理的方法。

因此,解耦是继通过聚合方式减少因为运用子系统概念而带来的接口设计的数量要求之后,采取措施降低子系统间相互联系的紧密程度,进而进一步提高子系统彼此之间的相互独立性,并降低子系统之间接口设计难度的方法。在实施解耦时具体可以采取以下方法:

(1)缓冲概念的运用

缓冲(Buffering):利用存储区缓解事物到达速度与离去速度不一致而采用的技术。

在前面描述的原材料系统与生产系统的关系中,要实现原材料一经送到工厂就立刻投入生产的要求具有相当的难度,这要求两个子系统均不能出现任何异常。通过引入"缓冲"概念,在两个子系统间设置一个"库存",即可降低其实现相互联系的难度。当原材料系统将原材料送达,而生产系统不能立刻使用时,可以将送达的原材料暂时存入库存;而当原材料系统不能准时送达原材料时,生产系统可以从库存中获得满足正常生产所需要的原材料。这样既可允许两个子系统的运行具有独立性(在短期内),又可降低实现其相互联系的难度。

(2)松散资源的运用

松散资源又称冗余资源(Redundancy Resources),是为提高系统的可靠性而使用超过满足系统正常运行所需要的资源。在不具备冗余的系统中,任何一种资源的失效将使整个系统失效,而使用冗余资源,当相应资源失效时,冗余资源能够有效承担失效资源的工作,从而避免或减少系统的失效。在不同的应用环境中,冗余资源可以是硬件或是软件,与之对应,则有硬件冗余和软件冗余。

比如,银行中的交易数据非常重要,即使服务器小概率的故障,也会对业务的进行产生很大影响,甚至会影响一个国家的金融体系的稳定。所以,每一个银行的数据至少同时存在两个以上的不同地点的服务器中(这就是一个简单的冗余系统),这与数据备份不一样,备份可以是先存储,再实施备份,而银行系统的冗余系统是同时实现更改,以保证在任意时间,任意一个服务器的故障,都不会引起数据失真,并保障业务的正常营运。

通过使用冗余资源,可以使两个密切联系的系统具有某种独立性,从而简化了需要紧密联系的子系统间接口设计的复杂性。

（3）标准化

1934 年，美国学者约翰·盖拉德在《工业标准化——原理与应用》一书中对标准作了如下定义：标准是以口头或书面形式，或用任何图解方法，或用模型、样品或其他物理方法确立下来的一种规范，目的在于对实际的或潜在的匹配问题（Matching Problems）建立并形成一套有效的解决方案。

两个相互联系的系统，通过标准化接口的设立，可以降低其耦合强度，提高子系统的各自独立性，减少实现其联系的复杂性。

解耦处理方法以及允许相关子系统在处理各自事务中具有某种独立性的方法，对于降低密切联系的系统间的接口设计要求与复杂性是非常有益的。但这并不是无代价的。代价之一是解耦技术本身的成本（如库存成本的增加、冗余资源的采用等）；而代价的另一方面则是为实现最优协调和通信所付出的代价（如生产系统中 JIT 的应用）。因此，需要在两者之间寻求最优化平衡。

4.4　系统的控制

系统控制的理论和实践是 20 世纪对人类的生产活动和社会生活发生重大影响的科学领域。关于系统的某些观念和实践早在两千年前的中国和欧洲即已出现，但是作为一门现代科学，它的产生和发展起源于近代自然科学和技术科学的成就。20 世纪以来，技术科学的巨大进步，激励了科学界从不同的学科和观点出发，对各种自然系统、社会系统和工程系统进行控制理论和控制应用方面的研究，控制科学逐步形成了一门横跨多门科学的横断学科。

所谓控制，直观地说就是施控主体对受控客体的一种能动作用，通过这种作用能够使得受控客体根据施控主体的预定目标行动，并达到期望的目标或目的。

控制作为一种作用，至少要有作用者（即施控主体）与被作用者（即受控主体），以及将控制作用由施加者传递到接受者的传递者这三个必要的元素。

有了这 3 个组成部分，作为一个整体才能够具有控制的功能和行为。于是按照系统的定义，这种由多个元素组成的，具有特定功能的统一体即称之为控制系统。

在控制系统中，不仅施控者作用于受控者，受控者也可以反作用于施控者，前者的作用是控制作用，后者的作用是反馈作用。而作为一个特定的控制系统，总是相对一定的环境而言的，其与环境之间也存在着相互作用。控制系统的控制功能就是通过这些相互作用而实现的，是在不断变化的过程中实现的。

因此，控制系统必然是一个动态的系统，控制过程也必然是一个动态的过程。当实施控制所要达到的目的是实现某种稳定状态时，这种稳定状态本质上只是一种动态平衡。

这种控制系统中施控者与受控者的相互作用关系,以及控制系统与环境的相互作用关系,如图4-2所示。

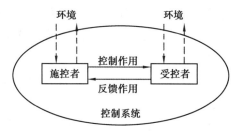

图 4-2　控制系统示意图

4.4.1　系统控制的基本模式

1) 反馈控制

反馈控制是基于反馈原理建立的控制方法。所谓反馈原理,就是根据系统输出变化的信息来实施控制,即通过在系统的输出端设置比较分析手段,比较系统的实际行为(输出结果)与期望行为(目标要求),发现存在的偏差,并采取措施修正系统的行为,以减少或消除偏差,从而获得预期的系统性能。反馈控制其实是用已经发生的情况来指导现在和将来。

(1) 反馈控制的优点

①反馈控制符合人们的认知规律。人们的知识获取必须遵循实践、认识,再实践、再认识的过程。所谓"吃一堑长一智"意思是说受到一次挫折,便得到一次教训,增长一分才智,是经过失败取得教训的道理。在反馈控制模式下,通过比较系统的目标和实际运行的结果,发现存在的问题,探求解决问题的办法,调整系统的行为,得到符合目标要求的结果。这一过程与人们的认知过程完全吻合。

②反馈控制方法容易实现。出现了偏离目标的结果,总是能够发现,而对于已经发现的问题,总是能够寻找出导致其发生的原因,对于已经明确原因的问题,总是能够制订出解决问题的办法。因此,反馈控制具有实践中的可实现性。

(2) 反馈控制的缺点

①反馈控制的根本性缺点是不能实现理想的控制。最理想的控制是能够将不期望的结果控制在未发生状态。而反馈控制则需要在偏离目标的不良结果已经出现,而且这一结果要大到足以能够发现时才能够获悉,并采取措施纠正,而已铸成的不良后果难以改变。

②反馈控制的效果具有时滞性。即从发现偏差到采取控制措施并得到控制效果之间往往存在时间延迟现象。由于系统"惯性定律"的作用,即便是及时发现了问题,并适时采取了控制措施,对象系统依然会沿着偏离目标的方向继续运行,直到在持续的控制作用下逐步改变运动轨迹,返回所要求的目标方向。而对象系统越大,其惯性会越大,达到控制效果的时间将会越长。

③反馈控制措施的力度难以把握。在实施反馈控制时,"矫枉过正"的情况时有发生,这种情况下,控制过程将呈现一个"减幅震荡"的过程。如果出现这种情况,控制效果的实现将会花费更长的时间。

以上缺点的存在,表明反馈控制是存在一定问题的,当不良问题发生的严重程度超出了控制手段能够控制的程度或者实施控制的时机或力度不当,就有可能使得系统失去有效控制,甚至导致系统发生崩溃。

2)前馈控制

系统出现偏离目标的结果,其本质上是由环境向系统输入的异常导致的。在设计系统时,总是按照理想的输入来设计系统的功能,只要是输入保持理想状态,系统就能够正常生产理想的输出。然而,当来自环境的输入发生了意外,不能给予系统以正常输入,而系统仍然按照原来的既定模式运行,偏离目标的结果就不可避免地产生了。

于是,能否从系统的输入端(系统的前端)来寻求实施控制,防范不期望的结果产生,从而实现理想的控制。这种想法显然是合乎逻辑的。前馈控制的思想由此产生。

(1)前馈控制模式

前馈控制在系统的输入端设置模拟分析手段,通过构建模仿真实系统行为的模拟仿真模型,预测系统输入的可能的各种变化,并以这种可能的变化作为系统的输入,借助仿真模型模拟真实系统的运行情况,观测和考察其产生的结果,并将这些结果与预定目标进行比较分析,提前发现可能偏离目标的结果,并针对导致这种结果的因素,预先制订调整系统行为的措施(即应对"预案"),当不期望的输入如期而来时,便启动"预案",提前修正系统的行为,以应对变化了的不期望的输入,从而确保系统所要求的目标结果的实现。

(2)前馈控制的优点

前馈控制的优点是非常明显的,它克服了反馈控制模式下必须在不良结果已经产生才能够加以识别并实施控制的不足,能够有效地实现理想的控制结果,即能够防范偏离目标的不良结果的发生,将其控制在未发生状态。只要能够充分估计到所有的由于环境的改变所导致的不期望的输入变化,并预见到由于这些输入变化可能导致的不良结果,即能够成功制订应对相应变化的预案,从而能够有效防止偏离目标的结果发生,确保在不可控制的外部环境因素发生变化时,依然能够实现既定的目标输出。因此,前馈控制具有的精确性、预见性和及时性,理论上可以做到对被控变量无差控制。

(3)前馈控制的缺点

实施前馈控制必须具备两个前提条件:一是要有大量的、准确的、完备的信息,以支持对输入的所有可能的变化进行有效预测;二是要有科学的、经过实践检验的模拟仿真模型,这种模型既要具备对过程变化的高度敏感性,还要具备动态性特征,能够准确、有效地针对给定的输入,分析出系统可能产生的所有结果。

要同时具备这两个条件,在人们的认知水平没有发展到足够高度,支撑分析手段的信息技术没有充分发展,尤其是模拟仿真技术未得到成熟运用之前,是不可想象的和不能实现的,而在这种情况下采用前馈控制是存在风险的。一旦没有能够预见到的情况发生,系统就有可能出现失控的情况。

3)理想的系统控制模式

理想的控制模式应该兼有上述两种控制模式的优点,即以前馈控制方式为主,以反馈控制为补充。在构建系统时,通过引入模拟仿真的分析手段,充分预估来自环境输入可能发生的所有变化,并针对每一种不期望的变化,预先制订好行之有效的应对措施(预案),从而确保系统在未来不断变化的环境中,始终能够置于有效的控制之下,防止不期望的结果发生;与此同时,将反馈控制方式作为前馈控制方式的补偿机制,以防范出现确实未能预估到的情况发生时,能够通过反馈控制机制形成有效的补救措施。通过这样两种控制方式的有机结合,可以形成如图 4-3 所示的系统理想模型。

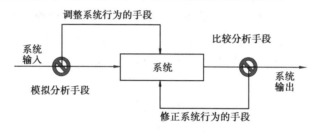

图 4-3　理想的系统控制模型

4.4.2　系统控制的必备要素

1)控制的基本要素

无论是采用反馈控制还是前馈控制,要实现控制必须具备下列 5 个基本要素:
①系统的目标;
②被控制的特征或状态;
③获取状态的手段;
④比较状态与目标的手段;
⑤调整系统行为的手段。

2)必要的变化定律

系统控制论的基本概念之一是"为了达到控制的目的,需要有必要的变化。"对此,已经有严格的公式证明。通俗地讲,为了控制系统面临的每一种可能的状态变化,必须要有相应的控制作用。要控制系统面临的一百种状态,就必须存在一百种不同的控制作用。这一概念也可以解释为:实施控制所采用的控制变量数至少要等于那些使系统脱离控制的状态数。

对于控制系统的设计者而言,必要的变化定律意味着,对于每一个要控制的系统,必须为控制者提供:
①足够的控制响应(即在各种情况下所要采取的控制措施),以应付系统面临的各种情况。

②提供制订控制响应的决策原则,以在未遇见到的情况发生时,用以指导控制策略的制订。

③提供为制订控制响应而组成自组织系统的权力。这几种情况,如图 4-4 所示。

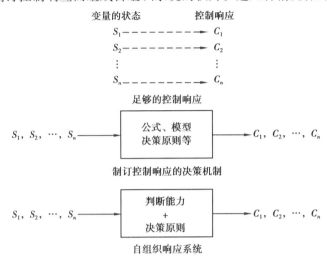

图 4-4　几种提供系统控制响应的方法

之所以有这样的设计,是因为只有在比较简单的情况下,才有可能将系统可能面临的所有变化一一列举出来,并预先制订能够应对这些变化的针对性的响应措施。而由于环境因素的不可控性和人们认知能力的有限性,在受到环境响应和制约的情况下,要预先识别来自环境的所有的输入变化,并制订出相应的应对措施是困难的。于是,提供在未能预见的情况发生时,能够有效指导制订控制措施的决策原则和办法,往往是行之有效的应对策略。而形成应对变化的自组织(或自适应)系统,则是一种理想追求。

4.5　系统方法

系统方法是以对系统的基本认识为依据,应用系统科学、系统思维、系统理论、系统工程与系统分析等方法,用以指导人们研究和处理科学技术问题的一种科学方法。

系统方法是将对象作为系统而进行定量化、模型化和择优化研究的科学方法。这种方法经历了从哲学到科学、从定性到定量的过渡,它是在现代科学,特别是系统论和控制论得到发展的基础上建立的。其根本特征在于从系统的整体性出发,把对系统的分析与综合、分解与协调、定性与定量研究结合起来,精确处理系统部分与整体的辩证关系,科学地把握系统,达到整体优化。

系统方法主要包括以下几个方面:

①系统的分析和综合。首先要识别某一领域是全称集合 U,了解系统 S 是 U 的子集,明确 S 的补集是系统的环境 E;其次,要把 S 从 U 中分离出来,定出 S 与 E 的界面,再

分离出 S 的主要成分,从中研究其组成结构与功能特性,找出成分之间以及成分与环境之间的相互关联性,描述系统中物质、能量和信息三者的相互依赖与制约关系;最后,还要综合分析它们如何组成有机的整体。

②建立系统的模型。它要求把系统的各个要素或子系统加以适当地筛选,用一定的表现规则变换成简明的映像模型。系统的模型可以用说明系统的构成和行为的数学方程或图像,甚至用实体或虚拟的物理形式表达。通过模型可以有效地求得系统的各种影响因素、设计参数,并确定各种制约条件。模型建立以后,还要采用一定的仿真方法(借助于计算机)或物理方法对模型进行测试和计算,并根据测试和计算结果,改进和优化模型。在一定程度上做到确切反映和符合系统的客观实际,消除定性分析中的主观臆测成分,以便确切掌握系统的各个功能及功能之间的关系,了解并确定系统存在的价值以及价值之间的关系。

③系统的择优化,即选择一个优化的系统,使之有效工作、功能优良。从数学上讲,优化是指在若干约束条件下选择目标函数并使它们得到极大值或极小值。就大系统而言,要想求得总体优化是相当困难的。因为大系统结构复杂、因素众多、功能综合,不仅评价目标有很多,甚至彼此之间还有矛盾,所以不可能选择一个对所有指标都是最优的系统。如果采用局部优化的办法,一般不能使总体优化,甚至某一局部的改进反而使总体性能恶化。因此,需要采用分解和协调方法,以便在系统的总目标下,使各个子系统相互配合,实现系统的总体优化。所谓分解,就是把一个大系统分解为许多子系统;而子系统再将信息反馈给大系统,并在大系统的总目标下加以权衡,然后大系统再将指示下达给各个子系统,这就是协调。在大系统与子系统之间如此反复交换若干次信息,就可以求出系统的优化解。

系统方法把研究对象如实地当作一个整体来对待,并着重研究该系统的整体功能;同时,从物质、能量和信息 3 个方面来认识和控制系统运动,使系统达到人们能确定的最佳状态;此外,它充分运用数学手段对系统进行定量描述,建立系统的模型以便进行模拟实验。因此,运用系统方法来思考和处理问题时,应先从整体出发,进行系统综合,形成可能的系统方案,再系统分析系统各要素及其相互关系,建立模型,然后进行系统选择(最优化)并重新综合成整体。在思维方式上,系统方法把综合作为出发点和归宿,并把分析和综合贯穿于过程的始终,这正是系统方法在科学思维方式上的重大突破。

在传统的科学研究方法中,确定目标的方法是比较薄弱的,主要依靠经验判断和逻辑分析。实现目标的方法有观察、实验、假说和逻辑方法等。

而系统方法则是通过一系列科学的方法和步骤,把确定目标和实现目标这两个认识过程有机地统一起来。它首先通过明确问题、目标选择、系统综合、系统分析、系统选择等步骤,为确定目标提供可靠的依据;然后,它还通过程序设计、具体规划以及研究、生产、安装和运行等阶段来实现既定目标。

可见,系统方法兼有确定目标和实现目标这两方面的功能。传统的研究方法总是把研究对象分成若干部分,在分析的基础上进行综合,以简单分解和简单相加的观点来说明整体的性能,认为局部性能好,整体性能也自然好;局部性能不好,整体性能也自然不好。这种分析综合的方法在科学发展过程中曾经发挥过重要的作用,直到今天,对一些简单现象和过程的研究还是十分重要的。但是,对于像人口控制、粮食和能源的供应、生态平衡、环境保护等这样一些复杂的研究对象来说,这种传统的研究方法就显得无能为力了。

第 5 章　决策的概念

5.1　决策的定义

决策(Decision Making)是人们在政治、经济、社会、技术和日常生活中普遍存在的一种行为。关于决策的定义有许多不同的描述,《现代管理学》一书的作者亨利·艾伯斯(Henry Albers)曾说"决策有狭义和广义之分。狭义地说,决策是在几种行为方案中做出选择。广义地说,决策还包括在做出最后选择之前必须进行的一切活动"。美国的著名管理学者里基·格里芬(Ricky W. Griffin)则指出"决策是从两个以上的备选方案中选择一个的过程"。随着管理科学的发展,人们对现代决策的认识越来越趋于一致。

决策的定义:决策是指组织或者个体为实现某种特定的目标,根据对客观环境和自身状况的认识,在多个解决问题的方案中选择一个最优的或者满意的方案并付诸实施的过程。

以上关于决策的定义表明:

①决策要有明确的目的。决策或是为了解决某个问题,或是为了实现一定的目标而展开的。没有问题就无须决策,没有目标就无从决策。因此,决策所要解决的问题必须是十分明确的,要达到的目标必须是清晰的,而且设定的目标必须有一定的标准可资衡量比较。

②决策要有若干可行的备选方案。如果只有一个方案,就无从比较其优劣,更没有可选择的余地,也就不需要决策。因此,"多方案抉择"是科学决策的重要原则和基本要求。决策时不仅要有若干个方案相互比较,而且决策所依据的各方案必须是可行的。

③决策要进行方案的分析评价。对此需要遵从两条规则:一是,在没有不同意见前,不要仓促决策;二是,如果看来只有一种行事方法,那么这种方法往往可能是错误的。

每个可行方案都有其可取之处,也存在一定的弊端,因此,必须对每个方案进行综合分析与评价(包括正面评价与负面评价)。通过评价,明确各方案对目标的贡献程度和可能带来的潜在问题,比较各方案的优劣。

④决策的结果是选择一个最优的或满意的方案。决策理论认为,最优方案往往要求从诸多方面满足各种苛刻的条件,只要其中有一个条件稍有差异,决策的最优目标便难以实现。所以,决策的结果应该是从诸多方案中选择一个合理的满意方案。

⑤决策是一个分析判断过程。决策有一定的程序和规则,同时它也受价值观念和决策者经验的影响。在分析判断时,决策者的价值准则、经验与知识会影响决策目标的确定、备选方案的提出、方案优劣的判断及满意方案的抉择。管理者要做出科学的决策,就必须不断提高自身素质,以提高自己的决策能力。

决策理论是用以指导和阐释决策行为的依据。现代决策理论形成于 20 世纪三四十年代。首先提出行政决策观点的是美国学者 L.古立克(Luther Halsey Gulick)。他在其成名著作《组织理论笔记》(*Notes on the Theory of Organization*)中认为,决策是行政管理的主要功能之一。其后,美国学者 C.I.巴纳德(Chester I. Barnard)认为行政决策是实现组织目标的重要战略因素(《行政领导的功能》,*The Functions of the Executive*)。这些观点对后来的决策理论颇有影响。

决策理论体系的形成,并使其在管理学中占有重要的地位,则是由美国管理学家、诺贝尔经济奖获得者、卡内基梅隆大学教授赫伯特·西蒙(Herbert A.Simon)实现的。1944年西蒙在《决策与行政组织》一文中提出了决策理论的轮廓。1947 年,他出版了《行政行为——在行政组织中决策程序的研究》,成为决策理论方面最早的专著。此后,他继续研究决策理论和实际决策技术(包括运筹学、计算机学),发表了《理性抉择的行为模型》(经济学季刊,1955)、《经济学与行为科学中的决策模型》(美国经济评论,1959)、《管理决策新科学》(1960,1975,1977)、《有限理性模型》(1982)、《人工智能科学》(第 3 版,1996),为决策学成为新的管理学科奠定了基础。

5.2　决策的基本模式

所谓模式(Model)是指对所描述事物的基本构架及关系的一种理论化的简约表达。其显著特征是:最简化地从某一特定角度显示事物的最基本因素、内在机制及相互间的关系。它提供所描述事物的基本结构及其功能,便于从整体上把握该事物的性质与特征,考察其中每一个因素的相关性。一种理论可以有多种模式与之相对应。模式虽然具有不完全性,但它是人们理解事物、探讨理论的一种较为直观而十分有效的方法。

因而,所谓决策模式即是决策系统中对决策过程的客观规律的表述,是决策者进行决策时必须遵循的基本规律和行动原则,它能够指导决策者进行正确的决策。

为研究决策环境、管理者行为等因素对决策行为的影响,美国加利福尼亚大学教授Harish C. Bahl 等人在分析、归纳具体决策过程的基本特性的基础上,提出了决策的 4 种基本模式:R 模式(理性模式)、B 模式(有限理性模式)、F 模式(有效模式)和 N 模式(非理性模式)。受制于篇幅的限制,我们只重点介绍 R 模式与 B 模式。

1）理性决策模式（Rationality Model）

理性决策模式,通常也被称为科学决策模式。就其思想渊源而言,可以追溯到古典经济学理论。因为这种理论提出了有关人类行为决策的一个绝对标准,即人们在决策时所遵循的是最大化原则,就是谋求最大效益,在经济领域则是求得最大利润;在抉择方案时进行最优化选择,即从诸多方案中选择最优方案。

理性决策理论的代表人物有英国经济学家杰里米·边沁（Jeremy Bentham）、美国科学管理学派的代表人物 F.W.泰勒（Frederick Winslow Taylor）等。他们认为决策者是坚持寻求最大价值的"经济人"。而经济人具有最大限度的理性,能为实现组织或个人的目标而作出最优的选择。其在决策上的表现是:决策前能够全盘考虑一切行动,以及这些行动所能够产生的影响;决策者根据自身的价值标准,选择最大价值的行动对策。

理性决策在实际运用中必须具备以下基本条件:

①决策过程中必须获得全部有效的信息;

②寻找出与实现目标相关的所有决策方案;

③能够准确地预测出所有方案在不同条件下所产生的结果;

④能够清楚了解权益集团成员价值偏向及其所占的相对比重;

⑤可以选择出最优化的决策方案。

对于理性决策模式,美国学者 J. E. Anderson（公共决策,1979）和 C. E. Lindblom（政策制定过程,1980）就其制定决策的过程进行了总结:

①明确和界定面临的问题;

②分析所有的目的和目标及其轻重次序;

③总结寻找所有的可能行动方案;

④预测和评估每个方案的所有可能结果;

⑤比较每个方案实现目的和目标的程度;

⑥选择能够最大限度地实现目的和目标的方案。

单纯从理论角度看,理性决策模式所要求的最优决策并不是不可行的。然而社会现实不等于理论假设,理性决策模型的假设条件在现实中遭遇到诸多障碍,其原因不在于它的逻辑体系,而在于其前提及假设存在问题。其所要满足的 5 个基本条件,存在着目标和手段之间的矛盾。因此它遭到了许多学者的强烈批评。其中最突出的是查尔斯·林德布洛姆与赫伯特·西蒙。

林德布洛姆指出:决策者面对的往往并非一个既定问题,而是首先必须找出和说明问题。而问题是什么? 不同的人会有不同的认识与看法。比如物价迅速上涨,需要对通货膨胀问题做出反应。针对这一问题,首先需要明确这一问题的症结所在,而这往往十分困难。因为不同的利益代表者,会从各自的利益角度看待这些问题,围绕着通货膨胀存在与不存在,若存在,其程度和影响怎样,以及产生通货膨胀的原因是什么等问题,人们都会有不同的回答。

其次,决策者受到价值观的影响,选择方案往往会发生价值冲突。比较、衡量、判断价值冲突中的是与非、优与劣是极其困难的。仅仅依靠分析是无法解决价值观矛盾的，因为分析不能证明人的价值观，也不可能用行政命令统一人们的价值观。

再次，有人认为"公共利益"可以作为决策标准，林德布洛姆批评了这种认识，认为在构成公共利益要素这个问题上，人们并没有普遍一致的意见，公共利益不表示一致同意的利益。

最后，决策中的相关分析不是万能的。决策受能力、时间与资源的限制，对复杂决策而言，不会做出无穷尽的，甚至长时间的分析，也不会花费太昂贵代价用于分析，或者等待一切分析妥当再作决定，否则会贻误时机。

对于林德布洛姆的分析，西蒙做了进一步的补充，西蒙认为决策过程中要收集到与决策状况有关的全部信息是不可能的。决策者处理信息的能力有限，不可能对信息做出最优化的处理与分析，因而不能获得百分之百的最佳决策。

尽管理性决策模式在一定程度上带有"乌托邦"色彩，我们也欢迎对它的批判，但是过于简单和绝对的否定态度也是不可取的。不能实现不代表没有意义，人们总是在追求尽善尽美中得到较善较美。正因为如此，传统的理性决策模型的思想价值一直受到理论界的肯定，它是我们在进行决策时应该致力于追求的理想目标。

20 世纪 50 年代之后，人们逐步认识到，建立在"经济人"假说之上的完全理性决策理论只是一种理想模式，不能有效地指导实际中的决策。有鉴于此，美国卡内基梅隆大学的著名教授赫伯特·西蒙提出了在决策制定中的满意标准和有限理性标准。用"社会人"概念取代了"经济人"的概念，拓展了决策理论的研究领域，产生了新的决策理论——有限理性决策理论。

2）有限理性决策模式（Bounded Rationality Model）

西蒙认为：所谓的决策要素可分为事实要素和价值要素。

事实要素是对环境及环境的作用方式的某种描述。这种描述是否准确，可以凭经验进行观察、判断或通过实验加以验证。决策总是在一定的环境假定下做出的，因此总会涉及某种事实要素。事实要素可简单地分为两大部分：有助于处理各种情况的决策技术和知识，环境所反映的有关信息。

价值要素是关于管理者对某种事物喜好的表示。即管理者对该事物的"态度"反映出的价值标准。价值要素反映的是管理者根据事实要素表现的情况，按自己的价值标准所做出的判断、看法。西蒙认为，价值要素既具有事实的内容，同时又具有价值判断的内容。价值要素一般包括：组织目标、效率标准、公正标准、个人价值观等。

怎样区分和验证事实要素和价值要素呢？西蒙认为：笼统地讲，价值要素和事实要素的区分相当于目标和手段的区分。也就是说，人们行动的目的为何，这是属于价值判断的问题，而价值要素是不能通过检验或实验手段来判断其真伪、区分其优劣的。而为了实现这个目的要采取什么行动最恰当，则属于事实要素的问题，事实要素可通过检验来确定其真伪，并评价其优劣的。

（1）有限理性

关于理性，西蒙给出了明确的定义（《现代决策理论基石》）。理性是指一种行为方式。西蒙从心理学角度出发,论证了人类行为的理性是在给定环境限度内的理性,即所谓的理性不是没有限制的理性,而是有限度的理性,有限理性是由人的心理机制决定的。

（2）经济人理论的缺陷

理性决策模式的哲学思想源于古典经济学的"经济人"理论。"经济人"这一概念由意大利经济学家帕累托第一次提出,这一思想首先在古典经济学理论体系的创立者亚当·斯密(Adam Smith)的《国富论》(The Wealth of Nations)中明确表述。"经济人"理论是建立在一系列的假定基础之上的:

①经济人知道全部可能的行动,知道哪种行动能取得最大效果,同时,可获得周围环境的全部信息——信息完全性假定。

②人总是在合理地行动,能从全部备选行动方案中选择结果最好的那一种——行为完全理性假定。

由此可见,作为"经济人",其行为是完全理性的,经济人所追求的是最佳决策、最佳结果。然而,"经济人"的假设只反映了人的利己理性的一面,是一种对现实人的高度抽象和简化。在现实中这样的人是不存在的。首先,环境的不确定性和不稳定性决定了经济人不可能获得有关环境的全部信息。其次,由于其自身生理和心理因素,以及由此引起的认知、感情和态度等诸方面的限制,即使经济人能够掌握有关环境的全部信息,也不可能完全理性地处理全部的信息。

（3）西蒙的有限理性决策模式

西蒙有限理性决策理论的基本命题是有限度的理性和令人满意的准则,其基本内容是:

①外部因素的限制导致决策者在进行决策时表现为有限理性。这些外部因素的限制包括:宏观环境的不确定性和变动性、信息搜集的不完备性以及组织的变动等。

首先,由于目前状况与未来的变化不具有必然的一致性,导致决策者在进行决策时不能按照程序化的模式进行决策。其次,由于信息搜集的不完备性,导致决策者不能获得全部的行动方案。最后,组织的变动包括组织的变革、组织目标的转移和组织结构的变化等,会影响组织中的个人,其在进行决策时,不免会受到组织变动的干扰。受这些因素的影响,相对于"经济人"的行为来说,行为结果的理性程度不免打上折扣。

②内部因素的心智导致决策者在进行决策时表现为有限理性。这些内部因素主要包括:决策者对未来的预见、决策者获取信息的不充分性及利用信息的能力有限性以及决策者的个性方面(如决策者的价值观、对待风险的看法等)的影响,还包括主观因素和感情因素的作用等。

首先,决策总是面向未来的,而未来发展趋势具有一定的不确定性,决策者对未来的预见多少会存在偏差。因此,决策者对未来做出判断的准确性总会限定在一定的限度之内。

其次,即使决策者掌握了决策行为的全部已知信息,但由于自身条件的限制,其充分利用信息的能力是有限的,对信息进行准确判断以及选择最优方案的概率也不一定为

"1"。

最后,个性、态度、动机和价值观等影响着决策者的决策过程和结果,信息搜集的先后顺序,人类思维的惯性等对决策行为的科学性提出了很大挑战。

正是因为决策者所受到的以上限制,决策者既不可能掌握全部信息,也无法认识决策的详尽规律。比如说,人的计算能力有限,即使借助计算机为手段,如果缺乏行之有效的算法支持,也没有办法处理数量巨大的变量方程组;人的想象力和设计能力有限,不可能将所有的备选方案全部列出;人的价值取向并非一成不变,目的追求会时常改变;人的目的往往是多元的,而且也往往互相抵触,没有统一的标准。因此,作为决策者的个体,其有限理性限制其形成完全理性的决策,他只能尽力追求在他的能力范围内的有限理性。

所以,决策者的决策模式应该是有限理性,而不是全知全能的理性,决策者的选择机制应该是有限理性的适应机制,而不是完全理性的最优机制。

③有限理性决定了决策行为的满意原则。以有限理性为基础,西蒙提出:用"社会人"取代"经济人"、用"满意解"准则取代"最优解"的决策准则。完全理性导致决策者寻求最佳措施,而有限度的理性导致决策者寻求符合要求的或令人满意的措施。

在有限理性模式指导决策的过程中,决策者往往确定一个最基本的要求,然后考察现有的所有备选方案。如果存在能够较好地满足所确定的最基本的目标要求的方案,就实现了满意标准。

西蒙的有限理性决策模式开创了管理决策理论的新局面,能够解释更多的选择实例,符合更多的实际情况,能较好地描述人们现实的选择过程,能够有效地平衡所追求的决策效果与实现此效果所需支付的物质成本、时间成本和机会成本之间的关系。因此有限理性决策模式可作为一种较为符合实际的描述理论。

3) 两种决策模式的对比

(1) 理性决策模式——爱情

一天,柏拉图问老师苏格拉底什么是爱情,苏格拉底带着柏拉图来到一片麦田边,叫柏拉图到麦田走一次,要不回头地往前走,在途中要摘回一棵最大、最好的麦穗,但只能够摘一次。柏拉图觉得非常容易,充满信心地出去,谁知过了半天他仍没有回来。最后,他垂头丧气地出现在老师跟前诉说空手而回的原因:"很难得看见一株看似不错的,却不知是不是最好的,不得已,因为只可以摘一次,只好放弃,再看看有没有更好的,到发现已经走到尽头时,才发觉手上一棵麦穗也没有。这时,苏格拉底告诉他:"那就是爱情"。

(2) 有限理性决策模式——婚姻

又一天,柏拉图问老师苏格拉底什么是婚姻,苏格拉底把柏拉图带到杉树林前,叫他到杉树林里走一次,要不回头地往前走,在途中要取到一棵最好、最适合用来当圣诞树用的树材,但只可以取一次。柏拉图有了上回的教训,充满信心地向杉树林走去。半天之后,他一身疲惫地回来了,手里拖了一棵看起来直挺、翠绿,却有点枝叶稀疏的杉树。苏格拉底问他:"这就是最好的树材吗?"柏拉图回答老师:"因为只可以取一棵,好不容易看见一棵看似不错的,又发现时间、体力已经快不够用了,也不管是不是最好的,所以就取了这么一棵回来了。"这时,苏格拉底告诉柏拉图:"那就是婚姻"。

以上两个小故事对两种决策模式的类比告诉我们,在进行决策的时候,我们应该以理性决策模式为追求,最大限度地满足其所要求的条件,即尽可能地获取支持决策所需要的相关信息,尽可能地形成完备的、可供选择的问题解决方案,致力于形成最优的决策。但是,我们也必须清醒地认识到,不计条件与可能,一味地追求决策结果的价值最大化,将可能导致什么也得不到。因此,需要运用有限理性决策的思维,兼顾决策结果价值最大化与决策成本的最小化或合理化之间的合理平衡,使得决策方案具有可获得性、有效性和可操作性。

5.3 决策的过程

5.3.1 决策的总体流程

西蒙在其《管理决策新科学》(*The New Science Of Management Decision*,1960)一书中对决策必须经历的过程加以了描述,提出了决策的 3 阶段模型(Simon Decision Model)。其后,西蒙在参照了鲁宾斯坦和哈伯斯特罗的观点(*Some Theories of Organization*,1965)后,在该书的新版中将其修正为 4 阶段模型,如图 5-1 所示。

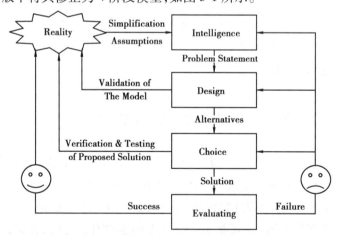

图 5-1　西蒙的决策 4 阶段模型

西蒙认为:促使我们进行决策的原因不外是现实状态较之于我们追求的目标发生了偏差,或是需要防范潜在的有可能发生的问题,再就是我们希望从新的状态中得到更好的结果。因此决策一定是源于现实中所面临的问题,即所有的决策都是由问题驱动的。

现实中面临需要通过决策来解决的问题时,首先需要对问题做出初步的判断,形成对问题的科学、合理的假设,并通过适当的简化,找出需要通过决策来加以解决的主要问题或本质问题以及影响问题的关键因素,然后进入决策的分析程序。

决策的第一阶段:西蒙称之为"Intelligence",为了反映其活动属性,我们将其翻译为"情报收集"阶段,这一阶段的任务是通过相关信息收集活动,得到对于所面临的需要解决的问题的准确理解与把握,这个阶段的结果是得到"Problem Statement"——即对问题的准确描述。

决策的第二阶段:西蒙称之为"Design",我们翻译为"方案设计"。其任务是通过对已经明确了的问题的分析,设计出可供选择的解决问题的备选方案。特别值得强调的是:所设计出的备选方案必须是多个方案,这从西蒙刻意选择的词汇可以得到表现——Alternatives。同时,西蒙强调,对于所设计出来的方案,必须结合实际,检验每一个方案的有效性和可行性。

决策的第三阶段:为"Choice"阶段,其直译为"选择",但其不能完整表达这个阶段的活动内容,根据西蒙对这一阶段活动的界定"从诸个备选方案中遴选出最佳或者最满意的方案,并付诸实施。",我们将其定义为"抉择阶段",通过此阶段,我们得到了对问题的唯一解决方案——Solution。当然,这个最终形成的"解决方案",必须是经过充分的分析、论证能够实现预定的决策目标,并且具有可执行性的方案。

决策的第四阶段:评审阶段。这是西蒙对原有的 3 阶段模型修正后增加的一个阶段,意在通过评审活动,从已经付诸实施的决策中,总结成功的经验,吸取失败的教训,从而增长处理问题的经验与得到知识的积累。

决策过程的这些阶段总体上是一个自上而下、循序渐进的逻辑过程。但是,在其推进的过程中,随时都有可能发生"回溯",即由当前阶段返回已经经历过的任一阶段。例如,为了生产更多的解,在抉择阶段可以拒绝所有的备选方案,而返回方案设计阶段或情报收集阶段。

5.3.2　情报收集阶段的任务

在决策的情报收集阶段,需要通过收集广泛、可靠的信息,进而得到对所面临的需要解决的问题的完整、准确、清晰的描述,以帮助决策者明了问题的本质。为达到这一要求,情报收集阶段需要完成以下任务:

1)问题与目标分析

所谓问题(Problem)是必须拟定解决策略并付诸实际行动去解决的课题(Question)。我们需要通过问题的状态性数据的收集,把握问题的本质。

问题的本质是存在落差。即所期望的状态与现实状态之间产生了落差。而落差的大小,反映了问题的严重程度。

比如,对于一家度假酒店而言,当空房率高居不下被视为一个问题时,意味着酒店期待的空房率与现实状况有了落差。

根据问题与目标的关系,我们可以形成初步分析,将问题加以分类。即将问题分为:"恢复原状"型、"防范潜在"型和"追求理想"型 3 种。

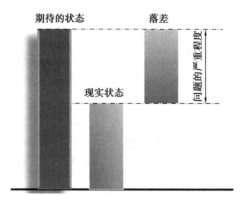

图 5-2 问题及其性质

"恢复原状"问题是指:系统的现实状态与目标之间已经发生了偏差,不良状态已经显现,解决问题的方法为努力恢复现状。

"防范潜在"问题是指:虽然目前系统的状态仍然与目标保持一致,但任其发展会导致不良状态,解决问题方法为设法保持现状。

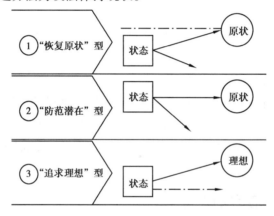

图 5-3 问题的 3 种类型

"追求理想"问题是指:系统的现状无碍,但希望追求更高的目标,解决问题方法是设法提升现状,努力达成理想。

2)信息的收集与搜寻

明确了问题,就需要围绕问题的解决收集信息。需要收集的信息包括:①反映和描述问题的现实状态的信息;②权益集团对问题解决的目标诉求;③当前已经具备的条件及受到的约束;④有没有可以加以利用的方法;⑤未来环境可能发生的变化。

以上信息的获取来源,有的是明确的,只需要有指向性地去获取(Searching);而有的却是模糊的、不明确的,则需要进行探索性的搜寻(Scanning)。

3)问题的设定

所谓问题的设定即清晰定义问题(Problem)的本质,准确设定需要解决的关键问题(Question),这是进行有效决策的前提。问题的设定将决定问题的解答范围。

案例分析：小王任职于某大型超市的外宣部门，因为工作关系，他几乎每天都要外出办公。一天，当他正要出门时，发现快要变天了。他想起："对了，气象预报今天会下雨。看来真要下雨了。"对于这个防范潜在型的问题，小王将它定义成具体需要解决的问题："是否应该带上雨伞？"

这里，小王根据经验与常识，掌握问题的重点，将问题设定为"下雨时应该如何对策"。这是符合常理的，对于这样的情况，很少有人会将问题设定为分析原因"为什么今天会下雨？"也不会是设定为预防性的策略"怎样努力才能阻止下雨？"于是，小王做出决定，带伞外出。问题似乎就算解决了。

在以上过程，小王将需要解决的问题设定为："是否应该带伞外出"时，解决问题的策略已经被限制在"雨伞"这个雨具，而解决办法也被限制在"带伞与否"，而完全没有考虑到其他的解决策略。

如果小王将课题设定范围扩大为"该带什么样的雨具出门"，则将出现多种替代方案。

进而，还可以提出更为接近问题本质的课题设定："如何不会被雨淋湿"。其实下雨本身并没有问题，而在下雨的时候怎样避免被雨淋湿才是问题的本质。如果小王将课题设定为"避免被雨淋湿"这个本质性问题，就可以形成一系列的解决策略（替代方案）。

我们很难期待表面性的问题设定能够有效地解决本质性的问题。因此，我们需要在充分掌握信息的基础上，对需要解决的问题做出科学、合理的设定，这是得到更多的求解方案，并最终有效地解决问题的重要前提，它会为我们形成更多、更好的解决问题的方案提供基础性准备。

4）问题的自我化分析

现实中往往存在这样的情况，一旦遇到问题，人们就急忙开始着手解决问题，而全然不顾是否具备解决问题的条件，以及是否有能力去解决问题。"有条件就上，没有条件创造条件也要上"，这句话虽然体现了面对问题时的英雄气概和进取精神，但它也反映出一个基本事实：解决问题需要具备必要的条件。

所谓问题的自我化分析（Problem Ownership Analysis）是指：当我们面临问题时，在明确了需要解决的问题的本质后，对是否具备解决问题的条件所进行的分析。分析的结果无外乎有两种情况：第一，已经具备了解决问题所需的条件，或者某些条件尚不具备，但通过努力可以创造出解决问题的条件。分析的结论是"追求"。第二，目前所拥有的条件距离解决问题差距甚远，即便倾尽全力，也无法形成和具备解决问题所需要的条件。那么分析的结论是"放弃"。

人们经常说："决策是一门艺术"，这门艺术的真正诀窍就在于，需要懂得什么时候应该致力于去"追求"；而什么时候需要果断予以"放弃"。而支持我们做出是"追求"还是"放弃"的决断的依据，就是"问题的自我化分析"的结果。

5）问题的分类

在复杂事物自身包含的多种矛盾中，相关矛盾所处的地位、对事物发展所起的作用是不同的,总有主与次、重要与非重要之分,其中必有一种矛盾与其他诸种矛盾相比较而言,处于支配性地位,对事物发展起决定性作用,这种矛盾就叫作主要矛盾。正是由于矛盾有主次之分,我们在分析、解决问题的方法论时也应当相应地有重点与非重点之分,要善于抓重点问题、集中力量解决主要矛盾。

问题的分类,就是当我们面临需要解决的问题,尤其是复杂问题时,通过对问题的分类,去找出需要解决的问题中,哪些是主要的、重要的、紧迫的问题,去发现导致问题的原因中,哪些是主要的、关键的、起支配作用的因素。

6)问题的陈述

通过情报收集阶段的工作,我们明确了需要解决的本质性问题是什么,以及需要解决什么核心问题;了解了权益集团对问题解决的目标诉求及其权重;知晓了欲解决问题已经具备的条件和所受到的约束;明确了必须解决的紧迫的、关键的问题,将这些信息加以归纳、综合,即能够得到对需要通过决策来解决的问题的完整陈述。

5.3.3 方案设计阶段的任务

在方案设计阶段,需要通过设计产生出所能形成的备选方案。其具体任务是:

1)构建问题的分析模型

在方案设计时,首先需要构建一个能够清晰描述问题的分析模型。通过模型得以有效地分析问题的来龙去脉,问题的生产由哪些因素造成(尤其在多因素交织影响的情况下),导致问题形成的作用机理是什么,以及不同因素对结果的影响作用及其程度。与此同时,一个能够清晰表达问题的模型(特别是可视化模型)对于在分析的过程中展开交流与辨析也非常重要。

2)确定目标体系

美国心理学家洛克(E.A. Locke)于1967年最先提出了"目标设置理论"(Goal Setting Theory),认为:目标是一个试图完成的行动的目的,目标能引导活动指向与目标有关的行为,使人们的行为朝着一定的方向努力,并将自己的行为结果与既定的目标相对照,及时进行调整和修正,从而能实现目标。西蒙则认为:"问题的解决开始于首先确定目标"。

目标的设定对于方案的制订、方案优劣的评判,以及问题的最终解决都十分重要。在决策中,目标的设定必须满足与此决策存在利益关系的相关对象各自的利益述求,这些与决策利益攸关的对象,我们称为"权益集团"。好的决策目标应该是决策效果的价值最大化、决策结果的可达性以及权益集团对决策结果的满意度这三者间的平衡,即达到所谓的"帕累托最优(Pareto Optimality)"。

与此同时,既然决策需要满足多方的利益诉求,决策所期望实现的目标就往往不是单一目标,而是多目标组成的目标集,这就需要我们在目标体系的设计中,注意协调不同目标之间的关系,确保关键目标的实现。另外,为了便于比较不同方案的优劣,评判方案的结果与目标的接近程度,以支持对方案的抉择,还需要为相应的目标拟定评判标准(Set Criteria for Choice)。因此,确定目标体系包含决策的目标设定以及构建评判目标的指标体系两项任务。

3）分析、设计方案

针对已经明确的问题,设计出可供选择的备选方案。在方案设计中,可以采用的方法如下:

①化多为少法:将多目标问题化成只有一个或两个目标的问题,然后用简单的决策方法求解,最常用的是线性加权方法。

②分层序列法:将所有目标按其重要性程度依次排序,先求出第一个最重要的目标的最优解,然后在保证前一目标最优解的前提下依次求下一目标的最优解,一直求到最后一个目标为止。

③直接求非劣解法:先求出一组非劣解,然后按事先确定好的评价标准从中找出一个满意的解。

④目标规划法:对于每一个目标都事先给定一个期望值,然后在满足系统一定约束条件下,找出与目标期望值最近的解。

⑤多属性效用法:各个目标均用表示效用程度大小的效用函数表示,通过效用函数构成多目标的综合效用函数,以此来评价各个可行方案的优劣。

⑥层次分析法:把目标体系结构予以展开,求得目标与决策方案的计量关系。

⑦重排序法:把原来的不好比较的非劣解通过其他办法使其排出优劣次序来。

⑧多目标群决策和多目标模糊决策等。

4）决策方案的检验

方案验证(Validation of method)的目的有两个:一是通过对不同方案的结果进行验证分析,明确不同方案各自可能产生的结果,比较相关结果与目标要求的接近程度,确认方案是否能够有效解决问题,从而比较不同方案的优劣。二是对方案的可执行性进行验证。无论拟订的方案如何优秀,如果缺乏有效的执行力的保障,就不能够确保方案的有效实施,并最终使得问题得到解决。

5.3.4　抉择阶段的任务

在抉择阶段,需要构建分析模型,以比较各项备选方案,从中挑选出最优的或者最满意方案,按照确定的方案进行方案的实施规划并将其付诸实施。

1）构建方案的评价分析模型

对于方案设计阶段所形成的方案,需要对之进行评价,以判断不同方案的优劣。决策评价制度起源于 1921 年美国的经济与效率委员会,它提倡运用科学的理念和方法对行政决策进行正、反两方面的论证和评价,从而保证决策的科学性、准确性。

常用的综合评价方法有:层次分析法、模糊综合评价法、物元分析法、数据包络分析法、人工神经网络评价法等。近年来,计算机技术在综合评价中的扩展应用,使数学模型难以表示的系统评价变得可行,同时也促进了评价理论及方法在实践研究中的不断成熟。

2）实施敏感性分析

敏感性分析（Sensitivity Analysis）是指从众多不确定性因素中，找出对决策所追求的经济效益指标具有重要影响的敏感性因素，并分析、测算其对决策经济效益指标的影响程度和敏感性程度，进而判断决策所面临风险的一种消除不确定性的分析能力。

敏感性分析的作用：

①确定影响决策经济效益的敏感因素。寻找出对决策的实施影响最大、最敏感的主要变量因素，进一步加以分析、预测或估算其影响程度，找出产生不确定性的根源，采取相应的有效措施。

②计算主要变量因素的变化引起项目经济效益评价指标变动的范围，使决策者全面了解决策方案可能出现的经济效益变动情况，以减少和避免不利因素的影响，改善和提高决策效果。

③通过各种方案敏感度大小的对比，区别敏感度大或敏感度小的方案，选择敏感度小的，即风险小的决策方案。

④通过可能出现的最有利与最不利的经济效益变动范围的分析，为决策者预测可能出现的风险，并对原方案采取某些控制措施或寻找可替代方案，为最后确定可行的决策方案提供可靠的依据。

3）方案的抉择

如果已经将各种方案的情况弄清楚了，接下来的问题就是确定抉择方案的方法。通过以上阶段的工作，已经明确了决策的目标及其评判标准，在此，需要将这些目标转换为可以量化的目标函数，并采用以下方法对方案进行抉择。

（1）确定型问题的最优化技术

最优化技术（也称运筹学方法），主要适用于已知各种可能方案及其结果的封闭式决策。

不同类型的最优化问题可以有不同的最优化方法，即使同一类型的问题最优化方法也可有多种最优化方法。反之，某些最优化方法可适用于不同类型的模型。最优化问题的求解方法一般可以分成解析法、直接法、数值计算法和其他方法。

①解析法：这种方法只适用于目标函数和约束条件有明显的解析表达式的情况。求解方法是：先求出最优的必要条件，得到一组方程或不等式，再求解这组方程或不等式，一般是用求导数的方法或变分法求出必要条件，通过必要条件将问题简化，因此也称间接法（如运筹学中的线性规划、目标规划等）。

②直接法：当目标函数较为复杂或者不能用变量显函数描述时，无法用解析法求必要条件。可采用直接搜索的方法经过若干次迭代搜索到最优点。这种方法常常根据经验或通过试验得到所需结果。对于一维搜索（单变量极值问题），主要的应用方法有消去法或多项式插值法；对于多维搜索问题（多变量极值问题）主要的应用方法有爬山法、单纯形调优法等。

③数值计算法：这种方法也是一种直接法。它以梯度法为基础，是一种解析与数值

计算相结合的方法。

④其他方法：如网络最优化方法（CPM,PERP 等）。

（2）统计决策理论中的收益矩阵

统计决策理论这一术语通常是指对各种潜在的决策结果进行评价的技术。这些决策结果是由某一给定决策情况中的各种可能的行动导致的,其也是一种封闭式的决策。其所有的可选方案及可能的结果均为已知,而决策者具有诸如获得最大利润或者最小代价之类的明确目标。收益矩阵是风险型决策方法中的一种,具体程序为：先分别设定各个方案在不同自然状态下的收益,然后按客观概率的大小,通过加权平均计算出各方案的期望收益值,通过比较不同的结果,从中选出一个最佳方案。

（3）效用和等效用曲线

效用曲线是用于反映决策者对风险的态度的一种曲线,又称"偏好曲线"。在决策中,决策者的个性、才智、胆识、经验、价值取向等主观因素,使得不同的决策者对相同的损益问题（获取收益或避免损失）做出不同的反应；即使是同一决策者,由于时间和条件等客观因素不同,对相同的损益问题,决策者也会有不同的反应。决策者这种对损益问题的独特感受和取舍,称为"效用"。所谓效用曲线就是用来反映决策后果的损益值对决策者的效用（即损益值与效用值）之间的关系曲线。通常以损益值为横坐标,以效用值为纵坐标,把决策者对风险态度的变化在此坐标系中通过描点方法拟合成一条曲线。

（4）决策树方法

决策树（Decision Tree）方法是在已知决策需要考虑的各种情况发生概率的基础上,通过构成决策树来评价不同决策方案的风险,判断其可行性的决策分析方法,是直观运用概率分析的一种图解法。由于这种决策分支画成的图形很像一棵树的枝干,故称决策树。

例如：为了适应市场的需要,某地准备扩大机器人的生产。市场预测表明：产品销路好的概率为 0.7；销路差的概率为 0.3。备选方案有 3 个：第一个方案是建设大工厂,需要一次性投资 600 万元,建成后可使用 10 年；如果产品销路好,每年可获赢利 200 万元；如销路不好,每年会亏损 40 万元。第二个方案是建设小工厂,需投资 280 万元；如销路好,每年可获得赢利 80 万元；如销路不好,每年也会获得赢利 60 万元。第三个方案也是先建设小工厂,但是如销路好,3 年后扩建,扩建需投资 400 万元,可使用 7 年,扩建后每年会赢利 190 万元。

各点的期望为：

点②：$0.7×200×10+0.3×(-40)×10-600$（投资）$=680$（万元）

点⑤：$1.0×190×7-400=930$（万元）

点⑥：$1.0×80×7=560$（万元）

比较决策点④的情况可以看到,由于点⑤的（930 万元）与点⑥的（560 万元）相比,点⑤的期望利润值较大,因此应采用扩建的方案,而舍弃不扩建的方案。把点⑤的 930 万元移到点④来,可计算出点③的期望利润值。

点③:0.7×80×3+0.7×930+0.3×60×(3+7)−280 = 719(万元)

最后比较决策点1的情况。由于点③的(719万元)与点②的(680万元)相比,点③的期望利润值较大,因此选取点③而舍弃点②。这样,相比之下,建设大工厂的方案不是最优方案,合理的策略应采用前3年建小工厂,如果销路好,后7年再进行扩建的方案。

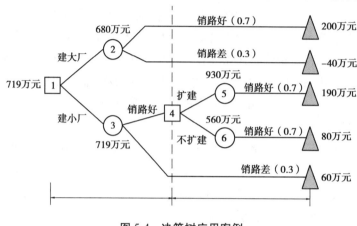

图5-4 决策树应用案例

(5)模拟仿真分析

模拟仿真是一种基于模型的决策分析活动,是用模型模拟的手段来代替真实系统进行实验和分析的方法。在决策中进行模拟仿真,包括了建立模型、实验求解和结果分析3个主要步骤。

①建立模型:模拟仿真是一种基于模型的活动,是用模型模拟来代替真实系统进行实验和研究。因此,首先就要对待仿真的问题进行定量描述,这就是建立系统的数学模型。

建模的过程是一个信息处理的过程,换而言之,信息是构造模型的"原材料",根据建模所用的不同类型"原材料"可将建模方法归为两种类型:

一类是演绎法建模,即利用先验的技术信息来建立模型,从普遍性结论或一般性事理推导出个别性结论的论证方法。其过程是:从某些已知的前提、假设、原理和基本规则出发,通过数学逻辑的推导来建立模型。因此,这是一个从一般到特殊的过程,即根据普遍的技术原理推导出被仿真对象的特殊描述。

另一类是归纳法建模,即利用真实系统的试验数据信息来构建模型,从许多个别的事物中概括出一般性概念、原则或结论。其过程是:通过对真实系统的测试获得基础数据,这些数据中包含能够反映真实系统本质的信息,然后通过数据处理的方法,从中得出对真实系统的一般规律性的描述,进而根据这种描述构建模型。这是一个从特殊到一般的过程。

但是实际应用中,常常是通过上述两类方法的结合来完成模型的建立,即混合法建模。

不管用哪种方法建模,其关键都在于对真实系统的了解程度。如果对真实系统没有充分的和正确的了解,那么所构建的模型将不能准确地模仿出真实系统的本质。

既然模型是对真实系统的模仿,那么就有一个模仿得像不像的问题,这就是模型的相似度、精度和可信度的问题。

模型的可信度取决于建模所用的信息"原材料"(先验知识、试验数据)是否正确和完备,还取决于所用建模方法(演绎、归纳)是否合理、严密。此外,对于许多仿真软件来说,还要将数学模型转化为仿真算法所能处理的仿真模型。因此,这里还有一个模型的转换精度问题。建模中任何一个环节的失误,都会影响模型的可信度。

为此,在模型建立好以后,对模型进行可信度检验是不可缺少的重要步骤。

②实验求解:实验求解即进行仿真计算,是对所建立的仿真模型进行数值实验和求解的过程。不同的模型有不同的求解方法。例如:对于连续系统,通常用常微分方程、传递函数,甚至偏微分方程对其进行描述。由于要得到这些方程的解析解几乎是不可能的,因此总是采用数值解法,如对常微分方程主要采用各种数值积分法,对偏微分方程则采用有限差分法、特征法、蒙特卡罗法或有限元方法等。

又例如,对离散事件系统,通常采用概率模型,其仿真过程实际上是一个数值实验的过程,而这些参数又必须符合一定的概率分布规律。对不同类型的离散事件系统(如随机服务系统、随机库存系统、随机网络计划等)采用不同的仿真方法。

随着被仿真对象复杂程度的提高和对仿真实时性的迫切要求,研究新的仿真算法一直是一项重要的任务,特别是研究各种并行的仿真算法。

③结果分析:要想通过模拟仿真得出正确、有效的结论,必须对仿真结果进行科学的分析。早期的仿真软件都是以大量数据的形式输出仿真的结果,因此有必要对仿真结果数据进行整理,进行各种统计分析,以得到科学的结论。现代仿真软件广泛采用了可视化技术,通过图形、图表,甚至动画生动逼真地显示出被仿真对象的各种状态,使模拟仿真的输出信息更加丰富,更加详尽,更加有利于对仿真结果的科学分析。

模拟仿真技术,由于具有对决策结果的"先验性"特点,能够在未经实际实施的情况下,预先把握不同决策方案可能导致的结果,从而能够帮助决策者得出更符合"实际"的合理决策,是进行科学决策的有力工具。

4)方案的规划与实施

这是抉择阶段的最后一项任务。目的是针对已经确定的决策方案,制订实施计划并付诸实施。

决策的实施计划是决策所确定的项目有效实施的指导性文件。因此对整个决策方案而言有着举足轻重的作用。决策所决定的项目越复杂,专业分工越细,就越需要全面的综合管理和总体协调的工作进度安排。项目实施计划编制的合理与否,将直接关系到决策方案的有效推进和决策目标的实现。

决策的实施计划是围绕决策所确定的目标,系统地规划该项决策实施过程中的主要工作内容及相应的资源配置和时间进度。因此,决策实施计划的内容,实际上也就是落实决策任务各项工作的内容,主要包括以下几个方面。

决策实施计划的编制包括:资金的筹措计划、投入计划,物质资源的投入计划,人员的保障计划,任务的进度计划等。这些计划可以通过绘制甘特图的方式和编制网络规划图的方式实现。

(1)甘特图法(Gantt chart)

甘特图法是一种在图表上用线条的长短表示项目实施进度的一种方法。它是第一个正式用于计划安排的技术,多用来描绘初始计划,同时也可以表示当前进度。甘特图法的主要作用是,通过代表任务的横条在时间坐标上的位置和跨度,以直观地反映与任务的相关时间信息(开始时间、工期、结束时间);通过横条的不同图像特征(实心条、空心条等)来反映任务的不同状态,通过带箭头的线来反映任务间的逻辑关系。甘特图法的另一主要作用是进度控制。其工作原理是将项目实际进展情况以横条形式画在同一个项目的进度计划横条图中,以此来直观地对比实际进度和计划进度之间的差距,并作为控制计划制订的依据。

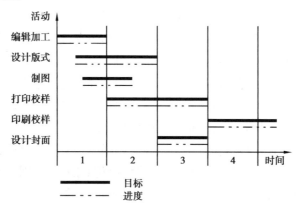

图 5-5 甘特图示例

甘特图法的优点是简单明了,可视性强,易于理解。各项任务的起止日期、工期在图上一目了然。但它不能反映出各个任务中哪些任务对总进度目标起关键作用,哪些任务在时间上可以较为灵活地安排,而不会影响总进度目标的实现,当然更不能反映出可以灵活安排任务的时间机动幅度。因此,甘特图的这些特点都不利于合理地组织安排和指挥整个系统,更不利于对整个系统进行动态优化管理,因此甘特图是小型项目中的常用工具。在大型项目中,它主要是为项目高层管理者了解全局服务,为基层安排进度提供支持。在大型项目中,制订项目进度计划常用网络图法。

(2)网络图法

网络图法是运用统筹方法安排生产建设计划工作的一种图形分析方式。目前被广泛采用的主要有 2 种方法,即关键路线法(Critical Path Method,CPM)和计划评审技术(Program/Project Evaluation and Review Technique,PERT)。这 2 种方法都是使用网络原理来表示各项工作相互关系的实施计划,通过计算找出计划实施的关键路线并予以控制。所不同的是,在采用关键路线法时,各分项工作所需时间是凭经验取得,而在计划评审技术中,每分项工作时间是运用概率估算的平均值。因此,前者适用于较为成熟的项目,而后者适用于新型项目。

PERT 最基本的优点就是能够直观地反映工作之间的相互关系,使一个计划构成一个系统的整体,从而为实现计划的定量分析提供基础。它不仅可以完整地揭示一项计划所包含的全部工作以及它们之间的关系,而且还能从数学的高度运用最优化原理,去揭示控制计划的关键工作以及巧妙地安排计划中的各项任务,从而可以使计划管理人员根据计划执行的情况,科学地对未来做出预测,使计划自始至终在人们的监督和控制之下,以最短的工期、最少的资源、最好的流程、最低的成本、最佳的质量来完成所控制的项目。

如图 5-6 所示的网络中,我们可以通过分析得出该网络的关键路线为:A→B→C→D →G→H→J→K,沿此路线的任何事件的完成时间的延迟,都将延迟整个项目的完成时间。

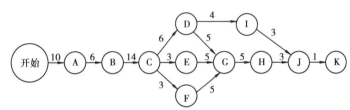

图 5-6　网络图法

5.3.5　评审阶段的任务

1)PDCA 循环

PDCA 循环是美国著名的质量管理专家爱德华兹·戴明(W.Edwards Deming)博士首先提出的,所以又称戴明环。全面质量管理的思想基础和方法依据就是 PDCA 循环。PDCA 循环的含义是将质量管理分为 4 个阶段,即计划(Plan)、执行(Do)、检查(Check)、处理(Action)。作为推动工作、发现问题和解决问题的有效工具,戴明环要求把各项工作按照制订计划、实施计划、检查实施效果,然后将成功的做法纳入标准,不成功的做法留待下一循环去解决的工作方法,这是质量管理的基本方法,也是企业管理其他各项工作的一般规律。

2)实施 AAR 分析

AAR(After Action Review)作为美国陆军的规范操典,是一个结合了技术和人的快速报告方法或工具,是一个简单而有效的学习过程,可以用来帮助团队获取从已经实施的决策或计划的成功与失败中得到的经验、教训,以便改进未来的表现。它为团队提供一个了反思一个项目、活动、事件或任务的机会,以让团队成员参与诊断和评估过程的形式来加强他们的学习过程,同时提供关于团队表现的反馈。

在美国陆军成功使用 AAR 的经验之后,Analog Devices 公司 T&IPD (Transportation & Industrial Products Division)部门的经理 Curtis Davis 为了触发各部门团队内与团队间的学习及沟通,使用了 AAR 这个可以有效反映他们所执行的工作,并从中获得学习的方法。(Baird et al.,2000)他指出,AAR 是特定的个体或群体在行动中能够反映及学习的方法与机制,目标是让人们在行动过程中就能有效地进行学习:了解行动意图是什么、为何确定此意图、意图是否达成、过程中发生了什么、可从中得到什么教训、可怎样将此教训带入下次行动中。

3)开展组织学习

"学习"一词最早出现在组织理论是西蒙在1953年探讨美国经济合作管理局组织重组的文章。西蒙认为政府组织重组的过程即是一种学习的过程。正式把组织学习当作"理论"来研究,是甘吉洛西(E. Cangelosi)、迪尔(W. Dill)两人于1965年在《管理科学季刊》发表的《组织学习:对理论的观察》一文。而阿吉利斯(C. Argyris)、熊恩(D. Schon)两人于1978年写作的《组织学习:行动理论之观点》一书最具代表性。他们认为组织学习的意义为:"组织学习是为了促进长期效能和生存发展,而在回应环境变化的实践过程之中,对其根本信念、态度行为、结构安排所开展的各个调整活动;这些调整活动借由正式和非正式的人际互动来实现。"

建立在组织学习机制基础上的管理创新机制是一个组织形成管理优势的源泉。在组织学习中,每个成员对学习过程和结果都将产生重大的影响,但组织学习绝不是个体学习的简单相加。组织成员和组织之间的交互行为、组织与外部环境的相互作用、组织文化的构建是组织学习的重要特征。

4)实现知识共享

知识共享是指组织成员之间彼此相互交流的知识,使通过决策的实施而获取的知识,实现由个体的、局部的到组织的层面的经验扩散。这样在组织内部,相关的成员可以通过查询组织知识,获得并共享解决问题的方法和工具。反过来,组织成员好的方法和工具通过反馈系统可以扩散到组织知识里,让更多的组织成员能够使用,从而提高组织的效率。

5.4　决策的分类

组织的活动非常复杂,因而,管理者的决策也多种多样。不同的分类方法具有不同的决策类型。

5.4.1　按决策的作用范围分类

1)战略决策

战略决策是为了组织全局的长期发展所进行的大政方针的决策。它主要是为了适应外部环境的变化所采取的对策,其特点一般表现为:关系组织全局性的重大问题;实施时间相对较长,对组织发展起着比较长远的指导作用;面临的风险性较大,多由组织的最高层管理者负责制定。

2) 管理决策

管理决策又叫战术决策或策略决策,是为了实现战略目标而制定的带有局部性的具体决策,它直接关系到为实现战略决策所需要的资源的合理组织和利用。由中层管理人员做出。

3) 业务决策

业务决策又叫日常管理决策,是组织为了解决日常工作和业务活动中的问题而制定的决策。它是针对短期目标,考虑当前条件而做出的决定,大部分属于影响范围较小的常规性、技术性的决策,直接关系到组织的生产经营效率和工作效率的提高,所以,它往往是和作业控制结合起来进行的。

5.4.2　按决策时间长短分类

1) 中长期决策

中长期决策是指在较长时间内,一般是三五年或更长时间才能实现的决策。它多属于战略决策,需要一定数量的投资,具有实现时间长和风险较大的特点。

2) 短期决策

短期决策是指在短时间内,一般是一年以内实现的决策。它多属于战术决策或业务决策,具有不需要太多的投资和时间短的特点。

5.4.3　按决策的问题的条件分类

1) 确定型决策

确定型决策是指各方案实施后只有一种自然状态的决策。在这类决策中,各种可供选择的方案的条件都是已知的和确定的,而且各种方案未来的预期结果也是非常明确的,只要比较各个不同方案的结果,就可以选择出满意的方案。

2) 风险型决策

风险型决策的各种备选方案都存在着两种以上的自然状态,不能肯定哪种自然状态会发生,但可以测定各种自然状态发生的概率。对于这种决策,决策者无法准确判断未来的情况,无论选择哪个方案都有一定的风险。

3) 不确定型决策

不确定型决策是指各种备选方案都存在两种以上可能出现的自然状态,而且不能确定每种自然状态出现的概率的决策。在这种决策中,存在着许多不可控的因素,决策者不能确定每个方案的执行后果,主要凭个人的经验进行决策。

5.4.4　按决策的性质分类

西蒙依照决策的性质,将决策划分为结构化决策、半结构化决策和非结构化决策 3 种类别。

1）结构化决策

结构化决策（Structured Decisions）又称程序化决策或规范性决策，是指决策所针对的问题是一个组织需要经常面对的（即此类决策具有重复性特征）；决策所采用的过程、方法和手段有固定的模式和规律可以遵循（即此类决策具有例行性特征）；决策展开的过程、决策需要考虑的条件、应该遵循的规则以及所采用的方法均能够用确定的模型或语言加以清晰、准确地描述（即此类决策具有显性化特征）；并且能从多种方案中选择最优的决策。

结构化决策问题通常相对比较简单、直接，其决策过程和决策方法有固定的规律可以依循，能用明确的语言和模型加以描述，并可依据一定的通用模型和决策规则来实现，其决策的过程基本上可以实现标准化、例行化和自动化，以至于每当它出现时，不需要再重复处理它。因此结构化决策又称作程序化决策。

例如：企业的库存管理决策。

为了生产和销售的需要，往往需要保持一定的库存。库存管理的好坏不仅影响着供应链上企业的综合成本，而且也制约着整条供应链的性能。库存既要防止缺货，避免库存不足；又要防止库存过量，避免发生大量不必要的库存费用。如果库存不足，将导致生产停顿、送货延迟、客户不满、引发生产瓶颈等；如果库存过剩，则会占用不必要的资源，降低资源的使用效率。

针对这一经常需要面对的问题，人们展开了持续研究，力图把握库存管理问题的基本规律，形成结构化和规范化的方法，以指导人们正确应对。

1915年，美国学者哈里斯（F. W. Harris）就发表了关于库存控制的经济订货批量（Economic Order Quantity ，EOQ）模型的论文，开创了现代库存管理理论研究的先河。随着管理工作的科学化，库存管理的理论有了很大的发展，形成了许多针对不同需求的库存控制模型，如确定型库存模型中的允许缺货的经济订货批量模型、有数量折扣的经济批量模型，随机性库存模型中的单周期随机模型、连续随机库存模型等。

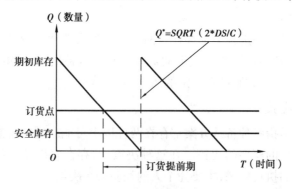

图 5-7　经济订购批量模型

有了这些结构化的模型，类似库存管理这样的结构化决策问题便有章可循，其管理过程便可以实现精细化、程序化乃至自动化，从而能够极大提高这类决策效率和效益。

2）半结构化决策

半结构化决策（Semistructured Decisions）介于结构化决策与非结构化决策之间，其决策过程和决策方法有一定规律可以遵循，但又不能完全确定，即有所了解但不全面，有所分析但不确切，有所估计但不确定。这样的决策问题一般可适当建立模型，但无法确定最优方案。而且决策的准则因决策者的不同而不同，不能从这些决策方案中得到最优化的解，只能得到相对优化的解，这类决策称为半结构化决策。

增加对决策条件的约束，半结构化决策有可能转化为结构化决策；而放宽决策的约束条件，其又可能转化为非结构化决策。

3）非结构化决策

非结构化决策（Nonstructured Decisions）又叫一次性决策，是指对不经常重复发生的业务工作和管理工作所做的决策。这种决策不是经常反复进行的，多为偶然发生或首次出现而又非常重要的问题。特别指那些决策过程复杂，其决策过程和决策方法没有固定的规律可以遵循，没有固定的决策规则和通用模型可以依循，决策者的主观行为（学识、经验、直觉、判断力、洞察力、个人偏好和决策风格等）对各阶段的决策效果有相当影响。往往是决策者根据掌握的情况和数据临时做出决定。

非结构化决策要求刻意理性，而结构化决策体现习惯理性。对于决策者，习惯理性的形成至关重要。因为习惯和常规不仅能有效达到通过决策实现管理的目的，还可以节省稀有和昂贵的决策时间和注意力。组织的活动在很大程度是按常规进行的，常规本身就是一种一劳永逸式的决策，因此实现结构化决策的规范性和自动化具有不可忽视的重要意义，它可以提高决策的效率和应对问题的速度。

同时，当决策行为变成常规以后，管理者又必须用刻意理性来拷问常规，对常规产生怀疑，定期审查和修正。这种拷问和修正，又是以非程序性决策来完善规范的过程，即决策（常规性）中的决策（非常规性）融合的过程。

5.5　决策点的配置

组织管理的核心是决策（Huber et al.，1986）。西蒙认为："任何一项工作开始之前都需要事先进行决策。组织内部各层次的员工都需要进行决策，只是决策的领域不同而已"。只有实行科学与快速的决策，才能针对环境的不断变化作出快速反应，迅速捕捉瞬息即逝的市场机会。许多管理学者也反复强调快速、有效的决策是获得竞争优势的源泉。

美国斯坦福大学的著名教授 Kathleen M. Eisenhardt（1989）发现：在快速变化的环境下，成功的企业往往比他们的竞争对手能够作出更为快速的决策。而决策的效果和效率首先取决于决策权如何配置。在决策权的科学、合理配置方面，有着众多的研究成果可资借鉴，得到相应的解决方案。

从信息管理学的角度看,随着信息时代的来临,信息和知识成为了组织中的最为核心的资源,以信息为载体的知识也成为了合理配置决策权的支配性基础。

1992 年,美国哈佛大学的教授詹森(Michael C.Jensen)和麦克林(William H.Meckling)在著名学者、诺贝尔经济学奖获得者弗里德里奇·哈耶克(Friedrich August von Hayek)关于"组织的效率取决于决策权与知识之间的匹配程度"观点的基础上,提出了决策权的最优配置取决于知识成本(知识的学习和传递成本)与代理成本(决策权的转移成本)之间合理权衡的思想。并认为:当信息失真的边际成本(即知识成本)大于目标不一致的边际成本(即代理成本)时,决策权应当向组织的基层实施转移,才能够实现最优组织的决策效果,提高组织决策的响应速度,并提出了如图 5-8 所示的决策权配置 J-M 模型。

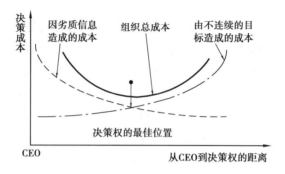

图 5-8　决策权配置的 J-M 模型

该模型为理解信息承载的知识与决策权在组织中的科学配置提供了合理的解释。即决定组织中决策点的配置的关键在于知识在组织中的分布状态以及知识的传递成本与决策权转移成本之间的权衡。决策权配置的目的不仅仅是在现有知识存量下的决策权分配,而是通过决策权的动态分配来促进知识的快速创新和持续增长。

以上是信息管理学的相关概念介绍。它明确了信息管理学的方法论和核心落脚点,即信息管理学是以信息方法为指导的,以信息资源管理和依托信息实现智能化管理为核心内容,以实现科学决策和有效控制为目的的一门学科。

第 3 编
信息资源的管理

　　在概念基础部分,已经明确定义了信息管理的基本内涵,它包括对信息资源的管理和基于信息的管理两大主题。在本书的第二部分,将讨论如何实现对信息资源的管理。

　　信息作为当今组织中最重要的资源,如同其他的事物一样,也有自己的生命周期。信息资源的生命周期由信息的产生驱动,由信息的收集与检索、信息的组织与存储、信息的加工与激活、信息的传播与利用等环节构成。下面将依循这些环节,逐一展开对信息资源管理的讨论,并形成相应的章节。与此同时,信息的运动过程绝非完全独立的过程,而一定是在与之相互关联的环境中运动的,其运动必然会受到环境的制约。如此,在讨论对信息资源的管理时,也应该兼顾环境的要求,即对信息资源的管理行为必须遵从法律、法规和伦理道德的约束。

第6章 信息的收集与组织

6.1 信息的收集

信息不仅能够消除人们对事物认识的不确定性,帮助人们理解各种有目的的活动中所面临的问题,还可以作为各项行动的参考依据,指导人们有目的、有计划地开展活动。维纳曾经说过:"要想有效地生活,就要有足够的信息"。在现实生活中,人们通过不断地获取信息,丰富自身的知识,解决工作、学习、生活中的各种问题,而信息收集和利用是人们认识问题、深入了解问题的第一步,也是人们认识、分析和研究事物的关键一步。信息收集工作完成的好坏,直接影响信息活动的开展,进而影响事业的进展和成败。科学、合理的信息收集,是有效获取所需要的信息、开发信息资源的基本保障,而把握信息收集的内涵、了解信息收集的对象和功能,明确信息收集工作的基本流程,熟悉信息收集需要遵从的基本原则,是科学、合理地开展信息收集工作的前提,是确保信息收集活动顺利进行和取得成功的先决条件,直接关系到整个信息资源管理工作的质量。

6.1.1 信息收集的内涵

1)信息收集的实质

对于信息收集的实质,可以从以下3个方面来认识:

首先,信息收集是人类有意识、有目的的活动。人类获取信息不是盲目的,而是为了满足自己或他人的特定的信息需求。其次,信息的收集具有选择性。信息是由信息源产生的,外界的信息源数量多、范围广,所产生的信息种类繁多、内容芜杂。有用信息、无用信息、虚假信息、有害信息混杂。因此,收集信息必须认真加以选择。信息的选择是以采集的信息与用户需要的信息是否匹配为准则的。第三,收集信息往往需要借助于一定的工具或利用一定的手段。

2)信息收集的过程

为了确保信息收集的目标得以实现,必须遵循科学的信息收集流程。

信息收集工作包括:明确信息需求、确定信息收集目标、制订信息收集计划、选择信息收集策略、实施信息收集、整理数据与编写报告、收集结果的评价、信息的后继管理等基本程序。

（1）确定信息收集需求

在开展信息收集之前,首先应当把握所需信息的内涵与本质。如果是根据信息用户的信息需求,有计划地开展信息收集,则更应该而且必须详尽地了解信息的最终用户的对信息的应用需求,包括用户明确表明的信息需求以及尚未明确表达的潜在的信息需求。如信息的主要内容、形式特点、涉及的范围、时间约束等。只有明确了信息需求及其用途,才能够确定具体的信息采集对象,有的放矢地进行信息收集。

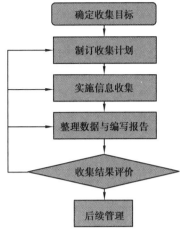

图 6-1　信息收集的流程

（2）确定信息收集目标

进行信息需求分析,其目的就是确定信息收集的目标。在确定信息的收集目标时,需要考虑以下原则:

①针对性原则。信息数量庞大、内容繁杂,而满足需要的信息总是特定的。因此,信息的收集要做到有针对性。有目的、有重点、有选择地收集利用价值大的、适合当时当地环境条件的信息,做到有的放矢。

②真实性原则。该原则要求所收集到的信息要真实、可靠、客观。当然,这个原则是信息收集工作的最基本的要求。为达到这样的要求,信息收集者必须对收集到的信息反复核实,不断检验,力求把误差减少到最低限度。

③完整性原则。该原则要求所收集到的信息要广泛,全面完整。只有广泛、全面地收集信息,才能完整地反映管理活动和决策对象发展的全貌,为决策的科学性提供保障。当然,实际所收集到的信息不可能做到绝对的全面完整,因此,如何在不完整、不完备的信息下做出科学的决策就是一个非常值得探讨的问题。

④及时性原则。所谓及时性,是指信息收集者对有用信息高度敏感,不失时机地采集到能够反映事物的活动状态、体现事物的性质、映射事物未来发展方向的信息,也包括及时从数量众多、杂乱无章的信息中挖掘出尚未发现或未曾使用过的独具特色的信息。在信息基本概念中,曾经强调信息的时效性特征,在一般情况下,信息产生的时间越长,信息的效用就越小,过时的信息其价值已经降低甚至完全丧失。

⑤预见性原则。在信息收集时,既要着眼于信息用户的现实需求,又要具有一定的超前性,要注意了解和把握信息用户的潜在信息需求,以及信息需求未来的发展、变化趋势,收集那些对将来的发展具有指导意义和使用价值、能够产生社会效益和经济效益的信息,提高信息服务的主动性。

⑥经济性原则。信息收集的经济性原则也称适度原则。所谓适度是说在信息收集

中不能单纯考虑信息的完备性,还需要兼顾信息收集的可能性与可行性,兼顾收集信息的质量与成本,尤其要考虑信息收集所必然产生的物质成本、时间成本与机会成本。优先考虑选取成本最小(如采集路径最短、费用最低、获取最易)的信息收集路线及方法;选择信息密度大、权威性强、可信度高、利用价值大的信息源作为信息收集的对象。

(3)选择信息收集策略

信息收集策略是为实现信息收集目标而制订的信息收集计划和实施方案。包括信息收集对象的确定、信息收集范围的确定、信息收集渠道的确定,信息收集方法的选择以及信息检索策略的制订等。

信息收集的范围包括:内容范围、时间范围和地域范围。

①内容范围:是指由信息收集目标和需求的相关性特征所确定的范围,包括本身内容范围和环境内容范围。本身内容范围是由事物本身信息相关的内容特征组成的范围;环境内容范围是由事物周边、与事物相关的信息的内容特征组成的范围。

②时间范围:是指在信息发生的时间维度上,根据与信息收集的目标和需求具有相关性的特征所确定的范围,这是由信息的历史性和时效性所决定的。

③地域范围:是指在信息发生的地点上,根据与信息收集目标和需求具有相关性的特征所确定的范围。这是由信息的地域分布特征和信息收集的相关性要求决定的。

信息收集的来源:联合国教科文组织将信息源定义为:"组织或个人为满足其信息需要而获得信息的来源,统称为信息源。"其包括以下类别:

①实物型信息源:又称现场信息源,是指具体的观察对象在运动过程中直接产生的有关信息。

②文献型信息源:主要是指承载着系统的知识信息的各种载体信息源,包括图书、报纸、期刊、专利文献、学位论文、公文等。

③电子型信息源:指通过电子技术实现信息传播的信息源,包括广播、电视、电子刊物等。

④网络信息源:指蕴藏在计算机网络中的有关信息。借助网络获取信息已日益成为重要的手段。

信息收集的方法:包括观察法、调查法、实验分析法、文献研究法和网络收集法等。相关方法将在后续章节详细讨论。

(4)信息的整理

信息收集工作不是将所有采集到的信息不加整理地传递给信息用户,而是要将信息通过整理去粗取精、去伪存真,并按照用户所满意的内容与格式提交用户。因此,将采集到的信息进行整理是信息收集的重要环节。常用的信息整理方法有3种。

一是"分类加主题方式",其适用于大型信息资源的整理。在对信息进行整理时,先将所收集到的信息分类区别开来,然后再按设定的主题分类将有关信息聚集在一起。根据信息量的大小,还可以采取大类下再设小类、大主题下再设置小主题。

二是"主题方式",即将采集到的信息按照不同的主题分区,相同主题的信息归纳到一起,大主题下还可以再设小主题,使得信息的归属清晰、合理、方便使用。这种方式适合于中、小型信息资源的整理。

三是"数据分析报告"方式。这种方式通常是应信息用户的要求而进行的。信息用户在要求采集信息的同时,要求信息收集者根据信息收集的结果,形成相关的信息调查研究报告,就信息用户所关心的问题,利用所采集到的信息,有针对性地进行论证、分析,提出相应的对策、建议。这种信息整理方式实质上已经上升到信息情报研究的高度。它要求信息收集者不仅要具备采集信息方面的专长和能力,还需要具有信息分析、研究的能力,驾驭信息资料的能力以及语言文字的表达能力。

6.1.2　信息收集方法

信息收集的方法:实施信息的收集有多种方法,主要包括观察法、调查法、实验分析法、文献研究法和网络收集法等。

1)观察法

观察法是信息收集者亲临现场,通过自己的感觉器官或借助于辅助工具对信息源进行有目的、有计划的考察、记录和分析,力求了解事物本质的一种信息收集方法。科学的观察具有目的性和计划性、系统性和可重复性等特征。

(1)观察法的特点

观察法是人们获取信息进而开展问题研究的主要方法之一,利用观察法收集信息具有以下特点:

①直接性。观察法是信息收集者直接获取信息的主要方式。通过与观察对象的直接接触或者借助于辅助仪器,直接从信息源获取信息,能够获得反映事物原始形态的真实信息。

②客观性。观察法不仅能够观察到静态的信息,还能够及时获取伴随观察对象运动的动态信息。这些信息来自观察者的切身感受,其所获得的信息具有客观性。

③能动性。观察法是信息收集者根据需要有目的、有意识的信息采集活动,因而是自觉的、主动的。在观察过程中,既能够按照计划采集信息,又能够根据观察对象的变化,对信息采集的主题、信息收集的方式做相应的调整,充分发挥信息收集者的主观能动性。

④选择性。在收集信息时,观察者总是希望将注意力有选择地集中在所关心的重点上,确保所收集的信息具有典型性和代表性。在面对众多的信息源时,运用观察法能够让观察者有较大的选择空间,能够自主地选择信息收集对象,在信息收集的内容、时间和地域方面具有较大的选择自主性。

(2)观察法的类型

按照观察法收集信息方式的不同,可以分为以下主要类型。

①自然观察与实验观察。以观察对象是否受控制为标准来划分。自然观察主张在自然发生的条件下,即在对观察对象不加干预和控制的状态下进行观察;而实验观察则

通过人为地改变和控制一定的条件,有目的地引起被研究对象的某些行为反应,进而在最有利的条件下进行观察。自然观察能搜集到研究对象在日常生活中的真实、典型的行为表现,但研究者处于被动状态,难以揭示那些较少在自然状态下表现出来的行为特点;实验观察能使研究者获得更全面、更精确、更深入的事实和资料,但要求较高,难度较大。

②直接观察与间接观察。以是否通过中介物为标准来划分。直接观察和间接观察的区别在于前者通过人的感官进行直接观察,后者则借助于各种仪器或装置(如录音机、录像机、摄像仪、照相设备等)进行观察和记录,或根据事发后留下的痕迹(如照片、录像)进行观察。由于人类感官的局限和科学技术的进步,从凭借感官进行直接观察到通过仪器作为中介来进行观察,是观察法发展的必然趋势。

③参与观察与非参与观察。以是否参与被观察者的活动为标准来划分。

参与观察即局内观察,指观察者参与被观察者的实际环境和行为过程之中,并通过与被观察者的共同活动从内部进行观察,从而系统地收集信息的方法。根据参与程度的不同,参与观察可分为完全参与观察和不完全参与观察两种。

完全参与观察是指观察者隐瞒自己的真实身份和研究目的,自然加入被观察者群体及其行为过程中进行的观察。完全参与观察能深入地了解被观察者的真实资料,但如果参与过深,又往往容易失去客观立场。

不完全参与观察是指观察者不隐瞒自己的真实身份和研究目的,在被观察者接纳后所进行的观察。不完全参与观察能够避免引起被研究者的紧张心理,可以进行自然的观察。但这种方法的缺点是被观察者容易出现不合作行为,或是隐瞒和掩饰对自己不利的表现,或是故意夸大某种表现,使得观察结果失真。

非参与观察即局外观察,指观察者完全以局外人或旁观者的身份进行的观察。非参与观察的优点是能够不受被观察者的影响,进行比较客观的观察。但是这种观察方法不容易深入了解被观察者的内部情况。显然,参与观察能搜集到较为完整且具有深度的资料,但易带主观情感成分,而且比较费时,难度较大。

④结构观察与无结构观察。根据观察内容是否有统一设计的、有一定结构的观察项目和要求,观察法可划分为结构观察和无结构观察。

结构观察,是指观察者根据事先设计好的提纲并严格按照规定的结构、内容和计划所进行的可控性观察。它的特点是结构严谨,计划周密,观察过程标准化。但采用这种方法观察缺乏弹性,容易影响观察结果的深度与广度。多用于验证性研究。

无结构观察,是指观察者预先对观察的内容与计划没有严格的规定,而依据观察现场的实际情况所进行的观察。它的特点是观察时弹性大,随意性大,可以根据实际情况,随时调整观察的计划和内容。因而,这种观察方法的适应性强,而且简单易行。但是用这种方法收集的资料整理难度大,不容易进行定量分析。多用于探索性研究。

较之无结构观察,结构观察能获得大量确定、翔实的资料,并可对观察所得的信息进行定量和对比分析,但缺乏弹性,比较费时。

(3)实施观察法的具体方法

实施观察法的具体方法很多,主要有实况详录法、事件取样法、时间取样法、特性等级评定法、日记描述法、轶事记录法、频率计数图示法及清单法等。

①实况详录法,是在一段时间内,连续地、尽可能详尽地记录被观察对象的所有的表现或活动从而进行研究的方法。目的是无选择地记录被研究行为或现象系列中的全部细节,获得对这些行为或现象的详细的、客观的描述。

②时间取样法,是指在一定时间内,按照一定的时段观察预先确定好的行为或表现,从而进行对象信息收集的方法。时间取样法把被研究者在每一时间阶段中的行为,看成一般情况下的一个样本,如果抽取充分多的时段,在这些时间段中所观察到的行为,便可得出规律性的结论。

③事件取样法,是指根据一定的研究目的,观察某些特定行为或事件的完整过程而进行的研究方法。事件取样法不受时间间隔与时段规定的限制,只要所期待的事件一出现,便可进行记录。记录方法可采用行为分类记录系统,将对事件前因后果及环境背景等的描述性记录结合起来使用。

④日记描述法,是指对同一个或同一组观察对象以日记的形式描述其长期反复观察到的行为表现,从而进行研究的方法。一般可分为综合日记法和主题日记法两种。综合日记法一般记录观察对象在各方面发展过程中出现的新的行为表现。主题日记法主要侧重记录观察对象某一方面的新发展。

⑤轶事记录法,是指通过观察者把认为有价值的、反映观察对象行为的各种表现记录下来,进行信息收集的方法。轶事记录法要求在记录时应尽量做到及时、具体、准确。尽量在事件发生时及发生后及时记录下来。轶事记录法是直接观察记录法中最容易使用的一种方法,其不受时间或情境的限制,不需要事先设计好表格,不需要对所要观察的行为下定义,只要认为是重要的或觉得有兴趣的观察对象的行为,在观察之后都可以记录下来。

⑥频率计数图示法,是在被观察的行为发生时计算其发生的频率,再用图示将所收集到的行为频率显示出来的一种方法。运用这一方法时,首先需要界定所要计数的行为,然后再通过详细的观察记录行为。

⑦清单法。清单就是指一系列项目的排列,并标明关于这些项目是否出现的两种选择,供记录者判断后选择其中之一并作出记号。使用清单法前应先制定出记录表格,而制定表格之前,需要先决定所要观察的行为类型,抽取出一定数量的具体行为列入清单。由于它在观察之前确定了观察内容,因而,观察目的明确,便于研究者收集到所需要的信息。

(4)观察法的优缺点

观察法的优点是:

①直接性和客观性。能够得到不能直接报告或可能失实的资料,可以避免由被研究者自陈式方式所提供的信息可能带来的研究偏差。在观察法中,因为观察者与被观察的客观事物直接接触,中间不需要其他任何中介环节,观察到的结果,所获得的信息资料,具有真实、可靠性,是第一手资料。

②自然性。观察一般是在自然情况下进行的,观察对象是自然状态下的客观展现。

③及时性。研究资料是在现象或行为发生的当时就搜集到的,因此所获信息资料及时、新鲜。

④普适性。即使研究对象不配合,也能收集资料,所以观察适用范围较为普遍,不但自然科学研究与社会科学研究普遍适用,而且不少方法如调查法、实验法等也与观察法有密切关系。

⑤简便性。可以对同一事物或同一现象做较长时间的跟踪研究。

观察法的主要缺点是:

①受观察对象的限制。观察法适用于对外部现象及事物的外部联系的研究,而不适用于对内部核心问题及事物内部联系的研究。另外,对有些较为隐蔽的事物也不太方便用观察法。如研究青少年的网上不良活动问题就不好使用观察法。

②受观察者本人的限制。人的感觉器官本身有不精确性。人的感官都有一定的生理限度,超出这个限度就很难直接观察,所以观察往往难以精确化。与此同时,人们对事物的观察往往受主观意识的影响,不同的人有不同的意识背景与理论框架,因此,对同一事物的观察,往往带有各自的主观性,难以做到客观化。

③受观察范围的限制。观察涉及对象的有限性,特别是在同一时期内观察的对象是不多的,这种小样本的观察信息,不适用于大面积研究。

④受无关变量的干扰,缺乏控制。自然状态下的观察由于缺乏控制,因变量混杂在无关变量之中,没有纯化和凸现,从而使观察结果缺乏科学性。

【案例】

观察法的典型案例:美国的"霍桑实验"

实验的背景

古典管理理论的杰出代表泰勒、法约尔等人在不同的方面对管理思想和管理理论的发展做出了卓越的贡献,并且对管理实践产生了深刻影响,但是他们有一个共同的特点,就是都着重强调管理的科学性、合理性、纪律性,而未给管理中人的因素和作用以足够重视。他们的理论是基于这样的假设,即社会是由一群无组织的个人所组成的;他们在思想上、行动上力争获得个人利益,追求最大限度的经济收入,即所谓的"经济人";而管理部门面对的仅仅是单一的职工个体或个体的简单总和。基于这种认识,工人被安排去从事固定的、枯燥的和过分简单的工作,成了"活机器"。从20世纪20年代美国推行科学管理的实践来看,泰勒制在使生产率大幅度提高的同时,也使工人的劳动变得异常紧张、单调和劳累,因而引起了工人们的强烈不满,并导致工人的怠工、罢工以及劳资关系日益紧张等事件的出现;另一方面,随着经济的发展和科学的进步,有着较高文化水平和技术水平的工人逐渐占据了主导地位,体力劳动也逐渐让位于脑力劳动,也使西方的资产阶级感到单纯用古典管理理论和方法已不能有效控制工人以达到提高生产率和利润的目的。这使得对新的管理思想、管理理论和管理方法的寻求和探索成为必要。

在此背景下,美国国家科学院的全国科学委员会的研究小组在著名管理学家、哈佛大学教授梅奥(George Elton Mayo)的领导下,在西方电气公司所属的霍桑工厂进行了著名的"霍桑实验"(Hawthorne Studies,1927—1932)。

实验内容

①照明实验。当时关于生产效率的理论占统治地位的是劳动医学的观点,认为也许影响工人生产效率的是疲劳和单调感等,于是当时的实验假设便是"提高照明度有助于减少疲劳,使生产效率提高"。可是经过两年多的实验发现,照明度的改变对生产效率并无影响。具体结果是:当实验组照明度增大时,实验组和控制组都增产;当实验组照明度减弱时,两组依然都增产,甚至实验组的照明度减至0.06烛光时,其产量亦无明显下降;直至照明减至如月光一般、实在看不清时,产量才急剧降下来。

②福利实验。总的来说实验目的是查明福利待遇的变换与生产效率的关系。但经过两年多的实验发现,不管福利待遇如何改变(包括工资支付办法的改变、优惠措施的增减、休息时间的增减等),实验组与控制组的产能都提升了,甚至工人自己对生产效率提高的原因也说不清楚。

进一步了解后才知道,这些工人被选出参与实验时,本身即感到是一种个人的光荣,这种心态又形成整个团队的荣誉感,而导致"情绪性的连锁反应"。换言之,这个实验结果并未如原先所预期,看来是近乎失败的实验。

但梅奥与同僚从霍桑实验中领悟到,由于受到额外的关注能够引起绩效或努力上升。这种情况称为"霍桑效应"。

③群体实验。梅奥等人在这个试验中选择14名男工人在单独的房间里从事绕线、焊接和检验工作。对这个班组实行特殊的工人计件工资制度。

实验者原来设想,实行这套奖励办法会使工人更加努力工作,以便得到更多的报酬。但观察的结果发现,产量只保持在中等水平上,每个工人的日产量平均都差不多,而且工人并不如实地报告产量。深入的调查发现,这个班组为了维护他们群体的利益,自发地形成了一些规范。他们约定,谁也不能干得太多,突出自己;谁也不能干得太少,影响全组的产量,并且约法三章,不准向管理当局告密,如有人违反这些规定,轻则挖苦谩骂,重则拳打脚踢。进一步调查发现,工人们之所以维持中等水平的产量,是担心产量提高,管理当局会改变现行奖励制度,或裁减人员,使部分工人失业,或者会使干得慢的伙伴受到惩罚。

这一试验表明,为了维护班组内部的团结,可以放弃物质利益的引诱。由此提出"非正式群体"的概念,认为在正式的组织中存在着自发形成的非正式群体,这种群体有自己的特殊的行为规范,对人的行为起着调节和控制作用。同时,加强了内部的协作关系。

根据这种"半参与式观察"的实地考察所获得的信息,梅奥出版了《工业文明中的社会问题》一书,对实验进行了总结,提出了一系列理论:

①社会人理论。以泰勒的科学管理理论为代表的传统管理理论认为,人是为了经济利益而工作的,因此金钱是刺激工人积极性的唯一动力,因此传统管理理论也被称为"经

济人"理论。而霍桑实验表明,经济因素只是第二位的东西,社会交往、他人认可、归属某一社会群体等社会心理因素才是决定人工作积极性的第一位的因素,因此梅奥的管理理论也被称为"人际关系"理论或"社会人"理论。

②士气理论。以泰勒的科学管理理论为代表的传统管理理论认为,工作效率取决于科学合理的工作方法和好的工作条件,所以管理者应该关注动作分析、工具设计、改善条件、制度管理等。而霍桑实验表明,士气,也就是工人的满意感等心理需要的满足才是提高工作效率的基础,工作方法、工作条件之类物理因素只是第二位的东西。

③非正式群体理论。以泰勒的科学管理理论为代表的传统管理理论认为,必须建立严格完善的管理体系,尽可能避免工人在工作场合中的非工作性接触,因为其不仅不产生经济效益,而且降低工作效率。而霍桑实验表明,在官方规定的正式工作群体之中还存在着自发产生的非正式群体,非正式群体有着自己的规范和维持规范的方法,对成员的影响远较正式群体为大,因此管理者不能只关注正式群体而无视或轻视非正式群体及其作用。

④人际关系型领导者理论。以泰勒的科学管理理论为代表的传统管理理论认为,管理者就是规范的制定者和监督执行者。而霍桑实验提出,必须有新型的人际关系型领导者,他们能理解工人各种逻辑的和非逻辑的行为,善于倾听意见和进行交流,并借此来理解工人的感情,培养一种在正式群体的经济需要和非正式群体的社会需要之间维持平衡的能力,使工人愿意为达到组织目标而协作和贡献力量。

霍桑实验的意义在于,它通过细致的观察、研究,不仅对古典管理理论进行了大胆的突破,第一次把管理研究的重点从工作和物的因素上转到人的因素上来,还在理论上对古典管理理论作了修正和补充,开辟了管理研究的新理论,还为现代行为科学的发展奠定了基础,而且对管理实践产生了深远的影响。

2)调查法

调查法是对事物进行系统、周密的考察和了解的方法。它是有目的、有计划、系统性地搜集有关研究对象的现实状况或历史状况信息的方法。它综合运用历史法、观察法等方法以及谈话、问卷、个案研究、测验等科学方式,对调查现象进行有计划的、周密的和系统的了解,并对调查所搜集的大量数据资料进行整理、分析、综合、比较、归纳,从而为人们提供规律性的知识。其收集信息的目的可以是全面把握当前的状况,也可以是为了揭示存在的问题,弄清前因后果,为进一步的研究或决策提供观点和论据。

(1)调查法的分类

按照调查所覆盖的范围划分,调查法可以分为普遍调查、典型调查和抽样调查3种基本类型。

①普遍调查(普查)法。普遍调查是对某一范围内的所有被研究对象进行的调查。全面调查可以是单位性的或地区性的,也可以是全国性的,它能够得到有关调查对象的全部情况,为制订重大的方针、政策和规划提供必要的依据。

全面调查是一种重要的宏观调查方法。其优点是具有普遍性,能全面地反映调查对象的许多现象及其变化发展情况,收集的资料比较完整、全面。但是调查所得到的材料往往比较肤浅和简单,有些问题无法深入了解,往往只能用填表等书面方法去进行调查,这样就难以得到翔实生动的材料,同时由于调查范围广,往往耗资大、费时长。

②抽样调查(Sampling Survey)。抽样调查是一种非全面调查,即从被调查对象的全体范围(总体)中,抽取一部分单位(样本)进行调查,并通过样本特征值的推算来获得总体特征值的一种调查方法。

抽样调查包括概率抽样或称随机抽样(Probability-Sampling)和非概率抽样或称非随机抽样(Non-Probaby-Sampling)。从狭义说,抽样调查仅指随机抽样。即在需要调查的全体对象中,用随机的方式抽取出所要调查研究的样本。使总体的每个单位都有同等被抽取到的机会或概率,而不是按调查者的主观意见或判断来决定抽取与否。这样的抽样方法,就是随机抽样调查。抽样调查的理论基础是"误差理论"和"大数理论",抽样调查的关键问题是样本的抽取方法和样本量大小的确定。样本的抽取方法决定样本集合的选择方式,影响信息收集的质量。其具体又分为随机抽样、非随机抽样和综合抽样 3 种方法。

③典型调查。即在对被调查的现象或对象进行具体分析的基础上有意识地从其中选择某个特定的现象或对象进行调查与描述。典型调查的重要意义在于,通过深入实际、解剖麻雀,能够对某一现象进行具体、细致的调查研究,可以详细观察事物的发展过程,具体了解现象发生的原因及其发展变化过程,并掌握多方面的联系。抓住这个典型现象,进行有目的、有计划的调查研究,把这一经验总结出来,加以推广,用以指导一般。

按调查所实现的功能划分,调查法可以划分为:

①现状调查。即对某一现象或对象的现在状况进行调查。这种类型的调查,其时间特征是"现在"或"当前",是进行"现在状况""当前情况"的调查。

②历史调查。即对某一现象发生、发展和变化的过程进行系统的调查。在某一现象尚未消失或正在进行的时候也可以用这种方法。历史调查,不但可以了解到调查对象的过去和现在,也可以在某种程度上预测它的未来。

③发展调查。即对调查对象在一个较长时间内的特征变化进行调查,以找出其前后的变化与差异。

④比较调查。即针对不同国家、地区、行业之间有关现象的相似性和差异性进行相互比较而进行的调查。这种类型的调查,其特征是"相关关系"。

按调查过程中采用的手段划分,可以将调查法划分为:

①问卷调查。问卷调查又称填表法,是指通过制定详细周密的问卷,要求被调查者据此进行回答以收集信息的方法。所谓问卷是一组与研究目标有关的问题,或者说是一份为进行调查而编制的问题表格,又称调查表。它是人们在社会调查研究活动中用来收集资料的一种常用工具。然后进行回收整理研究。这是一种用书面形式进行调查的方法。问卷调查是一种发掘事实现况的研究方式,最大的目的是收集、累积某一目标族群的各项属性的基本信息。

【延伸阅读】

问卷的问题类型及测度项设计

（1）问卷的问题类型

问卷一般包括3类的问题：理论模型中的变量、辅助变量与人口统计学特征。

①理论模型中的变量。问卷首先必须包括为研究特定问题而构建的理论模型中的所有相关变量。一个变量是用3个或3个以上的测度问题（Measurement）来予以测量的。一个变量又往往对应于一组，而不是单一的语义。把这样的变量叫作理论构件或简称"构件（Construct）"。这些构件所细化的语义被称为这个变量的概念空间（Concept Space）。用多个问题来测量某一个特定的概念，就是要从这个概念空间中选择合适的表达方式，使之作为一个整体，更好地反映一个能够予以直接测量的变量。这些被使用的问题又叫作测度项（Measurement Item）。相应地，它们的记分标准叫作刻度（Scale）。计量学中有两种常见的刻度：李克特量表（Likert Scale）与语义对比刻度（Semantic Differential Scale）。前者往往用"同意/不同意"来表示对一个测度项的认可程度，而后者则让调查对象在一组反义词中选择合适的位置。

②辅助变量。一类重要的辅助变量是控制变量（Control Variables）。控制变量并不是理论模型中的主要变量。但是因为一个理论模型往往只能够从一个角度出发研究问题，所选择的变量有时不具有很好的充分性。这时，适当地引入一些控制变量就可以用来表明，即使另外一些重要的变量存在，所选的理论变量仍具有重要性，并表明理论变量具有有别于控制变量的额外作用。

③人口统计特征（性别、年龄、种族、教育程度、职业等）。这些变量在研究中往往并不占据主要位置。它们可以用一个测试项来测定。而且这些变量大多比较客观，报告误差不大。在一个问卷中包括这些变量往往是为了检验一个样本是不是与整体或群体有相似的组成，从而具有代表性。

（2）测度项设计

测度项设计的基本目的是测量调查对象在一个理论变量上的真实值。测度项的质量可以用以下两个标准来衡量：

①有效性。有效性（Validity）指一个或一组测度项可以真实地测量一个理论构件。有效性的第一个要求是测度项在语义上是针对一个理论构件。有效性是确保"问了该问的问题"。即保证测度项语义内容上的正确性，或称为内容有效性（Content Validity）。

②可靠性。可靠性（Reliability）是确保"把该问的问题问好"，其反映一个测度项可以得到所有调查对象的真实可靠回答的程度，它的反面意义是测度值中偏差的程度。可靠性与有效性不是平等概念。可靠性是有效性的一部分。

影响测度项设计满足有效性与可靠性的情况有以下几种：

①调查对象缺少相关知识。如果调查对象缺少特定测度项中所要求的知识，就会影响结果的可靠性。比如问一个普通市民："您觉得进行转基因作物研究成功的可能性有

多大?"(非常小~非常大)。普通市民通常不会有这方面的知识。更多时候,一个调查对象没法回答所提问题是因为他没有相关的经历,比如在商场中进行抽样调查时,你去问一个根本不会用电脑的老年人"您觉得通过网站购买日用品方便吗?(非常方便~非常不方便)",就可能得不到想要的回答。

②措辞过于学术化、晦涩难懂。这是另一类"对牛弹琴"的错误。"您所在的团队的内聚性有多高?(非常低~非常高)"。什么是内聚性?除非有一个明确的定义写在问卷中,否则调查对象不会知道你在问什么。

③测度项不完整。假定测度项是:你的年龄?如果年龄对这个研究有很高的重要性,这个问题就是不完整的。尤其在我国,有人可能报虚岁,也有人报周岁。比较好的表述是:你的出生年份?

④语义不明确。假定测度项是:过去一个月里你向上司咨询过几次?这里有几个方面是不明确的。首先,哪些上司?是任何比你更高层的人,还是你的直属上司?其次,怎样算是咨询?是询问工作中的问题还是生活中的问题?是面对面还是包括电话与电邮?一个更明确的测度项可能是:不管是以面对面还是电话或电邮的方式,过去一个月你向你的直属上司咨询过几次关于你工作的问题?这个例子也说明测度项的准确性与简洁性往往是矛盾的。

⑤测度项内含多个问题。假定测度项是:工作带给我很高的自信心与安全感(非常同意~非常不同意)。到底是自信心还是安全感?这种问题的一个特点是其中有"与"或"或"。如果研究者对这两个方面都感兴趣,就应该把该问题分成两个来提问。

⑥测度项内含有多个变量之间的关系。这是设计问卷时很容易犯的一个错误。比如为了测试报酬与工作态度之间的因果关系,而设计这样的测度项"丰厚的报酬对于增加我的工作积极性十分重要,(非常不同意~非常同意)"。这样的提问涵盖了两个变量——报酬水平和工作态度。这样的提问会给我们分析问题带来困难。

首先,在数据收集过程的本身,不能预先设定立场而应保持中立,而这种关于"重要性"的直接提问已经预先有了一个立场。这会诱导调查对象循着调查者的立场回答问题,而不反映他们真实的实际行为。

其次,这样的直接测试虽然可以测量到两个变量之间的关系水平,但无法在统计意义上支持这个关系水平的显著程度。比如设定的刻度细度是7,即非常不同意=1,非常同意=7。如果得到的均值是5,这个值说明了什么呢?难道因为它大于中间点4就表明这两个变量之间有关系了吗?因为不知道这两个变量真的没有因果关系时调查对象的均值是多少(也许是4,但也可能是4.5或3.6),所以也无法在统计上有信心说5就表明有关系。相反,如果这两个变量分别测量,可以计算它们之间的统计上的相关系数,并进行显著度的检验(比如 T-test 检验)。

在设计测度项时应注意以下几个问题:

第一,研究者对一个理论构件的定义要十分明确。只有明确了一个理论构件的定义(它的内涵)以及它的适用范围(外延),才能设定符合理论构件的测度项。对于设定的测度项需要进行内容及字面的效性检查、预试（pre-test）、测度项分类或预调查（pilot test），以验证测度项与理论构件之间的关系。

第二，测度项的设定可以参照既有的研究成果。即采用已有的文献中前人已经成功应用并得到验证的测度项。几乎所有的研究都是在对既有研究的延续或拓展。但是，既然是新的研究，就需要构建新的理论模型，引入新的理论构件。因此，在借鉴已有的测度项设计方案时，需要仔细考量既有的理论构件的定义与你的定义是否一致。如果是，你要判断他的测度项的可靠性与有效性如何。如果有效性与可靠性都好，你要判断他的测度项的表述是可以直接套用，还是需要进行修改以适应你的特定研究环境与研究对象。要分析以前的研究与你的研究是不是针对同一个目标群体，是不是在相似环境下测试个体的心理现象，你也要决定是采用一个构件的全部测度项还是一部分。所以采用已有的测度项是一个选择与修改的过程。

第三，新测度项设计。

如前所述，既然是新的研究，就需要构建新的理论模型，引入新的理论构件，设计新的测度项。有几种不同的新测度项设计方法。

①对于一个理论构件，研究者可以邀请一些调查对象进行焦点小组讨论（Focus Group Discussion）。这些调查对象必须是目标群体中的成员。研究者介绍理论构件的基本定义，让调查对象针对这些现象进行讨论。讨论中所得的记录往往可以用来产生测度项。这样的测度项是用生活言语对一个概念的阐述。比如，我们请调查参与者讨论对"信任"的看法，有人会说他之所以信任一个人是因为那个人"本事大"，另外有人会说因为"可靠"，也有人会说"我们关系好""他会尽最大的努力来帮我"等。这些言语可以成为测度项设计的第一手素材。研究者会检查这些说法与理论构件的概念一致性，去芜存菁，得到一组测度项。有时，可能其他的研究者通过案例研究或采访得到了一些调查对象的评论与反馈，这些评论与反馈中的语言也可以成为素材。

②研究者也可以根据理论构件的定义直接产生一个测度项。如果已经知道"信任"涵盖一个"能力"因素，一个"可预测性"因素，与一个"好意"因素，就可以针对这些因素提出一些测度项。这两种方法可以相辅相成。

③还有一种需要特别小心的做法是使用词典。有人会说：既然多个测度项描述和刻画同一个理论构件，那么只要在词典中找一些同义词就可以了。词典本身并不失为一种寻找素材的资源，它反映了我们日常生活中对一个概念的不同理解。但是需要注意，首先，它只是一个"素材"。研究者需要基于定义进行仔细筛选，你对一个理论构件的定义往往不同于词典中对这个单词的定义。其次，多个测度项是要从不同方面反映同一个构件，如果是同义词，它们很有可能因为语义重复过多，反映了一个构件的同一个方面，从而不能很好地覆盖一个理论构件的内涵。第三，如果语义重复过多，调查对象会说：翻来覆去在问同一个问题，这个调查表真啰唆！影响其回答问题的态度，调查对象就不会在填表时思考，数据质量就会出问题。

②访谈调查。访谈调查又叫谈话法（Interview）。这是一种调查者通过与调查对象面

对面谈话直接收集信息的方法,根据被询问者的答复搜集客观的、不带偏见的事实材料,以准确地说明样本所要代表的总体的一种方式。尤其是在研究比较复杂的问题时需要向不同类型的人了解不同类型的材料。由于这种方法具有开放性特点,能够挖掘深层次的信息,可以研究范例很广的课题。

访谈法可以有很多形式。可分为结构型访谈和非结构型访谈,前者是按照按统一设计的、有结构的问卷所进行的访问和谈话。其特点是:选择访问对象的标准和方法,访谈中提出的问题、提问的方式和顺序,对被访者回答的记录方式等都是统一设计的;对于可能影响访谈进程和结果的时间、地点、环境等外部因素,也力求保持基本一致。结构型访谈的优点是,便于对访谈结果进行统计和定量分析,便于对不同访谈对象的回答进行对比研究。其缺点是,缺乏灵活性,难以深入地探究所要研究的问题。

非结构型访谈法指没有定向标准化程序的自由交谈。其特点是:根据研究目的提出访谈过程的基本要求和粗线条的谈话提纲;提问的方式和顺序、回答记录、外部条件等都不作统一规定,而由访问者灵活掌握。其优点是有利于发挥谈话双方的主动性和创造性;有利于适应变化着的客观情况和谈话的具体情境;有利于对研究问题作深入的探讨。其缺点是对访谈的结果难以进行定量分析。根据访谈内容的作用方向,可分为导出访谈(即从受访人那里引导出情况或意见)、注入访谈(即访员把情况和意见告知受访人)以及既有导出又有注入的商讨访谈。在商讨访谈中所商讨的内容以受访人为中心时,称为当事人本位访谈;以问题事件为中心时,称为问题本位访谈。

访谈法的优点主要有:适用于各种调查对象,不受被访者社会身份、文化程度等的限制;能广泛了解各种社会现象,包括现实的和历史的问题,事实、行为方面的和观念、情感方面的问题;能够通过引导、解释和追询,澄清模糊的问题,并对复杂的现象进行深入的探讨;能够灵活处理调查过程的问题,排除各种干扰,有效地控制调查过程。

访谈法的缺点是:访谈结果和质量在很大程度上取决于访问者的素养和被访者的合作态度,具有一定的主观性;样本小,影响所收集信息(对于总体)的代表性;人力、财力和时间耗费较大,调查研究的成本较高。

（2）调查法的实施步骤

运用调查法收集信息的全过程,一般分为确定调查课题,制订调查计划;收集资料;整理资料;总结、撰写调查报告 4 个步骤。

①确立调查课题、制订调查计划。

首先,确定题目。在实施调查前,必须明确调查方向,确定调查课题。只有明确所要解决的问题,才能减少调查的盲目性,增强调查的自觉性。进行调查,首先应该明确调查的问题,所谓明确问题就是把要调查的东西由模糊变为清晰,并具可操作性(能够进行调查)的过程。明确问题常用的方法是逐步界定范围,研究者从一个模糊的意向范围入手,不断地加限定词,直至认为范围已经明确为止。调查范围的界定也就是调查内容的界定,即应弄明白所研究的课题的内涵与外延是什么。调查对象的确定主要由研究的课题确定。

在确立题目时,要注意以下5点:a.必要性。既要考虑现实的必要性,又要考虑未来的必要性;既要考虑微观的必要性,又要考虑宏观的必要性。简言之,所选题目都应该具有调查研究的价值。b.可能性。即所选课题,从人员、时间、经费和环境等方面考虑,有没有实施调查研究的可能。c.题目切忌太大,要以小见大。d.重视参阅有关资料,弄清楚本课题过去有没有人做过、达到了什么程度,避免无意义的重复劳动。e.注意课题的论证,阐明课题的现实与理论意义,突破难点的方法等。

其次,拟订计划。拟订调查计划,是调查研究工作能否顺利进行的重要保证,一个好的调查计划往往是成功获取调查信息的良好开端。主持调查者应编写调查计划,就课题及调查目的、调查提纲的构成及使用方法、调查的地点及日程安排、调查组成员的分工、调查报告完成日期等问题形成书面说明。使之成为指导调查人员实施调查的指导性文件。

调查计划一般包含以下内容:a.调查的课题和目的。写明调查课题的具体名称和主要内容以及此次调查的主要目的和意义。b.调查对象和范围。即写明需要对什么对象进行调查,以及调查对象的选择、抽样方法、样本容量等。c.调查手段和方法。说明确定用哪一种手段和方法进行调查或综合运用哪几种方法和手段进行调查。确定所采用的调查方法。调查的方法依所要收集的资料的种类而定。态度方面的资料用问卷调查法;行为方面的资料可用观察法;状态方面的资料可以用测量法。d.调查步骤和时间安排。说明调查将分几步进行,每一步的具体内容和时间安排以及完成的最后期限。e.调查经费的使用安排。说明调查所需经费的来源和预算以及如何使用这些经费。f.采用集体进行、分别实施方式进行的调查的计划还应增加调查材料的汇总方式。

②实施调查、收集信息。

即在调查过程中采用问卷、访问、测验、开调查会等手段全面收集资料。为了保证所获信息的信度,在收集调查信息时应注意以下几点:a.尽可能保持材料的客观性。在调查过程中,调查者不能带有主观偏见和倾向性,应实事求是地收取材料,不能带着观点去找材料,也不能任意取舍材料,否则就失去材料的客观性、真实性。b.多个调查人员采用座谈会或谈话等手段收集资料时,必须采用统一的标准、统一的表格做调查记录,否则会影响材料的信度和效度。c.在收集材料时还要注意不能把事实和意见混在一起,"意见"往往带有主观色彩。对被调查者提供的材料,需进行核实,以保证材料的可靠性。d.尽可能地采用多种手段或途径,从不同角度和侧面,不同层次和环境较广泛地收集材料。

③整理材料。

在调查中,那些直接采集到的信息称为原始信息,必须对之进行整理、分析,使之达到系统化和条理化,以便使调查者弄清材料之间的相互关系,发现现象和事物联系的规律,解答调查者提出的课题,这就要作一系列整理分析资料的工作。整理的目的是便于分析,而分析的基础在于整理,所以整理分析材料的工作必须认真对待。

材料整理的步骤主要有检查、汇总、摘要和分析4个步骤。

第一步:检查。在对材料进行统计分析之前,必须对材料的完整性、一致性、可靠性进行认真仔细的检查。其中,完整性,即检查资料是否齐全。如发现存在有缺访或调查项目有遗漏的情况则应进行重访、补充,或在空缺材料上注明被调查者不接受调查的原因或情况。一致性,即检查材料记录方式、度量标准单位、问题填答、记录方式和方法等是否一致。可靠性,即检查材料的来源和结果是否真实、可靠,对材料的真伪和准确程度进行鉴别,如发现材料有矛盾或有可疑之处,则需要重新调查。

第二步:汇总。把收集到的分散、片段、零乱的原始材料归类、综合或分组,进行汇总统计。不同性质的调查材料,要求不同的汇总加工方法。书面文字材料,只要从各个角度、各种对象、各种性质的某一特点进行汇集、综合,不必统计。但有许多材料主要利用统计技术加以汇总计算。经过汇总处理,使大量分散的、错综复杂的材料成为条理清楚、简洁可辨、宜于比较分析和研究的材料。

第三步:摘要。就是在调查材料的整理过程中,系统地记录那些内容丰富、生动具体的原始材料,使资料分析不局限于几个抽象的数据。

第四步:分析。调查研究是认识调查现象或对象及其关系的过程,然而任何事物都有其质和量的两个方面,因此对调查材料的分析研究,应该从定性研究和定量研究两个方面入手,并尽力使两者结合起来。既要从数量方面对事物进行计算、观察和分析,掌握数量特征和数量变化(通常运用统计学的数据处理方法求绝对数和相对数、平均数和相关数等),又要进行理论分析,以求更精确、更深刻、更具体地掌握事物性质的基本特征及其变化的规律。

④撰写调查报告。

调查报告的撰写,是调查实施过程中最后的一步也是最重要的一步。单纯地进行调查研究,其本身并没有什么意义,只有认真叙述结果、揭示问题、发现规律,才能真正发挥调查研究的作用。调查研究和作为其成果的调查报告,绝不是东拼西凑地罗列情况,而是一项实事求是的艰苦工作和创造性的劳动。因而调查报告与调查研究本身同样重要,必须认真地写好调查报告。调查报告的内容应包括以下几个方面:a.研究背景及选题价值的说明;b.调查的工具、方法、对象及过程的简要说明;c.调查结果的说明;d.对调查过程及结果进行分析、讨论;e.提出研究结论及有关对策。

在以上5个方面的内容中,第3个方面是重点,它综合反映了整个调查数据、材料所反映的事实,其内容首先要求客观真实,其次要求对明确的调研问题都要覆盖。调查研究的全过程是分层次展开并以顶层项目为重点进行的,一切研究结论都要根据以这些项目为基础而进行的研究、归纳、概括而产生。调查报告的形式有描述性报告、解释性报告和建议性报告3种。根据读者对象不同,调查报告也可以写成通俗性报告或专业性报告。但不论是什么形式的调查报告,只有把理论和实践结合起来,才能够具有一定的深度和价值。

3)文献研究法

所谓文献最早主要是指历史典籍,后来又泛指社会中记载信息的一切书面文字材料。在现代信息技术飞速发展的今天,文献被赋予了更广泛的含义和内容,人们把利用各类物质载体所记录并用以交流和传播的一切文字、图表、数字、符号、音频、视频等知识信息资料统称为文献。

文献研究法主要指通过搜集、鉴别、整理文献,对需要加以研究的对象或问题,进行间接考察的研究行为或研究方式。其一般包括对历史文献进行考据、对统计资料进行整理和分析、对理论文献进行综述以及对文字资料中的信息内容进行量化分析等。

在信息收集、研究中,文献法具有特殊的地位,首先,它是最基础和用途最广泛的搜集信息的方法。任何研究中,前期的课题的选择、确定和探索性研究以及方案设计,都必须先从文献调查入手,以使调查的目的更为明确和有意义,使调查内容更为系统、全面和新颖。即使进入了具体调查阶段,也往往仍然需要进行文献调查。利用它可以收集到其他方法难以收集到或者没必要用其他方法收集的资料。在采用其他方法进行调查的过程中,以及在调查后期对收集的信息进行整理、分析和撰写调查报告时,也常常需要利用文献来提供必要的佐证和补充。另外,有些调查研究由于人力、财力、物力或某些客观条件的限制,而只能以文献调查法作为基本的收集资料手段。总之,文献调查法对于所有的调查研究来说,都是必不可少的。其次,文献调查法并不仅仅是一种重要的搜集资料的方法,它还是一种独特的和专门的研究方法,这是它与其他调查方法之间最显著的区别。

文献研究法的一般过程包括 5 个基本的环节,分别是:提出课题或假设、研究设计、收集文献、整理文献、文献分析和进行文献综述。

文献研究法中的提出课题或假设是指依据现有的理论、事实和需要,对有关文献进行分析、整理或重新归类研究的构思,它对整个文献研究的过程,起到一个"总纲"的作用。

研究设计首先要建立研究目标,研究目标是指使用可操作的定义方式,将课题或假设的内容设计成具体的、可以操作的、可以重复的文献研究活动,它能解决专门的问题和具有一定的意义。

文献整理必须坚持简明化、系统化、条理化的原则。所谓简明化,就是要求整理后的文献与所需要研究的问题形成内容与主旨的直接关联;所谓系统化,即是文献的整理要按照一定的逻辑来展开,形成文献之间的逻辑关系,从而可以整理成一个整体;所谓条理性,即是按照一定的时空或人物属性来进行整理,确保文献的条理性。

文献分析包括文献的统计分析和文献的内容分析。前者主要是对文献搜索过程中按照不同的搜索标准所得出的相关数据进行统计分析,或者在分类的基础上对特定类型的文献数量进行统计分析,或者对文献中的关键词的出现频率进行统计分析等,通过这些分析,为把握所关心的问题的既有研究成果和研究现状提供感性认识;文献的内容分析包括逻辑分析、角度分析、观点分析、系统分析等。主要的方法是比较法和构造类型法。所谓构造类型,是对获取的文献形成基本的判断标的(逻辑、角度、观点等),然后根据相关标的,对文献的内容进行整理和评价。除此之外,文献的内容分析还包括结构分析、功能分析、阶层分析、历史分析等。

文献综述。文献综述是文献综合评述的简称,是文献研究法的重点环节。所谓文献综述是指在全面搜集有关文献资料的基础上,经过归纳、整理、分析、鉴别,对特定的时期内某个学科或专题的研究成果以及进展进行系统、全面的叙述和评论。综述分为综合性的和专题性的两种形式。综合性的综述是针对某个学科或专业的,而专题性的综述则是针对某个研究问题或研究方法、手段的。

文献综述的特征是依据对历史和当前研究成果的深入分析,指出特定问题领域当前的研究水平、动态、应当解决的主要问题和未来的发展方向,提出自己的观点、意见和建议。并依据有关理论、研究条件和实际需要等,对各种研究成果进行评述,为当前的研究提供基础或条件。对于具体科研工作而言,一个成功的文献综述,能够以其严密的分析评价和有根据的趋势预测,为新课题的确立提供强有力的支持和论证,在某种意义上,它起着总结过去、指导提出新课题和推动理论与实践新发展的作用。

文献综述具有内容浓缩化、集中化和系统化的特点,可以节省同行科技工作者阅读专业文献资料的时间和精力,帮助他们迅速地了解有关专题的历史、进展、存在问题,做好科研的定向工作。

文献研究法的主要优点:

①文献研究法能够超越时间、空间限制,通过对古今中外文献进行调查可以研究极其广泛的社会情况。这一优点是其他调查方法不可能具有的。

②文献研究法主要是书面调查,如果所搜集到的文献是真实的,那么它就能够获得比口头调查更准确、更可靠的信息。避免了口头调查可能出现的种种记录误差。

③文献研究法是一种间接的、非介入性调查。它只对各种文献进行调查和研究,而不与被调查者接触,不介入被调查者的任何主观反应。这就避免了直接调查中经常发生的调查者与被调查者互动过程中可能产生的种种反应性误差。

④文献研究法是一种非常方便、自由、安全的调查方法。文献调查受外界制约较少,只要找到了必要文献就可以随时随地进行研究;即使出现了错误,还可通过再次研究进行弥补,因而其安全系数较高。

⑤文献研究法省时、省钱、效率高。文献调查是在前人和他人既有的劳动成果基础上进行的调查,是获取问题领域知识的捷径。它不需要大量研究人员,不需要特殊设备,可以用比较少的人力、经费和时间,获得比其他调查方法更多的信息。因而,它是一种高效率的调查方法。

文献研究法的主要缺点:

①主观倾向性投射。任何文献的写作都有特定的目的,如果原始文献的写作目的和对文献进行研究的研究者的目的是完全一致的,那么就不会发生目的倾向性的矛盾。但这种完全一致的情况的概率是非常小的,研究者的目的和原作者的目的之间总是存在着或大或小的差别,这样就会产生目的性之间的矛盾或干扰。原始文献中所反映的原作者的兴趣、立场、意图或目的的倾向性,会在不同程度上影响研究者对研究对象的理解。

②文献保存的片面性。由于文献的保存需要特定的技术和条件,而技术和条件具有

资源上的紧缺性。并不是所有内容的文献都能引起当时人们的重视,从而得以保留下来。一般而言,只有那些重要人物写作的、有关重要事件和人物的文献,才能较好地得以保留。而普通人物写作的,有关普通事件和人物的文献,往往随着时间的流逝而消失。这种对于研究者而言无法控制和把握的文献选择性会带来研究对象所能涉猎范围的局限性。

③文献背景了解的困难。在阅读一篇重要的学术原著的时候,通常需要首先了解作者本人的生平、思想状况,以及著作写作过程的情况。因为不了解这些情况,会影响我们对著作中一些借代词汇和借代表达的理解。但背景是一个十分广泛的内容,与文献相关的背景知识有直接和间接的区别,我们不可能一一进行了解,这就必然影响我们对文献的理解。除此之外,一些特有的表达方式,例如信件当中只有两个当事人之间能够理解的表达,如果不能事先了解,也必然带来文献理解的困难。

④资料获取的受限性。文献相对于其他资料而言,具有知识的共享性,但这种共享性也不是绝对共享的。特别是在知识产权保护的时代,原创性知识或技艺通过专利、著作权、版权而带有私人财产的性质。要获得这样的文献,需要付出一定的资金。还有一些文献涉及个人或国家机密,例如个人日记、信件和国家档案,这些文献在没有征得所有者同意之前,或者在国家解密之前,也是很难获得的。除此之外,还有一些调查机构的原始调研材料,因为信息不对称的原因而无法获取,也会限制研究者对文献的获取。

4)网络调查法

随着网络技术的迅速普及和应用,网络信息调查作为一种信息收集和统计调查手段,近来开始运用得越来越广泛。网络信息调查,又称在线调查,是指通过互联网及其检索系统把传统的调查、分析方法在线化、智能化,利用网络良好的交互界面和信息反馈速度快等优点而出现的一种现代调查技术。

与传统调查方法相类似,网络信息调查也有对原始资料的调查和对二手资料的调查两种方式。

网络调查的方法按照采用的技术方法不同可分为站点法、电子邮件法、随机 IP 法、视讯会议法等;按照调查者组织调查样本的行为不同,可分为主动调查法和被动调查法。

互联网作为一种信息沟通渠道,它的特点在于开放性、自由性、平等性、广泛性和直接性等;而网络信息资源则具有内容的广泛性、访问的快捷性、搜索的网络性和资源的动态性等特点。

因此,网络调查具有传统调查所不可比拟的优势:第一,网络调查成本低;第二,网络调查速度快;第三,调查具有隐匿性;第四,调查具有互动性。

当然,网络调查也存在一定的缺陷,主要表现在:第一,样本的代表性无法保证;其二,样本的背景信息难于获取;第三,缺乏有效的监督手段;等等。

网络信息调查的方法:根据调查方法的不同,网络调查可分为网上问卷调查法、网上讨论法、网上实验法和网上观察法等。

5）实验分析法

（1）实验分析法的定义及基本因素

实验分析法也称试验调查法，实验方法是人们根据一定的科学研究目的，运用一定的物质手段（通常是科学仪器和设备），在人为控制、变革客观对象的条件下，通过实验观察获取科学事实，探索、研究事物的本质和规律的方法。实验方法是科学认识最重要的方法，它可以检验假说，获取新知识。它有益于对事物之间的因果关系的探索，是揭示和确立因果联系的最佳方法。而且实验是可控的，能够提供纵向地分析研究事物变化过程的可能性。

因此，实验分析法是实验者按照一定实验假设，通过改变某些实验环境的条件或状态来获取信息，并且认识实验对象的本质及其发展规律的调查方法。

实验分析的基本要素是：

①实验者，即实验调查的有目的、有意识的活动主体，他们都以一定的实验假设来指导自己的实验活动。

②实验对象，即实验调查者所要认识的客体，他们往往被分成实验组和对照组这两类对象。

③实验环境，即实验对象所处的各种社会条件的总和，它们可以分为人工实验环境和自然实验环境。

④实验活动，即改变实验对象所处条件的各种实验活动，它们在实验调查中被称为"实验激发"。

⑤实验检测，即在实验过程中对实验对象所作的检查或测定，其可以分为实验激发前的检测和实验激发后的检测。在实验分析中相关因素的作用关系如图6-2所示。

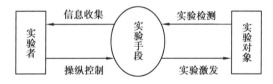

图 6-2　实验研究中要素的作用关系

（2）实验研究法的优缺点

实验研究法的优点主要表现在：

①实验者具有独立自主性，可以完全按照自己的设想来决定研究的变量，设计变量的水平，而不用遵循实现环境的"自然状态"。

②从时序角度看，实验研究法是纵贯式的研究，在实验进行的时间内，可以在多个时点进行测量，从而得以研究变量的动态变化。而其他方法如问卷调查，只能得到某一时刻的测量值，不能够得到一段时间内的变化。

③能够获得比其他方法更为令人信服的因果关系。因为在实验中，实验者可以通过操控自变量来观测因变量的变化，还可以通过设置控制组来判断操控的强度。

④实验法能够比其他方法更有效地控制外源变量的影响，从而有效地分离出实验变

量并估计其对因变量的影响,还可以通过调整实验变量和实验条件获取常规条件下难以发展的极端情况和交互作用。

⑤实验方法具有可重复性,这是研究科学性的重要表现。

⑥实验研究法的成本通常较低。

实验研究法的主要缺点是:

①人为营造的实验条件会使得研究对象远离现实情景,导致所获取的结果信息外部效度降低。

②如果实验样本本身不具有代表性,会导致实验结果的内部效度和外部效度降低。

③当实验变量和水平数目增多时,会导致实验成本的急剧增加。

④在社会科学研究中,涉及的研究对象大多是人,人类的行为变异相当大,难以通过实验条件控制。同时,也使得实验研究面临诸多法律和伦理方面的限制。这也是实验研究方法更多应用于自然科学领域,而较少在社会科学研究领域得到有效运用的原因所在。

(3)实验分析法在社会科学领域的应用

伴随实验研究理论和方法的不断发展和完善,实验研究方法在社会科学研究中也得到了非常快的发展,并取得了许多成功应用的案例。主要集中在以下领域:

①实验研究在心理学中的应用。1879年,德国心理学家威廉·冯特(Wilhelm Wundt)在莱比锡大学创建了世界上第一个心理学实验室,运用当时所能够达到的技术,使用生理学等自然科学的相同的实验方法,对人类的心理进行较为精细的研究,将心理学发展成为了一门实证科学。1883年,斯坦利·霍尔(Stanley Hall)建立了美国的第一个心理学实验室,兴起了在全美建立心理学实验室的浪潮,各种实验心理学的学派纷纷涌现,使得心理学从哲学中分化出来,成为了一门独立的学科,促进了心理学各应用领域分支学科的发展,获得了丰硕的研究成果。据粗略统计,心理学超过一半的研究成果来自实验方法。

②实验研究在教育学中的应用。在实验研究方法进入教育学领域之前,教育研究主要采用精神科学的分析方法,通过自然语言对教育现象进行解释。19世纪中期,自然科学形成了实验和检验假设的方法论,注重对事物进行量化分析,采用数量化模型来解析和描述事物要素间的关系,并通过对事物要素的关系命题的逻辑演绎或归纳来揭示事物的内在规律,这对社会科学产生了巨大的影响,实证主义的创始人孔德提出运用科学方法来研究社会现象,主张用自然科学范式来研究社会问题,追求方法和结论的科学化。20世纪初,德国教育学家、心理学家梅依曼(E. Meumen)和拉伊(W. A. Lay)分别发表了《实验教育学纲要》和《实验教育学》,主张教育学应该建立在实验的基础上,运用实验和假设的逻辑方法及定量描述来确定教育活动中的相关因素的因果关系和相关关系,克服既往教育学理论只注重思辨的缺陷。自此,教育实验开始在教育学领域盛行,教育学领域的重大研究成果都与教育实验相联系。

③实验研究在经济管理领域的应用。尽管有人把经济学实验方法应用的历史上溯

到 1738 年贝努利（Bernoulli）为研究"圣·彼得堡悖论（St.Petersburg paradox）"所做的实验，但绝大多数人还是认为应把 20 世纪 30 年代作为经济学实验方法的开端。

1931 年，萨斯通（Thurstone）为检验传统的效用曲线而设计了一个实验，要求每个主体在包括帽子与鞋、帽子与衣服的商品集合中作大量的假定选择，他记录了每一个主体的详细选择数据并发现，在假定无差异曲线是双曲线的情况下，在评价主体准备在帽子与鞋、帽子与衣服之间做出交易选择的数据之后，评价一个曲线是可能的。萨斯通得出的结论是：这类选择数据可以用无差异曲线来代表，而且以这种方式评价无差异曲线是可行的。但这次实验具有偶然性。

对现代实验经济学产生重要影响的是哈佛大学的著名经济学家爱德华·张伯伦（E.Chamberlin）教授。1948 年，张伯伦在哈佛大学创造了第一个课堂市场实验，用以验证市场的不完全性。张伯伦的实验数据显示，实验中的实际成交价格与市场均衡理论中所述的均衡价格有偏差，但他本人并未引起重视，也没有把实验经济学当作一个研究工具。但人们都把张伯伦的实验看作实验经济学的开端。

1950 年，约翰·纳什（John Nash）将博弈理论引进议价行为模型，并进行了纯议价博弈实验。纳什提出有关谈判的对称性、效用线性变换的无影响性和不相关可选择方案的独立性两条公理。满足这两条公理，则存在纳什均衡。纳什通过实验，证明议价结果在很大程度上取决于议价者对可能的选择结果的偏好及他们对风险的规避程度和心理承受能力。1951 年，莫斯特勒（Mosteller）和诺杰（Nogee）对不确定条件下的个人偏好（选择）进行了试验研究。

将实验方法规范化使其成为经济学不可缺少的方法应当归功于张伯伦的学生弗农·史密斯（Vernon Lomax Smith）。1956 年，史密斯通过长达 6 年的实验，验证了竞争均衡理论。据此实验所撰写的论文《竞争市场行为的实验研究》（*An Experimental Study of Competitive Market Behavior*）发表在 1962 年的《政治经济学杂志》（*Journal of Political Economy*）。这是一个开创性工作，它不仅提供了如何科学严密地设计经济学实验的成功范例，而且将实验与十分丰富的经济学理论和假设很好地融合，通过实验结果的丰富内涵来揭示先验的经济理论需要通过可控的实验进行检验的必要性。同时，在这篇文章中，史密斯的实验结果揭示了经济中机制的重要性，并促使理论研究对机制的关注，从而使人们充分体味到实验经济学在提供理论上的启示和新知方面所具有的效力，颠覆或改写了经济学不属于实验性科学的历史，进而展示实验经济学的魅力和前景。

目前实验经济学的发展主要呈现以下特点：第一，实验经济学的发展加速了经济学研究和行为科学研究（特别是认知心理学）的相互渗透；第二，实验经济学家试图通过对实验中经济参与人的行为过程的观察和分析，构造微观经济理论的动态基础，以弥补主流微观经济学的缺憾；第三，对政策决策的实验研究是实验经济学家关注的一个重要领域，在这方面开展研究的主要代表是加州理工学院经济学和政策实验室、亚利桑那大学实验经济学和政策科学实验室、约克大学实验经济学中心。

有鉴于实验经济学研究的快速发展，1999 年，著名经济学家宾莫尔（Ken Binmore）在他的论文《经济学为什么需要实验》(*Why Experiment in Economics*)中曾预言:"目前实验经济学的思想和方法已经如此普遍,以至于可以毫无疑问地说,把诺贝尔经济学奖授予实验经济学先行者的时刻就要到了。"

2002 年,该年度的诺贝尔经济学奖授予了弗农·史密斯,2017 年度的诺贝尔经济学奖再度授予以实验经济学为理论支撑的行为经济学家,美国芝加哥大学教授理查德·泰勒(Richard Thaler)。弗农·史密斯的获奖原因是"开创了一系列的实验法,为通过实验室实验进行可靠的经济学研究确定了标准"。而理查德·泰勒则是因为"将心理上的现实假设纳入到经济决策分析中。通过探索有限理性、社会偏好和缺乏自我控制的后果,他展示了这些人格特质如何系统地影响个人决策以及市场成果"而获奖。实验经济学家两度获得诺贝尔经济学奖,说明经济学实验研究所取得的成就得到了高度评价和主流经济学界的普遍认同,实验经济学的研究促进了现代经济学科的发展。

随着信息技术的深入发展以及社会计算学的兴起,以模拟仿真技术为支撑手段的信息化实验技术也开始应用于社会科学领域,借助计算机的模拟仿真手段,构建能够模仿现实系统的人工系统,通过两套系统的相互连接,对二者的行为进行对比分析,形成对各自未来状态的"借鉴"和"评估",能够提高预见结果和洞察风险的能力;将计算模拟作为"计算实验室"中的"试验"过程和"生长、培育"复杂系统的手段,进行特定对象系统的社会计算试验,对相关行为和政策的可能导致的结果进行反复试验、比对和评估,从而提高社会科学领域的优化决策以及有效控制与管理的能力。

可以预见,随着以模拟仿真技术为依托的社会计算学的发展、成熟,实验研究法将会在社会科学领域的研究中发挥更大的作用。

6.1.3 信息收集中的权利与义务

1)信息收集中的法律规制

如果所收集的信息是有关人的信息,不可避免地要涉及复杂的人际关系;如果是收集有关"物"的信息,则会涉及"物"的所有权问题;还有诸如信息收集者是否有权利实施信息收集;某些敏感信息是否涉及收集对象的隐私;收集信息是否需要信息拥有者或发布者的许可;信息收集者在进行信息收集时有哪些权利与义务等。这些问题的解决需要法律规范和道德标准来加以规范和约束。对此,世界各国纷纷制定相关法律,约束信息收集活动中的相关行为,确保信息收集时利益攸关方各自的权益。本节主要从知识产权、隐私权、公共信息知情权和特殊信息特许权几个方面展开讨论。

(1)信息收集中的知识产权法律规制

知识产权是一种无形资产,是从事智力创造活动获取成果后依法享有的权力。根据《建立世界知识产权组织公约》的规定,知识产权包括对以下各项知识财产的权利:文学、艺术和科学作品;表演艺术家的表演及音像制品;人类一切活动领域的发明、科学发现;工业品外观设计;商标、服务标记以及商业名称和标志;制止不正当竞争以及在工业、科学、文学或艺术领域内由于智力活动而产生的一切其他权利。总之,广义的知识产权涉及人类一切智力创造的成果。

知识产权法是指因调整知识产权的归属、行使、管理和保护等活动而产生的社会关系的相关法律规范的总称。知识产权法律体系一般包括著作权法、商标权法、专利权法、商号权法、地产标记法、工业版权法、商业秘密法、反不当竞争法以及其他保护知识产权的法律制度。当信息收集活动涉及知识产权的时候,就要通过相关的法律加以规范。

(2)信息收集中的隐私权法律规制

隐私权是指自然人享有的私人生活安宁与私人信息秘密依法受到保护,不被他人非法侵扰、知悉、收集、利用和公开的一种人格权,而且权利主体对他人在何种程度上可以介入自己的私生活,对自己的隐私是否向他人公开以及公开的人群范围和程度等具有决定权。隐私权是一种基本人格权利。

隐私权的基本内容包括:①隐私隐瞒权是指权利主体对自己的隐私进行隐瞒,不为人所知的权利;②隐私利用权是指自然人对自己的隐私权积极利用,以满足自己精神、物质等方面需要的权利;③隐私维护权是指隐私权主体对自己的隐私权所享有的维护其不可侵犯性,在受到非法侵犯时寻求司法保护的权利;④隐私支配权是指公民对自己的隐私有权按照自己的意愿进行支配。

对于信息收集活动中所涉及的隐私问题,各国均制定了相关法律予以保护,其中国际经济合作与发展组织(OECD)在 1980 年颁布的《隐私保护与个人数据跨界流通指南》规定了个人数据保护的八大原则,包括:①限制收集的原则。应当对个人数据的收集加以限制,收集任何数据都应当采取合法的、公正的手段;必要时应当得到本人的同意或者告知本人。②资料内容完整、正确的原则。个人数据应当与使用的目的有关,且在特定目的的范围内必须保持完整、正确和时新。③目的特定化的原则。个人数据在收集时,目的应当是确定的,禁止超出目的范围收集、处理和利用个人信息。④限制使用的原则。除非本人同意,或法律另有规定,个人数据不得被公开、被他人取得或者被以特定目的以外的目的利用。⑤安全保护的原则。个人数据应当以合理的措施加以保护,避免发生个人数据的意外灭失,被不法接触、破坏、使用、修改或者泄露的风险。⑥公开的原则。对个人数据的收集、处理与利用应当保持公开,本人有权知悉个人数据的收集与利用的情况。⑦个人参与的原则。本人对他人所持有的自己的数据享有如下权利:从数据的控制者处知道其是否保有自己的个人数据;在合理期限内、在必要时以合理的费用、方式知悉有关自己的个人数据;在以上请求被拒绝时提出异议;对有关自己的个人数据提出合理异议时,对数据进行删除、修改、完善或者补充。⑧负责解释的原则。个人数据的控制者应当对是否遵守了上述原则进行说明。OECD 的八大原则在国际上产生了广泛而深远的影响,成为许多国家开展信息立法的基础。

(3)公共信息采集的法律规制

公共信息是由公共部门在开展公共服务时产生的信息。公共信息与社会公众的生产、生活密切相关,一般由政府主导的公共部门、公益性组织和非营利性机构等产生。对于涉及社会生活方面的公共信息的采集,国家采取信息公开、披露的原则,将社会公众所关心的公共信息公布于众,使公众享有公共信息的采集权。例如,《中华人民共和国政府信息公开条例》规定,行政机关应当及时、准确地公开政府信息;《中华人民共和国统计法》规定,政府统计机构应按照有关规定定期公布统计资料;等等。这些法律或规定有利于公共服务的良好开展、公共政策的有力执行和社会的和谐稳定,使得合法采集公共信息有了充足的依据。

(4)特殊信息特许权的法律规制

特殊信息主要指涉及国家安全与国家重大利益的信息。如国家保密法所规定的相关事项所涉及的信息。包括:①国家事务重大决策中的秘密事项;②国防建设和武装力量活动中的秘密事项;③外交和外事活动中的秘密事项以及对外承担保密义务的秘密事项;④国民经济和社会发展中的秘密事项;⑤科学技术中的秘密事项;⑥维护国家安全活动和追查刑事犯罪中的秘密事项;⑦经国家保密行政管理部门确定的其他秘密事项。这些特殊信息如果泄露会造成国家的重大损失。因此,特殊信息需要经过严格的审批程序才能够采集。其所涉及的法律对这些信息的采集从内容、群体和审批均作出了规定。在对特殊信息进行采集时,必须遵循和服从相关的法律规定。

2)信息收集中的权利与义务

(1)获取信息的权利

美国报纸主编人协会情报自由委员会主席詹姆斯·拉塞尔认为,知情权是一种综合性的公民权利,它至少包含5个方面的权利要求,即获取信息的权利,免于事前检查的出版权利,免于因出版而遭受未经合法程序的报复的权利,接近传播所必需之设施、资料的权利,以及免受政府或其他公民以法律为借口干扰信息分配、传播的权利。1946年联合国大会通过的第59号决议中,知情权就被宣布为基本人权之一。该决议宣称:"情报自由原为基本人权之一,且属联合国所致力维护之一切自由之关键。"

对知情权的范围,学者有不同的看法,归纳起来主要有以下3种观点:"五权论",即认为知情权包括知政权、社会知情权、对个人信息了解权、法人的知情权和法定知情权。"三权论",即认为知情权包括知政权、社会知情权和个人信息知情权。"两权论",即认为知情权包括知政权和社会知情权。无论是两权论、三权论,还是五权论,都包括社会知情权。社会知情权,是指公民有权知道他所感兴趣的在社会中发生的各种各样现象和问题,并有权了解社会的发展和变化的一种权利。

(2)合法利用信息的权利

信息采集者收集信息的根本目的就是希望所收集的信息能够为其所用。但是,使用信息的行为必须要有法律依据,必须在规定的使用主体、使用途径及可以合理利用的边界的约束下利用信息。

可资利用的信息资源包括社会公有信息和受法律保护的信息。所谓社会公有信息,是指不受法律保护的信息产品,其由产生者生成,进入社会公有领域,成为社会的共同财富,可以由使用者自由使用。其具体包括:①不适用版权保护法的信息产品,包括法律、法规,国家机关决议、决定、命令以及其他具有立法、行政、司法性质的文件、时事新闻、历法、公理、公式等。②已经超过保护期的信息产品。我国《著作权法》就规定,公民作品的发表权、复制权的保护期为其有生之年及其死亡后 50 年,超过了此期限,信息采集者无须许可即可拥有信息产品的发表权,比如对外国古典作品的翻译,对我国古籍的整理、汇编、复制等;而受法律保护的信息产品可以在以下情况合理使用:

对作品非营利目的的使用若符合合理使用原则,则不需版权人授权,也不需支付使用费;否则,需依法取得版权人授权并付使用费。如为了教学、个人学习、社会公共利益、慈善事业等可以合理使用他人作品,但使用他人作品不能使作者权利受到损害,必须注明所使用作品的名称、来源及作者姓名。

符合法定许可制度或强制许可制度。法定许可是指使用者使用作品不需经版权人许可或同意,只需支付一定数额的法律认为合理的报酬。法定许可仅适用于已发表的作品,且不得侵犯版权人的其他各项人身权与财产权;使用未发表的作品必须事先征得版权人许可。符合强制许可制度,版权人在一定时期内未许可他人使用其已发表的作品时,使用人可向政府主管部门提出申请,经过一定程序获得强制许可证,可不经版权人许可而使用其作品,但应向其支付报酬。

3)信息收集者的义务

信息收集者的义务主要包含 3 个方面:主体公布义务、规范信息用途以及支付费用的义务。

(1)主体公布义务

信息收集者在信息收集过程中应该公布收集者自身的基本信息、采集信息的用途以及被采集信息所涉及的隐私保护情况等。匿名、隐蔽的信息收集与信息的知情权相背,不符合法律的规范。

(2)规范信息用途

信息收集者对于所收集的信息的用途有约定的,按照彼此的约定确定所收集信息的用途;没有约定的,信息收集者应该将信息收集的用途明确告知信息资源的所有者,并保证所收集的信息在所告知的范围使用。

(3)支付费用的义务

信息收集所采集的信息,往往是信息产生者或信息载体所有者劳动和智慧的产物,受到相关法律、法规的保护。信息收集者应该也必须支付一定的费用来对信息所有者的劳动成果予以补偿。任何人均不得侵犯信息所有者获得报酬的法律权利。

6.2　信息的治理

信息的治理是继信息采集之后,对信息资源实施管理的重要环节。它包括信息的组织和信息治理两个重点内容,是对采集到的信息资源进行有序化处理和应用治理的过程。

6.2.1 信息的组织

1）信息组织的原理

信息的组织（Information Organization），是利用一定的规则、方法和技术，对信息的外部特征和内容特征进行揭示和描述，并按给定的参数和序列公式实施排序，使信息从无序集合转换为有序集合的过程。序是事物的一种结构形式，是指事物或系统的各个结构要素之间的相互关系以及这种关系在时间和空间中的表现。当事物结构要素具有某种约束性且在时间序列和空间序列呈现某种规律性时，这一事物就处于有序状态；反之，则处于无序状态。

信息组织的基本原理包括语言学原理、系统论原理和概念逻辑原理。在信息组织的层面上，语言学原理是基础。语言学将事物的基本属性抽象为字、词或概念，然后再用字、词或概念的有序化来反映事物的本质属性，从这个意义上讲，语言学原理是信息组织中最为重要的基础性理论，依托语言学原理实现的信息组织即信息的有序化阶段，它将原本没有相互联系的信息依照某种原则组织起来，或者是将原本具有相互联系的信息按照其自身的客观规律组织起来，从而提高信息的存取、利用的效率。

信息的组织也是一个将信息系统化的过程；其目的是将零散的、碎片化的、缺乏应用指向性的信息，加以组织并结构化、系统化和功用化，以支持特定的应用需求。依托系统论原理实现的信息组织是信息资源的优化阶段，它是将已经有序化的信息，按照功能优化的原则进行再组织的过程。

信息组织的另一个理论基础是概念逻辑原理。信息组织本身就是思维的一种表现形式，概念是思维的元素，逻辑则是思维的原则。

2）信息的整序

信息有序化处理也称信息的整序，是指对所收集到的信息，采用一定的方法将信息进行有序化组织的过程。这一过程是根据事物的基本属性来展开的。古希腊哲学家亚里士多德认为，事物通常具有 10 种基本的属性，即本质、数量、质量、关系、作用、过程、状态、空间、时间和位置。在实施信息的组织时，可以以这些属性或属性的组合为依据，参照事物属性间的同一性、包容性、交叉性和排斥性等关系，对信息进行有序化的处理。

信息的主体是知识，是事物的存在方式、运动状态和运动规律的表达。而信息对事物的存在方式、运动状态和运动规律的表达都具有形式、内容和效用 3 个基本方面。对应这 3 个方面的信息从语言学的角度又划分为语法信息、语义信息和语用信息。依据这 3 个基本方面对信息进行组织，便形成了信息组织中对信息加以有序化的语法信息组织、语义信息组织和语用信息组织 3 个层次。

（1）语法信息的整序

语法信息组织（也称为信息的形式组织法），是以信息的外在形式特征为依据进行的信息整序。进行语法信息的整序，需要遵循方便性、多向成族性，以及标准化等原则。常用的通过语法信息来实施信息的组织方法有：

①字顺组织法:这是历史最悠久、使用最广泛的一种信息组织方法,其实质是从字、词的角度来集约信息。包括音序法、形序法、音序与形序并用法 3 种形式。

②代码组织法:它是通过代码方式表征信息和集约信息的方法,其最大的特点是简便、易用,尤其适合于通过计算机等现代化手段来实现对信息的管理。

③地序组织法:它是以信息的地理空间特征为依据对信息实施有序化的方法,常用的有行政区划组织法、地名字顺组织法。其特点是能够有效反映地域特征。比如行政区划组织法,它能够有效地反映地区之间的隶属关系和横向关系。

④时序组织法:它是以信息的时间特征为依据组织信息的方法。其优点是能够以时间为线索反映事物的发展、变化规律。

⑤其他组织法。包括颜色组织法、形状组织法等。

语法信息组织的最大特征是标准化。因为语法信息一般不涉及信息的含义及用途,必须通过标准化来加以约束。而标准的形成和应用过程,也就是语法信息的优化过程。

(2)语义信息的整序

语义信息组织(也称为信息的内容组织法),是以信息的内容和本质特征为依据进行信息有序化的方法。其需要遵循客观性、逻辑性和发展性原则。

常用语义信息(内容)组织法有:

①元素结构组织法:元素结构是组成系统的基本单元,依照系统的功能来分解或构造元素,是自然科学和应用科学领域常用的信息组织方法。

②逻辑组织法:依据信息之间的逻辑关联组织信息,是科学研究、问题写作和正常思维的基本功能。诸如政策的制定、研究报告的撰写等都属于逻辑组织法的应用范畴。

③分类组织法:是根据某一特定的分类体系组织信息的方法,其也是逻辑组织法的一种。常见的分类组织法包括:学科分类、文献分类、专利分类、商品分类和职能分类等,通过这样组织使得信息能够反映其所标识的事物所固有的内在联系和区别,具有较好的系统性和层次性,较为容易实现在信息检索中的扩大检索范围和缩小检索范围,方便浏览检索。

④主题组织法:主题组织法是从事物内在的主题属性出发,通过揭示信息的主题特征组织信息的方法。这是一种直接面向具体对象、事实和概念的信息组织方法及信息检索途径。正因为这种方法能够深入、直观地揭示信息中包含的知识,符合人们应用信息的思维习惯,世界上一些著名的检索系统如 SCI、EI 等均采用主题组织法来组织文献信息。根据其所采用的主题检索语言,其又分为标题法、单元词法、叙词法和关键词法等。

语义信息组织的最重要的特征是通过这种方式对信息加以组织,使得信息能够反映出事物的本质属性和事物之间的联系与区别。它不仅具有有序化信息的功能,还兼具引导和认识功能,是信息组织的核心,语法信息组织是其补充,而语用信息组织则是其延伸和发展。

(3)语用信息的整序

语用信息组织(也称为信息的效用组织法),是以信息的效用特征为依据对信息进行组织或实施信息整序的方法。信息的语用组织需要遵从目的性、实用性和个性化原则。

常用的语用信息(效用)组织方法有:

①重要性递减组织法。这是根据信息的重要程度来实施信息组织的方法。通常的做法是突出重要信息,使之处于醒目的位置,而将其他信息置于相对次要的位置。比如,一般报刊栏目的设置或是网页信息的置顶处理等。

②权值组织法。这是赋予不同的信息以不同的权重值,然后通过相应的算法计算,以信息所获得的权重大小来进行信息组织的方法。

③概率组织法。这是根据信息所反映的事件发生的概率大小来进行信息序化的方法。

④特色组织法。这是根据信息使用者对信息的某种特殊需求来组织信息的方法。

语用信息组织的主要作用是能够反映和满足用户的最终信息需求,属于应用性的信息组织方法。

(4)网络信息的组织

随着互联网技术的日益成熟以及应用广泛而深入的发展,网络信息在社会信息量中的比重呈日益上升的趋势,网络信息是一个巨大的信息资源库。但是网络信息具有无序性、不均衡性、非对称性、资源分布的动态性等特点,它在为人们提供丰富的信息资源的同时,也为信息组织工作带来了极大的困难。

目前,关于网络信息资源的组织方法问题,人们从不同的角度进行了多方面的探讨,表现在以下几个方面:

①传统信息组织方法在网络信息组织中的应用。

a.分类法在网络信息组织中应用。分类法在网络信息组织中的应用有 2 条途径:一是实现传统分类法的机编与机读;二是创建新的网络信息资源分类体系。但这 2 种方法不能完全满足网络信息组织的要求。需要在传统分类法的基础上针对网络信息的特点重新建立网络信息分类体系。

b.主题法在网络信息组织中的应用。主题法在网络信息组的应用也十分广泛,具体方法有 2 种。一是关键词法。如前所述,关键词是一种采用自然语言来组织信息的方法,由于关键词法能够深入、直观地揭示信息中所包含的知识,因此关键词法在网络信息组织中也得到了广泛应用。网上各种各样的搜索引擎和数据库大多采用了关键词法组织信息资源,中国科技期刊数据库、中国学术期刊光盘数据库也大多使用关键词来组织信息。二是叙词法。叙词法在网络信息资源组织,特别是在一些数据库中得到了充分应用。如 INSPEC 数据库中的 THESAURUS 和 MEDLINE 数据库中的 THE2 检索模式均采用叙词法组织信息。叙词是一种规范化的检索语言,其参照系统和技术系统都比较完善,适宜于科学地组织和管理网络信息。

c.分类主题一体化方法组织网络信息。该方法将分类法与主题法有机地融合,实现了分类系统与主题系统的完全兼容,将分类主题一体化方法应用到网络信息组织中,一方面能够方便地实现一体化词表的机读化,另一方面可以利用一体化词表组织网上超文本系统,设计和管理超文本系统的链路。如 INFOSEEK 分为按范畴层次查询的 UL TRA2 SEEK 和按词语查询 UL TRASEEK,它们很好地将分类检索与主题检索结合在一起。

②针对网络信息特点的信息组织方法。

当前网络信息组织的主要方式有:

a.文件方式。文件是存储非结构化信息的常用方法。图表、音频、视频等非结构化信息均可以方便地利用文件系统来进行管理。Internet 也提供了诸如 FTP 一类的协议来帮助用户利用那些以文件形式保存和组织的信息资源。但是以文件为单位共享和传输信息会使网络负载越来越大,传统的结构化信息的组织与管理对此显得软弱无力。而且随着以文件形式保存和管理的信息资源的迅速增多,文件本身也需要作为对象来进行管理。

b.数据库方式。数据库是对大量的规范化数据进行管理的技术,它利用成熟的关系代数理论进行信息查询的优化。由于数据的最小存取单位是字段,用户可根据需要灵活地改变查询结果集的大小,从而大大降低了网络数据传输的负载。以数据库技术为基础,还可以帮助建立网络信息系统来组织网络信息。但是,利用数据库方式组织网络信息同样存在许多不足,如对非结构化信息处理难度较大、无法处理结构复杂的信息单元,而且缺乏直观性和人机交互性。

c.主题树方式。这种组织信息资源的方法是将信息资源按照某种事先确定的概念体系分门别类地加以组织,用户通过浏览的方式层层遍历,直到找到所需要的信息线索连接到相应的网络信息资源。采用树型目录结构组织信息资源,具有严密的系统性和良好的可扩充性,用户查准率也比较高。为了保证主题树的可用性和结构的清晰性,每一类目下的信息索引条目也不宜过多,这就限制了一个主题树体系所能容纳的信息资源数量,所以主题树结构不宜建立大型的综合性的网络资源系统。

d.超媒体方式。超媒体技术是超文本与多媒体技术的结合。它将文字、表格、声音、图像、视频等多媒体信息以超文本方式组织起来,使人们可以通过高度链接的网络结构在各种信息库中自由航行,找到所需的任何媒体信息。它采用非线性方式组织信息,符合人们思维联想和跳跃性的习惯。各个信息节点中的内容可多可少,同时它通过链路浏览的方式搜寻所需信息,将对信息的控制机制融合到系统的数据中,避免了检索语言的复杂性。但是,当超媒体网络过于庞大时,难以迅速、准确地定位于真正需要的信息节点上,而且容易出现"迷航"现象。

③网络信息组织的发展趋势。

无论是传统文献组织方法还是目前使用较多的网络信息组织方法,它们在组织网络信息资源时虽然发挥了重要作用,但是均存在诸多缺陷。今后的发展趋势应是超媒体与其他信息技术的结合,由于目前各方面条件所限,它的实施是一个逐步的过程,把传统的文献组织方法的优点融合于网络之中,并发挥网络本身的特点,使信息组织简单易用。从用户角度讲,网上信息组织要易于查询,满足用户不同层次的个性化需求;从组织者的角度讲,信息组织要简便 ,且可扩充 ,易于专业人员更好地应付处理大量的信息;从技术角度讲,未来的网络信息组织应向自动化、集成化、智能化的知识组织方向发展,融合分析、归纳、推理等方法,实现知识的有效挖掘。

6.2.2 信息的治理

美国 Gartner 公司在 2017 年的一份报告中披露,有 33% 的财富 100 强企业由于没有足够的能力来充分评估企业信息的价值、进行管理和予以信任而导致信息危机。在这些公司的信息中,有 34% 为冗余、过时或琐碎的数据,有 52% 是价值不明的"暗数据"。在信息社会,随着计算机网络、电话等通信技术的迅速发展,我们面临的"信息危机"不是信息匮乏,而是信息数量过剩的问题,即"信息爆炸"带来的问题,"没有控制和组织的信息不再是一种资源,它倒反而成为信息工作者的敌人"。

Informatica 将数据治理定义为"在组织范围内,对流程、政策、标准、技术和人员进行职能协调和定义,将数据作为公司资产管理,从而实现对准确、一致、安全且及时的数据的可用性管理和可控增长,以此制定更好的业务决策,降低风险并改善业务流程"。

数据治理着重于交付可信、安全的信息,为制定明智的业务决策、有效的业务流程、优化利益相关方的交互提供支持。因此,数据治理本身并非是结果,而仅仅是方法和手段,即通过数据治理,来支持关键的业务目标:"为支持良好的业务决策提供可信、及时且相关的信息"。实现数据治理的方法主要有:元数据方法、主数据管理、数据清洗等。

1) 元数据方法

元数据(Metadata)是对其他数据进行描述的数据(data about other data),或者说是用于提供某种数据资源的有关信息的结构数据(structured data)。其使用的目的在于:描述信息资源或数据本身的特征和属性,规定数字化信息的组织方式;具有对数据的定位、发现、证明、评估、选择等功能;能够识别数据资源、评价数据资源,以及追踪数据资源在使用过程中的变化;实现简单、高效地管理大量的网络化数据;实现信息资源的有效发现、查找、一体化组织和对使用数据资源的有效管理。元数据的基本特点主要有:

①元数据一经建立,便可共享。元数据的结构和完整性依赖于信息资源的价值和使用环境;元数据的开发与利用环境往往是一个变化的分布式环境;任何一种格式都不可能完全满足不同团体的不同需要。

②元数据是一种编码体系。元数据是用来描述数字化信息资源,特别是网络信息资源的编码体系,这导致了元数据和传统数据编码体系的根本区别;元数据的最为重要的特征和功能是为数字化信息资源建立一种机器可理解框架。

③由于元数据也是数据,因此可以用类似数据的方法在数据库中进行存储和获取。如果提供数据元的组织同时提供描述数据元的元数据,将会使数据元的使用变得准确而高效。用户在使用数据时可以首先查看其元数据以便能够获取自己所需的信息。

2) 主数据管理

"主数据管理"(Master Data Management,MDM)描述了一组规程、技术和解决方案,这些规程、技术和解决方案用于为所有信息产生和使用中的利益相关方(如用户、应用程序、数据仓库、作业流程以及贸易伙伴)创建并维护业务数据的一致性、完整性、相关性和精确性。

主数据管理的关键就是"管理"。主数据管理不会创建新的数据或新的数据纵向结构。相反,它提供了一种方法,使企业能够有效地管理存储在分布式系统中的数据。主数据管理使用现有的系统,它从这些系统中获取最新信息,并提供了先进的技术和流程,用于自动、准确、及时地分发和分析整个企业中的数据,并对数据进行验证。

主数据管理解决方案具有以下特性:

①能够在组织的整体层面上,整合现有纵向结构中的客户信息以及其他知识和深层次信息;

②能够共享所有系统中的数据,使之成为一系列以客户为中心的业务流程和服务;

③能够实现对于客户、产品和供应商等信息的使用者通过借助于主数据的形式,加速数据输入、检索和分析;

④能够支持数据的多用户管理,包括限制某些用户添加、更新或查看维护主数据的流程的能力;

⑤能够集成产品信息管理、客户关系管理、客户数据,以及集成可以对主数据进行分析的其他解决方案。

由于主数据管理关联的方法和流程的运行,与企业的业务流系统以及其他系统彼此独立,因此这些方法和流程不仅能检索、更新和分发数据,还能满足主数据的各种用途。主数据管理通过将数据与操作应用程序实时集成来支持操作用途。主数据管理还通过使用经过授权的流程来创建、定义和同步主数据,从而支持依靠数据来实现协作的用途。最后,主数据管理通过事件管理工具,可以事先将主数据主动推送至分析应用程序来支持特定的分析用途,从而实现数据的智能化管理。

3) 数据清洗

数据清洗(Data Cleaning)从名字上也看得出就是要把"脏"的数据"洗掉",其在信息治理中指发现并纠正数据文件中可识别的错误,包括检查数据一致性、完备性与准确性,处理信息中存在的重复信息、无效信息和缺失信息。

数据清洗功能主要与数据仓库的应用结合。因为数据仓库中的数据是面向某一主题的数据的集合,这些数据从多个业务系统中抽取而来,而且往往包含历史数据,这样就避免不了有的数据是错误数据,有的数据相互之间存在冲突,这些错误的或有冲突的数据显然是我们不想要的,称为"脏数据"。需要按照一定的规则把这些"脏数据""洗掉",这就是数据清洗。不符合要求的数据主要包括不完整的数据、错误的数据和重复的数据三大类。

数据清洗的主要操作包括:纠正错误、删除重复项、统一规格、修正逻辑、转换构造、数据压缩、补足数据中存在的残缺值/空值、丢弃过时、无效的数据/变量。

4) 主题数据库(Subject Database)

将各类信息加以过滤识别,再从全局出发,根据管理应用的需求,将信息按照不同的分类定义出"主题"。

主题数据库的基本特征有：

①面向业务主题。主题数据库面向业务主题组织和存储数据，例如，企业中需要建立的典型的主题数据库有：产品、客户、零部件、供应商、订货、员工、文件资料、工程规范等。其中产品、客户、零部件等数据库的结构，是对有关单证、报表的数据项进行分析整理而设计的，不是按单证、报表的原样建立的。这些主题数据库与企业管理中要解决的主要问题相关联，而不是与通常的计算机应用项目相关联。

②信息高度共享。主题数据库是对各个应用系统"自建自用"的数据库的彻底否定，强调建立各个应用系统"共建共用"的共享数据库。不同的应用系统按照需要调用并共享这些主题数据库，例如，库存管理调用产品、零部件、订货数据库；采购调用零部件、供应商、工程规范数据库等。

③一次一处输入。主题数据库要求调研分析企业各经营管理层次上的数据源，强调数据的就地采集，就地处理、使用和存储，以及必要的传输、汇总和集中存储。描述同一对象的同一数据，必须确保一次、一处进入系统，保证信息的准确性、及时性和完整性，经由网络→计算机→数据库系统→终端应用，可以多次、多处使用。

④由基本表组成。一个主题数据库的科学的数据结构，是由多个达到"基本表"（Base Table）规范的数据实体构成的，这些基本表具有原子性——基本表中的数据项是数据元素（即最小的、不能再分解的信息单元）；演绎性——可由基本表中的数据生成全部输出数据（即这些基本表是精练的，经过计算处理可以产生全部企业管理所需要的数据）；规范性——基本表中的数据满足数据规范化模式中第三范式（3-NF）的要求，这是科学的、能满足演绎性要求并能保证快捷存取的数据结构等特性。

第7章 信息的存储与检索

7.1 信息的存储

信息存储是将经过加工治理、组织序化后的信息按照一定的格式和顺序,存储在特定的载体中的一种信息活动。其目的是便于信息管理者和信息用户能够通过信息的存储有效地积累信息;保证信息的随用随取,快速、准确地识别、定位和检索信息。信息储存不是一个孤立的环节,它始终贯穿于信息处理工作的全过程。

7.1.1 信息存储的三大传统技术支柱

磁储存技术、缩微技术与光盘技术已成为现代信息存储技术的三大支柱。现代信息存储技术不仅使信息存储高密度化,而且使信息存储与快速检索结合起来,已成为信息工作发展的基础。

1) 磁储存技术

磁储存系统,尤其是硬磁盘存储系统是当今各类计算机系统的最主要的存储设备,在信息存储技术中占据统治地位。

①磁储存介质都是在带状或盘状的带基上涂上磁性薄膜制成的,常用的磁存储介质有计算机磁带、计算机磁盘(软盘、硬盘)、录音机磁带、录像机磁带等。

②磁介质存的特点。

磁能存储声音、图像和热机械振动等一切可以转换成电信号的信息,它具有以下一些特点:存储频带宽广,可以存储从直流到2兆赫以上的信号;信息能长久保持在磁带中,可以在需要的时候重放;能同时进行多路信息的存储;具有改变时基的能力。磁存储技术被广泛地应用于科技信息工作,信息服务之中。磁存储技术为中、小文献信息机构建立较大的数据库或建立信息管理系统提供了物质基础,为建立分布式微机信息网络创造了条件。

2）缩微存储技术

缩微存储技术是缩微摄影技术的简称，是现代高技术产业之一。缩微存储是用缩微摄影机采用感光摄影原理，将文件资料缩小拍摄在胶片上，经加工处理后作为信息载体保存起来，供以后拷贝、发行、检索和阅读之用。

（1）缩微制品的类型

缩微制品按其类型可分为卷式胶片与片式胶片两大类。卷式胶片采用 16 mm 和 35 mm 的卤化银负片缩微胶卷作为记录介质，胶卷长一般 30.48～60.96 m，卷式胶片成本低存储容量大，安全可靠，适用于存取率低的大批量资料。片式胶片可分为缩微平片、条片、封套片、开窗卡片等。缩微制品按材料可以分为卤化银胶片、重氮胶片、微泡胶片。卤化银胶片是将含有感光溴化银或氯化银晶粒的乳胶涂在塑料片基上制成的，它是最早，也是目前使用广泛的胶片，一般用于制作母片。供用户使用的拷贝胶片一般采用价格较为低廉的重氮胶片或者微泡胶片。

（2）缩微存储技术的特点

20 世纪 70 年代以来，缩微技术发展很快，应用相当广泛。其特点是：缩微品的信息存储容量大，存储密度高；缩微品体积小、质量小，可以节省大量的存储空间，需要的存储设备较少；缩微品成本低，价格便宜，保存期长，在长温下可以保存 50 年，在适当的温度下可以保存 100 年以上。缩微品忠实于原件不易出差错。采用缩微技术储存信息，可以将非统一规格的原始文件规格化、标准化，便于管理，便于计算机检索。

（3）缩微技术的应用

缩微技术最引人注目的就是它与微电子、计算机和通信技术相结合而产生的许多性能优异的新技术和新设备。把微电子和复印技术与传统的缩微阅读器相结合，可以生成自动检索的阅读复印机。COM 技术能将计算机输出的二进制信息转换为缩微影像，并直接把它们记录在缩微片上；CIM 技术能将计算机输出的人读影像资料转换成计算机可读二进制信息介质，从而扩大缩微品的应用范围；CIR 是一种能将计算机、缩微品和纸介质三者的长处融为一体的影像资料自动管理系统；CAR 具有在一分钟内从一百万页以上的资料中检索出任意一页的能力；视频缩微系统是由缩微、视频和计算机 3 种技术结合在一起生成的影像资料全文存储检索系统，从中找出任意一页原文文献只需 14 秒。缩微技术与光盘技术相结合能生成复合系统。

3）光盘存储技术

光盘是用激光束在光记录介质上写入与读出信息的高密度数据存储载体，它既可以存储音频信息，又可以存储视频（图像、色彩、全文信息）信息，还可以用计算机存储与检索。

（1）光盘的种类

光盘产品的种类比较多，按其读写数据的性能可分为以下种类：一是只读式光盘（CD-ROM），已成为存放永久性多媒体信息的理想介质。二是一次写入光盘（WORM），也称追记型光盘。用户可根据自己的需要自由地进行记录，但记录的信息无法抹去。

WORM 的存储系统由 WORM 光盘、光盘驱动器、计算机、文件扫描器、高分辨率显示器、磁带或磁盘驱动器、打印机、软件等部分组成。三是可擦重写光盘,这种光盘在写入信息之后,还可以擦掉重写入新的信息。用于这类光盘的介质有晶相结构可变化的记录介质和磁光记录介质等。

(2)光盘技术的应用

在信息工作中,可以利用光盘技术建立多功能、多形式的数据库,如建立二次文献数据库、专利文献数据库、声像资料数据库等;在信息检索中,用 CD-ROM 信息检索系统检索信息,可反复练习、反复修改检索策略,直到检索结果满意为止。利用光盘可以促进联机检索的发展,可以建立分布式的原文提供系统,节省通信费用,取得较好的经济效果。咨询服务人员也可以利用各类光盘数据库系统向用户提供多种信息检索与快速优质的咨询服务。

缩微存储、磁存储和光盘存储技术特点的比较:

①从存储容量、存储密度来看,光盘存储占有绝对优势。

②从存取时间来看,磁存储占有优势,光盘存取的时间则较长,缩微存储的存取时间则不可比。

③从信息更新的难易程度来讲,磁存储非常容易,而光盘存储的信息更新技术正在研制过程当中,缩微存储则不能进行信息的更新。

④从存储信息的可靠性的比较可以看出,缩微存储技术占有绝对优势,它的误码率为 0,且保存期限最长。

⑤缩微存储技术和磁存储技术比较成熟,缩微存储技术具有一次性投资较低的特点。

⑥从信息存储技术的发展来看,光盘存储技术最有希望,随着光盘技术的改进和成熟,它的存取速度将进一步加快,成本将会进一步降低,光盘存储技术将有一个飞跃的发展。

7.1.2　信息存储技术的发展

1)存储虚拟化技术

随着计算机内信息量的不断增加,以往直连式的本地存储系统已无法满足业务数据的海量增长,搭建共享的存储架构,实现数据的统一存储、管理和应用已经成为一个行业的发展趋势,而虚拟存储技术正逐步成为共享存储管理的主流技术。存储虚拟化技术将不同接口协议的物理存储设备整合成一个虚拟存储池,根据需要为主机创建并提供等效于本地逻辑设备的虚拟存储卷。

使用虚拟存储技术可以实现存储管理的自动化与智能化:在虚拟存储环境下,所有的存储资源在逻辑上被映射为一个整体,对用户来说是单一视图的透明存储,科技网络中心系统管理员只需专注于管理存储空间本身,所有的存储管理操作,如系统升级、改变 RAID 级别、初始化逻辑卷、建立和分配虚拟磁盘、存储空间扩容等常用操作都比从前更加容易。

使用虚拟存储技术可以极大地提高存储使用率：以前困扰科技网络中心的最大问题就是物理存储设备的使用效率不高，以传统磁盘存储为例，一些主机的磁盘容量利用率不高。而一些主机空间却经常不足，致使客户不得不购买超过实际数据量较多的磁盘空间，从而造成存储空间资源的浪费。虚拟化存储技术解决了这种存储空间使用上的浪费，把系统中各个分散的存储空间整合起来，按需分配磁盘空间，客户几乎可以100%地使用磁盘容量，从而极大地提高了存储资源的利用率。

使用虚拟存储技术可以减少存储成本：由于历史的原因，科技网络中心不得不面对各种各样的异构环境，包括不同操作系统、不同硬件环境的主机，采用存储虚拟化技术，支持物理磁盘空间动态扩展，而无须新增磁盘阵列，从而降低了用户总体拥有成本，增加了用户的投资回报率。

2）分级存储技术

大数据时代，每天产生的数据量成爆炸式增长，传统的统一存储方式出现了数据存储瓶颈和成本激增。对于大多信息来说，对信息"引用"的次数在其生命周期内会随着时间的推移而显著下降。基于这一基本的观察推论，可以把相对不"活跃"的信息迁移到成本较低的存储级别，从而使存储管理更具成本效益。

分级存储管理（HSM）技术，就是根据数据的重要性、访问频率、保留时间、容量、性能等指标，将数据采取不同的存储方式分别存储在不同性能的存储设备上，通过分级存储管理实现数据客体在存储设备之间的自动迁移。数据分级存储的工作原理是基于数据访问的局部性，通过将不经常访问的数据自动移到存储层次中较低的层次，释放出较高成本的存储空间给更频繁访问的数据，可以获得更好的性价比。这样，一方面可大大减少非重要性数据在一级本地磁盘所占用的空间，还可加快整个系统的存储性能。

在分级存储系统中，一般分为在线（On-line）存储、近线（Near-line）存储和离线（Off-line）存储三级存储方式。

在线存储是指将数据存放在高速的磁盘系统（如闪存存储介质、FC磁盘或SCSI磁盘阵列）等存储设备上，适合存储那些需要经常和快速访问的程序和文件，其存取速度快，性能好，存储价格相对昂贵。在线存储是工作级的存储，其最大特征是存储设备和所存储的数据时刻保持"在线"状态，可以随时读取和修改，以满足前端应用服务器或数据库对数据访问的速度要求。

近线存储是指将数据存放在低速的磁盘系统上，一般是一些存取速度和价格介于高速磁盘与磁带之间的低端磁盘设备。近线存储外延相对比较广泛，主要定位于客户在线存储和离线存储之间的应用。就是指将那些并不是经常用到（例如一些长期保存的不常用的文件归档），或者说访问量并不大的数据存放在性能较低的存储设备上。但对这些设备的要求是寻址迅速、传输率高。因此，近线存储对性能要求相对来说并不高，但又要求相对较好的访问性能。同时多数情况下由于不常用的数据要占总数据量的较大比重，这就要求近线存储设备在容量上相对需求较大。近线存储设备主要有SATA磁盘阵列、

DVD-RAM 光盘塔和光盘库等设备。

离线存储则指将数据备份到磁带或磁带库上。大多数情况下主要用于对在线存储或近线存储的数据进行备份,以防范可能发生的数据灾难,因此又称为信息的"备份级存储"。离线存储通常采用磁带作为存储介质,其访问速度低,是价格低廉的海量存储。

分级存储设备根据具体应用可以变化,这种存储级别的划分是相对的,可以分为多种级别。如浪潮分级存储方案将互联网客户的大数据按照温度分为:寒带存储、温带存储、亚热带存储和热带存储。浪潮 SA5112M4 NVMe 机型最多支持 4 片 NVMe SSD(固态硬盘),可以提供 100k 级别 IOPS,满足"极热数据"(实时、大量)的高并发访问需求,有效解决数据频繁访问;对于"亚热数据"(数十次/每周),SATA SSD 的性能可以满足,所以浪潮服务器满足单节点最多配置 8 块 SATA SSD,单盘提供 10 k 级别的 IOPS 响应能力;"温带数据"(数次/每周)相比热数据其体量陡然增高,所以相比较需要成本更低的存储方案,浪潮 SA5212M4 满足 12 块 3.5 寸大容量硬盘配置,最大容量高达 120 TB,满足分布式大容量数据存储;对于沉淀下来的冷数据(数次/每月),自然要使用最低成本、低功耗的方案,才可以降低 TCO,由于要求 IOPS 低,SA5224L4 满足 36 块大容量云盘存储硬盘,最高提供 288 TB 的海量空间的冷存储方案。

3)云存储技术

云存储是在云计算(Cloud Computing)的概念基础上延伸和衍生发展出来的一个新的概念,是一种新兴的网络存储技术。云存储是一种服务,与云计算类似,其通过集群应用、网络技术或分布式文件系统等功能,将网络中大量的不同类型的存储设备通过应用软件集合起来协同工作,共同对外提供数据存储和业务数据访问功能。当云计算系统运算和处理的核心是大量数据的存储和管理时,云计算系统中就需要配置大量的存储设备,那么云计算系统就转变成为一个云存储系统,所以云存储是一个以数据存储和管理为核心的云计算系统。简单来说,云存储就是将信息储存资源放到云上供信息使用者存取的一种新兴的信息存储方案。信息使用者可以在任何时间、任何地方,透过任何可连网的装置连接到云上即可方便地存取数据。

当使用某一个独立的存储设备时,必须非常清楚这个存储设备的型号、接口和传输协议,必须清楚地知道存储系统中有多少块磁盘,分别是什么型号、多大容量,必须清楚存储设备和服务器之间采用什么样的连接线缆。为了保证存储数据的安全和业务的连续性,还需要建立相应的数据备份系统和容灾系统。除此之外,对存储设备进行定期地动态监控、维护、软硬件更新和升级也是必须的。

如果采用云存储,那么上面所提到的一切对信息使用者来讲都不需要了。云状存储系统中的所有设备对使用者来讲都是完全透明的,任何地方的任何一个经过授权的使用者都可以通过一根接入线缆与云存储连接,通过网络对云存储进行数据访问。

云存储可分为以下 3 类:

(1)公共云存储

公共云存储是云技术发展较为突出的代表,覆盖范围较广的如搜狐企业网盘、百度云盘、新浪微盘、腾讯微云等,服务较为专业的如云创存储希望管理平台,都具有一定代表性。

公有云存储一般通过单一类型的存储服务满足不同客户需求,比如用得最多的对象存储服务或表服务,其难点在利用分布式技术构建一个 Scale-out 的多租户存储系统;而私有云需要通过多种类型的存储服务满足内部不同应用系统的需求,因此在架构设计上会包括块存储、文件存储等多种存储系统。难点在管理系统平台的建设上。

公共云存储可以划出一部分用作私有云存储。一个公司可以拥有或控制基础架构,以及应用的部署,私有云存储可以部署在企业数据中心或相同地点的设施上。私有云可以由公司自己的 IT 部门管理,也可以由服务供应商管理。

(2)内部云存储

内部云存储又称为"私有云存储",私有云存储是建立在私有云上面,客户独立拥有自己的存储设施。这种云存储和公共云存储划出的私有云存储比较类似,唯一的不同点是它仍然位于企业防火墙内部。至 2014 年,可以提供私有云的平台有:Eucalyptus、3ACloud、minicloud 安全办公私有云、联想网盘和 OATOS 企业网盘等。

(3)混合云存储

这种云存储把公共云和私有云/内部云结合在一起。主要用于按客户要求的访问,特别是需要临时配置容量的时候。从公共云上划出一部分容量配置一种私有或内部云可以帮助公司面对迅速增长的负载波动或高峰。尽管如此,混合云存储带来了跨公共云和私有云分配应用的复杂性。

在人工智能算法、大数据以及超强计算的推动下,云存储及其计算正在进入以 ABC(AI、Big Data、Cloud)为标志的 Cloud 2.0 时代,云存储正在成为组织向数字化转型的基石。

7.1.3 信息存储的体系结构

信息存储一方面必须面向最终使用者,以方便他们对信息的提取和使用;另一方面必须充分考虑计算机的具体存储方法。信息存储的体系结构有以下 3 个层次:

1)第一层:用户存储模型

用户存储模型是从用户角度看,存储通过信息采集并加以治理、组织序化的信息模型。

信息采集阶段所获取的信息是前面信息分类中的语法信息,而需要存储的信息目的是满足将来的应用,为管理和决策服务。在信息存储阶段,必须在一定程度上从语义的角度考虑信息的表示和存储模型,这就是用户存储模型,也即一般意义上的面向客观世界的"数据模型"。

数据模型是对采集到的数据或信息的一种抽象,这种抽象既要准确、全面地反映所观察和处理的对象,又要便于处理,特别是方便计算机处理。在现实世界中的数据,可以分为两类:一类是描述独立存在的对象或元素的数据;另一类是描述这些对象和元素之间的联系的数据。

人们在对数据存储理论和实践进行大量的研究基础上,提出了各种数据模型,如 E-R 模型、关系数据模型、面向对象模型、层次数据模型、网状数据模型等。

2)第二层:逻辑存储模型

如果说用户存储模型的出发点是从语义信息的角度,那么了解数据的逻辑存储模型就是从语法信息的角度、从信息结构的角度进一步研究数据之间的逻辑关系。其一方面着眼于方便信息的管理,另一方面有利于计算机的存储,这就是逻辑存储模型所要解决的问题。

数据单元之间的关系可以是数据元素之间代表某种含义的自然关系,也可以是为处理问题方便而人为定义的关系。这种自然或人为定义的关系,就是数据之间的逻辑关系。数据之间的逻辑关系通常以数据结构方式表达。研究数据结构是信息存储又一层次上模型存储的表现。

3)第三层:物理存储模型

以上两个层次的信息存储模型分别从语义信息和语法信息的角度研究信息的存储表现形式,而物理存储模型则从计算机数据存储系统的角度研究信息的存储方法。其又分为两个层次:结构化数据存储系统、非结构化数据存储系统。

(1)结构化数据存储系统

在结构化数据存储系统中,数据的物理存储主要通过数据库系统和数据仓库系统实现。

数据库系统(Database System),是由数据库及其管理软件组成的系统,是为适应数据处理的需要而发展起来的一种较为理想的数据处理系统,也是一个为实际可运行的存储、维护和应用系统提供数据的软件系统,是存储介质、处理对象和管理系统的集合体。

数据库系统的出现是计算机应用的一个里程碑,它使得计算机应用从以科学计算为主转向以数据处理为主,并从而使计算机得以在各行各业乃至家庭普遍使用。在它之前的文件系统虽然也能处理持久数据,但是文件系统不提供对任意部分数据的快速访问,而这对数据量不断增大的应用来说是至关重要的。为了实现对任意部分数据的快速访问,就要研究许多优化技术。这些优化技术往往很复杂,是普通用户难以实现的,所以就由系统软件(数据库管理系统——DBMS)来完成,而提供给用户的是简单易用的数据库语言。由于对数据库的操作都由数据库管理系统完成,所以数据库就可以独立于具体的应用程序而存在,从而数据库又可以为多个用户所共享。

因此,数据的独立性和共享性是数据库系统的重要特征。数据共享节省了大量人力物力,为数据库系统的广泛应用奠定了基础。数据库系统的出现使得普通用户能够方便地将日常数据存入计算机并在需要的时候快速访问它们,从而使计算机走出科研机构进入各行各业,进入家庭。

数据仓库(Data Warehouse,DW),由"数据仓库之父"W.H.Inmon 于 1990 年提出,主要功能仍是将组织透过信息系统之联机交易处理(OLTP)经年累月所累积的大量资料,透过数据仓库理论所特有的资料储存架构,作已有系统的分析整理,以利各种分析方法如线上分析处理(OLAP)、数据挖掘(Data Mining)的进行,并进而支持如决策支持系统(DSS)、主管资讯系统(EIS)的创建,帮助决策者能快速有效地从大量的资料中,分析出有价值的资讯,以利决策拟定及快速回应外在环境变动,帮助建构商业智能(BI)。

Inmon 在 1991 年出版的《*Building the Data Warehouse*》一书中所提出的定义被广泛接受——数据仓库是一个面向主题的(Subject Oriented)、集成的(Integrated)、相对稳定的(Non-Volatile)、反映历史变化的(Time Variant)数据集合,用于支持管理决策(Decision Making Support)。这一定义集中反映了数据仓库的以下基本特点:

①数据仓库是面向主题的。操作型数据库中的数据主要面向事务处理任务,而数据仓库中的数据是按照一定的主题域进行组织的。主题是指用户使用数据仓库进行决策时所关心的重点方面(如收入、客户、销售渠道等);所谓面向主题,是指数据仓库内的信息是按主题进行组织的,一个主题通常与多个操作型信息系统相互关联。

②数据仓库是集成的。数据仓库中的数据是在对原有分散的数据库数据抽取、清理的基础上经过系统加工、汇总和整理得到的,必须消除源数据中的不一致性,以保证数据仓库内的信息是关于整个企业的一致的全局信息。

③数据仓库是相对稳定的。数据仓库的数据主要供企业决策分析之用,所涉及的数据操作主要是数据查询,一旦某个数据进入数据仓库,一般情况下将被长期保留,也就是数据仓库中一般有大量的查询操作,但修改和删除操作很少,通常只需定期加载、刷新。

④数据仓库是反映历史变化的。数据仓库中的数据通常包含历史信息,系统记录了企业从过去某一时点(如开始应用数据仓库的时点)到目前的各个阶段的信息,通过这些信息,可以对企业的发展历程和未来趋势做出定量分析和预测。

数据仓库通常以在线的数据库或文件系统为其底层数据源,通过 ODS(Operational Data Store)对其实施 E(抽取)、T(转换)、L(加载)操作形成数据仓库中的数据。

(2)非结构化数据存储系统

相对于结构化数据(即行数据,存储在数据库里,可以用二维表结构来逻辑表达实现的数据)而言,不方便用数据库二维逻辑表来表现的数据即称为非结构化数据,包括所有格式的办公文档、文本、图片、标准通用标记语言下的子集 XML、HTML、各类报表、图像和音频/视频信息等。

随着网络技术的发展,特别是 Internet 和 Intranet 技术的飞快发展,使得非结构化数据的数量日趋增大,IDC 的一项调查报告中指出:企业中 80% 的数据都是非结构化数据,这些数据每年都按指数增长 60%。在此情况下,主要用于管理结构化数据的关系数据库系统的局限性暴露得越来越明显。因而,数据库技术相应地进入了"后关系数据库时代",发展进入了基于网络信息应用的非结构化数据库时代。

非结构化数据库是指其字段长度可变,并且每个字段的记录又可以由可重复或不可重复的子字段构成的数据库,用它不仅可以处理结构化数据(如数字、符号等信息),而且更适合处理非结构化数据(全文文本、图像、声音、影视、超媒体等信息)。

在我国,非结构化数据库以北京国信贝斯(IBase)软件有限公司的 iBase 数据库为代表。iBase 数据库是一种面向最终用户的非结构化数据库,在处理非结构化信息、全文信息、多媒体信息和海量信息等领域以及 Internet/Intranet 应用上处于国际先进水平,在非结构化数据的管理和全文检索方面获得突破。它主要有以下几个优点:

Internet 应用中,存在大量的复杂数据类型,iBase 通过其外部文件数据类型,可以管理各种文档信息、多媒体信息,并且对于各种具有检索意义的文档信息资源,如 HTML、DOC、RTF、TXT 等还提供了强大的全文检索能力。

它采用子字段、多值字段以及变长字段等机制,允许创建许多不同类型的非结构化的或任意格式的字段,从而突破了关系数据库非常严格的表结构,使得非结构化数据得以存储和管理。

iBase 将非结构化和结构化数据都定义为资源,使得非结构数据库的基本元素就是资源本身,而数据库中的资源可以同时包含结构化和非结构化的信息。所以,非结构化数据库能够存储和管理各种各样的非结构化数据,实现了数据库系统数据管理到内容管理的转化。

iBase 采用了面向对象的基石,将企业业务数据和商业逻辑紧密结合在一起,特别适合于表达复杂的数据对象和多媒体对象。

iBase 是适应 Internet 发展的需要而产生的数据库,它基于 Web 是一个广域网的海量数据库的思想,提供一个网上资源管理系统 iBase Web,将网络服务器(Web Server)和数据库服务器(Database Server)直接集成为一个整体,使数据库系统和数据库技术成为 Web 的一个重要有机组成部分,突破了数据库仅充当 Web 体系后台角色的局限,实现数据库和 Web 的有机无缝组合,从而为在 Internet/Intranet 上进行信息管理乃至开展电子商务应用开辟了更为广阔的领域。

iBase 全面兼容各种大中小型的数据库,对传统关系数据库,如 Oracle、Sybase、SQLServer、DB2、Informix 等提供导入和链接的支持能力。

通过上面的分析可以预言,随着网络技术和网络应用技术的飞快发展,完全基于 Internet 应用的非结构化数据库将成为继层次数据库、网状数据库和关系数据库之后信息存储的又一重点、热点技术。

7.2　信息的检索

信息检索(Information Retrieval)是用户进行信息查询和获取信息的主要方式,是查找信息的基本方法和手段。信息检索有广义和狭义之分。广义的信息检索全称为“信息存储与检索”,是指将信息按一定的方式组织和存储起来,并根据信息使用者的需要查找并获取有关信息的过程。而狭义的信息检索为“信息存储与检索”的后半部分,通常称为“信息查找”或“信息搜索”,是指从信息集合中找出信息使用者所需要的有关信息的过程。狭义的信息检索包括 3 个方面的含义：了解信息使用者的信息需求、信息检索的技术或方法、满足信息使用者的需求。信息检索的目的是解决特定的信息需求和满足信息用户的需要。然而，只有经过组织的有序化信息系统，才能提供方便、快捷、有效的检索，信息的编排组织与检索查询有对应关系，了解了信息系统的组织方式，也就掌握了信息检索的根本方法。

7.2.1　实施信息检索的原因

1）信息检索是获取知识的捷径

20 世纪 70 年代，美国核物理学专家泰勒收到一份题为《制造核弹的方法》的报告，他被该报告精湛的技术设计所吸引，惊叹地说："在我至今所看到的报告中，它是最详细、最全面的一份"。使他更为惊异的是，这份报告竟出于普林斯顿大学的一位年轻的在校大学生之手，而且这个四百多页的技术报告的全部信息来源又都是从图书馆那些极为平常的、完全公开的图书资料中所获得的。

这位美国普林斯顿大学物理系的年轻大学生名叫约翰·菲利普，他通过在图书馆里借阅有关公开资料，仅仅用了 4 个月时间，就绘制出了一张制造原子弹的设计图。他所设计的原子弹，体积小（只有棒球大小）、质量轻（7.5 千克）、威力巨大（相当广岛原子弹 3/4 的威力），造价低廉（当时仅需两千美元），致使一些国家（如法国、巴基斯坦等）纷纷致函美国大使馆，争相希望购买他的设计拷贝。

2）信息检索是科学研究的向导

美国在实施"阿波罗登月计划"中，对阿波罗飞船的燃料箱进行压力实验时，发现甲醇会引起钛金属的应力腐蚀，为此付出了数百万美元来研究解决这一问题，事后通过检索相关资料查明，早在十多年前，就有人研究出来了该问题的解决方案，该方法其实非常简单，只需在甲醇中加入 2% 的水即可，检索文献所花费的时间仅仅 10 多分钟，而且几乎是零成本。

在科技开发领域里，重复劳动在世界各国都不同程度地存在。根据资料统计，美国每年由于重复研究所造成的损失，约占全年研究经费的 38%，达 20 亿美元之巨。在日本，有关化学化工方面的研究课题与国外重复的，大学占 40%，民间占 47%，国家研究机构占 40%，平均重复率在 40% 以上；中国的重复率则更高。借助于信息检索，可以极大程度地降低科学研究中不必要的重复劳动，提高科学研究的效率。

3）信息检索是终身教育的基础

1965 年，法国教育家、终身教育理论的奠基者和终身教育运动的积极倡导者保罗·郎格朗（Paul Lengrand）向国际成人教育促进委员会提供了一份关于终身教育构想的提案，该委员会讨论并肯定了他的提案。提案指出，"数百年来，社会把人的一生机械地分为学习期和工作期，前半生的时间用来积累知识，后半生一劳永逸地使用知识，这是毫无科学根据的"。他提出教育应当贯穿于人的一生，成为一生不可缺少的活动。

1972 年，以联合国教科文组织总干事埃德加·富尔为首的国际教育发展委员会经过一年多的努力,完成了题为《学会生存——教育世界的今天和明天》的研究报告。该报告指出:"终身教育这个概念,从个人和社会的观点来看,已经包括整个教育过程",该报告认为:教育的功能不再"局限于按照某些预定的组织规划、需要和见解去训练未来的社会领袖,或想一劳永逸地培养一定规格的青年",而是要面向整个社会成员;受教育的时间也不再局限于"某一特定年龄",而是向着"个人终身的方向发展"。

联合国教科文组织(UNESCO)曾经做过一项研究,结论是:信息通信技术带来了人类知识更新速度的加速。在 18 世纪时,知识更新周期大致为 80~90 年,19 世纪到 20 世纪初,这一周期缩短为 30 年,而到了 20 世纪 80~90 年代,许多学科的知识更新周期缩短为 5 年,进入 21 世纪,许多学科的知识更新周期更是缩短至 2~3 年。

面对日益增加的信息量、高新科技的迅猛发展和市场日益趋向全球化,知识资本成为了竞争获胜的关键因素。传统的高等教育已经无法满足企业的各类知识和技能需求,难以培养出产业技术创新所需要的合适人才。教育已扩大到一个人的整个一生,唯有全面的终身教育才能够培养完善的人,才能够有效防止知识老化,不断更新知识,适应当代信息社会发展的需求。

提高信息素养、具备信息检索能力是终生学习的基础,它使人们在一生中都能够有效地搜寻、评估、使用和创建信息,以实现个人、社会、职业和教育的目标,是信息社会的一种基本人权。

4)信息检索是创新人才的必备素质

对科技创新人才成长的既有的研究表明,科技创新人才的成长大致需要经历 4 个时期和 5 个关键节点。其中,4 个时期指科技创新人才成长需要经历的孕育期、成长期、成熟期和全盛期,而 5 个关键节点则指科技创新人才成长过程中需要经历的起动点、起飞点、飞跃点、成熟点和鼎盛点(图 7-1)。

迈克尔·波兰尼(Michael Polanyi)认为:"人类的知识有两种。通常被描述为知识的,即以书面文字、图表和数学公式加以表述的,只是一种类型的知识。而未被表述的知识,如像我们在做某事的行动中所拥有的知识,则是另一种知识。"他把前者称为显性知识(Explicit knowledge),而将后者称为隐性知识(Tacit knowledge)。日本学者野中郁次郎(Ikujiro Nonaka)则指出,隐性知识和显性知识二者互相转化的过程实际上就是知识创造的过程,并提出了实现知识转化有 4 种基本模式——潜移默化(Socialization)、外部明示(Externalization)、汇总组合(Combination)和内部升华(Internalization),即著名的 SECI 模型。

在科技创新人才成长的不同阶段和不同的关键节点,隐性知识与显性知识所占比重也在发生着变化,在科技创新人才成长过程的初期,显性知识发挥着较大作用,但随着人才的不断成长和成熟,科技创新人才的综合能力逐步得到提高,隐性知识所占比重越来越大,所起到的作用也越加明显。

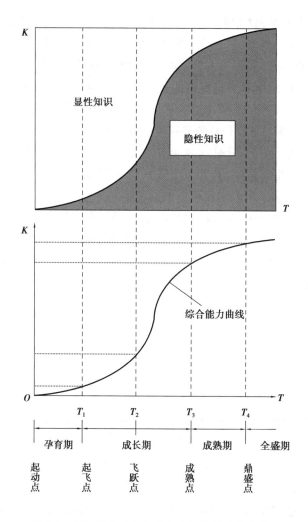

图 7-1　创新人才成长曲线与知识结构变化曲线

　　这表明,科技创新人才的培养与成长既需要以前期正规学历阶段所奠定的坚实的显性知识为基础,更需要在创新的实践中通过"干中学"不断获得新的信息和知识,不断完善和扩展既有的知识结构,实现显性知识与隐性知识的相互转化和螺旋升华。

　　按照前面基础概念部分所介绍的信息价值的布鲁克斯公式($K[S]+\Delta I = K[S+\Delta S]$),实现知识结构的优化和升华的关键在于获取有价值的信息(ΔI)。而只有具备了良好的信息检索能力,才能够不断获取新的、有价值的信息,并借助这些信息帮助实现既有知识的不断更新,促进显性知识与隐性知识的良性互动、转换和提升,推动知识的创新和社会的持续进步。

7.2.2　信息检索的基本程序

　　根据所面临的问题的不同,信息使用者的信息需求也有所不同,信息检索的方法和途径也不尽相同,但是无论采用什么样的信息检索方式和手段,信息检索的基本程序是大体一致的。信息检索的基本程序如图 7-2 所示。

1）明确和界定需要解决的问题

信息检索是围绕需要解决的问题而展开的。明确和界定问题的本质，是进行有效的问题分析的基本前提，也是围绕问题进行信息检索的基础。通过问题的清晰界定才能形成准确的问题描述词条，并据此展开信息检索。

2）确定检索范围与深度

信息检索的范围是指检索信息内容的宽度；信息检索的深度则是指信息检索的长度以及是否需要检索信息根源。

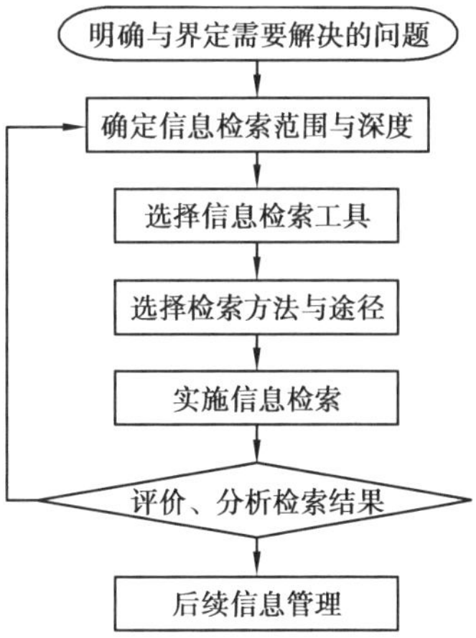

图 7-2　信息检索的基本程序

3）选择信息检索工具

信息检索的工具很多，如目录、索引、文摘等，应该根据特定问题的信息检索需要合理选择和运用，尽可能选择在内容上和时间上与需要分析的问题具有一致性和覆盖率高的检索工具。一般情况下，已知信息检索的内容时，可以选择目录检索工具；如果只是确定了检索信息的大致范围，则可选择索引检索工具；当只需要获取特定信息的主干内容和重要数据时，则可以选择文摘检索工具。

4）选择检索方法与途径

信息检索的方法主要有顺查法、倒查法、抽查法、追溯法等，检索方法的正确选择与应用，可以确保高质量的检索效果。

信息检索总是根据信息的某一外部特征或内容特征来查找、搜取信息的，这些特征被称为信息检索的途径或检索点。各种检索工具提供的检索途径不同，归结起来，有两类检索途径：反映文献内容特征的检索途径和反映文献外部特征的检索途径。前者有主题和分类，由于学科的特点，它们又可能分为若干检索途径；后者有著者、篇名、会议名称、机构、出版物类型及编号等。

5）实施信息检索

在检索的实施阶段，如果采用手工检索，可以根据检索标识符号查找信息的收藏地并获取信息。在手工检索情况下，每次检索只能从一个检索点出发，而且只能从其中的一个属性值检索。例如利用主题检索，只能从某个概念出发（或参照其他一些说明），检索范围比较宽。如果采用机器检索，可以根据题名、关键词、文献名、责任者等检索途径查找并获取信息，计算机检索系统适应多点检索、多属性值的检索，对课题所涉及的方方面面，对包含的多种概念或多各限定都可以作出相应的处理，检索一次完成，检索结果的精度较高；如果采用网络搜索，则可选择恰当的搜索引擎实施搜索。

在计算机检索和网络搜索引擎检索时，需要制定一种可执行的方案，即检索式。检索式是检索策略的表述，它能将各检索单元（其中最多的是表达主题内容的检索词）之间的逻辑关系、位置关系等用检索系统规定的各种组配符(也称算符)连接起来,成为计算机可识别和执行的命令形式。

6)评价分析检索结果

即对通过检索获取的信息进行评价。如果检索结果符合信息使用者的要求,则进入到后续的信息管理工作;如果不能够满足最终用户的需要,则需要调整检索策略,重新选择检索工具或检索途径与方法,再次实施信息检索。比如,检索到的文献量太多,就需要考虑适当紧缩检索式,通过如增加限定性检索词或选用概述较专指的检索词等方法,来减少检出的文献量;反之,文献量检出太少,则应考虑采取相反的措施。

7)后续信息管理工作

进入此环节,信息检索的工作已经完成。接下来的工作就是对检索到的结果进行信息分析和利用等其他信息管理工作。获取信息的最终目的是通过对所得信息的整理、分析、归纳和总结,根据自己学习、研究过程中的思考和思路,将各种信息进行重组,创造出新的知识和信息,改善和优化既有的知识体系,从而达到信息激活和增值并最终应用于解决问题的目的。

7.2.3 信息检索的基本方法

1)普通法

普通法也称直接法,是利用书目、文摘、索引等检索工具进行文献资料查找的方法。运用这种方法的关键在于熟悉各种检索工具的性质、特点和查找过程,从不同角度查找。普通法又可分为顺查法和倒查法。顺查法是指按照时间的顺序,由远及近地利用检索系统进行文献信息检索的方法。这种方法能收集到某一课题的系统文献,它适用于较大课题的文献检索。例如,已知某课题的起始年代,现在需要了解其发展的全过程,就可以用顺查法从最初的年代开始,逐渐向近期查找。顺查法是从过去到现在按时间顺序检索,费用多、效率低;倒查法是由近及远、从新到旧,逆着时间的顺序利用检索工具进行文献检索的方法。倒查法的重点是放在近期文献上,使用这种方法可以最快地获得最新资料,而且近期的资料总是既概括了前期的成果,又反映了最新水平和动向,这种方法工作量较小,但是漏检率较高,主要用于新课题立项前的调研。

2)抽查法

抽查法是针对检索课题的特点,选择有关该课题的文献信息最可能出现或最多出现的时间段,利用检索工具进行重点检索的方法。它适合于检索某一领域研究高潮很明显的、某一学科的发展阶段很清晰的、某一事物出现频率在某一阶段很突出的课题。该方法是一种花时较少而又能查到较多有效文献的一种检索方法。

3)追溯法

追溯法是利用已有文献所附的参考文献逐一追查原文(被引用文献),然后再从这些原文后所列的参考文献目录逐一扩大文献信息范围,一环扣一环地追查下去的方法。它可以像滚雪球一样,依据文献间的引用关系,获得更好的检索结果。在没有检索工具或检索工具不全时,此法可获得针对性很强的资料,其查准率较高,但是查全率较差,而且费时、费力。

4)分段法

分段法也称循环法,是追溯法和普通法的综合,它将两种方法分期、分段交替使用,直至查到所需资料为止。其先利用检索工具查找一批有用的文献,然后再利用这些文献所附的参考文献为线索进行追溯查找,如此交替、循环,不断扩检,直到满足检索要求为止。此法可以综合普通法和追溯法的优点,以期取长补短、相互配合,获得更好的检索结果。尤其是在检索系统或检索工具存在缺年、缺卷的情况下,也能够连续获取所需年限内的文献资料。

7.2.4 信息检索的基本类型

1)按存储与检索对象划分

(1)文献信息检索

文献信息检索(Document Information Retrieval)是以文献(包括文献、题录和全文)为检索对象,从已存贮的文献数据库中查找出特定文献的过程。检索结果往往是一些可提供研究课题使用的参考文献的线索或全文。例如"关于商标保护有些什么参考文献?"这就需要我们根据课题要求,按照一定的检索标识(如主题词、分类号等),从所收藏的文献中查出所需要的文献。

文献检索是信息检索的核心部分,文献检索根据检索内容不同又可分为书目检索和全文检索。书目检索是以文献线索为检索对象的文献检索。检索系统存贮的是二次文献,信息用户通过检索获得的是与检索课题有关的一系列文献线索,然后再通过阅读决定取舍。全文检索是以文献所含的全部信息作为检索内容的,即检索系统存贮的是整篇文章或整部图书的全部内容,全文检索是当前计算机信息检索的发展方向。随着现代网络技术的发展,文献检索更多是通过计算机技术来完成的。

(2)数据信息检索

数据信息检索(Data Information Retrieval)是将经过选择、整理和评价(鉴定)的数据存入某种载体中,并根据用户需要从某种数据集合中检索出能回答问题的准确数据的过程或技术,是以数值或数据(包括数据、图表、公式等)为对象的检索。数据检索不仅能够查找出需要的数据,还能够提供一定的运算、推导能力,辅助信息使用者进行定量化的分析与决策。

数据检索按查询问题的要求,分为简单检索(即单一因素的检索)和综合检索(即综合条件检索)。数据文件组织方式不同,数据检索的技术方法也不同。对于顺序结构文件,常见方法有顺序检索、分块查找法、两分检索等。对于随机结构文件,常采用直接地址法、杂凑(hash)法等。例如,地理信息系统中空间数据检索常涉及目标空间分布范围(行政区域、地理范围或空间关系等)及目标属性类型(地形高度、坡度、土地利用现状等)两个方面的综合条件。

(3)事实信息检索

事实信息检索(Fact Information Retrieval)是信息检索的一种类型。广义的事实检索既包括数值数据的检索、算术运算、比较和数学推导,也包括非数值数据(如事实、概念、思想、知识等)的检索、比较、演绎和逻辑判断。它要求检索系统不仅能够从数据(事实)集合中查出原来存入的数据或事实,还能够从已有的基本数据或事实中推导、演绎出新的数据或事实。

例如,该系统中存储有如下事实:①李明是 A 校的学生。②A 校的学生都学外语。如果该系统是一个事实检索系统,则它应当能回答某用户所提出的"李明学外语吗?"这种问题。事实检索是情报检索中最复杂的一种。它要求系统中的数据和事实以自然语言或接近于自然语言的方式存储。不仅要存入各种数据或事实单元,还要存入各单元之间的语义关系、句法关系以及各种有关的背景知识。允许用户用自然语言提问,并能用自然语言作答。更重要的是,系统必须具有一定的逻辑推理能力和自然语言理解功能。

以上 3 种信息检索类型的主要区别在于:数据检索和事实检索是要检索出包含在文献中的信息本身,而文献检索则检索出包含所需要信息的文献即可。

2)按实现检索的技术手段划分

(1)手工信息检索

所谓手工信息检索是指通过人工来处理和查找所需信息的检索方式,使用印刷型信息检索工具,检索者与检索工具直接"对话",它依靠检索者手翻、眼看、脑子判断而进行,不需要借助任何辅助设备。手工检索的特点是方便、灵活、判别直观,可随时修改检索策略,查准率较高。不足的是检索速度较慢,漏检现象比较严重,不便于进行复杂概念课题的检索。这是一种传统的信息检索方法,工作量大、效率低。但是,由于经过了人工的选择,准确性相对较高,适用于检索要求较为模糊、需要人工亲自检视取舍的、较小范围的信息检索。

(2)联机信息检索

联机信息检索是指信息使用者通过计算机终端设备,运用一定的指令输入检索词或检索策略,借助于人机对话方式,通过检索软件的运行,从联机信息中心查找出所需信息的过程。

联机信息检索的特点:①能够突破信息检索的地域空间限制,方便信息使用者检索异地的信息资源,实现信息资源集中管理和高度共享。②信息更新及时、更新周期短。如 DIALOG 系统的工程索引每周更新,有的商情数据库随时更新。③信息检索速度快。④信息检索费用较高。

DIALOG 系统是世界上最早,也是目前最大的专业联机信息检索系统,该系统拥有600 个数据库,这些数据库的内容覆盖面非常广泛,涉及自然科学、工程技术、社会科学、商业新闻与工业分析、公司信息、金融数据等。其中,科技文献类数据库占 40%;人文社会科学类数据库占 10%;公司及产品类商情数据库占 24%;其他为新闻、媒体以及参考工具书等类型的数据库。DIALOG 系统的数据库主要收录公开出版的文献信息,每个数据库都有明确的收录范围,所有进入数据库的信息均采用规范化的语言进行严格的编辑、标引,数据关联体系严谨,信息有序化程度高、可靠性强。

(3)网络信息检索

网络信息检索是指互联网用户在网络终端,通过特定的网络搜索工具或是通过浏览的方式,查找并获取信息的行为。

网络信息检索是借助于网络共享信息资源的重要方式。其具有以下特点:

①数量庞大、内容丰富。网络信息的最大优势就在于它无所不包、类型丰富多样。这一方面为信息使用者提供了非常大的选择空间和非常多的选择路径;但另一方面大量的无用信息混杂其中,给信息的有效检索带来了困扰。

②随时更新、无序化强。任何机构、个人都可以自由地在网络上发表信息,信息来源分散、组织松散,相关信息都通过一个个网页来呈现,每一个网页都存在多种链接方式,并通过这种链接形成复杂的网状结构,而且这个结构还不稳定,永远处于不断变化、不断扩大、不断更新中。

③信息关联度强。网络信息利用超文本链接构成了立体网状的信息链,将不同国家、不同地区、不同机构、不同服务器、不同网页、不同文件连接起来,增强了信息的关联度。

④网络信息具有典型的网络外部性特征。“网络外部性”是“新经济”中的重要概念,是指连接到一个网络的价值,取决于已经连接到该网络的其他人的数量。通俗地说,就是每个用户从使用某产品中得到的效用,与用户的总数量有关。用户人数越多,每个用户得到的效用就越高,网络中每个人的价值与网络中其他人的数量成正比。而网络外部性又分为直接网络外部性和间接网络外部性,直接网络外部性是指消费者直接和网络单元相连,可以直接增加其他消费者的使用效用;间接网络外部性是指随着一种产品使用者数量的增加,市场出现更多品种的互补产品可供选择,而且价格更低,从而消费者更乐于购买该产品,间接提高了该产品的价值。在这一特征的作用下,网络信息将会伴随用户的增加而呈几何级数增长,并且使得获取信息更为便捷。

基于以上特点,结合传统信息检索技术,利用计算机网络技术、人工智能技术、机器学习、计算机语言学等新一代网络信息检索技术将会具有更为广泛的应用前景。

(4)智能信息检索技术

传统的全文检索技术主要是基于关键词匹配进行检索,往往存在查不全、查不准、检索质量不高的现象,特别是在网络信息时代,利用关键词匹配很难满足人们检索的要求。智能检索通过语义来理解和索引信息、利用分词词典、同义词典、同音词典来改善检索效果,比如用户查询“计算机”,与“电脑”相关的信息也能检索出来;进一步还可在知识层面或者概念层面上辅助查询,通过主题词典、上下位词典、相关同级词典,形成一个知识体系或概念网络,给予用户以智能知识提示,最终帮助用户获得最佳的检索虚拟图书馆与网上信息检索效果。比如用户可以进一步缩小查询范围至“微机”“服务器”或扩大查询至"信息技术"或查询相关的"电子技术""软件""计算机应用"等范畴。另外,智能检索还包括歧义信息和检索结果处理,比如"苹果",究竟是指水果还是电脑品牌,"华人"与"中华人民共和国"的区分,将通过歧义知识描述库、全文索引、用户检索上下文分析以及用户相关性反馈等技术结合处理,从而高效、准确地反馈给用户最需要的信息。

智能检索以文献和检索词的相关度为基础,综合考查文献的重要性等指标,对检索结果进行排序,以提供更高的检索效率。智能检索的结果排序同时考虑相关性和重要性,相关性采用各字段加权混合索引,相关性分析更准确,重要性指通过对文献来源权威性分析和引用关系分析等实现对文献质量的评价,这样的结果排序更加准确,更能将与用户愿望最相关的文献排到最前面,提高检索效率。

通过神经网络模型,人工智能可以进行深度学习,即利用大量匹配的输入—输出值来训练计算机,使之自行发掘数据中的特征,从而借助 Robot(如 Spider、Crawler、Wander等)程序实现网页数据的自动采集、信息的特征提取和知识的获取。

智能检索系统还可以通过文档的自动摘要技术和相似性检索技术等手段为用户提供个性化服务。

自动摘要就是利用计算机自动地从原始文献中提取文摘。在信息检索中,自动摘要有助于用户快速评价检索结果的相关程度,在信息服务中,自动摘要有助于多种形式的内容分发,如发往 PDA、手机等。

相似性检索技术基于文档内容特征检索与其相似或相关的文档,是实现用户个性化相关反馈的基础,也可用于去重分析。自动分类可基于统计或规则,经过机器学习形成预定义分类树,再根据文档的内容特征将其归类;自动聚类则是根据文档内容的相关程度进行分组归并。自动分类(聚类)在信息组织、导航方面非常有用。

7.2.5 信息检索效果的评价

信息检索效果是信息检索系统在对信息进行检索时所产生的有效结果。通过对信息检索效果的评价,分析信息检索过程中的影响因素和存在的问题,可以进一步提高信息检索的效果和效率。影响信息检索效率的因素主要有信息标引的网罗度、检索词的专指度、用户需求的表达程度等。根据信息检索的影响因素,信息检索的效果可以通过评价相关信息资源检索过程中的各种检索指标来加以评判。这些指标包括查全率、查准率、漏查率、误检率以及检索速度等。

1)查全率(Recall Ratio, R)

查全率是指在查询主题的所有信息中,通过检索得到的相关信息与检索系统中相关信息总量之间的比例。如果我们用 Rel 表示与检索查询相关的全部信息的集合、用 Ret 表示通过检索获得的全部结果信息的集合,则被检索出来的与查询相关的信息集合就是 Rel∩Ret,于是可以得到以下查全率的计算公式:

$$Recall = \frac{|\ Rel \cap Ret\ |}{|\ Rel\ |} \times 100\%$$

查全率表明检索系统避免相关信息资源漏检的能力,是评价检索系统效率的重要参数。对于数据库检索系统,查全率为检索出的信息条目与数据库中收集的所有相关信息之间的比率。但是,对于网络信息检索而言,信息总量是难以确定的,而且由于检索方式与检索途径的不同,信息检索的结果也不尽相同。对此,可以通过引入相对查全率(Relative Recall)来进行检索结果的评价:

$$Relative\ Recall = \frac{检索出的相关信息量}{全部实际检索出的信息总量} \times 100\%$$

2) 查准率(Precision Ratio, P)

查准率是指在查询到的全部信息中,符合查询要求的信息数量所占的比重,即

$$Rrecision = \frac{|\ Rel\ \cap\ Ret\ |}{|\ Ret\ |} \times 100\%$$

与难以准确计算查全率相同,要准确计算查准率也是困难的。对此,可采用 H. Vernon Leighon 和 Jaideep Srivastva 提出的"前 x 命中记录率"$P(x)$来粗略的计算查准率。比如,x 取 20、50、100 时,$P(x)$ 即表示在前 20、50 或者 100 项信息中与用户查询相关的信息量与总量的比率。

3) 漏检率(Omission Factor 或 Omission Ratio, O)

漏检率是指漏检的相关信息量与检索系统中相关信息总量之间的比率,即

$$Omission\ Ratio = \frac{漏检的相关信息量}{检索系统中的相关信息总量} \times 100\%$$

漏检率与查全率是一对互逆的检索指标,查全率高则漏检率低。

4) 误检率(Noise Factor, F)

误检率是指误检(检索出不相关)信息量与检出信息总量之间的比率,是衡量信息检索系统误检程度的尺度。

$$误检率 = \frac{误检的信息量}{检索出的信息总量} \times 100\%$$

误检率与查准率是一对互逆的检索指标,查准率高则误检率低。

此外,伴随网络信息检索的兴起,评价网络搜索引擎的查询效能优劣除了以上常规指标外还包括覆盖率和死链接率两项指标。

5) 覆盖率

覆盖率是衡量网络搜索引擎效能的重要指标。一个搜索引擎所收录的网络页面数的多少、索引的主题范围的大小,决定了其信息检索服务的能力。

6) 死链接率

即便是优秀的搜索引擎,依然存在无法获得用户期望的搜索结果的情况。比如,在单击搜索结果超链接时,却得到"404-Not Found"的结果,这样的情况被称为死链接。这是由于搜索引擎未能及时更新索引数据库造成的。因此,"死链接率"也常常被用作测评

搜索引擎的指标之一。

此外,评价搜索引擎的效能还有很多方面的标准。比如,搜索引擎的稳定性、易用性、查询响应速度、是否支持在结果中搜索、在使用过程中用户的负担程度以及检索结果的描述是否准确、全面等。

7.2.6 网络信息检索方法

随着 Internet 的快速发展和计算机应用的日益普及,人们已经进入了网络信息时代,网络信息资源极为丰富,WWW(World Wide Web)的规模迅速扩大,为广大信息用户提供了一个快捷、方便的信息共享资源平台。借助于其独有的超文本界面和多媒体等特点,WWW 已经覆盖了世界上几乎所有的信息源,成为了居于统治地位的信息检索手段,人们越来越多地依赖网络信息检索来获取自己所需要的信息。

检索 WWW 信息资源的检索工具主要是搜索引擎。所谓搜索引擎(Web Saerch Engin)是实现网络信息检索的一项关键技术,其主要的作用是实现"网络导航",帮助信息使用者方便、快捷地从网络上纷繁复杂的信息中筛选出满足需要的结果信息。按照信息检索的层面划分,搜索引擎可以划分为检索型搜索引擎、目录型搜索引擎、元搜索引擎和信息检索代理 Agent 等类别。

1)检索型搜索引擎

检索型搜索引擎就是为用户提供直接输入关键词查找信息搜索引擎。其搜索方便、直接,可以使用布尔逻辑查询、短语查询、邻近查询、模糊查询、自然语言查询等检索方式。Google、Infoseek 等就是这类信息检索工具的典型代表,它们拥有自己的收集、组织信息资源的机制,通过对网页内容和特征的分析,建立检索信息的索引数据库,为用户提供信息检索、查询服务。

2)目录型搜索引擎

除了基于网页分析建立索引的网页搜索引擎外,目录搜索引擎是以人工方式或半自动方式搜集信息,由编辑人员根据信息资源的内容人工形成信息摘要,并将信息置于事先确定的分类框架中。这种分类框架是按照一定的主题分类形成的目录体系,其所对应的信息也由大到小、由粗到细,整个搜索引擎形成了一个层次型的组织体系。用户可以逐层浏览,选择不同的主题对信息进行筛选、过滤,所选择的主题类别越小,信息的相关性就越高,越是能够获取满足用户要求的信息。比如,中文搜索引擎——新浪(Sina)的分类目录就多达 15 个大类、一万多个子目录。

目录型搜索引擎的性能取决于对网页信息的人工归类、自动归类算法的精度以及归类结果的更新速度。目录型搜索引擎的代表有 Looksmart、Open Dirctroy 等。目前,大多数搜索引擎都同时提供关键词和目录浏览两种检索方式,即混合型搜索。如 Google 就借用 Open Directory 目录提供分类查询。

3)元搜索引擎

单个的搜索引擎的覆盖范围往往有限,为了获取到能够满足需要的信息,用户常常需要使用多个搜索引擎,但是不同的搜索引擎其查询语法、用户界面等往往各不相同,需要用户学习和适应,这给需要通过多种搜索引擎获取更多、更全信息的用户带来了不便。针对这一问题,元搜索引擎应运而生。

元搜索引擎(Meta-search Engine)是一种调用其他独立搜索引擎的引擎系统,也称"搜索引擎之母"(The mother of searching engines)。在这里,"元"(Meta)为"总的""超越"之意,元搜索引擎就是对多个独立搜索引擎的整合、调用、控制和优化利用的机制。相对元搜索引擎,可被其利用的独立搜索引擎称为"源搜索引擎"(source searching Engine),或"搜索资源"(searching resources);整合、调用、控制和优化利用源搜索引擎的技术,称为"元搜索技术"(Meta-searching technique),元搜索技术是元搜索引擎的核心。

一个真正的元搜索引擎由 3 部分组成,即检索请求提交机制、检索接口代理机制、检索结果显示机制。检索"请求提交"机制负责实现用户"个性化"的检索设置要求,包括调用哪些搜索引擎、检索的时间限制、结果的数量限制等。"接口代理"机制则负责将用户的检索请求"翻译"成能够满足不同搜索引擎"本地化"要求的格式。"结果显示"机制负责对从相关源搜索引擎所获得的检索结果去重、合并、排序,并向用户输出最终的检索结果。元搜索引擎的出现,对于满足连续地使用不同的搜索引擎、重复相同的检索的需求提供了极大的便利。使用元搜索引擎能够同时实现对多个搜索引擎进行信息检索,获得分级编排的检索结果,提高了信息检索的召回率和精度。

世界上最早的元搜索是 metacrawler,它是 infospaceinc.的一部分,初始网上运行时间为 1995 年,是由华盛顿大学的学生 Erik 和教授 Oren Etzin 共同开发研制的。它是万维网搜索引擎 metacrawler 的姐妹引擎,是一个并行式的元搜索引擎。具有同时调用 Google、Yahoo、Ask JeevesAbout、LookSmart、TeomaOverture、FindWhat 等搜索引擎的功能,然后按相关度给出精确、详细的结果。

4)信息检索代理 Agent

随着智能 Agent 技术的发展,智能 Agent 与信息检索相结合的技术也逐步成熟,信息检索代理 Agent 是一种主动信息检索技术。它能够根据网络信息用户事先定义的信息检索要求、用户日常的检索行为与信息浏览行为,主动学习并掌握用户的习惯和兴趣、推断用户可能的潜在需求,并利用已有的信息检索服务,主动从网络中检索相关的信息资源,检视信息资源的变化情况,并将有关的结果信息通过电子邮件等方式推送给用户。

智能 Agent 信息检索技术具有自治性(Agent 运行时不直接由人或其他东西控制,它对自己的行为和状态具有自主控制能力)、社会能力(多个 Agent 个体之间能够自主进行信息交换与行为协同)、反应能力(Agent 具有对环境的感知和影响能力)和自发行为(Agent 的行为是自主的)等特点,其还具有一般人类所拥有的知识、意图和承诺等心智状态,即智能 Agent 具有人类的社会智能。这使得智能 Agent 系统在面临诸如基于主题和用户个性化信息检索时,具有方便灵活和适应力强的特征。

比如美国麻省理工学院(MIT)所设计的 Amalthaca 系统就是一个采用智能 Agent 技

术实现的基于用户个性化需求的元信息采集器,该系统通过信息过滤(Information Filtering)Agent 和信息发现(Information Discovery)Agent 来实现信息检索,前者的任务是挖掘用户的个性化信息,后者则根据用户的需求到 Web 上检索信息。

　　MIT 的另一个系统 Letizia 则是利用智能 Agent 来辅助用户浏览 Web 页面的工具。当用户通过浏览器浏览页面时,该系统可以跟踪用户的浏览行为,采用启发式算法来估计用户的信息收集兴趣,并根据用户所在的位置,从网络中收集用户感兴趣的页面推荐给用户。其采用宽度优先的原则,从用户最近浏览的兴趣页面向周围实施扩展检索,将搜索到的相关页面向用户主动推送。用户可以遵从这些推荐,也可以按自己的方式浏览,Agent 则不停地根据用户检索行为的新的变化调整检索策略,获取并推荐检索结果。

7.2.7　网络信息检索技术

　　计算机网络信息检索经历了布尔检索、向量空间检索、模糊集合检索、概率检索、全文检索,发展到超文本检索,并向着智能化方向发展。

　　各种检索技术通过不同的检索算符表达出来。

1)检索算符

　　各个检索系统的检索算符不同,但有的检索算符是各种检索系统所通用的,现将常用的检索算符列于表7-1。

表 7-1　常用检索算符

算符名称		常用算符	实　例	注　释
逻辑算符	逻辑与	and/ *	laser and radar	两词同时出现在同一记录中
	逻辑或	or/+	laser or radar	两词任意一词出现在同一记录中
	逻辑非	not/-	laser not radar	在同一记录中出现 laser,不出现 radar
截词符 (通配符)		?	analy? er	代表 0~1 个字(字母)
		*	isolat *	代表任意个字(字母)
字段算符		字段名=	la=english	表示文献的语种为 english
		in 字段名	radar in ti	表示 radar 一词出现在题名字段
		in 字段名 1, 字段名 2	radar in ti,ab,de	检索词可限定在多个字段,各字段之间用逗号分开
位置算符		near	laser near radar	laser 与 radar 相邻
		near/N	laser near/3 radar	laser 与 radar 之间相邻,中间最多插 3 个词

注:检索算符通常不区分大小写;在不同的检索系统中,检索算符各不相同,此表中只列出了一些常用的检索算符表达方式。

（1）布尔逻辑算符

布尔检索是最早建立的检索理论，也是检索系统中应用最广泛的检索技术，是最简单、最基本的匹配模式，其理论基础是集合与布尔逻辑。它采用布尔逻辑表达式表达用户的检索要求，并通过一定的算法和实现手段进行检索。布尔逻辑表达式由布尔算符来连接检索词，以及表示运算优先级的括号组成的一种表达检索要求的算式。

布尔逻辑算符是用来表达检索词之间的逻辑关系，包括逻辑与（AND）、逻辑或（OR）、逻辑非（NOT）。

①逻辑与 AND 用于交叉概念或限定关系的组配，可以缩小检索范围，提高查准率。可使用"＊"或"&"来表示。其检索表达式为："A AND B"或"A＊B"，即检索记录中必须同时包含 A 词与 B 词才算命中。例如："中国＊对外贸易"。

②逻辑或 OR 用于并列概念的组配，可以扩大检索范围，提高查全率，可使用"+"或"|"来表示。其检索表达式为："A OR B"或"A+B"，即检索记录中含有 A 词或者 B 词中的任何一词即可。例如："高清晰电视+HDTV"。

③逻辑非 NOT 用于从原来的检索范围中排除不需要的概念，或影响检索结果的概念。可使用"－"来表示，其检索表达式为："A NOT B"或"A－B"，即检索记录中包含 A 词但不含有 B 词。例如："能源－太阳能"。

一个检索式中如果包含多个逻辑算符，它们的执行顺序通常为：逻辑非、逻辑与、逻辑或，也有的系统按逻辑算符的先后次序执行，但可以用小括号（　）改变执行的先后顺序，如（A+B）＊（C+D）即先执行"A 与 B""C 与 D"的逻辑或运算，再执行逻辑与运算。

（2）位置算符

位置算符是用于表示检索词之间的位置关系的算符，大致包括以下 4 种级别：词级位置算符，其功能是限定检索词的相互位置满足某些条件；子字段或自然句级，其功能是限定检索词在同一子字段或自然句中；字段级，限定检索词在数据库记录的字段范围内；记录级，检索词在数据库的同一记录中。

不同的检索系统规定的位置算符可能不同，现以 DIALOG 系统提供的位置算符为例进行介绍。

①词级位置算符：包括（W）、（N）算符，表示检索词之间的顺序关系。

W 是 with 的缩写，表示其两侧的检索词必须按前后顺序出现在记录中，且两词之间不允许插入其他词，只可能有空格或一个标点符号。其扩展为（nW），n 为自然数，表示其两侧的检索词之间最多可插入 n 个词。

例如："microwave（W）radar"，表示 radar 必须紧跟在 microwave 之后，中间不允许插入其他词，且位置不能颠倒。"micrwave（3W）radar"表示 microwave 与 radar 之间最多可插入 3 个词，但两词的位置不能颠倒。

N 是 near 的缩写，（N）表示其两侧的检索词位置可以颠倒，在两词之间不能插入其他词。（nN）为其扩展，表示其两侧的检索词之间最多可插入 n 个词。

例如:"optical(N)fiber",其检索中的记录可包含"optical fiber"或"fiber optical"。"optical(2N)fiber",表示 optical 与 fiber 之间可插入 2 个词,其先后顺序可以颠倒。

②子字段级或自然句级:用(S)表示,S 为 subfield 或 sentence 的缩写。表示其两侧的检索词必须出现在同一子字段中,即一个句子或一个短语中。

例如:microwave(S)radar,即 microwave 与 radar 在同一子字段或一个句子中。

③字段级:用(F)表示,F 为 field 的缩写,例如:microwave(F)radar,表示 microwave 与 radar 必须有同一个字段中出现。

④记录级:用(C)表示,C 为 citation 的缩写,例如:microwave(C)radar,要求 micrawave 与 radar 出现在同一记录中,且对它们的相对位置或次序没有任何限制,其作用与布尔逻辑算符 AND 相同。

(3)截词符

"截词符"应用在截词检索(Truncation)方法中。截词符又称通配符,不同的检索系统中使用的符号不同,通常用"＊""?"或"#"来表示。加在检索词的词干或不完整的词型后(或中间),用以表示一组概念相关的词。它在信息检索系统中应用十分广泛。

在西文语言文字中,一个词可能有多种形态,而这些不同的形态,大多只具有语法上的意义,而从用户的角度来看,它们是相同的;同一个词又有英美的不同拼写。在中文文献中,如果两个词的某一部分相同,其内在概念上应有必然的联系,检索时不可忽视。因此,大多数的检索系统都采用截词符的方式减少检索词的输入量,提高检索的效率,并在一定程度上避免漏检。

所谓"截词"是指检索者将检索词在他认为合适的地方截断,截词分为有限截词与无限截词。有限截词是指具体说明截去字符的数量,无限截词则是指截去的字符数不限。在许多检索系统中,同时包括有限截词符与无限截词符。

按照截断的位置来分,截词有以下 4 种:

①后截词:将截词符放于一个字符串的后面,表示其右面的有限或无限个字符不影响该字符串的检索。例如:采用检索词"acid＊",可检索出含有"acid""acids""acidic"或"acidicty"等词的记录。

②中间截词:将截词符放于一个字符串的中间,表示这个位置上的任意字符不影响该字符串的检索。它对于解决英美不同拼写、不规则的单复数变化等很有。例如:analy?er 可表示 analyzer 和 analyser 等不同拼写。

③前截词:将截词符放于一个字符串的前面,表示其前面的有限或无限个字符不影响该字符串的检索。例如:"＊computer"可表示"macrocomputer""minicomputer""microcomputer"或"computer"等词。

④前后截词:字符串前后都有截词符,检索词与被检索词之间只需任意部分匹配即可。例如:"＊computer＊"或表示"minicomputer""minicomputers""microcomputer""microcomputers"或"computer"等词。

在检索系统中,常使用后截词和中间截词。在使用截词符进行检索时,要注意检索字符串不能太短,不能因截词而改变词意,否则会造成大量误检,使得检索失败。

（4）字段符

"字段符"用于代表字段名称。在计算机检索中,常使用限制检索字段,即指定检索词在记录中出现的字段,以提高检索效率。

限制检索字段通常有两种方式:其一,下拉菜单选择检索字段;其二,输入检索字段符。各个检索系统中,输入检索字段符的方式不同,通常有:

字段符=检索词,例如:au＝林为干;

检索词 in 字段符,例如:radar in ti

计算机检索中,数据库记录中几乎所有字段都可用作检索字段,现将最常用的检索字段列于表 7-2。

表 7-2　常用检索字段表

字段符	字段名称	字段符	字段名称
TI	Title（标题）	AU	Author（著者）
JN	Journal Name（期刊名称）	KW	Keyword（关键词）
DE	Descriptors（叙词）	AB	Abstract（文摘）
CS	Corporate Source（机构）	CT	Conference Title（会议名称）

2）构造检索式

检索式是检索策略的具体表达,它是将各检索单元（其中最多的是表达主题内容的检索词）之间的逻辑关系、位置关系等用检索系统规定的各种算符连接起来,成为计算机可以识别和执行的命令形式。

构造检索式分为 4 步:提取检索词、输入检索词、选择检索字段、组配检索词。

（1）提取检索词

提取检索词是计算机检索成败的关键,信息用户的课题名称及描述语句往往与检索系统中的检索词有一定差距,在信息检索时,需要从课题的名称及描述语句出发,经过切分、删除、替换、补充等步骤,提取出检索词。

①切分:切分就是以词为单位划分句子或词组。例如,我们可将"基于隐马柯夫模式的离线汉字识别系统"切分为"基于|隐|马柯夫|模式|的|离线|汉字|识别|系统"。

词是语义切分的最小单元,也是检索的最小单元。切分必须彻底,必须"到词为止",比如"羊毛"可切分为"羊|毛"。同时,切分也要适度,不能因切分而改变语义。比如,不能将"计算机"切分"计算|机",不能将"操作系统"切分为"操作|系统"。

经过切分之后,检索课题转换成为词的集合,而这在一组检索词中,往往只有一个或少数几个词是核心词,是必须使用的关键词,而其他的词是限定这个核心词的。

②删除:在用户给的课题描述语句中,往往有不具有检索意义的虚词及其他关键词,必须删除不需要的词,将语句转换成为关键词的集合。删除包括删除不具有检索意义的虚词及其关键词,不具有检索意义的词有介词、连词、助词、副词等虚词及与课题相关度不大的其他关键词。经过删除,词句转换成关键词集合。例如"基于 Web 的数据库",经删除后,可转换为:Web|数据库。删除也包括删除过分宽泛和过分具体的限定词:过分宽泛的词没有触及问题的实质,太苛刻、太狭义、过分具体的限制条件则会造成挂一漏万。过分宽泛和过分具体的词均属于不必要的限定词,应加以去掉。删除还包括:删除存在蕴涵关系的可合并词。如果两个词之间存在相互蕴涵的关系,可酌情去掉其中的一个而保留另一个。所谓两个词之间存在相互蕴涵的关系,是指一个词内在地包含有另一个词的含义。

③替换:用户可能使用表达欠佳的词来叙述检索要求,给的词也许模糊、宽泛、狭窄或不可行,这时,可以概念替换法,引入更明确、更具体、更本质、更可行的概念作为替换词代替原有词,或者作为同义词和相关词增加到原来的概念组中同时保留原有词,或用相应的分类号替代关键词。

④补充:

补充还原词组:许多名词是经由词组缩略而成,因些,可以采用与缩略相反的操作——补充还原,导出一个词的来源词组,并将来源词组作为原词的同义词,补充进检索式。例如:

模拟计算机➡模拟计算机+模拟系统 * 计算机

Lirad ➡lirad + laser radar

补充同义词或相关词:一个概念,往往包含上位词、下位词;在中文中,又有许多同义词,在英语中,一些词有英美的不同拼写,而一些术语又有首字母缩写,在提取检索词,一定要考虑到各种同义词、相关词及同族词。

例如:"毫米波"其英文有:"millimeter wave"与"millimetre wave"的不同拼写,又有 MMW 的缩写,其下位词有:Ka 波段、W 波段等。

⑤增加限义词:一词多义是一个普遍现象,例如,"线路",既可是电子线路,又可是交通线路,为避免一词多义而导致的误检,应适当增加限义词,其方法有两种:用"逻辑乘"增加限定词;用"逻辑非"排除异义词。例如:

线路→线路 *(电子+无线电+...)或

线路→线路-(道路+车辆+...)

(2)输入检索词

在计算机网络检索中,提供了多种检索词的输入方式。包括:直接输入、索引中取词、拷贝输入、利用保存的检索式。

①直接输入:是计算机检索输入中最常用的方法,它是在检索输入框中,逐个字符地

输入由单词、词组或已有检索集合号组成的检索式。在任何计算机检索中,都可以使用该方法。但是,如果检索式较复杂,需要输入的检索词较多,在联机检索系统中,由于考虑费用因素,往往采用预先处理好检索式,在联机检索时直接调用检索式的方法。

②索引中选词:大多数检索系统提供从索引中取词的功能。但是联机检索由于费用的原因,一般不采用该方法,而该方法在光盘检索、网络数据库检索时经常使用。当不能准确判断检索用词时,或对检索用词的拼写不清楚时,从索引中提取检索词非常有用。例如,进行著者检索、刊名检索、机构名称检索、文献类型检索时,常采用该输入方法。

③拷贝输入:所谓拷贝输入,是指拷贝已有的检索式中的某些检索词或从检索记录中拷贝所需检索词,再粘贴到检索输入框中,大多数计算机检索系统都提供该输入法,但在联机检索中不常用。光盘检索与网络检索中常使用该方法,尤其是在检索记录中发现一些没有预先考虑到但是又很需要的检索词时,该方法是非常有用的。

④利用保存的检索式:许多计算机检索系统提供保存检索式的功能,在需要时,调用已保存检索式,并可对其进行修改。该方法已普遍用于联机检索与光盘换盘检索中,从而节省了输入检索式的时间。如果对某一课题进行跟踪检索时,该方法尤其有用。

(3)选择检索字段

为提高检索效果,大多数计算机检索都可以使用限定字段的检索方法。在外文计算机机检中,不限定检索字段,往往是在所有字段或基本字段中检索,如果需要限定字段,则选择需要限定的字段,其方法有两种:在检索菜单中选择需要检索的字段检索;也可直接在检索输入框中,输入带有字符段的检索式。在中文计算机机检中,往往必须先选择检索字段,其检索字段并不太多,但大多数提供在"全文"中进行检索。

(4)组配检索词

在选择好检索字段,确定了检索词后,利用系统规定的检索算符将检索词组配起来,才能准确地表达检索意图。

系统规定的检索算符通常包括:布尔逻辑算符、位置算符、截词符、字段符等,各个不同的计算机检索系统,其检索算符不同,因此,在检索前需要熟悉各系统的检索算符。

在同一系统中,采用同样的检索词,但使用不同的检索算符制定的检索式表达的检索策略所得到的检索结果会有所不同。

3)调整检索式

计算机检索交互性较强,在检索的过程中,信息检索者应及时调整检索策略,以提高检索效率。

(1)扩大检索以便提高查全率

当获得的检索结果较少时,需要扩大检索以提高查全率,可采取以下方法来调整检索式:

①选全同义词、相关词,或采用分类号检索,以增加网罗度;

②调整位置算符,由严变松,比如由词级位置算符变为字段级位置算符;

③去掉次要的或者太专指的概念组面,减少 AND 运算;

④取消某些过严的限制符,如字段限制符等。

(2)缩小检索以便提高查准率

当获得的检索结果较多时,需要缩小检索以便提高查准率,可采用下列方法来调整检索式:

①提高检索提问式的专指度,增加或者换用下位词或专指性较强的自由词;

②调整位置算符,使得约束条件由松变严,比如由字段级位置算符变为词级位置算符;

③增加概念组面,进行 AND 运算;

④采用字段限制符,将检索词限定在某一指定字段中。

在全新的信息时代,信息就是商品、信息就是财富、信息就是资源、信息就是机会,因此人人都渴望及时获得有用的信息。面对这样一个新知识、新技术不断涌现,知识新陈代谢频繁的世界,想要一劳永逸地获取知识是不可能的。我们只有终身学习,不断地获取和更新知识,才能不被社会所淘汰。要想有效、快速地获取和利用最新信息,就必须掌握信息检索的技能。

7.2.8　检索信息的应用

信息检索的最终目的是将检索到的信息应用解决面临的问题。通过运用以上介绍的方法和技术检索到的信息,往往与我们真正的应用需求还存在距离。还需要我们通过对所获取到的信息展开分析、研究,进一步挖掘信息的应用价值,将其运用于分析问题和解决问题。

1)检索信息的分析

信息分析旨在通过已知信息揭示客观事物的现实状态和运动规律。其任务就是要运用科学的理论、方法和手段,在对大量的(通常是杂乱的、零散的、碎片化的)信息进行收集、加工、整理以及价值评价的基础上,透过关系交织、错综复杂的表面现象,把握事物的本质并获得对其运动规律的认识和把握。从这个意义上,信息分析研究是一种以信息为依据对象,根据拟解决的特定问题的需要,收集有关信息并得出有助于问题解决的新信息的科学劳动过程。

信息检索阶段的信息分析研究从工作流程来看,具有整理、评价、预测和反馈 4 项基本功能。具体来讲,整理功能体现在对信息进行收集和组织,使之由无序变为有序;评价功能体现在对信息的价值进行评定,达到去粗(取精)、去伪(存真)、辨新、赋权、评价、荐优的目的;预测功能体现在通过对已知信息的内容的分析,获取未知或者未来信息;而反馈功能则体现在根据实际情况对通过信息分析得到的研究结论或预测结果进行审议、修改和补充。

信息检索阶段的信息分析,主要有跟踪型信息分析、比较型信息分析、预测型信息分析、评价型信息分析、鉴别型信息分析 5 种。

跟踪型信息分析。跟踪型信息分析是信息分析的基础性工作。通过这样的分析,掌握相关问题的领域状态、基础数据。

比较型信息分析。比较是确定事物间相同点和不同点的基本方法。在对各个事物的相互关系及内部矛盾进行比较后,就能够把握事物的内在联系,认识事物的本质。

预测型信息分析。所谓预测就是利用已经掌握的情况、知识和手段,预先推知和判断事物未来的或者未知的状态、变化和需求。

评价型信息分析。评价分析一般包含:①前提条件探讨;②评价对象的分析;③评价项目和标准的选定;④评价函数的确定;⑤评价值的计算;⑥综合评价。

鉴别型信息分析。鉴别型信息分析的首要任务就是发现质量低劣、内容不可靠、偏离主题、彼此重复的信息并加以剔除;同时,信息鉴别也是区分重要信息与次要信息的过程。信息鉴别通常从信息的可靠性、先进性和适用性 3 个方面进行辨识。

信息的鉴别分析不仅贯穿于整个信息整理过程,还可以向前延伸到信息的收集环节。

2）检索信息的应用

如前所强调的,信息检索的根本目的是在于通过检索获得有价值的信息并将其应用于解决问题。而解决问题最重要的一个环节是拟定问题的解决方案,其通常表现为问题解决的项目策划或项目申请。以下我们以项目申请书的撰写为例来看检索信息的应用。

在项目申请书的撰写中,检索信息的应用更多地体现在问题的提出、问题领域现有研究状态的文献综述、需要解决的关键问题的拟定以及解决问题的技术路线的分析过程。

【案例】

面向非常规突发事件的多星对地观测调度方法研究

非常规突发事件是指前兆不充分、具有明显的复杂性特征和潜在次生或衍生危害、破坏性重大、带来严重的生命和财产损失、采用常规管理方式难以有效应对和处置的事件,如像地震、海啸、洪水、泥石流、污染等在内的灾害。由于非常规突发事件具有突发性强、破坏性大、破坏范围广、持续时间长等特点,因此及时、有效地应对与处置非常规突发事件,对于提高防灾减灾能力、保障公共安全具有重要意义。

对于非常规突发事件的有效处置和应对,获取完整、全面、及时的信息对于判明事件的态势(灾害性质、危害程度、波及范围、救援条件等),是及时响应并实施有效救援的必要前提。然而,由于灾害在时间和空间上具有突发性、并发性和不确定性的特点,使得传统信息获取方式下难以满足救灾应急工作的需求。例如,国际上对地震灾情信息的初报时间要求为 2 小时,而在 2008 年我国的汶川地震中,由于地震造成的大范围地面设施的损毁(公路、桥梁等),而且该地区地质、气候条件恶劣,依靠常规的接近观测或者近空观测等方式来获取灾害信息无法有效进行,导致救援行动的迟延,造成了巨大的损失。于是提出了借助于卫星资源及其动态调度来实施信息获取这一课题。

针对这一课题,需要通过信息检索,确定课题的研究方向的是否可行。通过初步的信息检索,了解到在卫星执行对地信息收集任务调度领域国内外的研究已经取得了比较丰富的成果。然而通过对研究现状的分析,发现目前的研究存在着以下的不足:①当前研究主要针对静态调度问题,采用按时段、分批次的方法处理常规任务,对非常规突发事件中任务的动态调度考虑不足;②通常采用智能算法进行求解,计算时间不确定性大,不能满足非常规突发事件中任务处理的时效需求;③对非常规突发事件中对地观测任务的动态调度需求缺乏详细分析与分类,对应急情况的理解不够深入;④对非常规突发事件中对地观测任务的多星调度研究刚刚起步,理论上存在较大研究空间;⑤多星协同方面的理论研究不够深入,对协同的方法和途径缺乏系统分析。

针对以上问题,设定了该项目需要突破的关键问题:

①基于多Agent的任务协同分配方法。多星对地观测系统内的不同卫星资源之间具有相对独立性,因此协同的关键是建立一种统分结合的有效机制。拟解决的关键问题主要是将这些具有相对独立性的主体映射为Agent,并对Agent进行分类,在此基础上建立多Agent之间的协商机制和策略,构建基于能力匹配的任务分配算法,实现多个主体之间高效的分工合作。

②基于"团划分"的任务混合聚类方法。多星对地观测任务间可能存在交叉、重叠或其他相关的约束,因此需要进行任务的合理聚类以提高系统的资源利用率。拟解决的关键问题主要包括任务聚类关系图模型的构建,任务聚类问题到图论中"团划分"问题的转化,动态环境下多资源匹配元任务插入的动态聚类规则及混合启发式聚类算法。

③面向任务突发及环境动态变化的滚动优化调度方法在任务突发及环境动态变化情况下,实现对观测目标成像机会的计算和分析,对突发任务进行快速调度和观测,及时响应应用户提出的各种应急观测请求,并有效提高卫星成像质量。拟解决的关键问题包括:考虑气象信息的卫星可见机会分析、卫星对突发任务最佳观测时间的确定、滚动窗口的自适应调整分析、突发任务的动态插入策略分析、系统容错能力的保障以及应急调度求解算法等。

针对以上关键问题,设定项目的主要研究内容包括:

多星协同调度框架研究、基于招投标算法的任务协同分配方法研究,任务混合聚类方法研究和任务的动态、滚动调度方法研究4个方面。其主要内容及其相互间的关系如图7-3所示。

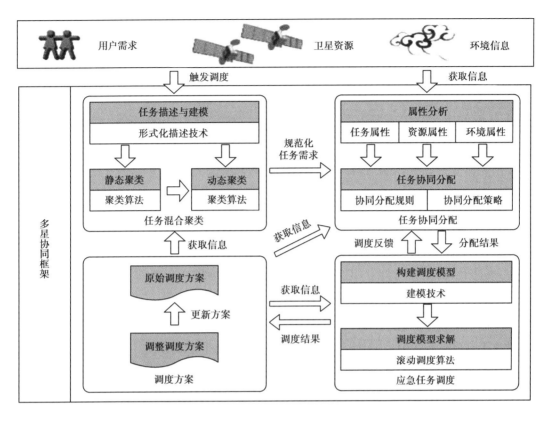

图 7-3　项目研究的主要内容及其相互关系

由此案例可以了解到,在研究项目设计和项目申请书的撰写过程中,信息检索及分析应该重点把握以下要点:

①需要有效地选择和筛选与设定问题相关的文献;

②把握文献所反映的问题领域的研究现状和主要成果;

③分析既有研究存在的主要缺陷;

④寻找问题研究的空白点与生长点;

⑤加强文献信息的理论评判与整合;

⑥记录文献信息研究生产的创新点与思想火花;

⑦突破思维定势、提炼科学问题。

此案例在以上各方面都有较好的表现,可以作为撰写项目研究计划的范文。

第8章 信息的处理与激活

8.1 信息的处理

人们收集和存储信息的最终目的是要利用信息来解决所面临的实际问题。制定正确的决策与实施有效地控制是利用信息解决问题的两个重要方面。没有信息不可能制定正确的决策和实施有效的控制，但是有了信息也不一定就能够制定正确的决策和实施有效的控制。随着信息技术的广泛应用，信息以空前的速度急剧增长，面对前所未有的"信息过剩"，如果不能有效地对信息实施恰当的加工处理，剔除对决策和控制无价值或者有害的信息，提炼出对决策与控制有用的信息，就难以确保决策的正确性和控制的有效性。

信息处理（Information Processing）是一个非常广泛的概念，信息处理的方法也极为丰富，对于信息的不同组织形式、不同的应用目的，存在着不同的信息处理方法和技术。按照一般意义上的理解，一切为了更好地利用信息而对信息本身施加的加工处理，都可以统称为信息处理。之所以需要进行信息处理，有以下理由：

①原始信息在一般情况下往往处于一种初始的、零散的、无序的、彼此独立的状态，既不能传递、分析，又不便于利用，通过信息加工处理，可以使其变换成便于观察、传递、分析和利用的形式。

②原始信息鱼目混珠、真假难分，准确与不准确的成分都有，通过信息加工，可以对其进行必要的分析、筛选、过滤和分类，以达到去粗取精、去伪存真、由表及里、由此及彼的目的。加工后的信息更具条理性和系统性。

③通过对信息的加工处理可以发现信息收集过程中存在的错误和不足，为今后的信息收集积累经验。

④信息加工处理可以通过对收集到的原始数据进行统计分析，编制数据模式和文字说明等，以产生更有价值的新信息。

8.1.1 信息处理过程及其基本任务

1) 信息处理的基本过程

信息加工处理是指对收集到的信息实施的判别、筛选、分类、排序、分析和再造等一系列加工处理环节所组成的完整过程,通过这一过程,将收集到的信息转换成为能够满足信息使用者所需要的信息,即信息加工的目的在于发掘信息的应用价值,方便用户的使用。信息加工处理是信息得以有效利用的基础,也是信息成为有用资源的重要条件。信息的加工处理过程如图 8-1 所示。

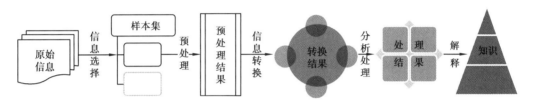

图 8-1 信息处理过程

完整的信息加工处理过程由信息的选择、信息的预处理、信息的转换、信息的分析与处理、信息的评价与维护等阶段组成。

在进行信息处理之前,首先需要确定信息处理的目标,明确需要通过信息处理解决什么问题,也就是要进行信息处理的需求分析。信息处理的需求分析需要考虑的问题包括:

①明确领域问题。即针对需要解决的问题,分析存在什么样的领域问题,确定需要什么样的信息,信息的处理要求是什么、通过什么方式来处理信息,采用什么形式来表达信息处理的结果等。

②确定在信息处理过程中的人机分工。即明确在信息处理过程中哪些工作由计算机来处理,哪些工作留给人来做更合适。

③确定信息处理结果的评价标准。即通过设定的标准来帮助衡量和判断信息处理的结果是否可用、简单和精确。

通过这样的准备工作后,即可逐步开始信息处理阶段的各项任务。

2) 信息处理各阶段的任务

(1) 信息的选择

通过信息收集所获得的信息往往是庞杂的,并非所有信息都是对发现和分析特定问题有用的。因此,在信息加工和处理之前进行准确的信息选择,对于获得简洁的、有效的结果以及提高信息处理的效率都具有重要意义。信息选择的目的就是从采集到的、处于无序状态的信息流中甄别出对分析、解决所面临的问题的有用信息,剔除无关、无用的信息,它是整过信息加工处理过程的第一步。在进行信息选择时需要考虑以下问题:

①属性选择的客观性。属性是对象的性质与对象之间关系的统称。一个具体的事物,总是有许许多多的性质与关系。一个事物的性质与关系,叫作事物的属性。一个事

物与另一个事物的相同或相异,也就是一个事物的属性与另一个事物的属性的相同或相异。

由于事物属性的相同或相异,客观世界中就形成了许多不同的事物类别。具有相同属性的事物就形成一类,具有不同属性的事物则分别形成不同的类。

而属性选择的客观性就是要确保所选择的描述问题的属性能够客观、真实地反映对象事物。

②数据的同构性。这是因为所采集的数据有可能来自不同的系统、不同的信息源,这些数据来源不同的数据往往存在异构性,需要统一这些结构各不相同的数据,以方便特定的加工手段对数据实施有效的处理。

③数据的动态性。即需要充分考虑数据在处理的过程可能发生的各种变化。

④数据样本的大小。数据样本规模过大,会影响信息处理的效率;数据样本过小,又会影响数据处理结果的完整性、正确性和有效性。而规模的确定往往与选择的处理方式有直接关系。

此外,为了保障信息处理结果的完整性、准确性和有效性,信息选择还包括从领域专家处获得与处理问题相关的背景知识,并在进行信息处理之前仔细检查这些背景知识与目标数据集的相容性和相关性。领域知识在信息处理中的作用体现在以下几个方面:

①使得信息中蕴含的知识更为明显。例如,目标数据集中的数据可能过于细繁,利用领域知识可以对数据进行泛化,从而使得数据中蕴含的知识得以显现。

②约束信息处理的搜索空间。通过仔细定义数据间的相互依赖关系、语法约束(规范相关属性)、意向性属性,约束信息处理算法的搜索空间,从而有效地提高数据分析处理的效率。

(2)信息的预处理

通过信息收集所获得的信息中可能存在许多不确定内容,其主要表现为 3 种情况:字段值标记错误、有特殊语义的数据值以及数据空值。这些不确定内容的存在,将会对信息的加工、处理和利用带来困难,需要通过预处理来解决这些存在的问题。

此外,信息预处理还包括数据的完整性与一致性检查、连续属性数据的离散化处理以及数据属性泛化处理等。

(3)数据的简约与变换

数据简约是通过某种方法以降低信息处理算法的搜索空间。数据简约通常分为垂直简约和水平简约两种。所谓垂直简约是指通过降低或减少信息维度的方式或者变换方式来减少变量(或属性)的个数;而水平简约则是通过对对象的分析(包括离散化、泛化等)合并具有相同属性的对象,从而减少对象的个数,达到简化数据的目的。

不同的信息处理对输入的信息有不同的要求,数据变换就是对收集到的数据根据处理要求进行编码或格式转换,使之成为满足处理要求的数据格式。

(4)信息的分析处理

信息分析处理就是应用相关的分析方法,从数据中找寻出对发现问题、分析问题、理

解问题,进而解决有用的内容。为了得到满意的分析处理结果,需要考虑以下问题:

①确定信息处理的类型。即确定是为用户产生信息(发现型),还是对用户提出的假设进行验证(验证型)。

②信息处理方法的选择。即根据信息处理任务选择恰当的处理方法。在实际情况中,对于某类任务往往有多种方法可供选择,而且这些选择对于处理结果影响甚大。但是,目前尚没有一套普适性的准则来指导处理方法的选择。

③信息的评估与维护。信息处理的目的是支持科学的决策和有效的控制,因此确定信息处理结果的可信度、精准度,对处理结果进行必要的筛选是信息处理的重要内容。

8.1.2 信息预处理

由于在信息收集过程中存在诸多因素的影响,如初期收集信息时对于信息处理的任务了解不完全或考虑不周全,所收集到的信息不能直接进行加工处理,需要经过预处理以后才能够予以有效处理。

信息的预处理根据目标数据集合可能存在的问题以及处理方法对目标数据集合的要求,需要完成以下任务:

①数据校验。经过收集而获得的目标数据集往往存在一些不确定内容,这些不确定内容表现为 3 个方面:字段值标记错误、存在空值(缺损值)、存在特殊语义的数据值。需要与问题领域的专家配合对这些内容予以确认。

②数据的离散化与泛化。在信息处理过程中,受到处理方法的限制,需要对值域是连续的或者值域很大的属性进行数据的离散化与泛化等预处理。

③数据的转换。不同的信息处理方法对输入的信息有不同的要求,数据转换就是对数据进行编码,使其成为满足处理要求的格式。

1)连续数据的离散化

(1)连续数据集离散化问题描述

设 $A \leqslant U, C \cup D>$ 为一个数据集,$U = \{x_1, x_2, \cdots, x_n\}$ 为非空有限集合,C 是条件属性集,D 是决策属性集。假设,对于任意 $c_i \in C$,有 $V_i = [s_i, e_i] \subseteq R, R$ 是实数集,则 c_i 为连续属性。设 P_i 是 V_i 上的分割点的集合,记为:

$$P_i = \{c_0^i, c_1^i, \cdots, c_K^i\}$$

P_i 将 V_i 分割为 k_i 个区间(图 8-2),$s_i = c_0^i, <c_1^i, \cdots, <c_K^i = e_i$,$k_i$ 为一整数,表示离散化程度,可以看作按属性 c_i 将论域 U 中的对象分成 k_i 类。

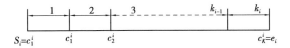

图 8-2 P_i 将连续属性 c_i 分割为 k_i 个区间

对于需要离散化的连续属性集 $C' \subseteq C$,其分割点集合记为:

$$P = \cup c_i \in C' \{c_i\} = \cup c_i \in C' \{(c_i, c_0^i), (c_i, c_1^i), \cdots, (ci, c_k^i)\}$$

将 c_i 属性的连续取值区间映射到离散空间,即对于任意的 $x_k \in U$,若其属性 c_i 的取值在区间 $[c_{j-1}^i, c_j^i)$ 内 $[j \in (1, 2, \cdots, k_i)]$,则将属性值重新标记为 j。这样就将原来含有连续属性的数据集 A 转换成离散的数据集 A'。

因此,数据的离散化问题本质上可以归结为利用选定的分割点对属性的值域空间进行划分的问题,选取分割点的过程也是合并属性值的过程。通过合并属性值,减少了属性值的个数,降低了问题的复杂性,有利于提高信息处理的效率和保障处理结果的适应度。

(2)数据离散化的方法

连续属性的数据离散化问题被广泛研究,形成了多种实现离散化的方法。典型的有:等区间离散化方法、等信息量离散化方法、基于信息熵的方法、Holte 的 1RD 离散化方法、统计实验方法、超平面搜索方法以及用户自定义区间法等。

①等区间离散化方法。

等区间和等信息量方法是最简单也是最常用的数据离散化方法。等区间分割是将继续的属性值域等分成 $k_i(k_i \in N)$ 个区间,k_i 一般由用户决定。

假设某个属性的最大属性值为 x_{max},最小属性值为 x_{min},用户给定的分割点参数为 k,则分割点间隔为 $\delta = (x_{max} - x_{min}) / k$,所得到的属性分割点为 $x_{min} + i_\delta$,$i = 0, 1, \cdots, k$。分割点之间的距离相等。

表 8-1 中所示的是 12 个对象的某个属性的取值。分析该属性可知,它的值域是 $[1.00, 3.00]$,假设将其值域分成 4 个区间,即 $k = 4$,则相应的分割点为:1.50、2.00、2.50,于是将取值在 $[1.00, 1.50)$ 的对象归为一组,并将及其属性值重新标记为"1",将属性值在 $[1.50, 2.00)$ 的对象分为一组,并将及其属性值重新标记为"2",将属性值在 $[2.00, 2.50)$ 的对象分为一组,并将及其属性值重新标记为"3",将属性值在 $[2.50, 3.00]$ 的对象分为一组,并将及其属性值重新标记为"4"。这样,原本值域很大的属性在离散化之后,只有 4 个取值,大大提高了信息处理的效率和处理结果的适应度。

表 8-1　对象及属性值

对象	1	2	3	4	5	6	7	8	9	10	11	12
属性	1.12	1.00	1.79	2.64	2.03	2.89	1.33	2.99	1.88	2.25	1.80	1.55

表 8-2　等区间离散化后的结果

对象	1	2	3	4	5	6	7	8	9	10	11	12
属性	1	1	2	4	3	4	1	4	2	3	2	2

②等信息量离散化方法。

等信息量离散化首先将测量值进行排序,然后将属性值域分成 k_i 个区间,每个区间包含相同数量的测量值。假设某个属性的最大属性值为 x_{max},最小属性值为 x_{min},用户给定的分割点参数为 k,而数据集中的对象个数为 n,则需要将数据集中的对象按照该属性的取值大小进行排序,然后按照对象个数平均划分为 k 段,即得到分割点。每两个相邻分割点之间的对象数均为 n/k。

将表 8-1 中的数据,按等信息量离散化后可得到表 8-3 的结果。

表 8-3　等信息量离散化后的结果

对象	1	2	3	4	5	6	7	8	9	10	11	12
属性	1	1	2	4	3	4	1	4	3	3	2	2

等区间法与等信息量法均适用于完全对象空间,是全局性的;可以独立应用于每个属性,是静态方式的。但是,由于这两种离散化过程没有考虑属性之间的依赖关系,没有考虑决策属性对离散化过程的影响,其离散化处理的结果缺乏质量保障。

对以上方法进行完善的是 Holte 的 1RD(One Rule Discretizer)离散化方法。这种方法采用贪心算法将选定的属性分成多个区间,每个区间至少包含 M 个(用户设定参数)属性值,其绝大多数对象来自一个决策类(按照决策属性对数据集进行划分)。其具体做法是,先通过初始化使得每个区间包含 M 个属性值,然后移动分割点,使主决策类的对象增加,而非主决策类的对象减少,保证区间内对象所属的决策类尽可能地"纯"。

由于离散化在信息加工处理中重要性,新的信息处理方法不断涌现。例如:Nguyen H. Son 与 Skowron A.等人提出了通过对超平面的获取,从而得到 n(属性数)维空间中的区域划分;以及伴随粗糙集(Rough Sets)理论而形成的基于粗糙集方法的离散化方法等。

2)数据的泛化处理

信息加工处理面对的是低层的、具体的数据。其任务是从这些数据中概括出一般规则。对于连续变化的实数型数据可以通过离散化处理将其概括成 n 类(对应于 n 个离散区间),而对于一些名词型属性,其取值本身即是零散的,但由于概念过细,无法产生规则,这时需要对这些属性进行泛化处理。泛化是用以扩展特定假设的语义信息,使之能够包含更多的实例,应用于更多的对象。例如,可以将麻雀、燕子、老鹰等较为细化的动物概念泛化为"飞禽",而将老虎、狮子、野猪等较为细化的动物概念泛化为"走兽"。泛化也是约简信息加工处理空间的一种有效的方法。

以下是一些常用的信息泛化处理方法:

(1)将常量转化为变量规则

对于概念 $F(v)$,如果 v 的某些取值 $a,b,\cdots$,使得 $F(v)$ 成立,则这些概念可以被泛化为:对于 v 的所有取值,$F(v)$ 均成立。用逻辑公式描述其泛化规则为:

$F(a) \wedge F(b) \wedge \cdots \mid<(\forall v)F(v)$,其中"$\mid<$"读作"泛化为"。

(2)消除条件规则

任何合取式可以通过摘除一个联结词加以泛化。一个合取条件可以看成对满足此概念的可能实例集的一个约束。消除一个条件,则该概念被泛化。例如"红色和圆形的是苹果",通过消除条件"圆形"而被泛化为"红色的是苹果"。其可表示为:

159

$$Red(v) \wedge Circle(v) = Apple(v) \mid < Red(v) = Apple(v)$$

（3）添加选项

通过添加更多的条件，使得更多的实例满足概念，而使得该概念泛化。其方式是通过扩展某个特定的概念的取值范围而增加选项。例如，将仅允许为"红"的某种概念增加一个允许为"绿"的选项，使得概念被泛化。其表示为：

$$Red(v) \wedge = Apple(v) \mid < Red(v) \vee Green(v) = Apple(v)$$

（4）将合取转换为析取规则

即通过用析取替代合取实现对一个概念的泛化。此方法与添加选项有类似之处。该规则描述如下：

$$Red(v) \wedge Circle(v) = Apple(v) \mid < Red(v) \vee Circle(v) = Apple(v)$$

（5）闭区间规则

$$L(a) = R \wedge L(b) = R \mid < (\forall x)(x \in [a,b] \rightarrow L(x) = R)$$

此规则表示，如果同一概念的两个描述（两个规则的前提）仅仅是一个线性描述符（L）的取值不同（a,b），则两个描述可以被一个描述替代，描述符的引用为连接这两个值的闭区间$[a,b]$。

以上所有泛化方法得到的只是一个假设，需要使用新的数据来检验，并且泛化的结果并不保证所得到的描述是合理的和有用的。

3）空值数据的估算

在获取到的数据中，空值（Null）也称缺失值，在所有非关键字属性中都可能存在，空值不仅意味着该属性值未知，也意味着该值不可用。导致空值出现的原因有以下几种：

①在信息收集时发生了信息遗漏。这有可能是采集数据时认为不重要而发生的采集遗漏，也有可能是对数据的理解错误而发生的遗漏，还有可能因为数据采集设备的故障、存储设备的故障、传输设备的故障导致的数据丢失。

②某些属性值未知或暂时无法获取。例如，在医疗数据库中，并非所有的病人的所有临床检验结果都能够在给定的时间内得到，形成一部分属性值发生空缺。

③数据模型的限制。比如，在信息收集时最常用的是关系数据模型，而关系数据模型要求同一关系中的每一个对象必须要有相同数目的属性，但现实中某些对象不具有对应的属性，从而出现缺失值。例如，在描述计算机的配置数据表中，属性"声卡类型"对于没有配置声卡的计算机而言是没有对应取值的。

④获取信息的能力限制。比如，获取指定信息需要付出的代价过大，而无法获取所要求的信息；又如，获取信息的实时性要求较高，而无法在给定的时间内获取信息。

空值的存在会给信息的加工处理带来不良影响。首先，系统存在信息的缺失，而所缺失的信息有可能是关键信息，这使得信息所蕴含的系统确定性成分难以把握；其次，包含空值的数据可能使得信息加工处理过程陷于混乱，导致不可靠的输出。因此，对于空值需要通过专门的方法进行推导、填充，以减少信息加工处理的结果与实际应用之间的差距。目前已经存在一些方法处理空值问题。

最简单方法的是从数据集中删除含有空值的实例,从而得到一个不存在空值的数据表。这种方法简单易行,在被删除的数据对象只占总数据量极小的情况下非常有效。但是这种方法也有较大的局限性,它以减少数据量来获取信息的完备性,但极有可能丢弃了隐藏在这些数据中的知识。另外在数据量本来就比较少的情况下,删除少量的数据,就足以影响数据加工处理结果的准确性。

另一种方法就是采用一定的数值去填充空值,从而使数据表完备化。常用的数值填充方法有:

①人工充值。即是由用户或者专家根据自己的经验或知识来填充空值。但是此方法耗时费力,只有在空值不多的情况下可行。

②使用特殊值充值。即将空值作为一种特殊的属性值来处理。比如,所有的空值都用"unknown"填充。

③基于其他属性的取值和分类信息,通过构造规则来预测缺失的属性值,并用预测结果填充空值。比如,采用回归分析的方法,可以基于完整的数据集来建立回归方程,对包含空值的对象,将已知的属性值带入回归方程来估计未知的属性值,并以此估算值来进行填充。

④根据数据集中其他对象在该属性上的取值来进行预测和填充空值。比如,使用其他对象该属性的平均值来填充或者是找到一个与它最相似的对象,然后采用该对象的属性值来进行填充。

⑤应用贝叶斯公式确定空值的概率分布,选择一个最可能的值填充空值或者根据概率分布用不同的值替补空值形成多个对象。

⑥将含有空值的目标数据集转换成一个新的、可能不相容的但是每个属性值均以已知的数据集。

4)数据的标准化(归一化)

数据的标准化(归一化)处理是信息加工处理中的一项基础性工作。为了了解一个事物往往需要采集反映其不同特征、不同状态、不同侧面的信息,这些信息又往往具有不同的量纲或量纲单位,这样的情况会影响信息加工处理的效率和结果,为了消除量纲差异的影响,需要对收集到的原始数据进行标准化处理,以解决数据指标之间的可比性和相互参照性。原始数据经过数据标准化处理后,各指标处于同一数量级,适合进行综合对比评价。归一化有同一、统一的意思,目的是将不同尺度上的评判结果统一到一个相同的尺度上,从而可以进行比较和计算。

数据标准化的方法有很多,我们介绍其中两种最基础和最常用的方法:

(1) Min-Max 标准化(Min-Max Normalization)

Min-Max 标准化也称为离差标准化,是对原始数据进行的线性变换,使结果值映射到[0~1]。转换函数为:

$$x^* = \frac{x - min}{max - min}$$

其中 *max* 为样本数据的最大值,*min* 为样本数据的最小值。这种方法有个缺陷就是当有新数据加入时,可能导致 *max* 和 *min* 的值发生变化,需要重新定义。

（2）Z-score 标准化方法

这种方法给予原始数据的均值（mean）和标准差（standard deviation）进行数据的标准化。经过处理的数据符合标准正态分布,即均值为 0,标准差为 1,转化函数为:

$$x^* = \frac{x - \mu}{\sigma}$$

其中 μ 为所有样本数据的均值,σ 为所有样本数据的标准差。

8.1.3　信息处理的统计学方法

信息处理是通过使用适当的处理方法从目标数据集中抽取满足问题识别和问题理解的有用信息的过程。针对不同的处理目标,支持信息处理的方法很多,如规则归纳、基于案例推理、神经网络、遗传算法、贝叶斯网络、模糊集理论、粗糙集方法、统计分析、数据库技术等。这些方法可以概括为四个大的类别:统计学方法、人工智能方法、数据库技术以及可视化技术。选择什么方法取决于问题本身以及决策者的要求。因此,在实际应用中信息处理往往是多种方法的集成应用。

本节主要介绍信息处理的统计学方法。

1）多元数据的相关分析

多元数据是指含有多个随机变量（对应信息处理中的属性）的一组数据,多元数据的相关分析就是找出随机变量之间的相关关系。

社会经济现象之间存在着大量的相互联系、相互依赖、相互制约的数量关系。这种关系可分为两种类型。一类是函数关系,它反映着现象之间严格的依存关系,也称确定性的依存关系。在这种关系中,对于变量的每一个数值,都有一个或几个确定的值与之对应。

另一类是相关关系,在这种关系中,变量之间存在着不确定、不严格的依存关系,对于变量的某个数值,可以有另一变量的若干数值与之相对应,这若干个数值围绕着它们的平均数呈现出有规律的波动。例如,批量生产的某产品产量与相对应的单位产品成本,某些商品价格的升降与消费者需求的变化,就存在着这样的相关关系。

（1）多元数据的数字特征及相关矩阵

设 $(x_1, x_2, \cdots, x_p)^T$ 是 p 元总体,从中取得样本数据:

$$(x_{11}, x_{12}, \cdots, x_{1p})^T$$
$$(x_{21}, x_{22}, \cdots, x_{2p})^T$$
$$\vdots$$
$$(x_{n1}, x_{n2}, \cdots, x_{np})^T$$

第 i 个观测数据记为:

$$x_i = (x_{n1}, x_{n2}, \cdots, x_{np})^T, i = 1, 2, \cdots, n$$

称为样品,这样可以用矩阵 X 来表示样本数据

$$X = \left[x_1, x_2, \cdots, x_n \right]$$

X 是 $p{\times}n$ 的矩阵,它的 n 个列即是 n 个样品 $x_1, x_2, \cdots, x_n$。观测矩阵 X 的 p 个行分别是 n 个变量 $x_1, x_2, \cdots, x_p$ 在 n 次实验中所取的值,记为:

$$x_{(j)} = (x_{1j}, x_{2j}, \cdots, x_{pj})^{\mathrm{T}}, \; j = 1, 2, \cdots, p$$

因而有:

$$x = \begin{bmatrix} x_{(1)}^{\mathrm{T}} \\ x_{(2)}^{\mathrm{T}} \\ \vdots \\ x_{(p)}^{\mathrm{T}} \end{bmatrix}$$

①第 j 行 $x_{(j)}$ 的均值: $x_j = \dfrac{1}{n} \sum\limits_{i=1}^{n} x_{ij}$, $j = 1, 2, \cdots, p$。

②第 j 行 $x_{(j)}$ 的方差: $s_j^2 = \dfrac{1}{n-1} \sum\limits_{i=1}^{n} (x_{ij} - x_j)^2$, $j = 1, 2, \cdots, p$。

③ $x_{(j)}, x_{(k)}$ 的协方差: $s_{jk} = \dfrac{1}{n-1} \sum\limits_{i=1}^{n} (x_{ij} - \bar{x}_j)(x_{ik} - \bar{x}_k)$。

显然,有 $s_{jk} = x_j^2$, $j = 1, 2, \cdots, p$

称 $\bar{x} = (\bar{x}_1, \bar{x}_2, \cdots, \bar{x}_p)^{\mathrm{T}}$ 是样本数据的均值向量。

称: $S = \begin{bmatrix} s_{11} & s_{12} & \cdots & s_{1p} \\ s_{21} & s_{22} & \cdots & s_{2p} \\ \vdots & \vdots & & \vdots \\ s_{p1} & s_{p2} & \cdots & s_{pp} \end{bmatrix}$ 是样本数据的协方差矩阵。

则有: $S = \dfrac{1}{n-1} \sum\limits_{i=1}^{n} (x_{ij} - \bar{x}_j)(x_{ik} - \bar{x}_k)^{\mathrm{T}}$

均值向量 $\bar{x}$ 与协方差矩阵 S 是 p 元样本数据的重要数字特征。$\bar{x}$ 表示 p 元样本数据的集中位置,而 S 的对角线元素分别是各个变量观测值的方差,非对角线元素则是变量观测值的协方差。

④ $x_{(j)}$ 与 $x_{(k)}$ 的相关系数:

$$r_{jk} = \frac{s_{jk}}{\sqrt{s_{jj}} \sqrt{s_{kk}}}$$

r_{jj} 是无量纲的量,而且总有 $r_{jj} = 1$, $|r_{jj}| \leqslant 1$。

称: $R = \begin{bmatrix} 1 & r_{12} & \cdots & r_{1p} \\ r_{21} & 1 & \cdots & r_{2p} \\ \vdots & \vdots & & \vdots \\ r_{p1} & r_{p2} & \cdots & 1 \end{bmatrix}$ 是观测数据的相关矩阵。

相关矩阵 R 是 p 元观测数据的最重要数字特征,它刻画了变量之间线性联系的密切

程度。R 往往是多元数据分析的出发点。从 S 和 R 的表达式分析,S 和 R 总是"非负定"的,在实际应用中,S 和 R 常常是正定的。

（2）总体的数字特征及相关矩阵

设 p 元总体 $X = (x_1, x_2, \cdots, x_p)^T$。令 $\mu_i = E(x_i)$,$i = 1, 2, \cdots, p$,

则 $\mu = (\mu_1, \mu_2, \cdots, \mu_p)^T$ 称为总体均值向量。

总体的协方差矩阵为:$\sum = E\left[(X-\mu)(X-\mu)^T\right] = (\sigma_{jk})_{p*p}$

其中 $\sigma_{jk} = E\left[(X_j-\mu_j)(X_k-\mu_k)^T\right]$,特别地,当 $j=k$ 时,$\sigma_{jj} = \sigma_j^2$

记:总体的分量 X_j, X_k 的相关系数为:

$$p_{jk} = \frac{\sigma_{jk}}{\sqrt{\sigma_{jj}}\sqrt{\sigma_{kk}}}$$

总有:$p_{jj} = 1$,$|p_{jj}| \leqslant 1$,则总体的相关矩阵为:

$$p = \begin{bmatrix} 1 & p_{12} & \cdots & p_{1p} \\ p_{21} & 1 & \cdots & p_{2p} \\ \vdots & \vdots & & \vdots \\ p_{p1} & p_{p2} & \cdots & 1 \end{bmatrix} = (p_{jk})_{p \times p}$$

协方差矩阵 $\sum$ 和相关矩阵 p 总是"非负定"的。而在多元数据分析中,样本数据的均值向量 $\bar{x}$、协方差矩阵 S 及相关矩阵 R 分别是总体的均值向量 μ、协方差矩阵及相关矩阵的估计,即当 n 充分大时,有 $\mu \approx \bar{x}$,$\sum \approx S$,$p \approx R$。

2）多元数据的聚类分析

聚类分析指将物理或抽象对象的集合分组为由类似的对象组成的多个类的分析过程。聚类与分类的不同在于,聚类所要求划分的类是未知的。

聚类是将数据分类到不同的类或者簇这样的一个过程,所以同一个簇中的对象有很大的相似性,而不同簇间的对象有很大的相异性。

从统计学的观点看,聚类分析是通过数据建模简化数据的一种方法。传统的统计聚类分析方法包括系统聚类法、分解法、加入法、动态聚类法、有序样品聚类、有重叠聚类和模糊聚类等。采用 k-均值、k-中心点等算法的聚类分析工具已被加入许多著名的统计分析软件包中,如 SPSS、SAS 等。

从机器学习的角度讲,簇相当于隐藏模式。聚类是搜索簇的无监督学习过程。与分类不同,无监督学习不依赖预先定义的类或带类标记的训练实例,需要由聚类学习算法自动确定标记,而分类学习的实例或数据对象有类别标记。聚类是观察式学习,而不是示例式的学习。

聚类分析是一种探索性的分析,在分类的过程中,人们不必事先给出一个分类的标准,聚类分析能够从样本数据出发,自动进行分类。聚类分析所使用方法的不同,常常会得到不同的结论。不同研究者对于同一组数据进行聚类分析,所得到的聚类数未必一致。

从实际应用的角度看,聚类分析是数据挖掘的主要任务之一。而且聚类能够作为一个独立的工具获得数据的分布状况,观察每一簇数据的特征,集中对特定的聚簇集合作进一步地分析。聚类分析还可以作为其他算法(如分类和定性归纳算法)的预处理步骤。

(1)样本间的相似性度量

聚类通常按照对象间的相似性进行分组,因此如何描述对象间相似性是聚类的重要问题。数据的类型不同,相似性的含义也不同。例如,对数值型数据而言,两个对象的相似度是指它们在欧氏空间中的互相邻近的程度;而对分类型数据来说,两个对象的相似度是与它们取值相同的属性的个数有关。

设有 n 个对象的多元观测数据:

$$x_i = (x_{i1},x_{i2},\cdots,x_{ip})^T,\ i = 1,\ 2,\cdots,\ n$$

这时每个对象可以看作 p 元空间的一个点,n 个对象组成 p 元空间的 n 个点。于是,可以用各点之间距离来衡量样本之间相似度。设 $d(x_i,x_j)$ 是对象 x_i,x_j 之间的距离,一般要求 $d(x_i,x_j)$ 满足:

①$d(x_i,x_j) \geqslant 0$,且 $d(x_i,x_j)= 0$,当且仅当 $x_i=x_j$;

②$d(x_i,x_j)= d(x_j,x_i)$;

③$d(x_i,x_j) \leqslant d(x_i,x_k)+ d(x_k,x_i)$。

在实际分析中,有时定义的距离并不满足③。以下是在聚类分析中常用的距离:

①欧氏(Euclidean)距离:

$$d(x_i,x_j)= \left[\sum_{k=1}^{p}(x_{ik}-x_{jk})^2\right]^{1/2}$$

②绝对距离:

$$d(x_i,x_j)= \sum_{k=1}^{p}|x_{ik}-x_{jk}|$$

③Minkowski 距离:

$$d(x_i,x_j)= \left[\sum_{k=1}^{p}(x_{ik}-x_{jk})^m\right]^{1/m}(m \geqslant 1)$$

显然,当 $m = 1$ 时就是绝对距离,这时需要对对象数据进行标准化处理,然后用标准化数据计算距离。

④马氏(Mahalanobis)距离:

$$d(x_i,x_j)= \left[(x_i-x_j)^T S^{-1}(x_i-x_j)\right]^{1/m}$$

其中 S 是由样本 $x_1,x_2,\cdots,x_n$ 计算得到的协方差矩阵

$$S = \frac{1}{n-1}\sum_{i=1}^{n}(x_{ij}-\bar{x}_j)(x_{ik}-\bar{x}_k)^T,\text{其中},\bar{x}=\frac{1}{n}\sum_{i=1}^{n}x_i$$

(2)谱系聚类法

聚类一般涉及两个阶段的搜索算法,即先搜索可能的类的个数,再对给定的类,寻找出最佳的聚类结果。但是,类的个数的确定往往非常困难,普遍的做法是采用某种寻优准则,如 AIC 准则、BIC 准则、MDL 准则、MML 准则、熵准则等。

谱系聚类法的目的是根据给定的数据集产生一个层次结构。其基本过程是:开始每个对象各成一类,然后相继将两个最近的类合并为一个新的类,直到所有的对象成为一个总类,从而得到一个按相似性大小聚集而成的一个谱系图。

类间的相似性可以通过类间的距离来衡量。而类间距离有多种定义方式,一般根据用户的应用目标确定,常用的有最短距离、最长距离、类平均距离和重心距离等。

在谱系聚类法里,用 i,j 分别表示对象 x_i,x_j;用 d_{ij} 表示对象 x_1 与 x_2 之间的距离。设 G_P 为一个类,它包含 n_p 个对象 $x_1,x_2,\cdots,x_{n_p}$。则其均值:$\bar{x} = \dfrac{1}{n_p}\sum_{i=1}^{n_p} x_i$ 称为类 G_P 的重心。

于是:

①最短距离:$D_{Pq} = \min\{d_{ij} : i \in G_P, j \in G_q\}$

②最长距离:$D_{Pq} = \max\{d_{ij} : i \in G_P, j \in G_q\}$

③重心距离:$D_{Pq} = d(\bar{x}_p, \bar{x}_q)$

④类平均距离:

$$D_{Pq} = \frac{1}{n_p n_q}\sum_{i \in G}\sum_{j \in G} d_{ij} \quad \text{或} \quad D_{Pq} = \frac{1}{n_p n_q}\sum_{i \in G}\sum_{j \in G} d_{ij}{}^2$$

即用两类中所有两两对象之间的距离或平方距离的评价作为两类之间的距离。

以下是谱系聚类法的基本步骤:

①n 个样本开始时作为 n 个类,计算两两之间的距离,构成一个对称的距离矩阵:

$$\boldsymbol{D}_n = \begin{bmatrix} 0 & d_{12} & \cdots & d_{1n} \\ d_{21} & 0 & \cdots & d_{2n} \\ \vdots & \vdots & & \vdots \\ d_{n1} & d_{n2} & \cdots & 0 \end{bmatrix}$$

此时,类间的距离就是对象间的距离。

②选择 $\boldsymbol{D}_n$ 中的非对角线上的最小元素,设这个最小元素是 D_{pq},这时,$D_p = \{x_q\}$。将 D_p, D_q 合并成一个新的类 $G_r = \{G_p, G_q\}$。并在 D_n 中消去 G_p, G_q 所对应的行和列,并加入由新类 G_r 与剩下的其他未聚合的类间的距离所组成的一行和一列,得到一个新的距离矩阵 D_{n-1},它是一个 $n-1$ 阶方阵。

③从 $D_{i-1}(i=n, n-1, \cdots, 2)$ 出发重复步骤②,运用同样的方法得到 $D_{i-2}, \cdots$ 直到 n 个样本聚为一个大类为止。

谱系聚类法的优点是聚类比较准确,实施过程简单;缺点是不具有良好的可伸缩性,某一步一旦执行就不能更改,不能够修正错误的决策;另外聚类需要循环的次数较多,当对象数据数目较多时计算量较大。

(3)模型聚类法

基于模型的方法(Model-Based Methods)给每一个聚类假定一个模型,然后去寻找能够很好地满足这个模型的数据集。这样一个模型可能是数据点在空间中的密度分布函数。它的一个潜在的假定就是:目标数据集是由一系列的概率分布所决定的。

设：类 C_i 的数据点 x 出现的概率为 π_p，并具有参数为 θ_p 的概率密度函数 $p_i(x,\theta_i)$ $(i=1,2,\cdots,k)$，则这个数据集的每个数据点都有混合密度函数：

$$p(x,\theta_i) = \sum_{i=1}^{k} \pi_i p_i(x,\theta_i)$$

数据集的对数似然函数为：$L(\theta) = \prod_{j=1}^{n} \sum_{i=1}^{k} \pi_i p_i(x,\theta_i)$

通过以上公式，求出参数 θ 和 π_i 的较大似然法估计 $\widehat{\theta_l}$ 和 $\widehat{\pi_l}$，然后，将每个数据点 x_i 划入到使得后验概率成比例的类 C_i，形成最后的聚类结果：

$$C_i = \{x_j : [\widehat{\pi_l} p_i(x_j,\widehat{\theta_l})] \leq \max_{l \neq i} [\widehat{\pi_l} p_i(x_j,\widehat{\theta_l})], i=1,2,\cdots,n\}$$

此方法的优点是，聚类问题可以通过实行有效的统计推断的方法来解决，尤其是即便类的个数未知，也可以利用贝叶斯分析方法对其进行估计，这就提供了一个自动确定类个数的可行途径。通常将类密度 $p_i(x_j,\theta_i)$ 选为多元正态的，其中，θ_i 由均值和协差阵参数构成。

在信息处理中，聚类方法既可以用作一个单独的工具研究数据的结构信息；也可以用于其他算法（如判别分析）的预处理环节。目前，研究的问题主要包括：构建适合用于大数据的有效聚类方法，考察聚类方法的可伸缩性，建立能够处理复杂数据类和高维问题的聚类方法，对数值数据、类型数据和混合数据研究有效的聚类方法等。

3）多元数据的判别分析

判别分析又称"分辨法"，是在分类确定的条件下，根据某一研究对象的各种特征值判别其类型归属问题的一种多变量统计分析方法。

其基本原理是按照一定的判别准则，建立一个或多个判别函数，用研究对象的大量资料确定判别函数中的待定系数，并计算判别指标。据此即可确定某一样本属于何类。

当得到一个新的样品数据，要确定该样品属于已知类型中哪一类，这类问题属于判别分析问题。

（1）判别分析的问题描述

设有 k 个总体 $G_1,G_2,\cdots,G_k$，它们都是 p 元总体，其数量指标是：$X=(X_1,X_2,\cdots,X_p)^{\mathrm{T}}$

设：总体 G_i 的分布函数是 $F_i(x)=(x_1,x_2,\cdots,x_p)$，$i=1,2,\cdots,k$，通常是连续型总体。对于任一新对象 $x=(x_1,x_2,\cdots,x_p)^{\mathrm{T}}$，判别它属于哪一个总体。常见的情况是 $k=2$。

判别分析从训练样本中提取出各总体的信息，构造一定的判别准则，判断新的对象属于哪个总体，并要求判别准则在一定条件下（与目标相关）是最优的。例如，错判的概率最小或者错判的损失率最小等。不同的判别准则形成不同的判别方法，在此，我们介绍其中的两种方法：距离判别法和贝叶斯判别法。

（2）距离判别法

距离判别法是通过计算待测点到各个分类的距离，再根据计算出距离的大小，判别待测点属于那个分类。但是距离的计算是通过马氏距离进行计算的，而不是我们平常几何中用的欧式距离。

在这里,讨论两个总体的距离判断,分别讨论两个总体协方差阵相同和协方差阵不同的情况。

设:总体 X_1 和 X_2 的均值向量分别为 μ_1 和 μ_2,协方差分别为 Σ_1 和 Σ_2,给定一个样本点 x,要判断 x 来自哪一个总体。

其思路为,分别计算样本点离两个样本的中心点的距离,然后比较两个距离的大小,从而判断其分类。具体来看:

①两个总体协方差阵相同。

判别函数为:$w(x) = (x - \overline{\mu})^{\mathrm{T}} \Sigma^{-1}(\mu_1 - \mu_2)$

判别准则为:$R_1 = \{x \mid w(x) \geqslant 0\}$,$R_2 = \{x \mid w(x) < 0\}$

②两个总体协方差阵不同。

判别函数为:

$$w(x) = (x - \mu_2)^{\mathrm{T}} \sum_{2}^{-1} (x - \mu_2) - (x - \mu_1)^{\mathrm{T}} \sum_{1}^{-1} (x - \mu_1)$$

判别准则为:$R_1 = \{x \mid w(x) \geqslant 0\}$,$R_2 = \{x \mid w(x) < 0\}$

(3)朴素贝叶斯判别法

朴素贝叶斯分类判别法是一个简单有效的分类模型。其算法基本原理:假设 d_i 为一任意样本,它的特征为 $(a_1, a_2, \cdots, a_m)$,其中 a_i 表示该样本中出现的第 i 个特征项。预定义的样本类别为 $C = \{c_1, c_2, \cdots, c_k\}$。假设在给定的条件下,特征项之间都是相互独立的,不存在任何依赖关系。则根据 Naive Bayes 算法,样本 d_i 与已知各类的条件概率 $P(c_i \mid d_j)$ 定义为:

$$P(c_i \mid d_j) = \frac{P(c_i) P(a_k \mid c_i)}{P(d_i)}$$

因为 $P(d_i)$ 对计算结果没有影响,所以可以忽略,而得到:

$$P(d_j \mid c_i) = \prod_{k-1}^{m} P(a_k \mid c_i)$$

其中,$P(c_i)$ 和 $P(a_k \mid c_i)$ 可以通过如下的公式来估计:

$$\widehat{P}(C = c_i) = \frac{N_i}{N}$$

$$\widehat{P}(a_k \mid c_i) = (1 + N_{ki}) / \left(m + \sum_{k-1}^{m} N_{ki} \right)$$

式中,N_i 表示类 c_i 中的样本数目,N_{ki} 为特征项 a_k 在 c_i 中出现的频率总数。

对样本 d_j 进行分类,就是按以上公式计算所有样本类在给定 d_j 情况下的概率,概率值最大的那个类就是 d_j 所在的类,即

$$d_j \in c_i \quad \text{if} \quad P(d_j \mid c_i) = \max_{y-1}^{k} [P(d_j \mid c_i)]$$

4) 多元数据的回归分析

所谓回归分析法,是在掌握大量观察数据的基础上,利用数理统计方法建立因变量与自变量之间的回归关系函数表达式(称回归方程式)。回归分析有很广泛的应用,例如实验数据的一般处理、经验公式的求得、因素分析、产品质量的控制、气象及地震预报、自动控制中数学模型的制订等。

回归分析中,当研究的因果关系只涉及因变量和一个自变量时,叫作一元回归分析;当研究的因果关系涉及因变量和两个或两个以上自变量时,叫作多元回归分析。根据自变量的个数,可以是一元回归,也可以是多元回归。此外,回归分析中,又依据描述自变量与因变量之间因果关系的函数表达式是线性的还是非线性的,分为线性回归分析和非线性回归分析。根据所研究问题的性质,可以是线性回归,也可以是非线性回归。通常线性回归分析法是最基本的分析方法,遇到非线性回归问题可以借助数学手段化为线性回归问题处理。回归分析法预测是利用回归分析方法,根据一个或一组自变量的变动情况预测与其有相关关系的某随机变量的未来值。进行回归分析需要建立描述变量间相关关系的回归方程。

多元回归分析是研究多个变量之间关系的回归分析方法,按因变量和自变量的数量对应关系可划分为一个因变量对多个自变量的回归分析(简称"一对多"回归分析)及多个因变量对多个自变量的回归分析(简称"多对多"回归分析)。

(1) 线性回归模型

①线性回归模型及其矩阵表示。

设:Y 是一个可观测的随机变量,其受到 $p-1$ 个非随机因素 $X_1, X_2, \cdots, X_{p-1}$ 和随机误差的影响,则称:

$$Y = f(X_1, X_2, \cdots, X_{p-1}) + \varepsilon$$

为回归模型,其中 ε 是均值为零、方差 $\sigma^2 > 0$ 的不可观测的随机变量,称为误差项。若 $f(X_1, X_2, \cdots, X_{p-1})$ 是 $X_1, X_2, \cdots, X_{p-1}$ 的线性表示形式,即

$$Y = \beta_0 + \beta_1 X_1 + \beta_2 X_2 + \cdots + \beta_{p-1} X_{p-1} + \varepsilon$$

则此回归模型称为线性回归模型,线性回归模型是应用最为广泛的回归模型。在上述模型中,$\beta_1, \beta_2, \cdots, \beta_{p-1}$ 为未知参量,为了确定这些参量,可以进行 $n(n \geq p)$ 次独立观测,获得 n 组样本数据

$$(x_{i1}, x_{i2}, \cdots, x_{ip-1}, y_i), \ i = 1, 2, \cdots, n$$

记为:
$$Y = [y_1, y_2, \cdots, y_n]^{\mathrm{T}}$$

$$X = \begin{bmatrix} 1 & x_{11} & \cdots & x_{1p-1} \\ 1 & x_{21} & \cdots & x_{2p-1} \\ \vdots & \vdots & & \vdots \\ 1 & x_{n1} & \cdots & x_{np-1} \end{bmatrix}, \ \beta = \begin{bmatrix} \beta_1 \\ \beta_2 \\ \vdots \\ \beta_{p-1} \end{bmatrix}, \ \varepsilon = \begin{bmatrix} \varepsilon_1 \\ \varepsilon_2 \\ \vdots \\ \varepsilon_n \end{bmatrix}$$

其中:$\varepsilon_1, \varepsilon_2, \cdots, \varepsilon_n$ 相互独立且服从 $N(0, \sigma^2)$ 分布,则线性回归模型可以写成如下矩阵形式:

$$Y = X\beta + \varepsilon$$

②β 的最小二乘估计。

如果 Y 与 $X_1, X_2, \cdots, X_{p-1}$ 满足线性回归模型,则 ε 应该是比较小的,因此选择 β 使得误差项的平方和:

$$S(B) = \sum_{i=1}^{n} \varepsilon_i^2 = (Y - X\beta)^{\mathrm{T}}(Y - X\beta) = \sum_{i=1}^{n}(y_1 - \sum_{i=1}^{n} x_{ij}\beta_j)^2$$

达到最小。为此,分别对 $\beta_0, \beta_1, \beta_2, \cdots, \beta_{p-1}$ 求偏导,并令其等于 0,得到 $\sum_{i=1}^{n} y_i x_{ik} =$

$\sum_{i=1}^{n} \sum_{j=0}^{p-1} x_{ij} x_{ik}\beta_j = \sum_{j=0}^{p-1}(\sum_{i=1}^{n} x_{ij} x_{ik})\beta_j$。

上式写成矩阵形式有:$X^{\mathrm{T}}X\beta = X^{\mathrm{T}}Y$,此方程称为正规方程。

若 X 是列满秩的,即 $\mathrm{rank}(X^{\mathrm{T}}X) = \mathrm{rank}(X) = p$,则 $(X^{\mathrm{T}}X)^{-1}$ 存在。解正规方程可得到的最小二乘估计为:

$$\widehat{\beta} = (X^{\mathrm{T}}X)^{-1}X^{\mathrm{T}}Y$$

这时可将线性回归模型近似表示为:

$$Y = X\widehat{\beta}$$

此方程称为线性回归方程。利用它,可由自变量 $X_1, X_2, \cdots, X_{p-1}$ 的观测值求出因变量 Y 的估计值。记为:

$$\widehat{Y} = (\widehat{y_1}, \widehat{y_2}, \cdots, \widehat{y_n})^{\mathrm{T}} = X\widehat{\beta}$$

称:$e = Y - \widehat{Y} = Y - X\widehat{\beta} = [I - X(X^{\mathrm{T}}X)^{-1}X^{\mathrm{T}}]Y = (I-H)Y$ 为残差向量,其中 $H = X(X^{\mathrm{T}}X)^{-1}X^{\mathrm{T}}$ 为 n 阶对称幂等矩阵 I 为 n 阶单位矩阵。称:$e^{\mathrm{T}}e = Y^{\mathrm{T}}(I-H)Y = Y^{\mathrm{T}}Y - \widehat{\beta}^{\mathrm{T}}X^{\mathrm{T}}Y$ 为残差平方和。

由于 $E(Y) = X\widehat{\beta}$ 且 $(I-H)X = 0$,则

$$e^{\mathrm{T}}e = [Y - E(Y)]^{\mathrm{T}}(I-H)[Y - E(Y)]$$

利用矩阵的迹可以证明:

$$\sigma^2 = \frac{1}{n-p}e^{\mathrm{T}}e$$

(2)回归方法的选取

在现实应用中,许多问题往往涉及大量的自变量,当确定选用线性回归模型后,一个重要的问题就是自变量的选取问题。因为在回归分析中,一方面为了获得更为完备的信息,总是希望模型中尽可能地包含更多的自变量;而另一方面,考虑到过多的自变量所带来的计算困难、观测困难和解释困难,又希望回归方程中包含尽可能少但却是重要的自变量。为了解决这一矛盾,可以按照一定的准则选取对因变量影响较为显著的自变量建立一个既合理又方便计算的回归模型,这就是回归方程的选取问题。

①穷举法。

穷举法就是从所有可能的回归方程中按照一定的原则选取最优的一个或者几个。设 $x_1, x_2, \cdots, x_M$ 是所有 M 个自变量,以所给的这些自变量和因变量的观测数据为基础,对任何 $p(1 \leqslant p \leqslant M+1)$ 拟合包含所有 $p-1$ 个自变量的所有可能的线性回归模型共有 C_M^{p-1}

个,这样对于一切 $p(1 \leqslant p \leqslant M+1)$ 就需要拟合 $\sum\limits_{p=1}^{M+1} C_M^{p-1} = 2^M$ 个线性回归模型,再按照一定的准则从中选取最优的或者比较优的模型。选取的准则有很多,如复相关系数准则、C_p 准则以及预报平方和准则等。

以下介绍其中的预报平方和准则:

对于给定的某 $p-1$ 个自变量,如 $x_1,x_2,\cdots,x_{p-1}$,在数据中删除第 i 组观测值 $x_{i1},x_{i2},\cdots,x_{ip-1},y_i$ 后,利用这 $p-1$ 个自变量及 Y 的其余 $n-1$ 组观测值拟合线性回归模型,并利用拟合的回归方程对 y_i 作预报,若记此预报值为 $\widehat{y_i}$,则预报误差为:

$$d_i = y_i - \widehat{y_i}$$

依次取 $i=1,2,\cdots,n$,则得到 n 个预报误差 $d_1,d_2,\cdots,d_n$。如果包含这 $p-1$ 个自变量的回归模型对所给数据拟合较好,则 $d_i(i=1,2,\cdots,n)$ 的绝对值比较小。令:

$$PRESS_p = \sum_{i=1}^{n} d_i^2 = \sum_{i=1}^{n} (y_i - \widehat{y_i})^2$$

则选取使得 $PRESS_p$ 达到最小或接近最小的回归方程为最优回归方程。

实际上,d_i 的计算结果可以由下式完成:

$$d_i = \frac{e_i}{1 - h_{ii}}, i = 1,2,\cdots,n$$

其中,e_i 是用全部 n 组数据拟合包含指定的 $p-1$ 个自变量的线性回归模型而得到的第 i 个残差,即:

$$e_i = y_i - \widehat{y_i}$$

h_{ii} 是矩阵 H 的主对角线上的第 i 个元素,因此,对于指定的 $p-1$ 个自变量,只需拟合一个回归模型即可求得所有的 d_i,得到:

$$PRESS_p = \sum_{i=1}^{n} \left(\frac{e_i}{1 - h_{ii}} \right)^2$$

这样就得到了用 $PRESS_p$ 选择最优回归方程的准则:对于所有的 2^M 个回归方程,分别计算其 $PRESS_p$ 值,选取其达到或者接近最小的回归方程为最优方程。

②逐步回归法。

穷举法属于 NP 问题的求解,计算难度较大,可以借助于启发式的逐步回归方法加以解决。所谓启发式,是从某一起点开始,按照一定的启发式规则搜索路径,并逐步获得一个"最优"的回归方程。其基本步骤是:依次拟合一系列回归方程,后一个方程是在前一个方程的基础上增加或减少一个自变量,自变量的增加或减少依赖于某个给定的准则,该准则能够最大限度地反映自变量变化对因变量的影响,即确定自变量对因变量的重要程度。

设模型中已有 $l-1$ 个自变量,记此自变量的集合为 A,从模型中移去一个自变量或者增加一个新的自变量 x_k 时,其残差平方和的变化为:

$$F = (SSE(A) - SSE(A + x_k)) / \left[(SSE(A + x_k) - SSE(A)) / \left(\frac{SSE(A)}{n - (l - 1)} \right) \right]$$

上式为增加一个自变量 x_k 时的情况；

$$F = (SSE(A + x_k) - SSE(A)) / \left[(SSE(A + x_k) - SSE(A)) / \left(\frac{SSE(A)}{n - (l - 1)} \right) \right]$$

上式为减少一个已有自变量 x_k 的情况。

其中 $SSE(A)$ 表示含有 A 个自变量的回归模型的残差平方和，即：

$$SSA(A) = \sum_{i=1}^{n} \left[y_i - \widehat{y}_i(A) \right]^2$$

称 F 为偏 F 检验计量。偏 F 检验计量反映了自变量的变化对因变量的影响程度，可以作为逐步回归法的启发变量，当增加一个自变量使得 F 值很大时，表明误差平方和显著减小，则此自变量对因变量的影响是显著的，应该将该自变量加入模型，否则则不加入；当删除一个自变量使得 F 很小时，表明误差平方和没有明显增加，则此自变量对于因变量的影响不显著，可以将该自变量从模型中删除，否则仍然应该保留。对 F 值是否显著的衡量一般由经验给定一个阈值 $\boldsymbol{\alpha}$。

下面给出逐步回归法的算法：

①对每一个 $x_k(1 \leq k \leq M)$，拟合仅包含 x_k 的回归模型，对于每个 k 计算偏 F 检验计量，并求出最大 F_{max}，若 $F_{max} > \boldsymbol{\alpha}$，则将其对应的自变量加入模型；否则，算法结束。这时认为所有的自变量对因变量的影响均不显著。

②若模型包含的自变量集合为 A，则逐一将剩余的自变量逐个加入到 A 中构造新的模型，计算偏 F 检验计量，并求出最大 F_{max}，若 $F_{max} < \boldsymbol{\alpha}$，则将其对应的自变量加入模型。

③若模型包含的自变量集合为 A，则逐个删除最后一次加入到 A 中的自变量构造新的模型，计算偏 F 检验计量，并求出最小 F_{min}，若 $F_{min} < \boldsymbol{\alpha}$，则将其对应的自变量删除。

重复②③两步，直到没有自变量能够加入模型，同时已经在模型中的自变量均不能够被删除，选择过程结束，所形成的最终模型即为最优的。

（3）Logistic 回归模型

在实际应用中，人们常常需要解决的一类问题是，某一随机事件 A 发生的概率与某些因素间的关系，如未来 24 小时降雨的概率与某些气象因素的关系，产品次品率与原材料质量和加工因素之间的关系等，Logistic 回归模型即是描述和分析这类问题的统计分析方法。

设 $x = (x_1, x_2, \cdots, x_{p-1})^{\mathrm{T}}$ 是影响某事件 A 发生的概率的因素向量，以 $\pi(x)$ 表示相应的概率，若 $\pi(x)$ 与 x 存在某种依赖关系，则可用下列函数关系进行描述：

$$\pi(x) = f(x_1, x_2, \cdots, x_{p-1})$$

由于 $\pi(x)$ 的取值在 0 到 1 之间，必须对 $f(x_1, x_2, \cdots, x_{p-1})$ 进行约束，使其取值也在 0 到 1 之间，或者等价地对 $\pi(x)$ 加以变换，使得 $\pi(x)$ 在 0 到 1 之间变化时该函数的值域为 $(-\infty, +\infty)$，这样可以取 $f(x_1, x_2, \cdots, x_{p-1})$ 为线性函数、多项式函数等常用函数，通常对 $\pi(x)$ 采用如下形式变换：

$$L(\pi(x)) = \ln \frac{\pi(x)}{1 - \pi(x)}$$

这时 $L(\pi(x))$ 的值域为 $(-\infty, +\infty)$，令：

$$L(\pi(x)) = f(x_1, x_2, \cdots, x_{p-1})$$

则：

$$L(\pi(x)) = \frac{\exp(f(x_1, x_2, \cdots, x_{p-1}))}{1 + \exp(f(x_1, x_2, \cdots, x_{p-1}))}$$

此即 Logistic 回归模型。在实际应用中，$f(x_1, x_2, \cdots, x_{p-1})$ 的选择非常灵活，但应用最广泛的一种形式是取 $x_1, x_2, \cdots, x_{p-1}$ 的线性函数，即：

$$f(x_1, x_2, \cdots, x_{p-1}) = \beta_0 + \beta_1 x_1 + \cdots + \beta_{p-1} x_{p-1} = \beta_0 + \sum_{k=1}^{p-1} \beta_k x_k$$

这时有

$$\pi(x) = \exp\left(\beta_0 + \sum_{k=1}^{p-1} \beta_k x_k\right) \bigg/ \left(1 + \exp\left(\beta_0 + \sum_{k=1}^{p-1} \beta_k x_k\right)\right)$$

这就是线性 Logistic 回归模型，简称 Logistic 模型。

8.1.4　信息处理的机器学习方法

机器学习（Machine Learning, ML）是近年来兴起的一门多领域交叉学科，涉及概率论、统计学、逼近论、凸分析、算法复杂度理论等多门学科，是人工智能的一个重要分支。其任务是通过模拟人类的学习行为，研究客观世界和获取知识与技能的一些基本方法（如归纳、泛化、特化、类比等），并借助于计算机科学与技术建立各种学习模型，从而提高计算机的智能和学习能力。

机器学习在数据挖掘、计算机视觉、自然语言处理、生物特征识别、搜索引擎、医学诊断、检测信用卡欺诈、证券市场分析、DNA 序列测序、语言与手写识别、战略游戏与机器人运用等领域有着十分广泛的应用。它无疑是当前数据分析领域的一个热点内容。

机器学习的方法是多种多样的，有使用离散、逻辑知识表示的归纳学习，有使用数值、连续知识表示的连接学习（人工神经网络），有两种知识相互融合的遗传学习等。

机器学习在获取知识的过程中所使用的方法主要是归纳法和演绎法。归纳法主要基于所获得的观察数据来形成一般性知识，其特点在于所产生的知识是既有知识库中所没有的；而演绎法则是通过知识库中已有的知识来形成新知识，如基于解释的学习是利用已有的知识来解释新的事件，然后简化该解释并加入知识库，形成新的知识。

以下我们以机器学习中最典型、最常用的决策树学习方法为例来介绍机器学习。

决策树方法是应用最为广泛的归纳学习方法，特别是在专家系统、工业控制工程、金融保险预测以及医疗诊断等领域。

所谓决策树（Decision Tree）是一个类似结构图的树型结构，其中树的每一个节点对于一个特征（属性）变量值的检验，每个分支表示检验结果，"树枝"上的叶节点代表所关心的因变量取值，最顶端的节点称为根节点，内节点由矩形框表示，叶节点由椭圆形框表示。从根节点到每个叶节点都有唯一的一条路径，这条路径就是一条分类"规则"。如果每个内节点都恰好有两个分支，则这样的决策树称为"二叉树"；类似地可定义多叉树。

在所有决策树中,二叉树最为常用。表8-4是一个样本数据集。

表8-4   决策样本数据集

年龄	病情	手术	心血管	类别	年龄	病情	手术	心血管	类别
中年	急	否	心悸	A	老年	危	否	心律不齐	A
中年	急	是	心绞痛	A	老年	危	否	心悸	B
中年	急	否	心律不齐	A	老年	危	是	心律不齐	B
中年	急	是	心律不齐	B	高龄	危	否	心绞痛	A
老年	急	是	心悸	A	高龄	急	否	心绞痛	A
老年	危	是	心绞痛	A	高龄	危	否	心悸	B
老年	急	否	心律不齐	A	高龄	危	是	心悸	B

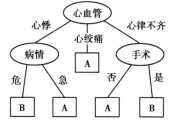

图 8-3   决策树表示

其对应的决策树可以用图8-3描述。

可以看出,决策树中的每一个非叶子节点存储的是用于分类的特征,其分支代表这个特征在某个值上的输出,而每个叶子节点存储的就是最终的类别信息。

简而言之,利用决策树进行机器学习的过程就是从根节点开始,根据样本的特征属性选择不同的分支,直到到达叶子节点,得出学习结果的过程。

1)决策树的构造

构造决策树就是根据现有样本数据生成一个树结构。构造决策树可以按照以下步骤完成。

①形成初始状态,即获得一个训练集和一个空的决策树;

②对当前节点应用该节点的测试将其划分;

③如果所有的当前节点的训练样本属于同一个类别,则创建一个带有该类标签的叶节点并停止;

④使用最优测量计算每一个集合的每一个可能的划分;

⑤选择最优划分作为当前节点的测试,创建与该划分的不同输出数具有同样数目的子节点;

⑥使用该划分的输出标注父节点和子节点之间的边,并使用该划分将训练数据划分到子节点中;

⑦将子节点作为当前节点,重复步骤③—⑥,直到不存在可以划分的节点为止。

2）两种常见的决策树生成算法

（1）概念学习系统（CLS）

概念学习系统（CLS）从一个空的决策树开始，逐步增加节点，直到决策树正确的分类全部样本，其具体算法步骤如下：

①生产根节点 T，T 包含所有的训练样本；

②如果 T 中的所有样本都是正例，则产生一个标注有"Yes"的节点作为 T 的子节点，并结束；

③如果 T 中的所有样本都是反例，则产生一个标注有"No"的节点作为 T 的子节点，并结束；

④选择一个属性 A，根据该属性的不同取值 $v_1,v_2,\cdots,v_n$，将 T 中的训练集划分为 n 个子集，并根据这个子集建立 T 的 n 个子节点：$T_1,T_2,\cdots,T_n$，并分别以 $A=v_i$ 作为从 T 到 T_i 的分支符号；

⑤以每个子节点 T_i 为根，建立新的子树。

该算法的缺点是抗干扰性能差，噪声数据将使得所构建的决策树难以反映数据的内在规律，易受到无关属性的干扰并受到属性选择秩序的影响。

（2）ID3 算法

ID3 算法对 CLS 的改进，主要体现在两个方面：

①增加了窗口技术；

②使用信息增益的方法来优选节点上的测试属性。

在 ID3 算法中，对于训练集比较大的情形，可以选择某个子集（称为窗口）来构造决策树，如果该决策树对训练集中的其他样本的判决效果不理想，则扩大窗口，选择不能够被正确判别的训练样本加入到窗口中，再建立一颗新的决策树，重复这个过程直到得到最终的决策树。显然，不同的初始窗口将会产生不同的决策树。

信息增益是 ID3 算法的核心。设 $(x_1,x_2,\cdots,x_p)^T$ 是 p 元总体，从中取得样本数据

$$X=[x_1,x_2,\cdots,x_n]$$

其中，$x_i=(x_{i1},x_{i2},\cdots,x_{ip})^T,i=1,2,\cdots,n$。分别称 X 的两个训练子集 PX 和 NX 为"正例集"和"反例集"，并记正例集和反例集的大小分别为 p 和 n，则预报空间的信息熵为：

$$I(p,n)=-\frac{p}{p+n}\log\left(\frac{p}{p+n}\right)-\frac{n}{p+n}\log\left(\frac{n}{p+n}\right)$$

假设以随机变量 X_i 作为决策树根的测试属性，X_i 具有 k 个不同的离散值 $v_1,v_2,\cdots,v_k$，它将 X 划分为 k 个子集，且假设第 j 个子集包含 p_j 个正例、n_j 个反例，则该子集的信息熵为 $I(p_j,n_j)$，以 X_i 为测试属性的期望信息熵为：

$$E(X_i)=\sum_{j=1}^{k}\left(\frac{p_j}{p_j+n_j}+I(p_j,n_j)\right)$$

因此，以 X_i 为根节点的信息增益是：

$$Gain(X_i)=I(p_j,n_j)-E(X_i)$$

ID3 的属性选择策略就是选择信息增益最大的属性作为测试属性。

在实际应用中，ID3 的信息增益函数存在以下问题：测试属性的分支越多，信息增益值越大，但输出分支多并不表示该测试属性对于未知的对象具有更好的预测效果。因而，人们采用信息增益率作为选择测试属性的依据。信息增益率定义为：

$$Gainratio(X_i) = \frac{Gain(X_i)}{Spliti(X_i)}$$

其中：

$$Spliti(X_i) = -\sum_{j=1}^{k}\left(\frac{p_j}{m}\log\left(\frac{p_j}{m}\right)\right)$$

由上述算法得到的决策树往往生长得太大，决策树算法会不断地重复特征的划分过程，或者由于噪声数据的存在，有时候会使得决策树分支过多，造成过拟合的情况，即对训练数据的分类很准确，但是对未知的测试数据的分类却没那么准确，导致决策树的可理解性和可用性降低。为了防止训练过度并减少训练时间，就需要建立能够使得决策树在适当的时间停止生长的办法。

常用的办法有两种。一种是增加限制条件，如限制决策树的最大高度（层数）或者限制每个节点所含数据的最小个数等；另一种是对决策树进行剪枝，即通过剪去不可靠的分枝，改进预测能力和分类速度。剪枝一般有"预剪枝"和"后剪枝"两种策略。

所谓预剪枝，即在决策树生成过程中，对当前节点的划分结果进行测试和评价，以决定该节点是否有继续分枝的必要。如果该划分不能带来决策树泛化能力（即处理未见过示例的能力）的提升，则该节点不用再生产新的分枝，将当前结点标记为叶节点。

而后剪枝则是先让决策树充分地生长，生成一棵完整的决策树，然后自底向上地对树中的内节点（非叶节点）进行评价，如果剪掉该节点以下的分枝可以使得泛化性能提升，则将该分枝所构成的子树替换为叶节点。

预剪枝可能过早地终止决策树的生长，后剪枝一般能够产生更好的效果。但后剪枝在子树被剪掉后，决策树生长的一部分计算就被浪费了。目前剪枝的算法有很多，这里简单介绍一个剪枝算法。首先明确，我们剪枝的目的是为了减小过拟合带来的不良影响，降低决策树模型的复杂度，但是同时也要保证其对于训练数据有较好的分类效果。因此，定义一个损失函数，如下：

$$X_\alpha(T) = C(T) + \alpha\,|\,T\,|$$

其中，$\alpha \geq 0$ 为参数，$C(T)$ 表示模型对于训练数据的预测误差，我们先不必关心 $C(T)$ 的具体公式，理解其含义就行。$|T|$ 表示叶节点的个数，可用于表示模型的复杂度。可以看出，参数 α 控制着模型复杂度和对训练数据拟合程度两者之间的影响。较大的 α 促使我们选择一个较简单的树，而较小的 α 则偏向于对训练数据有更好的拟合效果。

因此可以利用上面的损失函数进行剪枝操作，这样得到的决策树既考虑到对训练数据的拟合，又增强了泛化能力。

其他一些剪枝算法有的借助验证集实现，也有算法通过设置信息增益的阈值来作为剪枝判断标准，具体的算法过程及其程序实现可以参考相关文献。

8.1.5　模糊信息的处理方法

模糊信息即不确定信息。在管理决策与控制中经常要面对不确定性信息。不确定性来自人类主观认识与客观实际之间存在的差异。事物发生的随机性,人类知识的不完全、不可靠、不精确和不一致以及自然语言中存在的模糊性和歧义性都反映了这种差异,都会带来不确定性。提高处理不确定信息的能力,对于决策的科学制订和控制的有效实施具有重要意义。

以下介绍几种有效处理模糊信息的方法。

1) 模糊集方法

模糊集(Fuzzy Sets)是表示和处理不确定性信息的一种数学方法。它能够有效处理不完全、含噪声或不精确的数据,提供稳健、抗噪声的模型应对不精确数据的处理。

基于规则的分类系统(如上面介绍的决策树方法)在处理连续性数据时总是需要对其进行确切分割以达到离散化的目的。但是,在实施数据离散化分割时往往存在争议。比如,对于"年龄"这一属性的分类值,常常有"幼儿、儿童、少年、青年、中年、老年"之分,然而究竟什么年龄段的人属于哪个分类是具有模糊性的。

模糊理论(Fuzzy Logic)以模糊集合为基础,其基本精神是接受模糊性现象存在的事实,而以处理概念模糊不确定的事物为其研究目标,并将其严密地量化成计算机可以处理的信息,不主张用繁杂的数学分析模型来解决。该理论认为,任何类型的对象的属性值都可以用隶属函数进行描述,若属性 a_i 是离散的,则用 $a_i(x_j)$ 标识对象 x_j 的属性值;若属性 a_i 是连续的,则用隶属函数 $\mu a_i(a_i(x_j))$ 标识对象 x_j 属于某类(由属性)的隶属度。例如,设 a_i 表示属性"年龄",当 a_i 的值域是离散的而且为{幼儿、儿童、少年、青年、中年、老年}时,某对象是否属于中年由属性 a_i 的值完全确定,此时只有当 $a_i(x_j)=$ "中年"时,隶属度为 1,其余为 0;当 a_i 的值域是连续区间(0,120)时,若中年的概念是精确定义在[40,50]年龄段,则隶属函数是分段函数:

$$\mu \text{ 中年}(a_i(x_j)) = \begin{cases} 1 & a_i(x_j) \in A[40,50] \\ 0 & \text{其他} \end{cases}$$

若中年的概念是模糊的,如大约 45 岁,则隶属函数可能是某种正态分布。

模糊集方法可以用于信息处理中的分类任务,为分类问题提供了更为灵活、合理的解决方案。通常的做法是基于规则的分类系统中,将特征(属性)值转换成模糊值。例如将特征"年龄"的连续值映射成离散的类型值{幼儿、儿童、少年、青年、中年、老年},并给出模糊隶属的计算方法。

模糊集方法还可以运用于聚类分析中,典型的是"模糊 C-均值聚类法"。这种方法将数据集分成 C 个模糊类,通过求出度量不相似性指标的极小值,找出每个类的聚类中心,进而产生数据的聚类结果。由于每个数据点是根据取值于[0,1]的隶属度来确定所属类别的,不同于那些非此即彼的确定方法,具有更多的灵活性,因而也被称为"软(Soft)聚类"。

设 u_{ij} 是数据点 x_i 隶属第 j 个模糊类的隶属度, z_j 是第 j 个模糊类中心,则:

$$\sum_{j=1}^{c} u_{ij} = 1, \ 0 \leqslant u_{ij} \leqslant 1, i = 1, 2, \cdots, n$$

模糊聚类的目标函数为:

$$J(U; z_1, \cdots, z_c) = \sum_{j=1}^{n} \sum_{j=1}^{c} (u_{ij})^m \| x_i - u_{ij} \|^2 \qquad (8.2.1)$$

其中, $m \geqslant 1$ 是一个可供选择的加权指数, $U = (u_{ij})_{n \times c}$ 是隶属矩阵,则目标函数极小化的必要条件为:

$$z_j = \left[\sum_{j=1}^{c} u_{ij}^{m} \right]^{-1} \sum_{j=1}^{c} u_{ij}^{m} x_i \qquad (8.2.1)$$

$$u_{ij} = \left[\sum_{j=1}^{c} \left(\frac{\| x_i - z_i \|}{\| x_i - z_k \|} \right)^{1/(m-1)} \right]^{-1} \qquad (8.2.3)$$

于是,有以下步骤:

①随机初始化隶属矩阵 U。

②用式(8.2.2)得到 c 个模糊聚类中心 $z_i, i = 1, 2, \cdots, n$。

③若式(8.2.1)的值小于某个阈值或其改变量小于某个阈值,则算法停止;否则,用式(8.2.3)重新计算矩阵 U,并回到步骤①。

④最后,由式(8.2.3)求出所有数据点的模糊隶属度,将每个数据点划分到具有最大隶属度的相应类别中,得到模糊聚类结果。

模糊集方法已经在包括经济、金融和保险业在内的许多领域得到广泛应用,也可以用于回归问题产生的所谓"模糊回归法",还可以与决策树方法结合产生模糊决策树。

2)粗糙集方法

模糊集方法处理的是概念(如中年)模糊而导致的对象分类模糊,而不是"年龄"属性的不准确值所引起的分类模糊。粗糙集方法所处理的是精确概念属性值模糊引起的分类模糊。

粗糙集理论(Rough Sets Theory, RST)由波兰华沙理工大学的 Pawlak 教授首次提出,并于 1991 年出版第一本关于粗糙集的专著,接着 1992 年 Slowinski 主编的论文集的出版,推动了国际上对粗糙集理论与应用的深入研究。

粗糙集理论的提出为处理模糊性或不确定性问题提供了一种新型的数据工具,是对其他处理不确定性问题理论如概率论、证据理论、模糊集理论等的有效补充,它不仅能够解决传统数据分析方法不能够解决不确定数据的加工处理问题,得到传统方法所不能得到的较高精度的规则,而且能够有效发现属性之间的依赖关系,并对分析结果提供简明易懂的解释。

粗糙集理论的基本思想可以概括为:

①知识是主体对问题域中的客体进行分类的能力,分类能力越强,主体所特有的知识的可靠性越高。

②分类能力受主体分辨能力的影响,因此分类具有相似性。

③影响分类能力的因素(在信息处理中往往描述为属性)很多,不同的因素具有不同的重要程度,其中某些因素起决定性作用。

④具有相同属性的实体,属性取值的不同将影响分类能力。

⑤属性之间存在某种依赖关系。

粗糙集方法具有许多重要的优点。比如:可以不依靠任何专业知识发现数据中隐藏的规律;在进行数据简约时能够有效地发现最小数据集;从数据中产生最小决策规则;易于理解并且对结果提供简明易懂的解释。

粗糙集方法在数据分析中能够解决的问题包括:

①根据对象的属性值表征对象集;

②分析并发现属性间的(完全或部分)依赖关系;

③实现冗余属性(数据)的简化;

④发现最重要的属性;

⑤生成决策规则。

那么粗糙集方法是如何解决问题的呢。

(1)基本原理

粗糙集理论体系建立在这样的假设基础之上:对于所讨论的论域(Universe)中的每一个对象,都能够联想到一些信息(数据、知识)。例如,假设对象是患有某种疾病的患者,则疾病的特征形成了有关该患者的信息。由相同信息所标识的对象是不可分辨的,所有不可分辨的关系构成了粗糙集方法的数学基础。

所有不可分辨的对象构成的集合称为初等集合——分类。任何能够由初等集合的"并"所形成的集合称为精确集,否则称为粗糙集。假设某个粗糙集 X 可以用两个与之相关的精确集近似表示,即用 X 的上近似(Uper Approximation)和下近似(Lower Approximation)表示。

其中,下近似由所有包含于 X 的初等集合的"并"组成、上近似由与 X 的交为非空的初等集合的"并"组成。也就是说,X 的下近似中的元素一定属于 X,而上近似中的元素可能属于 X。

上近似与下近似的差为边界域,粗糙集的边界域为非空,否则为精确集。边界域中的元素根据可用知识没有确定的分类,即它既不能划分到 X 中,也不能划分到补集中。图 8-4 描述了粗糙集模型。近似集是粗糙集方法中的两个最基本的运算。

表 8-5 是一个疾病治疗情况信息表。其中 T1、T2 表示治疗某种疾病采用的可能方法,Yes 为采用、No 为不采用;T3 表示某种用药方案及用药量,High 为加大剂量用药、Normal 为正常剂量用药,Low 为降低剂量用药;E 表示治疗效果。

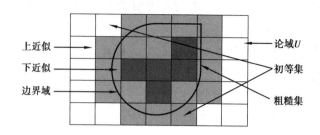

图 8-4　粗糙集模型图

表 8-5　治疗情况信息表

U	T1	T2	T3	E
P1	No	Yes	Normal	Yes
P2	Yes	No	Normal	Yes
P3	Yes	Yes	High	Yes
P4	No	Yes	Low	No
P5	Yes	No	Normal	No
P6	No	Yes	High	Yes

表中,患者 P1、P2 和 P5 对于属性 T1 是不可分辨的、患者 P3 和 P6 对于属性 T2 和 E 是不可分辨的、患者 P2 和 P5 对于属性 T1、T2 和 T3 是不可分辨的。因此,对于不同的属性子集可以获得不同的初等集合。如,属性 T1 产生两个初等集合{P2、P3、P5}和{P1、P4、P6};而属性 T2 和 T1 产生以下初等集合{P1、P4、P6}、{P2、P5}、{P6}等。

患者 P2 有疗效而 P5 没有,但是根据属性 T1、T2 和 T3,他们是不可分辨的,因而 P2、P5 方案组合是否有效不能根据属性 T1、T2 和 T3 来确认。因此,P2、P5 属于边界域内的案例,根据可用的知识,无法对其正确分类,就是说,采用与 P2、P5 相同的治疗方案,有的患者能够治好,有的患者不能够治好。在其余的患者中,P1、P3 和 P6 所采用的治疗方案确定能够治愈,而 P4 的方案确定无效。

根据以上分析,本案例中的患者根据 T1、T2 和 T3 三个属性可以分为 5 类:即{P1}、{P3}、{P6}、{P2、P5}、{P4}。因此,能够治愈的患者集合{P1、P2、P3、P6}的下近似是{P1、P3、P6};上近似是{P1、P2、P3、P5、P6},边界域为{P2、P5}。与之相同,不能够治愈的患者集合{P4、P5}的下近似是{P4};上近似是{P2、P4、P5},而边界域为{P2、P5}。

（2）粗糙集与近似

假设给定 2 个有限的、非空的集合 U 和 A,U 为论域,A 为属性集。对于每个属性 $a \in A$,关联到它的值域 V_a,称为 a 的域。A 的任何一个子集 B 确定一个 U 上的二元关系(不可辩关系)$I(B)$,其定义为:对于任意 $a \in B$,$xI(B)y$ iff $a(x) = a(y)$;$x, y \in U$。这里 $a(x)$

表示元素 x 的属性 a 的值。

$I(B)$ 描述了 x,y 是不可分辨的。显然是 $I(B)$ 等价关系，$I(B)$ 的所有等价类的集合即由 B 确定的划分记为 $U/I(B)$ 或 U/B，含有元素 x 的等价类即划分 U/B 中含有 x 的块记为 $B(x)$。若 (x,y) 属于 $I(B)$，则 x 和 y 是 B 不可分辨的。关系 $I(B)$ 的等价类称为 B 的初等集。在粗糙集方法中，初等集是知识库的基本结构单元(概念)。

以下用不可分辨关系定义粗糙集方法的基本概念：称

$B*(X)=\{x\in U:B(x)\cap X\neq\varphi\}$ 为 B 的上近似；

$B(X)=\{x\in U:B(x)\subseteq X\}$ 为 B 的下近似；

集合 $BNB(X)=B*(X)-B(X)$ 为 X 的 B 边界域。

若 X 的 B 边界域为空，即 $BNB(X)=\varphi$，则集合 X 对于 B 是精确的；相反，则集合 X 对于 B 是粗糙的。显然 $B*(X)\supseteq X\supseteq B(X)$。

(3)属性的依赖关系

信息分析重要目标之一是发现属性之间的依赖关系。属性子集 D 完全依赖于属性子集 C，记为 $C\geqslant D$，其表示 D 中的所有属性值唯一地由 C 中属性值所确定，也就是说 D 完全依赖于 C，就是在 D 和 C 之间存在着一种函数依赖关系。在表 8-1 中，任何属性集之间均不存在完全依赖，但是如果将 P5 的属性由 Normal 改为 Low，则存在完全依赖 $\{T3\}\geqslant$ E，因为 T3 的属性值唯一决定 E 的值。

属性依赖的更为一般的情况是部分依赖。以表 8-5 为例，属性 T3 部分地唯一确定属性 E 的值，(T3,High)蕴含(E,Yes)；(T3,Low)蕴含(E,No)，但是(T3,Normal)并不总是蕴含(E,Yes)。因此部分依赖表示 D 只有部分属性值由 C 的属性值确定。

设 D 和 C 是属性集 A 的子集，如果

$$k=\gamma(C,D)=\frac{|POS_{(C)}(D)|}{|U|}$$

则称 D 以 k 度($0\leqslant k\leqslant 1$)依赖于 $C\geqslant kD$。$POS_{(C)}(D)=\cup X\in U/D,C(X)$ 是由 D 的划分 U/D 中的所有块的 C 下近似的并集构成，称为划分 U/D 对于 C 的正域。显然：

$$k=\sum_{X\in U/D}\frac{|C(X)|}{|U|}$$

如果 $k=1$，则 D 完全依赖于 C，若 $k<1$，则 D 部分依赖于 C。系数 k 描述了利用属性 C 能够将论域 U 中的元素正确分类划分到 U/D 的块中的比率。k 称为依赖度。

表 8-5 中的条件属性集 $C=\{T1,T2,T3\}$，决策属性 $D=\{E\}$，D 对 C 的不同子集的依赖度见表 8-6。

表 8-6　采用不同治疗策略患者的治愈精准度

条件属性子集	{T1}	{T2}	{T3}	{T1, T2}	{T1, T3}	{T2, T3}	{T1, T2, T3}
依赖度 k	0	0	1/2	1/6	2/3	2/3	2/3

从表 8-6 中我们可以看出，仅仅采用 T1 或 T2 治疗方案，则无法知道治疗是否能够获

得成功,但若 T1、T2 方案单独或共同与 T3 方案结合,则治愈精确度得到明显提高。

（4）属性简约与属性重要度

在实际应用中经常会面临这样的问题,即是否可以从数据表中删除某些数据依然能够保留其基本性质,也就是说,一个数据表中是否存在冗余数据。例如,从表 8-5 和表 8-6 可以看出,若不考虑 T1 或 T2 方案（即删除 T1 或 T2 属性）,治疗效果并不受影响,依赖度均为 2/3。

设 $C,D \subseteq A$,分别表示条件属性和决策属性。如果存在 C' 为 C 的最小子集,且有:

$$\gamma(C,D) = \gamma(C',D)$$

则称 C' 为 C 关于 D 的简化（C 的 D-简化）。删除 C'-C 中的属性即为属性的简约。

C 的 D-简化往往并不唯一。在表 8-5 中,$C = \{T1,T2,T3\}$ 有两个关于 $D = \{E\}$ 的简化:$\{T2,T3\}$ 和 $\{T1,T3\}$。这就意味着属性 T1 或 T2 可以从该表中删除。所有 D-简化的交集称为 D-核。表 8-5 中属性 T3 是关于属性 E 的核。由于 D-核中的元素被删除将对属性的分类能力产生影响,因此核是最重要的属性子集。

在确定某个决策目标时,不同条件属性的重要性是各不相同的,通过以上简约处理,我们可以知道 T3 这一属性是不能够被删除的,即它是最重要的。

在一般数据分析过程中,常常使用事先设定的权重来描述对象或属性的重要程度,而粗糙集方法却并不使用事先假设的信息,而是根据各属性的分类能力的不同,来确定相关属性的重要性。其处理方法是将某一属性从信息表中删除,观察并分析该属性其对分类能力的影响程度,影响程度越大,该属性的重要性越大,反之则该属性的重要性越小。

对于 C 的非空子集 B 其重要度为:

$$\sigma_{(C,D)}(B) = \frac{\gamma_C(D) - \gamma_{C-B}(D)}{\gamma_C(D)} = 1 - \frac{\gamma_{C-B}(D)}{\gamma_C(D)}$$

从定义可以看出,如果 B 的重要度为 0,则表示 B 可以从 C 中删除,即 B 是冗余的。因此,重要度可以理解为移去 B 时所产生的分类误差。

因此,在实际运用中可以将不影响信息一致性的属性值从信息表中进行删除（值的简化）。令 C 表示 D-核,则 $POS_{(C)}(D)$ 中的元素的所有非核属性均可以进行简化。表 8-5 的属性简约和值简化见表 8-7 和表 8-8:

表 8-7 移去属性 T2			
U	T1	T3	E
P1	No	Normal	Yes
P2	Yes	Normal	Yes
P3	—	High	Yes
P4	—	Low	No
P5	Yes	Normal	No
P6	—	High	Yes

表 8-8 移去属性 T1			
U	T2	T3	E
P1	Yes	Normal	Yes
P2	No	Normal	Yes
P3	—	High	Yes
P4	—	Low	No
P5	No	Normal	No
P6	—	High	Yes

3）贝叶斯方法

18 世纪英国业余数学家托马斯·贝叶斯（Thomas Bayes，1702—1761）提出过一种看上去似乎显而易见的观点："用客观的新信息更新我们最初关于某个事物的信念后，我们就会得到一个新的、改进了的信念。"1774 年，法国数学家皮埃尔-西蒙·拉普拉斯（Pierre-Simon Laplace，1749—1827）独立地再次发现了贝叶斯公式。拉普拉斯关心的问题是：当存在着大量数据，但数据又可能有各种各样的错误和遗漏的时候，我们如何才能从中找到真实的规律。拉普拉斯研究了男孩和女孩的生育比例。有人观察到，似乎男孩的出生数量比女孩更高。这一假说到底成立不成立呢？拉普拉斯不断地搜集新增的出生记录，并用之推断原有的概率是否准确。每一个新的记录都减少了不确定性的范围。拉普拉斯给出了我们现在所用的贝叶斯公式的表达：

$$P(A/B) = P(B/A) \times P(A)/P(B)$$

该公式表示在 B 事件发生的条件下 A 事件发生的条件概率，等于 A 事件发生条件下 B 事件发生的条件概率乘以 A 事件的概率，再除以 B 事件发生的概率。公式中，$P(A)$ 也叫作先验概率，$P(A/B)$ 叫作后验概率。严格地讲，贝叶斯公式至少应被称为"贝叶斯-拉普拉斯公式"。

长期以来，贝叶斯方法虽然没有得到主流学界的认可，但其实我们经常会不自觉地应用它来进行决策，而且还非常有效。比如炮兵在射击时会使用贝叶斯方法进行瞄准。炮弹与子弹不同，它的飞行轨迹是抛物线，瞄准的难度更大，因此炮兵会先根据计算和经验把炮管调整到一个可能命中的瞄准角度（先验概率），然后再根据炮弹的实际落点进行调整（后验概率），这样在经过两三次射击和调整后炮弹就能够命中目标了。

在日常生活中，我们也常使用贝叶斯方法进行决策。比如在一个陌生的地方找餐馆吃饭，因为之前不了解哪家餐馆好，似乎只能随机选择，但实际上并非如此，我们会根据贝叶斯方法，利用以往积累的经验来提供判断的线索。经验告诉我们，通常那些坐满了客人的餐馆的食物要更美味些，而那些客人寥寥的餐馆，食物可能不怎么样而且可能会被宰。这样，我们就往往通过观察餐厅的上座率来选择餐馆就餐。这就是我们根据先验知识进行的主观判断。在吃过以后我们对这个餐馆有了更多实际的了解，以后再选择时就更加容易了。所以说，在我们认识事物不全面的情况下，贝叶斯方法是一种很好的利用经验帮助作出更合理判断的方法。

在处理不确定问题中，概率理论以其坚实的数学基础一直占据主导地位。经典的概率学派（频率学派）认为概率是客观的，是频率的极限；而贝叶斯学派（主观概率学派）则认为概率是主观的，是事件未发生前人们对其的主观置信度。这就是说，当不能准确知悉一个事物的本质时，可以依靠与事物特定本质相关的事件出现的多少去判断其本质属性的概率。其用数学语言表达就是：支持某项属性的事件发生得越多，则该属性成立的可能性就越大。

贝叶斯方法认为，某一事件在未发生之前，具有某些先验概率分布，即可以根据与之相关的历史数据或主观判断确定事件的概率分布。随着外界条件的变化，会出现各种各样的附加信息,影响人们对事物的判断,称这些信息为证据。收集到证据后,对先验概率进行调整和修正即可得到事件的后概率分布,所得到的后概率即可作为分析制订决策时的依据。

(1)贝叶斯定理

贝叶斯定理是关于随机事件 A 和 B 的条件概率(或边缘概率)的一则定理。其中 $P(A|B)$ 是在 B 发生的情况下 A 发生的可能性。

假设 $B_1,B_2,\cdots,B_n$ 互斥且构成一个完全事件,已知它们的概率 $P(B_i)$,$i=1,2,\cdots,n$,且 $P(B_i)>0$,如果 A 为某事件,且 $P(A)>0$,则有:

$$P(B_i \mid A) = \frac{P(B_i)P(A \mid B_i)}{\sum\limits_{j=1}^{n} P(B_j)P(A \mid B_j)}$$

在以上公式中,每个名词都有约定俗成的名称:

$Pr(A)$ 是 A 的先验概率或边缘概率。之所以称为"先验",是因为它不考虑任何来自 B 方面的因素。$Pr(A|B)$ 是已知 B 发生后 A 的条件概率,也由于得自 B 的取值而被称作 A 的后验概率。$Pr(B|A)$ 是已知 A 发生后 B 的条件概率,也由于得自 A 的取值而被称作 B 的后验概率。$Pr(B)$ 是 B 的先验概率或边缘概率,也作标准化常量(normalized constant)。

按照这些术语,贝叶斯定理可表述为:

后验概率=(似然度×先验概率)/标准化常量。也就是说,后验概率与先验概率和似然度的乘积成正比。

另外,比例 $Pr(B|A)/Pr(B)$ 也有时被称作标准似然度(standardised likelihood),贝叶斯定理可表述为:后验概率=标准似然度×先验概率。

应用贝叶斯方法求解问题的步骤如下:

①定义随机变量。将未知参数看成随机变量(或随机向量),记为 γ。将样本 x_1,$x_2,\cdots,x_n$ 的联合分布 $p(x_1,x_2,\cdots,x_n;\gamma)$ 看成是 $x_1,x_2,\cdots,x_n$ 对 γ 的条件概率分布,记为 $p(x_1,x_2,\cdots,x_n|\gamma)$。

②确定先验概率分布 $p(\gamma)$。常见的先验分布的选取方法有:共轭分布方法、不变先验分布、最大熵原则和 Jeffreys 原则等。如果没有既往知识来帮助确定先验分布,则称之为无信息先验分布。

③利用贝叶斯定理计算后验概率分布 $p(\gamma|D)$。

④利用计算得到的后验概率分布对所求问题作出推断。

例如:一座别墅在过去的 20 年里一共被盗 2 次,别墅的主人有一条狗,这条狗平均每周晚上叫 3 次,在盗贼入侵时,狗叫的概率被估计为 0.9,需要求解的问题是:在狗叫的时候发生入侵的概率是多少?

我们假设 A 事件为狗在晚上叫,B 为盗贼入侵,则以天为单位统计,$P(A)=3/7$,$P(B)=2/(20\times365)=2/7\,300$,$P(A|B)=0.9$,按照公式很容易得出结果:$P(B|A)=0.9\times(2/7\,300)/(3/7)=0.000\,58$。

另一个例子,现分别有 A,B 两个容器,在容器 A 里分别有 7 个红球和 3 个白球,在容

器 B 里有 1 个红球和 9 个白球,现已知从这两个容器里任意抽出了一个球,问这个球是红球且来自容器 A 的概率是多少?

假设已经抽出红球为事件 B,选中容器 A 为事件 A,则有:$P(B)= 8/20$,$P(A)= 1/2$,$P(B|A)= 7/10$,按照公式,则有:$P(A|B)=(7/10)\times(1/2)/(8/20)= 0.875$。

贝叶斯公式为利用搜集到的信息对原有判断进行修正提供了有效手段。在采样之前,经济主体对各种假设有一个判断(先验概率),关于先验概率的分布,通常可根据经济主体的经验判断确定(当无任何信息时,一般可假设各先验概率相同),较复杂精确的可利用包括最大熵技术或边际分布密度以及相互信息原理等方法,来确定先验概率分布。

搜索巨人 Google 和 Autonomy(一家出售信息恢复工具的公司),都使用了贝叶斯定理为数据搜索提供近似的(但是技术上不确切)结果。研究人员还使用贝叶斯模型来判断症状和疾病之间的相互关系,创建个人机器人,开发能够根据数据和经验来决定行动的人工智能设备。

(2)贝叶斯网络

贝叶斯网络(Bayesian Network)是一种概率网络,它是基于概率推理的图形化网络,而贝叶斯公式则是这个概率网络的基础。贝叶斯网络是基于概率推理的数学模型,所谓概率推理就是通过一些变量的信息来获取其他的概率信息的过程,基于概率推理的贝叶斯网络是为了解决不定性和不完整性问题而提出的,它对于解决复杂设备不确定性和关联性引起的故障有很大的优势,在多个领域中获得广泛应用。它具有直观的问题表达能力和强大的推理能力,是描述不确定问题的良好工具。

数学定义:令 $G=(I,E)$ 表示一个有向无环图(Directed Acyclic Graph,DAG),由代表变量的节点及连接这些节点有向边构成。节点代表随机变量,节点与节点之间的有向边,代表了节点间的互相关系(由父节点指向其子节点),用条件概率表达关系强度,没有父节点的用先验概率进行信息表达。节点变量可以是任何问题的抽象表达,如:测试值、观测现象、意见征询等。适用于表达和分析不确定性和概率性的事件,应用于有条件地依赖多种控制因素的决策,可以从不完全、不精确或不确定的知识或信息中做出推理。

其中 I 代表图形中所有的节点的集合,而 E 代表有向连接线段的集合,且令 $X=(X_i)$ $i \in I$ 为其有向无环图中的某一节点 i 所代表之随机变量,若节点 X 的联合概率分配可以表示成:

$$p(x) = \prod_{i \in I} p(x_i \mid x_p a(i))$$

则称 X 为相对于一有向无环图 G 的贝叶斯网络,其中 $pa(i)$ 表示节点 i 之"因"。

对任意的随机变量,其联合分配可由各自的局部条件概率分配相乘而得出:

$$P(X_1 = x_1,\cdots,X_n = x_n) = \prod_{i=1} P(X_i = x_i \mid X_{i+1} = x_{i+1},\cdots,X_n = x_n)$$

依照上式,我们可以将贝叶斯网络的联合概率分配写成:

$$P(X_1 = x_1,\cdots,X_n = x_n) = \prod_{i=1}^{n} P(X_i = x_i \mid X_j = x_j)$$

对每个相对于 X_i 的"因"变量 X_j 而言,上面两个表示式之差别在于条件概率的部分,在贝叶斯网络中,若已知其"因"变量的情况下,某些节点会与其"因"变量条件独立,只有与"因"变量有关的节点才会有条件概率的存在。如果联合分配的相依数目很稀少时,使用贝氏函数的方法可以节省相当大的存储器容量。

举例而言,若想将 10 个变量其值皆为 0 或 1 存储成一条件概率表型式,一个直观的想法可知我们总共必须要计算 $2^{10} = 1\,024$ 个值;但若这 10 个变量中无任何变量之相关"因"变量是超过三个的话,则贝叶斯网络的条件概率表最多只需计算 $10 \times 2^3 = 80$ 个值即可!贝叶斯网络的另一个优点在于:对人类而言,它更能轻易地得知各变量间是否条件独立或相依与其局部分配(Local Distribution)的型态来求得所有随机变量之联合分配。

以下由一个信用卡欺诈检测的案例来解释贝叶斯网络的结构,如图 8-5 所示。

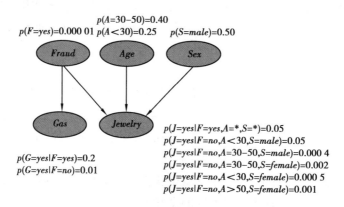

图 8-5 用于信用卡欺诈检测的贝叶斯网络

图 8-5 中有 5 个节点,代表 5 个随机变量:$Fraud(F)$,$Gas(G)$,$Jewelry(J)$,$Age(A)$ 和 $Sex(S)$,其分别表明当前交易中是否具有欺诈行为、持卡人在 24 小时内是否有一次汽油交易、持卡人在前 24 小时是否有一次珠宝交易、持卡人的年龄和持卡人的性别。

在网络中,如果在两个节点之间存在边连接,说明这两个变量是相关的,而如果不存在边相互连接,则表明这两个变量是条件独立的。如在图 8-5 中,$Fraud$ 与 Gas 之间存在边相连,说明当前交易是否是欺诈行为与持卡人在前 24 小时内是否有一次汽油交易具有统计相关性。而 Gas 和 $Jewelry$ 之间没有边相连,说明它们是条件独立的。也即是,当得知 $Fraud$ 节点的取值后,Gas 和 $Jewelry$ 这两个变量是完全独立的,但如果不知道节点的取值,这两个变量之间依然保持相关性。

建立好一个贝叶斯网络模型后,即可利用它的推理过程来推测目标变量的后验概率。例如,在以上信用卡检测的案例中,可以在其他变量给定的情况下推算出 $Fraud$ 事件发生的后验概率,计算方法如下:

$$P(F \mid A,S,G,J) = \frac{P(F,A,S,G,J)}{P(A,S,G,J)} = \frac{P(F,A,S,G,J)}{\Delta}$$

其中,

$$\Delta = \sum_{f'} P(A,S,G,J)$$

直接使用上式计算非常困难,当所有变量都是离散的情况下,可以使用条件独立关系简化计算,将上式变换为:

$$P(F \mid A, S, G, J) = \frac{P(F)P(A)P(S)P(G \mid F)P(J \mid F, A, S)}{\Delta}$$

其中， $$\Delta = \sum_{f'} P(F')P(G \mid F')P(J \mid F', A, S)$$

如果已知某人用信用卡进行了一次珠宝交易但没有进行汽油交易,据此推断此人是否在进行欺诈,假设 $Sex = Male, Age = 30$,则由上式可得到:

$$P(F = yes \mid A < 30, S = male, G = no, J = yes)$$

$$= \frac{0.05 \times 0.8 \times 0.000\ 01}{(0.05 \times 0.8 \times 0.000\ 01) + (0.000\ 01 \times 0.99 \times 0.999\ 99)} = 0.004\ 02$$

由计算结果可以看到,在给定上述条件时,后验概率由 0.000 01 变为 0.004 02,发生欺诈的概率大大增加。

借助贝叶斯网络可以对其进行有效的推理,其推理的形式包括 3 种:

①因果推理:由原因推知结论,即在已知原因的情况下,推断出结果发生的概率。此种推理常常应用于预测,如图 8-6 所示,在已知 A, B 的情况下,推导出 C 的后验概率。

②诊断推理:由结果推知原因,即已知结果时,找到产生该结果的原因。此种推理常用于病理诊断、故障诊断,即在已知 C 的情况下,推出 A, B 的后验概率。

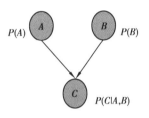

图 8-6 贝叶斯网络的推理形式

③支持推理:通过推理提供合理的解释以支持所发生的现象,从而对原因之间的相互影响进行分析,如在图 8-6 中,在已知 A 和 C 的情况下,推导出 B 的后验概率。

其操作原理是这样的:如果我们不清楚一个现象的成因,首先根据我们认为最有可能的原因来建立一个模型;然后把每个可能的原因作为网络中的节点连接起来,进而根据已有的知识、我们的预判或者专家的意见给每个连接分配一个概率值。接下来只需要向这个模型代入已经获取的观测数据,通过网络节点间的贝叶斯公式重新计算出概率值。然后为每个新的数据、每个连接重复这种计算,直到形成一个网络图,任意两个原因之间的连接都得到精确的概率值为止,就大功告成了。即使实验数据存在空白或者充斥噪声和干扰信息,通过不懈追寻各种现象发生原因的贝叶斯网络,依然能够构建出各种复杂现象的模型。

贝叶斯公式的价值在于,当所获取的观测数据不完整、不充分时,它可以将专家意见和原始数据进行综合,从而弥补测量中的不足。我们的认知缺陷越大,贝叶斯公式的应用价值就越大。

从以上的描述中可以看到,贝叶斯网络具有强大的概率推理能力。但是,应用贝叶斯网络的前提是,必须针对特定的问题建立起正确的网络模型。贝叶斯网络的建立是一项耗时、费力的工作,如果有了一定的样本数据,则可以通过机器学习的方法从数据中自动学习出贝叶斯网络的结构和节点的概率分布,从而构建起贝叶斯网络。

8.2 信息的激活

通过收集而获得的信息在成为可用信息之前必须进行激活处理。所谓信息的激活：是指对所获得的相关信息，针对特定的应用要求，进行分析、转换，使之活化并为我所用的过程。信息虽然普遍存在，但它是伴随客观事物的运动而自然产生的，并不针对特定的问题，不会自动满足为使用者的应用目的服务的要求，所收集到的信息只有在对之实施激活处理以后才能产生应用效用。

按照参与实施信息激活行为的主体来进行划分，可以将信息的激活处理划分为"个体激活"和"群体激活"两个大的类别。

①个体激活法：是指信息使用者个人所实施的信息激活行为，个体激活法可以采用的方法可以进一步细分为综合激活法、推导激活法和联想激活法等基本方法。

②群体激活法：指信息使用者群体展开的信息激活行为，信息的群体激活法是个体激活法在群体参与下的综合运用，可以采用的方法有头脑风暴法、德尔菲法及对演激活法等。

我们将分别讨论这两种方法的具体应用。

8.2.1 信息的个体激活法

1）综合激活法

综合就是在思维过程中把分解开来的各个要素结合起来，组成一个整体的思维方法和思考过程。而所谓信息的综合激活法，从方法论的角度讲，即从反映事物各个部分、各个方面、不同因素、不同层次等特点、属性的信息出发，寻找出这些信息间的内在联系，然后加以适当地概括与上升（即综合），从而在整体上把握事物的本质与规律的一种信息激活方法。综合法具体又可以分为"简单综合法"和"辩证综合法"。

（1）简单综合法

简单综合法是"部分相加等于整体"的信息综合。即将已有的众多信息进行简单地合并，以求获得新信息的方法。根据合并的方式不同，可进一步分为以下3种。

①纵向综合：纵向信息作为一种特殊形式的信息，它主要来自于每个个体在不同时间节点上的观测值或者前后逻辑序列点上的观测值。只要从时间序列上或者逻辑序列上将这些信息加以综合，即可得到有价值的信息。

比如，企业的价值转移和增值过程，可以向前延伸到供应商环节、向后延伸至顾客环节，甚而延伸到供应商的供应商、顾客的顾客，形成由一系列环节构成的逻辑序列，企业最大的竞争优势可能就来自于对上述企业价值转移和增值过程延展环节的分析。对此，可以通过纵向价值链分析，确定企业所获得的边际利润是否合理，也就是解决有关利润共享的问题。企业在此基础上可以对产业进入和退出、纵向整合等问题进行决策。

②横向综合:即是通过将所获得有关事物的不同方面的信息加以横向连接,从而得到关于事物的整体判断的方法。

大陆漂移假说是解释地壳运动和海陆分布、演变的学说,这一学说是德国地质学家魏格纳(Alfred Wegener)提出的。1911 年,魏格纳在查看一幅地图时,无意之中发现,旧大陆和新大陆边界有很好的吻合性,特别是南美大陆巴西东端的直角突出部分与非洲呈直角凹进的几内亚湾非常吻合且完美地贴合。如果把东半球的大陆加以移动,让它们靠近南、北美洲,它们就能吻合起来,成为一个完整的大陆。于是他设想,古代各洲是连接在一起的,由于大陆地质运动产生的漂移,年深日久,原来连接在一起的大陆远隔重洋了。为了证明自己的理论假设,魏格纳将两个大陆板块的边界进行横向连接,并综合分析。终于使大陆漂移学说得到地质学界的广泛承认。

③方面综合:即是通过将所获得有关事物的不同侧面的信息加以综合,从而得到关于事物的整体判断的方法。

“盲人摸象”是大家熟悉的寓言故事,说的是 4 个盲人以各自摸到的大象的身子、牙齿、腿和尾巴为依据,说大象的形状像墙、棍子、柱子和绳子,他们都自以为是,争论不休,却最终没有能够得到对大象的正确认识。

这则寓言使人们在忍俊不禁的同时得到启示:在我们获得关于事物的信息时,受制于我们的能力或水平,往往我们只能得到反映事物的不同侧面的局部信息。但是,只要我们善于将这些来自不同方面的信息加以综合,即可使这些局部信息“拼接”而形成完整的信息,从而得到对事物的整体判断。

以上的综合方法可以单独使用,也可以组合起来加以使用。

(2)辩证综合法

辩证综合法是所谓“部分相加大于整体”的信息综合激活方法。它是通过对已经获取的反映事物不同侧面的部分信息进行综合分析,并加以合理地推演和发展,以求获得原始信息所不具有的新信息的一种信息激活方法。其结果可以是综合后的深化,或是从信息群中发现事物规律性本质的综合。

根据推演方式的不同,辩证综合法又可进一步细分为“兼容综合”“扬弃综合”和“典型综合”等 3 种基本类型:

①兼容综合:信息的兼容综合方法是将来自观测对象的不同方面、不同角度、不同层次的相关信息集中起来,加以综合分析、兼顾考察,并通过合理地推演,从而得到对事物认识的多样统一的判断结果的一种信息综合方法。

【案例】

大庆油田的秘密

石油是工业的血液。但在过去,中国被外国的地质学权威戴上了个“贫油国”的帽子,石油不得不依靠进口。新中国成立后,西方国家对中国实行经济封锁,石油更是成为稀缺资源。1959 年,在松嫩平原上一个叫大同的小镇附近,从一座名为“松基三井”的油井里喷射出的黑色油流改写了中国石油工业的历史:松辽盆地发现了世界级的特大砂岩油田!

当时正值我国国庆 10 周年之际,时任黑龙江省委书记的欧阳钦提议将大同改为大庆,将大庆油田作为一份特殊的厚礼献给成立 10 周年的新中国。

"大庆",这个源于石油、取之国庆的名字,从此叫响全国,传扬世界。

1960 年大庆油田投入开发建设。中国大庆油田的位置、规模和加工能力在当时是严格对国外保密的,日本企业为了确定能否与中国做成石油设备的交易,迫切想知道中国大庆油田的位置、规模和加工能力。为此,日本经济情报部门从中国公开的信息中收集了大量的、有用的经济情报,从中得出了大庆油田的详细情况。

1964 年发表在《中国画报》封面的一张我国工业战线的先进代表人物"铁人"王进喜的照片。泄露了大庆油田的秘密。

照片中"铁人"王进喜头戴狗皮帽,身穿厚棉袄,顶着鹅毛大雪,手握钻机手柄眺望远方,在他身后,散布着星罗棋布的高大井架。日本的工业情报专家据此解开了大庆油田的秘密。

①确定了大庆的大概位置。日本情报专家根据照片上王进喜的衣着判断,只有在中国的北纬 46 度至 48 度区域,人们冬季才有可能穿着这样的衣服,因此推断大庆油田应该在我国东北,但是还是不知道大庆油田的确切位置在哪里。

②确定了大庆的中心位置。同年的《人民日报》有一篇纪实报道说:王进喜同志到了马家窑,说了一声好大的油海啊! 我们要把中国石油落后的帽子扔到太平洋里去。日本人分析认为,马家窑就是大庆的中心;"好大的油海"暗示油田的储油量很大。《人民日报》报道说,中国工人阶级发扬了一不怕苦、二不怕死的革命精神,大庆油田的设备不用马拉车推,完全是通过肩扛人抬。日本人分析:油田不会远离火车站,距离远了单凭人力就拉不动设备。后来日本派了一个经济间谍以游客身份到东北,研究铁路线,发现了油罐车,顺着铁路找到了离马家窑不远的车站,确定了油田的中心位置。

③推算产油量和石油需求量。

日本人以钻台上手柄的架式、钻杆的粗细与操作工人手臂的对比,估算出油井的直径约为 10 厘米,根据直径推算每天产油量。从其所站的钻井与背后油田间的距离和井架密度,推断出油田的大致储量和产量。再结合政府工作报告公布的数据,把该年产油量减去上一年产油量,就得出了大庆的石油产量的判断。根据事后掌握的信息,其所推断的产量与大庆油田的实际产量基本吻合。

在掌握了这些来自不同侧面的信息后,再根据对中国当时的工业水平的预测,日本的情报人员判定中国无法自行设计和制造成套的石油生产设备,必然会向世界各国公开招标采购。于是迅速设计出了适合大庆油田开采、加工的石油化工设备。当我国政府向世界各国征求开采大庆油田的设备设计方案时,由于前期的充分准备,日本人一举中标。

②扬弃综合:所谓信息的扬弃综合是指,对于所获得的反映同一事物,但在内容上相互矛盾、相互冲突的信息,既不是全部抛弃,也不是全盘接收,而是通过辩证分析,剔除其糟粕,保留其精华,从而获得有价值信息的方法。

【案例】

岛国营销

谈到市场营销,人们常常会讲起那个推销员上岛卖鞋的故事。故事的大意是,某公司的两名推销员同一时间登上了太平洋某岛,他们发现岛上的居民都不穿鞋,于是分别给公司发回了电报,一个说鞋在这里没市场,因为这里的人都不穿鞋;另一个则说,这里的市场前景很好,因为这里的人都没鞋穿。同样一个现象,却得出了两个截然相反的结论。

如何根据不同的信息形成应对策略成为经理的难题。

但是,公司的经理们没有因为这样完全相互矛盾的信息而简单处置,他们经过商议,决定继续对该岛国进行进一步的考察,收集更为详细的信息,并先后派出了4个考察队。

第一个被派去的是公司里最优秀的推销员组成的队伍。推销员门在岛上转悠了半天,第二天就回来了。他们在述职报告中声称:岛上的居民还没有一个是穿鞋的,因为他们还没有这个习惯,岛上暂时也没有卖鞋的;由于存在如此巨大的市场空缺,公司可以把鞋大批量地运过去,而他们也有信心把鞋推销给这些岛国的居民使用!

第二个被派去的考察队是鞋厂的厂长们。厂长们在岛上转了两天,回来之后显得非常高兴,他们声称:岛国是一个很有前景的市场,他们在岛上找到了可以生产鞋的原料,而且原料以及岛上的其他各方面社会资源价格都很低廉;他们建议公司立即到岛国设立分厂,认为只要能够尽快实现大批量生产,肯定可以获取高额的利润。

第三个被派去的是公司的财务部门。他们比较了"国际贸易"和"本地化生产"两种模式的优劣,认为:岛国的原料、土地、劳动力、水、电等资源的价格相对低廉,而公司距离岛国最近的鞋厂,距离也非常远;而且岛国的关税较高。综合两种模型所需的各方面成本,"本地化生产"的优势较高。只要新建的鞋厂,能够保持每天1 000双以上的生产量

（这对公司来说是不难做到的），每双鞋的成本，"本土化生产"可以比"国际贸易"节省4元。按一个月生产3万双计算，一个月就可以节省12万元，半年就可以收回建厂的全部成本。所以，他们建议公司到岛国设厂，就地生产就地销售。

第四个被派去的是公司的营销经理。经理们在岛国上待了五天，拜访了上至岛国的酋长，下至各行各业的普通老百姓的岛国人五十多个样本。他们了解到，岛国的居民一直都没有穿鞋的习惯，他们看见外来的穿鞋人都非常奇怪——原来他们根本没有意识到穿鞋这件事。但是，他们很多人的脚都是有毛病的，他们想过很多办法去避免脚病，都不太奏效；他们非常渴望得到脚病的根除。当他们了解到穿鞋可以帮他们避免很多意外的脚的伤害，更利于防止他们的脚病后，都表示非常愿意、非常渴望一双鞋。经理们还了解到：岛国居民的脚，普遍都比公司所在的欧洲的同年龄段的人的脚长2~3英寸，大1英寸左右。因此，公司要对卖给他们的鞋重新加以设计。另外，曾经有过一个有一定竞争力的制鞋公司派人来考察过；但当他们发现当地居民都不穿鞋以后，认为没有市场，就放弃了继续的努力；但也不能排除他们日后的卷土重来。岛国的居民是没有什么钱的，但是岛上的居民都听从酋长的命令；岛上盛产香蕉，这些香蕉又大又甜又香，在欧洲是极具销售力和竞争力的。经理们跟岛国的酋长商议过了，也去岛上的香蕉园看过了。酋长已经答应：他将以每20千克到30千克的香蕉对应一双鞋的比例换取公司专门为岛国生产的鞋，总数量大概为10万双左右，第一批可以先跟他们要1万双，越快到货越好；并给予该公司独家卖鞋权！

经理们了解过了，也测算过了，这样的香蕉如果经过适当的包装，可以以30元/千克的价格卖给欧洲的某连锁超市的经营公司，按1万千克算，扣除包装、运输、关税、人员工资等，每千克香蕉的纯利润为23元。而1万双鞋，如果从距离岛国最近的生产厂运送到岛国，公司的总成本为16万。那第一批的1万双鞋，可以换得的香蕉总数额（按25千克香蕉=1双鞋算）是25万千克，而香蕉的总利润为575万元。扣除鞋的生产与运输成本，公司可以在第一笔交易中盈利559万元。如果在该岛国组织本地生产，则每双鞋可以再节省成本4元，公司则可以得到563万元的总利润！

不过，经理们也算过了，投资设厂的资金需要200万元，而且从建厂到真正出成品交货，需要3个月的时间，满足不了酋长的迫切要求；而公司从距离岛国最近的鞋厂设计、生产那1万双鞋，再运到岛国出售，只需要一个半月，这个时间酋长是可以接受的。所以，经理们建议公司一边用"国际贸易"做成第一笔的1万双交易，打好关系和基础；一边同时在岛国建厂投入生产，以便为后续更大的市场发展提供支持！

公司对如此周详的报告大加赞赏，给予了营销经理们以重赏！同时决定大举进军该岛国，并取得了巨大成功。

③典型综合法：是根据事物间所具有的局部与整体之间存在某种结构表达上的联系，而局部信息往往能够包容整体信息的现象的特点，通过选择具有典型代表意义的局部事物或个案，以通过典型调查所得到的信息为依据，做出对整体事物的综合分析结论的信息激活方法。

【案例】

<h3 style="text-align:center">江村经济的研究</h3>

开弦弓,江苏省吴江县太湖东岸一个默默无闻的小村庄。村边一条清河弯弯的像一张拉紧了弦的弓绕村而过,村子由此得名。《江村经济》是我国著名学者费孝通先生在英国伦敦经济政治学院留学时的博士论文,就是以这个小小的村落为典型,进行调查、分析的结晶。这篇论文被他的导师马林诺夫斯基(Bronislaw Malinowski)誉为社会学"实地调查和理论工作发展的里程碑",被后学称为"中国社会学派"的开山之作。即是说,在此之前,还没有一个社会学者从中国的一个普通村庄的"消费、生产、分配、交换"入手来分析、探讨中国农村社区的一般结构和社会变迁的状况。

该论文揭示了当时中国农村土地的利用和农户家庭中再生产的基本状态,证明了中国的农村并非仅仅是单一纯粹的农业生产,而是存在着农、工混合型的经济结构;分析了导致中国农村经济萧条的直接原因是农村家庭手工业的衰落,而诱发其衰落的原因并非其产品的质量低劣或数量下降,而是源于西方工业的扩张,挤压了中国农村经济的生存和发展空间,导致了中国乡土工业的衰退;指出了中国农村经济走出困境需要经过两个阶段:一是社会的再组织问题,即施行土地改革、减收地租、平均地权;二是恢复农村企业、发展中国式工业。前者是解决中国土地问题的最根本的措施,而后者对前者的有效组织和发展壮大则起着至关重要的作用。

费孝通先生经过致密地解剖一个小小的农村村落——江村,办的虽然是"个案",却通过典型分析与综合,从整体上把握了中国广大农村经济的"全貌"。阐明了当时情况下中国乡村经济的状态、发展模式以及崩溃衰败的根源,并指出了发展中国乡村经济的途径、方法与出路。文中的一些重要的观点、理论至今对于我国乡村经济的发展仍然具有重大的现实意义。

《江村经济》作为典型综合的经典案例,成为了欧洲各国大学里社会学学生的必读文献。费孝通也由此步入世界社会学著名学者行列,1981 年,费孝通先生获得了英国皇家人类学会授予的国际人类学的最高学术荣誉奖——赫胥黎奖。

运用综合激活法的基本要求:

①用于进行综合激活的信息应该至少有两个,如果只存在单一的信息,就无所谓综合。

②综合激活需要根据信息之间的逻辑关系和内在联系,进行系统的分析、推演与综合,致力于寻找相关信息之间的共同点、交叉点和相似点,这些"共同点""交叉点"和"相似点"就有可能是被激活的有用信息。

③要以系统观念为指导,通过"存优"和"化合",充分把握综合后所产生的新的信息所形成的整体效应,特别要关注所产生的新信息所表现出来的,原有信息所不具有的新功能和新特征。

2) 推导激活法

信息的推导激活法是指从已知的信息出发,根据公理、定律或已知的事物间的必然联系,经过缜密的分析和判断、合理的逻辑推导,以求获得新的、有价值的信息的方法。

【案例】

费米问题

美国著名的物理学家恩里科·费米(Enrico Fermi)喜欢通过非常直接的,而不是缜密理性的途径去解决问题,他善于把难题转化为容易处理的简单问题,这是一种人人都可应用到实际生活中去的才能。也就是在信息不完整的情况下,凭借对对象事物的深刻理解和洞察,科学、合理地做出一些假设使得问题得以简化,复杂的程度得以降低,从而通过简单的推导得到符合或接近实际的估计。

为了在学生中间推广这种思想,费米经常提出一种特殊类型问题,即众所周知的费米问题。

初次听到这种问题时,常常让人觉得已知条件太少,距离得到答案差距甚远。当改变分析对象之后,所有这类问题都会迎刃而解,而不需要求助专家或书本,你就可以出乎意料地接近确切的答案。

例如,他曾向他的学生们提出过一个古怪问题:芝加哥市有多少位钢琴调音师?学生们都是学工程学的,对于如何回答费米的问题感到无从下手。费米是这样解决的:假设芝加哥有300万人口,每个家庭平均有4口人,而三分之一的家庭有钢琴。那么该市就应该有25万架钢琴;如果每架钢琴5年须调一次音,则每年就有5万架钢琴需要调音;如果每位调音师每天能调4架钢琴,每人、每年工作250天,那么每个调音师1年里总共能够给1 000架钢琴调音。由此可以推导出,芝加哥市应该有50位调音师。学生们借助黄页电话号码簿加以验证,芝加哥市的钢琴调音师的人数恰好是那么多。

这种方法被称为"费米推导法"。

推导激活法是使我们能够依据所能够掌握的有限的信息,通过科学、合理的推导从而获取有价值信息的常用方法。在具体实施中,推导激活法又可以进一步划分为"因果推导法""关联推导法""辐射推导法"和"逆向推导法"等4种基本方法。

(1) 因果推导法

因果推导法是指依据事物相互之间必然存在的因果关系,而从已经获知的、属于"因"的信息出发,进行由"因"到"果"的纵向逻辑推导,以求获得新信息的方法。

【案例】

电影《林家铺子》

20世纪30年代,江南小镇上的林家铺子是一个经营杂货的小店。1937年8月13日,日寇入侵上海,战争导致人民流离失所,大批的难民涌入小镇,林老板看见来到这里的难民许多都没有带洗漱用品,肯定需要添置,于是将小店中积压的脸盆、毛巾、水杯、牙膏、牙刷合并在一起,一元大洋一份,连夜准备。第二天一大早,就向难民们卖起了"一元货",结果小店的存货被销售一空,使林老板获得了一笔可观的收入,给已经摇摇欲坠的小店带来了一线生机。

这里,林老板通过观察发现来到小镇的难民们有许多都没有携带洗漱用具,以之为因推导出了销售"一元货"的有价值的结果。

(2)关联推导法

关联推导法指根据事物间相互联系的规律,从已知的信息出发,进行前后左右的横向推导,以求获得与已知信息相互关联的新信息的方法。

【案例】

关联挖掘技术的应用

依靠大数据开展关联关系分析的极致,非美国的折扣零售商——塔吉特公司(Target)莫属。纽约时报的商业调查记者查尔斯·杜西格(Charles Duhigg)在其《习惯的力量(*The Power of Habit*),2012》一书中,描述了塔吉特公司怎样在不与准妈妈对话的情况下准确预测女性的孕期的故事。

对于零售商来说,知道一个顾客是否怀孕是非常重要的。因为这是一对夫妻改变消费观念的开始,也是一对夫妻生活的分水岭。他们会由此开始频频光顾以前不会去的商店,渐渐对新的品牌建立忠诚。与此同时,怀孕女性可以称得上是零售业的救世主,从利润可观、需求庞大到对价格的不敏感,孕妇都让其他消费人群望尘莫及。

为了赢得顾客的青睐,塔吉特公司的分析团队通过分析签署婴儿礼物登记簿的女性消费记录,找出了20多种关联物品,这些物品可以为顾客进行"孕期趋势"评分,从而准确预测其预产期,并根据分析结果在孕期的不同阶段向顾客派送商品优惠券,对顾客进行个性化的商品推荐,以达到先于同行实现精准营销商品的目的。塔吉特公司的母婴商品销售得到了爆炸式增长,这只是塔吉特公司关联分析的成功案例之一。

在塔吉特公司的 1 147 间商店,每年累计有上千万的顾客光顾,在顾客购买商品的过程中,他们将自己数以兆字节的数据提供给了公司,在顾客使用客户会员卡、兑换优惠券或者通过信用卡支付时,塔吉特公司已经将顾客的消费行为数据链接到公司称为"客户ID 号"的个性化的身份档案上。对于统计分析师,这些数据正是用来窥探顾客消费偏好的神奇之窗。公司数据分析师的任务就是通晓数据读心术。通过分析和破译消费者的购物行为数据,并根据数据分析团队经过数据关联分析得到的结果,塔吉特公司实现了创新型的营销模式——精准营销和推式营销,帮助该公司的销售额从 2002 年的 440 亿元,增长到 2012 年 780 亿元,其总收入的复合年均增长率高达 12.5%,实现了远远超过零售行业平均增长水平的业绩。而实现这一壮举的首席功臣是该公司兼有统计学和经济学双硕士学位的大数据分析师——安德鲁·波尔(Andrew Pole)。

（3）辐射推导法

辐射推导法指以已知信息为中心，通过向四周进行辐射式的发散型思维，以求获得有用的新信息的方法。根据辐射的中心点的不同和实施辐射的方式不同，辐射推导法又可以细分为"要素辐射""功能辐射""范围辐射"和"延伸辐射"等4种基本方法。

①要素辐射：在组成信息的若干要素中，以其中某一要素为中心进行的辐射推导，从而推断出有价值信息的方法。

如：某一地区农业生产获得了大丰收。从这一信息的要素之一"农民收入增加"，可以通过辐射推导，得出该地农民的购买力提高、储蓄额增长、货运量上升等有价值的信息。

②功能辐射：以已有信息所涵盖的功能为中心进行辐射推导，从而获得有用信息。

【案例】

钢筋水泥的发明

法国园艺师约瑟夫·莫尼埃于1865年发明了钢筋混凝土，带来了建筑业的革命性变化。原来莫尼埃的花坛是用水泥制成的，很容易被碰碎，如何把水泥花坛变得更结实呢？一天，他在观察植物根系发育情况时，发现被植物根系盘根错节所包围的土壤，变成了很结实的土块。他灵机一动，突然想到：土壤本是松散的，但在植物根系网状结构的作用下，成了结实的土块。根据这一功能，如果仿照植物根系，用铁丝织成网状，然后再用水泥、沙、石等把铁丝网包裹起来，制成的花坛会是怎样的情况呢？莫尼埃着手进行试验，试验获得了成功，形成了坚固耐用的花坛。

接着，他又进行推广试验，先是建造了一个贮水池，其后又建造了一座桥梁，试验均获得了成功。就这样发明出了钢筋混凝土，莫尼埃也成为了钢筋混凝土发明专利的持有者。

莫尼埃之所以能够成功发明钢筋混凝土，源于其将植物根系组成的网状体系所具有的凝结疏散土壤的功能，通过辐射推导形成了借助网状系统形成坚固的水泥构件的构想。

③范围辐射：对于原本应用于既定范围的信息，通过辐射推导而拓展到新的应用范围，从而获得新信息的方法。

【案例】

厘米波发热器

厘米波发热原理是研究人员由偶然机遇而产生的发明。研究人员在实验室里研究比2.5厘米波稍长的振荡波在空间的分布情况时，突然发现揣在自己上衣兜里的巧克力糖被溶化了。通过研究分析发现，原来比2.5厘米波稍长的振荡波在空间里震荡时能够产生足以使巧克力糖溶化的热量。利用这一原理，研究人员经过反复研究，试制成功了厘米波发热器。

有了厘米波发热器的技术系统,有人就考虑把它辐射移植到需要热量的地方去,于是发明了微波炉,用于家庭烹调。又有人发明出微波筑路机来加热沥青路面,铺设及修补路面时效率高又非常环保。

此案例中,研究人员将厘米波的发热原理,从特有的应用范围辐射到新的应用范围,从而实现了这一原理的创新运用。

④延伸辐射:以经过辐射推导后所得信息为中心,进行再次辐射推导,从而求得新信息的方法。

【案例】

世纪婚礼上的潜望镜

1981 年,英国王室向全世界发布公告,将为查尔斯王子与戴安娜王妃举行耗资 1 亿英镑、轰动全球的盛大婚礼。豪华的婚礼给商家带来巨大的财路,其中,挣钱最多的是一家小印刷厂。7 月 29 日盛典举行,头天晚上就露宿街头的观众站满了从白金汉宫到圣保罗教堂十几公里长的街道两旁,内三层、外三层地近百万人。站在后排的观众,正在为无法看清盛典场景而焦急万分时,身后传来了一声响亮的“请用潜望镜观看盛典! 一英镑一个”的叫卖声,街道两旁,同一时刻出现了数十位兜售潜望镜的小贩。这真是“天降福音”,不一会的功夫,数百万只用硬纸板配上镜片做成的集瞭望、旅游、纪念于一体的简易潜望镜,就被观众们抢购一空。

而这家小印刷厂成为了按照投入产出比衡量,在这次“世纪婚礼”中收益最大的公司。其成功得益于“旷世婚礼 → 大量游客 → 对潜望镜的需求”这样的多次辐射推导,从而发现了独特的商机。

(4) 逆向推导法

所谓逆向推导是指从已知信息出发,通过由“果”到“因”的逆向推导和思考,以求获得新信息的方法。

【案例】

低价的保险柜

一天,犹太富翁哈德走进纽约花旗银行的贷款部。看到这位打扮华贵的神气绅士,银行的业务经理不敢怠慢,赶紧迎上去招呼:“先生,需要帮忙吗?”

“哦,我想借些钱”。

“好啊,你需要借多少?”

“1 美元。借 10 年,可以吗?”

“当然可以,像您这样的绅士,只要有担保多借点也可以。”

“那么用这些珠宝作担保可以吗?”

说着,犹太人从豪华皮包里取出一大堆珠宝堆在写字台上。

"这是价值 50 万美元的珠宝,够吗?"

"当然,当然! 不过,你确定只需要借 1 美元?"

"是的。"

犹太人办理完手续,就准备离去。在一旁观看的银行分行行长此时有点傻了,他弄不明白这个犹太人为何抵押 50 万美元就仅仅借 1 美元,他追上前去,对他说:"这位先生,请等一下,你有价值 50 万美元的珠宝,为什么只借 1 美元呢? 假如您想借 30 万、40 万美元的话,我们也会考虑的。"

"啊,是这样的:我来贵行之前,已经问过好几家金库,他们保险箱的租金都十分昂贵。而您这里的租金非常便宜,一年才花 10 美分。"

在此案例中,犹太富商哈德成功地运用了由果到因的逆向推导思维,实现了以最小的成本托管珠宝的目的。

3)联想激活法

"联想"被"创新大师"美国哈佛大学商学院著名教授克莱顿·克里斯坦森(Clayton M. Christensen)列为创新者所特有的联想、观察、实验、发问、建立人脉五种发现技能之首(《创新者的基因(*The Innovator's DNA:Mastering the Five Skills of Disruptive Innovator*)》,被《福布斯》评为 20 世纪最具影响力的 20 本商业图书之一,足见其在获得有价值信息方面的重要性。

联想激活是指从已知信息联想到另外的一条信息或几条信息,以求获得新信息的方法。经过联想获得的信息,可能即是接受者所需要的,也可以通过它们组合而形成新的信息,或者从它们中得到启发产生新信息。

联想激活与推导激活不同,它不需要经过严密的逻辑推理或合理推导,而是通过由此(已知的信息)直接联系到彼(有价值的信息)的联想,即可生产有价值的信息。联想激活法又可以具体划分为"相似联想""比较联想"和"接近联想"3 种基本方法。

(1)相似联想激活法

这是由已知信息联想到与之相似的另一信息,从而得到所需要信息的方法。美籍匈牙利数学家、斯坦福大学教授波利亚(George Polya)指出:"类比就是一种相似。相似的对象在某个方面彼此一致,类比的对象则其相应部分在某些关系上相似。"即便某些待解决的问题没有现成的类比物,也可通过观察,凭借结构上的相似性等来寻找类比问题,然后可通过适当的代换,即可将原问题转化为相似问题来加以解决。

【案例】

卡介苗的发明

在所有传染病中,结核病存在最长久,危害最严重。人类在与结核病斗争的漫长历史进程中,直到现代才有了突破性的成果。1882 年德国科学家郭霍(Robert Koch)在肺结核病人的痰中发现了结核菌,锁定了结核病的病原体,为人类战胜结核病明确了努力的方向。其后,医学界即致力于结核菌抗体的研究,法国细菌学家卡默德(A. Calmette)和兽医介兰(C. Guerin)便是其中的两位。两人经过长时间的研究却一直没能够取得突破性进展。两人商议与其在实验室冥思苦想而得不到结果,不如出去散散心,或许能够换换思路。于是两人来到市区的郊外,他们路过一个农场,看见一片低矮的玉米,穗小叶黄,便向农场主问道:"这里的玉米为什么长得这么差呀? 是土壤不好? 还是缺少肥料?"农场主回答说:"都不是。这种玉米引种到这里,已经十几代了,已经有些退化了,所以长势不好。"两人听到农场主的回答后,不约而同地陷入了沉思,都联想到自己正在研究的结核杆菌。他们想:给人类带来巨大危害的结核杆菌,如果像这块地里的玉米一样,将它一代又一代地定向培育下去,病菌的毒性是不是也会退化呢? 如果也会退化的话,将这种退化了的结核杆菌注射到人体内,不就能够形成抗体,使人产生免疫力了吗?

循着这一思路,他们持续地进行研究,花费了 13 年时间,进行了 230 代结核杆菌的定向培育,终于成功培育出了减毒牛结核菌活菌苗,其后又经过十多年的临床应用和流行病学观察,于 20 世纪 30 年代开始在全球各地逐渐被推广应用。他们的发明被称为全球控制结核病发展史上重要的里程碑。为了纪念这两位功勋卓著的科学家——卡默德和介兰,将他们所培育出来的人工疫苗命名为"卡介苗"。至今卡介苗接种仍是一种预防结核病的主要手段。

玉米与结核杆菌虽属不同的领域,但它们共同存在物种退化的相似机理。由玉米种子的特性一代比一代退化,类比推想结核杆菌的毒性也可能通过定向培育一代又一代地逐步退化,从而成功培育出了"卡介苗"。在此过程中,他们正是运用了信息激活中思维联想的相似联想创新思维方法。

(2)接近联想激活法

这是由已知信息联想到与之在时间或者空间上相接近的信息,并由此产生新信息的方法。

【案例】

帮助破案的虹膜影像

西班牙富商纳卡迪安年仅 5 岁的女儿梅洛迪在上学回家的途中被匪徒劫走。几小时后,匪徒打来电话说,如要女孩平安返家,必须交出 1 千万美元的现钞为赎金,并且要求必须是旧钞。纳卡迪安虽是富商,却难以一时凑齐 1 千万美元的现金。在为筹款发愁又为女儿的安全担心而十分焦急的心情之下,纳卡迪安在自己的办公室来回踱步,突然他的目光停留在做歌星的妻子新录制的一张唱片的封套上,封套上印着他妻子的彩色照片。他想起在刚获得照片时,他从照片妻子的眼中,可以看到反映在其中的为他妻子拍照摄影师的头像。想起这一点,纳卡迪安头脑中闪过一个念头:可否利用这个现象作为追查匪徒的一个线索,于是他求助于警方,提出了他的想法,并得到了警方的认可。在再次接到匪徒的电话时,便向匪徒提出,同意匪徒的要求,但必须给他寄来一张他女儿的大幅照片,以证明她仍然安全活着。匪徒们照办了。纳卡迪安收到匪徒发来的照片后,警方的摄影专家利用精密仪器将女孩的眼珠放大,果然从中看出了摄影匪徒的相貌,认出了这名多次作案的惯犯。根据警方掌握的线索,仅用了十几个小时的时间,便抓住了绑匪,成功的救出了梅洛迪。

纳卡迪安在想出向匪徒索要女儿的照片,来获得追查匪徒线索的思维过程中,接近联想激活方法发挥了作用。

(3)比较联想激活法

在现实生活中,我们常常遇到类似的问题,如果我们把这些类似进行比较和加以联想的话,可能出现许多意想不到的结果和方法,这种通过类似进行比较、联想,由一个对象已知的特殊性质迁移到另一个对象上去,从而获得另一个对象的性质的方法就是比较联想法。比较联想不仅是一种以特殊到特殊的推理方法,也是一种寻求破解问题的思路、推测问题的答案或结论的发现方法。将已知信息与由此联想到的信息进行比较,寻找出相异事物相互间的共同点,就能够激活产生出新信息。

德国数学家、天文学家开普勒说过:"我珍惜'比较'胜于任何别的东西,它是我最可信赖的老师,它能揭示自然界的秘密。"

【案例】

人工牛黄的发明

牛黄是牛的胆囊中的胆结石。天然牛黄是珍贵的药材,中医学认为牛黄气清香,味微苦而后甜,性凉。可用于解热、解毒、定惊。内服治高热神志昏迷、癫狂、小儿惊风、抽搐等症,外用治咽喉肿痛、口疮痈肿、尿毒症等疗效显著。因此,用药量非常大。天然牛黄很珍贵,只能从屠宰场碰巧获得。这样偶然得来的东西不可能很多,难以满足大量临床用药的需要,因此其价格高于黄金,《太平圣惠方》即有记载"药中之贵,莫复过此。一子及三、二分,好者值五、六千至一万也"。

其实,牛黄这种东西,只不过是由于某种异物进入了牛的胆囊后,凝聚胆囊分泌物而形成的胆结石,因其为偶然所得,故而产出很低。一家医药公司的员工们为了解决天然牛黄供应不足的问题,通过集思广益,联想到了"人工育珠",河蚌经过人工将异物放入体内能培育出珍珠,那么,通过人工把异物放进牛的胆囊内是不是也能够培育出牛黄来。他们设法找来了一些伤残的菜牛,将一些异物埋在牛的胆囊里,经过反复实验,果然从牛的胆囊里取出了和天然牛黄具有完全相同药效的人工牛黄。

医药公司员工运用联想思维的对比联想创新思维,在了解到天然牛黄生成的机理后,对比人工育珠的过程,联想到通过人工手段将异物放入牛的胆囊内形成牛黄,从而成功制成了人工牛黄。

从上面的例子可以看到,联想激活法的思维过程是:观察、比较 → 联想、类推 → 获得新的信息。

在联想激活法中,已有的知识是学习新知识的基础,新知识则是已有知识的延伸和发展。运用联想激活法,展示了知识的获取过程,起到了新、旧知识相互转化的纽带作用,可以促使知识之间的纵向沟通;不仅如此,运用联想激活法,展开丰富的联想,产生信息迁移,可以加强知识之间的横向联系,形成对问题认识的新观点和解决问题的新方法,使原有知识结构得到补充、拓展和逐步完善。有效地搭建起清晰、系统的知识网络。正所谓:"似曾相识燕归来,纵横交融筑新巢"。

8.2.2　信息的群体激活法

信息的群体激活法也称专家分析法或专家调查法。它是通过向专家调查,凭借众多专家在问题领域的知识、经验,发挥专家群体的作用,对需要分析的信息进行综合研究、集思广益,从而获得有价值信息的方法。群体激活法的种类很多,主要有头脑风暴法、德尔菲法和对演法等 3 种基本方法。

1) 头脑风暴法

头脑风暴法又称智力激励法或自由思考法,是美国创造学和创造工程之父奥斯本(Alex Faickney Osborn,1888—1966)提出的。

亚历克斯·奥斯本:创造学和创造工程之父、头脑风暴法的发明人,美国 BBDO 广告公司(Batten Bcroton Durstine and Osborn)创始人,美国著名的创意思维大师。他创设了美国创造教育基金会,开创了每年一度的创造性解决问题讲习会,并任第一任主席,他的许多创意思维模式已成为家喻户晓的常用方式。其所著的《创造性想象》一书的销量曾一度超过《圣经》的销量。头脑风暴法则是奥斯本提出的最负盛名的促进创造力的技法。

头脑风暴法出自"头脑风暴"一词。所谓头脑风暴(Brain-storming,BS)最早是精神病理学上的专用术语,特指精神病患者的病情发作期间的胡言乱语状态,经过奥斯本的借用,如今转意为无限制的自由联想和讨论,其目的在于产生新观念或激发创新设想。

头脑风暴何以能激发创新思维? 根据奥斯本及其他研究者的看法,主要有以下几点:

联想反应:联想是产生新观念的基本过程。在集体讨论问题时,与会者每提出一个新的观念或想法,都能引发他人的并发联想,而相继产生一连串的新观念,产生连锁反应,形成新观念堆,为创造性地解决问题提供了更多的可能性。

热情感染:在发言不受任何制约或限制的情况下,集体讨论能激发人的热情。人人自由发言、相互影响、相互感染,能形成激发思维的热潮,从而突破固有观念的束缚,能够最大限度地发挥创造性的思维能力。

竞争意识:在有竞争意识情况下,人人争先恐后,竞相发言,开动思维机器,力求产生独到的见解、新奇的观念。心理学的原理告诉我们,人类有争强好胜心理,在有竞争意识的情况下,人的心理活动效率可增加50%或者更多。

个人欲望:在集体讨论解决问题过程中,个人的欲望自由,不受任何干扰和控制,是非常重要的。头脑风暴法有一条原则,不得批评仓促的发言,甚至不许有任何怀疑的表情、动作、神色。这就能够使得每个人能够畅所欲言,催生出大量的新观念。

相互启发:头脑风暴法是针对设定的问题由专家面对面的方式展开讨论,在讨论过程中,每当有新的观念或设想提出,就会诱发与会其他专家的思考,从而触发新的观念、新的设想。

【案例】

楚国退齐

楚襄王为太子之时,质于齐。怀王薨,太子辞于齐王而归。齐王隐之:"予我东地五百里,乃归子。子不予我,不得归。"太子曰:"臣有傅,请追而问傅"。傅慎子曰:"献之地,所以为身也。爱地不送死父,不义。臣故曰献之便。"太子入,致命于齐王曰:"敬献地五百里。"齐王归楚太子。太子归,即位为王。齐使车五十乘,来取东地于楚。楚王告慎子曰:"齐使来求东地,为之奈何?"慎子曰:"王明日朝群臣,皆令其献计。"

楚王急招上柱国子良、昭常、景鲤入见。王曰:"寡人之得求反,王坟墓、复群臣、归社稷也,以东地五百里许齐。齐令使来求地,为之奈何?"

子良曰:"王不可不与也。王身出玉声,许万强乘之齐,而不与,则不信。后不可以约结诸侯。请与而复攻之。与之信,攻之武,臣故曰与之。"昭常曰:"不可与也。万乘者,以地大为万乘。今去东地五百里,是去东国之半也,有万乘之号,而无千乘之用也,不可。臣故曰勿与。常请守之。"景鲤曰:"不可与也。虽然,楚不能独守。臣请西索救于秦。"

三人出,慎子入。王以三大夫之计告慎子曰:"子良见寡人曰'不可不与也,与而复攻之。'常见寡人曰'不可与也,常请守之。'鲤见寡人曰'不可与也,然,楚不能独守也,臣请索救于秦。'寡人谁用于三子之计?"慎子对曰:"王皆用之!"王怫然作色曰:"何谓也?"慎子曰:"臣请效其说,而王且见其诚然也。王发子良车五十乘,而北献地五百里于齐。发子良之明日,遣昭常为大司马,令往守东地。遣昭常之明日,遣景鲤车五十乘,西索救于秦。"王曰:"善。"乃遣子良北献地于齐。遣子良之明日,立昭常为大司马,使守东地。又遣景鲤西索救于秦。

子良至齐,齐使人以甲受东地。昭常应齐使曰:"我典主东地,且与死生。悉五尺至六十,三十余万弊甲钝兵,愿承下尘。"齐王谓子良曰:"大夫来献地,今常守之何如?"子良曰:"臣身受弊邑之王,是常矫也。王攻之。"齐王大兴兵,攻东地,伐昭常。未涉疆,秦以五十万临齐右壤。曰:"夫隐楚太子弗出,不仁;又欲夺之东地五百里,不义。其缩甲则可,不然,则愿待战。"齐王恐焉,乃请子良南道楚,西使秦,解齐患。士卒不用,东地复全。

在此案例中,楚王召集群臣献计献策,而择其良者用之,形成了有效的应对策略,保全了国土并成功退齐。

【案例】

巧妙除雪

一年,美国的北方格外严寒,大雪纷飞,电线上积满冰雪,大跨度的输电线时常被积雪压断,严重影响供电与通信。许多人都曾试图解决这一问题,但未能如愿。于是,北方电力公司的经理应用头脑风暴法,尝试解决这一难题。他召开了一次座谈会,参会的是不同专业的技术人员,要求他们必须遵守以下原则:

第一,自由思考。要求与会者尽可能解放思想,无拘无束地思考问题并畅所欲言,不必顾虑自己的想法是否"离经叛道"或"荒唐可笑"。

第二,延迟评判。要求与会者在会上不要对他人的设想评头论足,不能发表"这主意好极了!""这种想法太离谱了!"之类的"捧杀句"或"扼杀句",至于对设想的评判,留在会后组织专人考虑。

第三,以量求质。即鼓励与会者尽可能多而广地提出设想,以大量的设想来保证质量较高的设想的存在。

第四,结合改善。即鼓励与会者积极进行智力互补,在增加自己提出设想的同时,注意思考如何把两个或更多的设想结合成另一个更完善的设想。

按照会议规则,大家纷纷议论开来,有人提出设计一种专用电线清雪机;有人想到用电热来化解冰雪;也有人建议用振荡技术来清除积雪;还有人提出能否带上几把大扫帚,乘直升机去扫电线上的积雪。对于这种"坐飞机扫雪"的想法,大家尽管觉得他的想法滑稽可笑,但在会上没有任何人提出批评。相反,一位工程师在百思不得其解时,听到用飞机扫雪的想法后,大脑受到冲击,一种简单可行且高效的清雪方法冒了出来。他想,每当大雪过后,出动直升机沿着积雪严重的电线飞行,依靠调整旋转的螺旋桨即可将电线上的积雪迅速扇落。他马上提出了"用干扰机扇雪"的新设想,顿时又引起其他与会者的联想,有关用飞机除雪的主意又多许多条。不到 1 个小时,与会的技术人员共提出了 90 多条解决问题的新设想。

会后,公司组织专家对所提出的相关设想进行分类论证。专家们认为设计专用清雪机、采用电热或电磁振荡等方法清除电线上的积雪,在技术上虽然可行,但研制费用大,研制周期长,一时难以见效。而那种因"坐飞机扫雪"激发出来的几种设想,倒是一种大胆的新方案,如果可行,将会是一种既简单又高效的好办法。经过现场试验,发现借助直升飞机来扇雪的方法真的能够有效地除去输电线路上的积雪。一个久悬未决的难题,终于在头脑风暴中巧妙地得到了解决。

(1)应用头脑风暴法的基本原则

①延迟评判(Deferred Judgment)。所有参会者都不允许否定和批评别人的意见,只能对之进行补充、完善和发挥。

②数量产生质量(Quantity Breeds Quality)。通过集思广益,尽可能产生更多的有益的设想,从而确保方案的质量。可采用奥斯本方法激发设想:即奥斯卡提出的 8 种激发方法,包括移值、放大、延伸、替换、组合、颠倒、缩小、重新安排。

③基本规则:

a.不做任何关于缺点的评价;b.欢迎各种离奇的设想;c.追求设想的数量;d.鼓励利用和改善他人的设想。

(2)头脑风暴法的实施步骤

第一步,准备阶段:①主持人应事先研究所议问题,弄清问题实质,找到问题关键,设定所要达到的目标。②参会人员,以 10 人左右为宜。人数太少不利于充分交流信息、激发思维;人数太多则不易掌握,每个人畅所欲言的机会相对减少。③将所要解决的问题、参考资料和设想、要达到的目标等提前通知与会者,以便其了解议题的背景和动态。

第二步,热身阶段:其目的是创造自由、宽松的氛围,使大家得以放松,进入一种无拘无束的状态,让大家的思维处于轻松和活跃的境界。

第三步,明确问题:主持人介绍问题。介绍时须简洁、明确,不可过分周全,否则过多的信息会限制人的思维,干扰思维创新的想象力。

第四步,畅谈阶段:畅谈是头脑风暴法的创意阶段,与会者每讲出一个新的主意、方案,即由速记员记录在白板上,使每个与会者都能够看见,以利于启发联想,产生出新的方案。

第五步,筛选阶段:对已获得的设想进行整理、分析,选出有价值的创造性设想加以开发实施,实施的方式有两种:一是专家评审,二是二次会议评审。将想法整理成若干方案,经反复比较论证,最后确定 1~3 个最佳方案,供决策者决策。

(3)头脑风暴法的变式

变式一:A.D.里透法——以抽象主题寻求卓越设想。A.D.里透法又称为戈登法(Gordon Method),也称为教学式头脑风暴法或隐含法。由美国麻省理工学院教授威廉·戈登在马萨诸塞州的 A.D.里透公司的设计开发部工作期间发明。该方法是由头脑风暴法衍生出来的,适用于自由联想的一种方法。但其与头脑风暴法有所区别:头脑风暴法要明确地提出主题,并且尽可能地提出具体的课题。与此相反,戈登法并不明确地表示具体课题,而是在给出抽象的主题之后,寻求卓越的构想。

威廉·戈登认为头脑风暴法存在以下缺点。

第一,头脑风暴法在会议一开始就将目的提出来,这种方式容易使见解流于表面,难免肤浅。

第二,头脑风暴法会议的与会者往往坚信唯有自己的设想才是解决问题的上策,这就限制了他的思路,提不出其他的设想。

为了克服头脑风暴法的缺点,戈登法规定除了会议主持人之外,不让与会者知道真正的意图和目的。在会议上把需要解决的具体问题抽象为广义的问题来提出,以引起人们广泛的设想,从而给主持人暗示出解决问题的方案。

【案例】

新型剪草机的开发

1.确定议题

主持人的真正目的是要开发新型剪草机,但是不让与会人知道。剪草机的功能可抽象为"切断"或"分离",因此可以选择"切断"或者"分离"为议题。但是如果定为"切断",则使人自然想到需要使用刀具,对打开思路不利,于是就选定"分离"为议题。

2.主持人引导讨论

主持人:这次会议的议题是"分离"。请考虑能够把某种东西从其他东西上分离出来的各种方法。

甲：用离子树脂和电能法能够把盐从盐水中分离出来。

主持人：您的意思是利用电化学反应进行分离。

乙：可以使用筛子将大小不同的东西分开。

丙：利用离心力可以把固体从液体中分离出来。

主持人：换句话说，就是旋转的方式吧。就像把奶油从牛奶中分离出来那样……

3.主持人得到启发

例如，使用离心力就暗示使滚筒高速旋转而得到分离的效果。从这个暗示中，主持人就得到这样的启发：剪草机是否可以使用高速旋转的带锯齿的滚筒，或者电动剃须刀式的东西来实现有效分离杂草的目的。主持人把似乎可以成功的解决措施记到笔记本上。

4.说明真实意图

当讨论的议题获得了满意的答案后，主持人把真实的意图向与会者说明。与会者可以进一步思考与已经提出的设想结合起来研究最佳方案。

戈登法的实施程序：

①主持人决定主题（议题）：分析实质问题，概括出事物的功能作为主题。如实质问题分别是："城市停车场""新型牙刷""消除杂草"时，所确定的戈登主题是"储藏""去污垢""分离"。

②召开会议。主持人召开会议，激发参会者自由发表意见，当与实质问题有关的设想出现时，要立即将其抓住，并给以适当启发，使问题向纵深发展。当最佳设想似乎已经出现，时间又接近终点时，要使问题明朗化。

戈登法的特点与适用范围：

戈登法有两个基本特点：一是"变陌生为熟悉"，即运用熟悉的方法处理陌生的问题。二是"变熟悉为陌生"，即运用陌生的方法处理熟悉的问题。该法能避免思维定式，使大家跳出框框去思考，充分发挥群体智慧以达到方案创新的目的。

但是，该法对会议主持人的要求是很高的，智力激发的效果与会议主持人的方法、艺术也有很直接的关系，这需要主持人在实践中不断锻炼和提高。因此，其难点在于主持者如何引导。

从该法的作用看，其最适宜于新产品开发、新市场的开拓以及不拘泥于常规的献计献策会议等。

变式二：角色风暴法（Pole storming）。该法由格里格（Griggs）所创。他认为由于参与者不能完全开放心胸、真正做到畅所欲言，所以应该在"BS"之后，另加角色风暴以便形成别开生面的主意。该法的实施步骤如下：

①通过传统的"BS"产生创意。

②参会者各自选择一个角色，如顾客、监管者、对手等。

③基于所选角色的立场、态度、偏好、利害关系对所提供的创意提出自己的见解。比

如"如果我是……我会……"等。

④离开所扮演的角色，对原有创意加以修改和完善。

⑤评价与选择可行的创意。

变式三：六顶帽思考法。"六顶帽思考法"是英籍马耳他学者、创造性思维领域和思维训练领域举世公认的权威、英国牛津大学的心理学医学博士爱德华·德·波诺（Edward de Bono）提出的。

为了避免在头脑风暴法分析讨论中，论辩型思维可能导致的不必要的对抗，德·波诺主张在进行问题的探索时，采用平行思维方式，参与讨论者循着同一个方向进行问题的思考与探索。平行思维法是针对垂直思维（逻辑思维）而言的。垂直思维是以逻辑与数学为代表的传统思维模式，这种思维模式最根本的特点是：根据前提一步步地进行推导，既不能逾越，也不允许出现步骤上的错误，例如归纳法与演绎法等。平行思维不需要过多地考虑事物的确定性，而是侧重考虑它多种选择的可能性；关心的不是完善旧观点，而是如何提出新观点；不是一味地追求观点的正确性，而是追求观点的丰富性。德·波诺所提出的"六顶帽思考法"提供了一种开展"平行思维"的管控工具，其区别于传统的批判性、辩论性、对立性的方法。强调的是探究"能够成为什么"，而非"本身是什么"，是寻求一条向前发展的路，而不是争论谁对谁错。运用德·波诺的六顶思考帽，可以使混乱的思考变得更清晰，使团体中无意义的争论变成集思广益的创造，使每个人的思维过程变得更富有创造性。

"六顶帽思考法"的具体做法是：

①白色思考帽。白色是中立而客观的，戴上白色思考帽，思考中关心的是事实和数据，努力发现信息和增强信息基础是思维的关键，使用白帽思维时将注意力集中在平行的排列信息上，要牢记3个问题：我们现在有什么信息？我们还需要什么信息？我们怎么得到所需要的信息？强调用客观事实和数据支持一种观点；为某种观点搜寻事实和数据；信任事实和检验事实；处理两种观点所提供的信息冲突；评估信息的相关性和准确性；区分事实和推论；明确弥补事实和推论两者差距所需要的行为。

②黄色思考帽。黄色代表阳光和乐观，代表事物合乎逻辑性、积极性的一面。黄色思维追求的是利益和价值，是寻求解决问题的可能性。戴上黄色思考帽，要求参与者从正面思考问题，提出乐观的、建设性的观点，其关注的是有哪些积极因素？存在哪些有价值的方面？这个理念有没有什么特别吸引人的地方？这个想法和创意可行吗？从而强化创造性方法和新的思维方向。

③黑色思考帽。黑色代表质疑与否定，象征着谨慎、批评以及对于风险的评估，使用黑帽思维的主要目的有两个：发现所提出的观点或创意存在的缺点和不足，做出否定性的评价。戴上黑色帽，进行合乎逻辑的批判，尽情发表负面的意见，找出逻辑上的错误。

④红色思考帽。红色是感情的色彩，红色的火焰，使人联想到热烈与情绪，是对某种事或某种观点的预感、直觉和印象；它既不是事实也不是逻辑思考。戴上红色思考帽，可以不受拘束地表达直觉、感受、预感等情绪。

⑤绿色思考帽。绿色代表勃勃生机,寓意创造力和想象力。与绿色思维密切相关的就是"可能性","可能性"也许就是思维领域中最重要的词语。戴上绿色思考帽,代表发挥创造力和想象力,驱动创新思维,绿色思维不需要以逻辑性为基础;允许参与者做出多种假设。使用绿色思维时,要时刻想到下列问题:我们还有其他方法来做这件事吗? 我们还能做其他什么事情吗? 有什么可能发生的事情吗? 什么方法可以克服我们遇到的困难? 绿色思维可以帮助寻求新方案和备选方案,修改和去除现存观点、方法中的错误;为创造力的尝试提供时间和空间。

⑥蓝色思考帽,蓝色是天空的颜色,有纵观全局的气概。蓝色负责控制和调节,蓝色思维常在思维的开始、中间和结束时使用。能够用蓝色思维来定义目的、制订思维计划,观察和做结论,决定下一步。它决定思考帽的使用顺序,管理思考过程并形成总结。

运用"六顶帽思考法"的基本流程:

①客观陈述事实与问题(白帽);

②提出解决问题的方案(绿帽);

③评估所列方案的优点(黄帽);

④评估所列方案的缺点(黑帽);

⑤对方案进行直觉判断(红帽);

⑥总结陈述、作出决策(蓝帽)。

美国的杜邦公司认为通过六顶思考帽的训练可以掌握:如何指导更加集中、高效的会议;如何在大多数人只能发现问题的地方发现机会;如何从全新和不寻常的角度看待问题;如何从多个角度思考问题;如何培养协作思考;如何减少交互作用中的对抗性和驱动判断性思考;如何采用一种深思熟虑的步骤来解决问题和发现机会;如何创造一种动态的、积极的环境来争取人们的参与;如何在解决问题时发现不为人注意的、有效的和创新的解决方法。

"六顶帽思考法思维"的作用和价值:

①这种思维区别于批判性、辩论性、对立性的方法,而是一种具有建设性、设计性和创新性的思维管理工具。

②它使思考者克服情绪感染,剔除思维的无助和混乱,摆脱习惯思维枷锁的禁锢与束缚,以更高效率的方式进行思考。

③用 6 种颜色的帽子这种形象化的手段使我们非常容易驾驭复杂性的思维。

④当你认为问题无法解决时,"六顶思考帽"就会给你一个崭新的使问题得到解决的契机。

⑤使各种不同的想法和观点能够很和谐地组织在一起。避免人与人之间的对抗。

⑥经过一个深思熟虑的过程,最后去寻找答案。

⑦避免自负和片面性。6 顶帽子代表了 6 种思维角色的扮演,它几乎涵盖了思维的整个过程,既可以有效地支持个人的行为,也可以支持团体讨论中的互相激发。

2)德尔菲法

德尔菲法(Delphi Method)是在 20 世纪 40 年代由赫尔姆和达尔克首创,经过戈登和兰德公司进一步发展而成的。

德尔菲这一名称起源于古希腊有关太阳神阿波罗的神话。德尔菲是古希腊地名,相传太阳神阿波罗(Apollo)在德尔菲杀死了一条巨蟒,成了德尔菲的主人。在德尔菲有座阿波罗神殿,是一个预卜未来的神谕之地,于是人们就借用此名,作为这种分析方法的名字,意喻它能够有效地预测未来。1946年,兰德公司首次用这种方法来进行预测,后来该方法被迅速广泛采用。

德尔菲法最初应用于科技领域,后来逐渐被应用于任何领域的预测,如军事预测、人口预测、医疗保健预测、经营和需求预测、教育预测等。此外,还用来进行评价、决策、管理沟通和规划工作。

德尔菲法是为了克服专家会议法的缺点而产生的一种专家预测方法。在运用德尔菲法进行预测的过程中,专家彼此互不相识、互不往来,这就克服了在专家会议法中经常发生的专家们不能充分发表意见、权威人物的意见左右其他人的意见等弊病。各位专家能真正充分地发表自己的预测意见。

德尔菲法依据系统的程序,采用匿名发表意见的方式,即专家之间不得互相讨论,不发生横向联系,只能与调查人员发生关系,通过多轮次调查专家对问卷所提问题的看法,经过反复征询、归纳、修改,最后汇总成专家基本一致的看法,作为预测的结果。这种方法具有广泛的代表性,较为可靠。

德尔菲法是预测活动中的一项重要工具,在实际应用中通常可以划分3个类型:经典型德尔菲法(Classical Delphi)、策略型德尔菲法(Policy Delphi)和决策型德尔菲法(Decision Delphi)。

(1)德尔菲法的基本特点

①吸收专家参与预测,充分利用专家的经验和学识;

②采用匿名或背靠背的方式,每位专家独立的判断;

③预测过程几轮反馈,使专家的意见逐渐趋同。

由此可见,德尔菲法是一种利用函询形式进行的集体匿名方式的思想交流过程。它有3个明显区别于其他专家预测方法的特点,即匿名性、多次反馈、小组的统计回答。

①匿名性。因为采用这种方法时所有专家组成员不直接见面,只是通过函件交流,这样就可以消除个别权威意见对结果的影响。这是该方法的主要特征。匿名是德尔菲法的极其重要的特点,从事预测的专家彼此互不知道其他有哪些人参加预测,他们是在完全匿名的情况下交流思想,并充分发表见解的。后来改进的德尔菲法也允许专家在必要的情况下开会进行专题讨论。

②反馈性。该方法一般需要经过3~4轮的信息反馈,在每次反馈中使调查组和专家组都可以进行深入研究,使得最终结果基本能够反映专家的基本想法和对信息的认识,所以结果较为客观、可信。小组成员的交流是通过回答组织者的问题来实现的,一般要经过若干轮反馈才能完成对问题的分析、预测。

③统计性。最典型的小组预测结果是反映多数人的观点,少数派的观点可以概括地

提及一下,但是这并没有表示出小组的不同意见的状况。而统计回答却不是这样,它报告 1 个中位数和 2 个四分点,其中一半落在 2 个四分点之内,一半落在 2 个四分点之外。这样,每种观点都包括在这样的统计中,避免了专家会议法只反映多数人观点的缺点。

④资源利用的充分性。由于吸收不同的专家与预测,充分利用了专家的经验和学识。最终结论的可靠性。由于采用匿名或背靠背的方式,能使每一位专家独立地做出自己的判断,不会受到其他繁杂因素的影响。最终结论的统一性。预测过程必须经过几轮的反馈,使专家的意见逐渐趋同。

正是由于德尔菲法具有以上这些特点,使它在诸多判断预测或决策手段中脱颖而出。这种方法的优点主要是简便易行,具有一定科学性和实用性,可以避免会议讨论时产生的害怕权威、随声附和或固执己见,或因顾虑情面不愿与他人意见冲突等弊病;同时也可以使大家发表的意见较快收集,参加者也易接受结论,具有一定程度综合意见的客观性。

(2)德尔菲法的实施原则

①挑选的专家应有一定的代表性、权威性。

②在进行预测之前,首先应取得相关参加者的支持,确保他们能够有效地投入到预测中,认真地进行每一次预测,以提高预测的有效性。同时也要向组织高层说明预测的意义和作用,取得决策层和其他高级管理人员的支持。

③问题表设计应该措辞准确,不存在歧义,征询的问题一次不宜太多,不要问那些与预测目的无关的问题,列入征询的问题不应相互包含;所提的问题应是所有专家都能答复的问题,而且应尽可能保证所有专家都能从同一角度去理解。

④进行统计分析时,应该区别对待不同的问题,对于不同专家的权威性应给予不同权数而不是一概而论。

⑤提供给专家的信息应该尽可能地充分,以便其做出判断。

⑥只要求专家进行粗略的数字估计,而不要求十分精确。

⑦问题要集中,要有针对性,不要过分分散,以便使各个事件构成一个有机整体,问题要按等级排队,先简单后复杂;先综合后局部。这样易引起专家回答问题的兴趣。

⑧调查者的意见不应强加于调查意见之中,要防止出现诱导现象,避免专家意见向调查者的意图靠拢,甚至得出专家迎合调查者观点的预测结果。

⑨避免组合事件。如果一个事件包括专家同意的和专家不同意的两个方面,专家将难以做出回答。

(3)德尔菲法的实施步骤

①确定调查题目,拟定调查提纲,准备向专家提供的资料(包括对问题的陈述、预测目的、期限、调查表以及填写方法等)。

②组成专家小组。按照课题所需要的知识范围,确定专家。专家人数的多少,可根据预测课题的大小和涉及面的宽窄而定,一般不超过 20 人。

③向所有专家提出所要预测的问题及有关要求,并附上有关这个问题的所有背景材

料,同时请专家提出还需要什么材料。然后,由专家做书面答复。

④各个专家根据他们所收到的材料,提出自己对问题的见解和预测、判断,并说明自己是怎样利用这些材料并提出预测值的。

⑤将各位专家第一次判断意见汇总,列成图表,进行对比,再分发给各位专家,让专家比较自己同他人的不同意见,修改自己的意见和判断。也可以把各位专家的意见加以整理,或请身份更高的其他专家加以评论,然后把这些意见再分送给各位专家,以便他们参考后修改自己的意见。

⑥将所有专家的修改意见进行收集、汇总,再次分发给各位专家,以便做第二次修改。逐轮收集意见并为专家反馈信息是"德尔菲法"得以成功运用的重要环节。收集意见和信息反馈一般要经过三四轮。在向专家进行反馈的时候,只给出专家所发表的各种意见,但并不说明发表意见的专家的具体姓名。这一过程重复进行,直到每一个专家不再改变自己的意见为止。

⑦对专家的意见进行综合处理。

在德尔菲法的具体实施中,需要注意四点:

①并不是所有被预测的事件都要经过五步。可能有的事件在第三步就达到统一,而不必在第四步中出现。

②在第五步结束后,专家对各事件的预测也不一定都达到统一。在此情况下可以用中位数或上下四分点来作为结论。事实上,总会有许多事件的预测结果都是不统一的。

③必须通过匿名和函询的方式。

④要做好意见甄别和判断工作。

(4)德尔菲法的优缺点

作为群体激活法,德尔菲法同常见的召集专家开会,通过集体讨论得出一致预测意见的专家会议法既有联系又有区别。

德尔菲法是为了克服"头脑风暴法"等专家会议法的缺点而产生的一种信息群体激活方法。其突出的优点是:在信息群体激活的过程中,参与信息激活的专家彼此互不相识、互不往来,这就克服了在专家会议法中经常发生的专家们不能充分发表意见、权威人物的意见左右其他人的意见等弊病。各位参与信息激活的专家都能真正充分地发表自己的独立的预测意见,从而得到集思广益的效果。德尔菲法的主要缺点是:缺少思想沟通、碰撞和交流,可能存在一定的主观片面性;容易忽视少数人的真知灼见,可能导致预测的结果偏离实际;存在组织者主观影响。同时,采用德尔菲法,由于其过程比较复杂,历时会比较长。

【案例】

德尔菲法的应用

某公司研制出一种新兴产品,市场上还没有相似产品出现,因此没有可以获得的历史数据以资借鉴。公司需要对产品可能的销售量做出预测,以决定产量。

于是该公司成立了专家小组,并聘请了来自业务经理、市场专家和销售人员等不同领域的 8 位专家,要求他们对该产品全年可能的销售量进行预测。

公司将该产品和已经掌握的一些产品市场相应的背景材料发给各位专家,要求专家给出该产品最低销售量、最可能销售量和最高销售量 3 个数字的分析判断结果,同时说明自己得出相应判断的主要理由。公司采取匿名函询的方式,将分析表发放给参与专家,将专家们的意见收集起来,归纳整理后返回给各位专家,然后要求专家们参考他人的意见对自己的预测重新考虑。专家们完成第一次预测并得到第一次预测的汇总结果以后,相关专家在第二次预测中都做了不同程度的修正。重复进行,在第三次预测中,大多数专家又一次修改了自己的看法。经过三次反复,专家的意见逐步趋于一致,得到的结果如表 8-9 所示。

表 8-9　德尔菲法应用案例中的销售量预测数据

专家	第一次判断			第二次判断			第三次判断		
1	1 500	750	900	600	750	900	550	750	900
2	200	450	600	300	500	650	400	500	650
3	400	600	800	500	700	800	500	700	800
4	750	900	1 500	600	750	1 500	500	600	1 250
5	100	200	350	220	400	500	300	500	600
6	300	500	750	300	500	750	300	600	750
7	250	300	400	250	400	500	400	500	600
8	260	300	500	350	400	600	370	410	610

然后公司对预测结果进行再处理。通过平均值、加权平均、中位数预测等方法,分别得出了最终的预测结果。

平均值预测:在预测时,最终一次判断是综合前几次的反馈做出的,因此在处理时一般以最后一次判断为主。则如果按照 8 位专家第三次判断的平均值计算,则预测这个新产品的平均销售量为:

$$(415 + 570 + 770)/3 = 585$$

加权平均预测:将最可能销售量、最低销售量和最高销售量分别按 0.50,0.20 和 0.30 的概率加权平均,则预测平均销售量为:

$$570 \times 0.5 + 415 \times 0.2 + 770 \times 0.3 = 599$$

中位数预测:用中位数计算,可将第三次判断结果按预测值排列如下:

最低销售量:300 370 400 500 550

最可能销售量:410 500 600 700 750

最高销售量:600 610 650 750 800 900 1 250

则最低销售量、最可能销售量、最高销售量的中位数分别为400,600和750,然后将其分别按0.50,0.20和0.30的概率加权平均,则预测平均销售量为:600×0.5+400×0.2+750×0.3=695。

3)对演法

对演法也称"逆头脑风暴法",由美国热点公司(Hotpoint Company)背逆"头脑风暴法"的禁止批判原则而提出来的。其主要用途是借以发现某种创新性观念或设想的缺陷,并预期如果实施这种观念或设想会出现什么不良后果。对演法与头脑风暴法、德尔菲法都是通过群体成员集思广益而形成新信息的方法。

对演法与头脑风暴法都是通过参与信息激活的专家面对面的讨论、相互激发而产生新信息的方法,但两者在实施上却有所区别,头脑风暴法采取"暂缓评价"原则,提倡自由联想,禁止相互批评;而对演法则与之相反,依靠对所提出的方案或设想进行相互批评辩论,激发创造性,形成更为完备的信息。

对演法与德尔菲法不同,德尔菲法是群体成员背靠背地相互激发,而对演法则是群体成员面对面地相互激发。

对演法或是要求制定不同方案的专家小组,开展面对面的辩论,相互攻其所短,揭露矛盾,反映所拟方案存在的不足;或是拿出同一个方案,人为设置对立面去批评、挑剔和反驳,以使潜在的危险性问题得到充分揭露,使新的见解更加成熟、完善。这种方法在竞争型决策中尤为重要。运用这种方法,对筛选拟订的方案能起到一定作用。

对演法的基本操作步骤,就是让小组成员对某种创意或观念进行批判,直到所有的观念都经过彻底批判为止,然后遵循经典头脑风暴法的程序,由头脑风暴小组对这些观念进行重新考察,以便为某种观念的缺陷寻求解决办法,并且挑选缺点最少、最有可能解决问题的观念或设想,以便实施。

在逆头脑风暴法的实施程序中,第一阶段就是要求参加者对每一个提出的方案或设想都要提出质疑,并进行全面评论。评论的重点是研究有碍设想实现的所有限制性因素。

在质疑过程中,可能产生一些可行的新设想。这些新设想,包括对已提出的设想无法实现的原因的论证,存在的限制因素的分析,以及排除限制因素的建议。其结构通常是:"××设想是不可行的,因为……,如要使其可行,必须……"

逆头脑风暴法的第二阶段,是对每一组或每一个设想或方案,编制一个评论意见一览表,以及可行设想一览表。

逆头脑风暴法的第三个阶段,是对质疑过程中抽出的评价意见进行估价,以便形成一个对解决所讨论问题实际可行的最终设想一览表。对于评价意见的估价,与对所讨论设想质疑一样重要。因为在质疑阶段,重点是研究有碍设想实施的所有限制因素,而这些限制因素即使在设想产生阶段也是放在重要地位予以考虑的。

第9章 信息的呈现与传播

9.1 信息的呈现

在概念基础部分我们介绍了信息价值的三维度模型,该模型告诉我们决定信息价值的除了其内容必须真实、准确、及时、新颖外,信息的呈现方式也是信息得以有效运用并兑现其价值的重要决定性因素。而信息的呈现方式又包括:详尽性与呈现性两个指标。

①详尽性:信息的详尽性指的是信息呈现的详尽程度,也称信息的"粒度(granularity)"。即信息的细化或综合程度。信息的细化程度越高,粒度级别就越小;相反,信息的细化程度越低,粒度级别就越大。大粒度信息对于事物的宏观把握,了解事物的总体态势具有价值;而小粒度信息对于事物的详尽分析具有价值。

②呈现性:信息要具有价值还必须注重呈现方式。信息的呈现方式多种多样,而信息接收者的认知风格也各不相同。信息的呈现方式对于信息的接收具有重要影响,适当的信息呈现方式能够帮助接收者有效地接收信息,从而体现信息的价值。对信息呈现方式的追求使得信息的可视化成为现实热点。

本章重点介绍信息的呈现方式。

9.1.1 信息呈现的传统方式

1)信息的语言呈现

对于如何将获得的信息有效地呈现给信息接收者,一直是人们探究的问题。自从人类发明了人际交流的基本手段——语言,语言就成为人际传递信息的重要工具,法国 17 世纪古典主义文学最重要的作家莫里哀曾经说过:"语言是赐于人类表达思想的工具。"然而怎样合理使用语言,准确、有效地传递信息,却并非所有的人都能够运用自如。所谓"良言一句三冬暖,恶语伤人六月寒"。一句同情理解的话,能给人很大安慰,增添勇气,即使处于寒冷的冬季也感到温暖。反之一句不合时宜的话,就如一把利剑,会刺伤人们脆弱的心灵,即使在夏季六月,也让人感到阵阵的严寒。

在我国古代,正确使用语言是拥有知识、拥有智慧的表现。汉语词源中"知识"一词中的"知"字从矢从口,矢亦声,"矢"指"射箭","口"指"说话"。"矢"与"口"联合起来表示"说话像射箭,说对话像箭中靶心"——一语中的,能言善辩。而"知识"的"识",繁体写作"識"字从言从戠,戠亦声。"戠"字从音从戈,本意指古代军队的方阵操练。"音"指教官口令声(包括号令军阵操演的鼓声、军人喊杀声等),"戈"指参加操演军人的武器。随着教官指令,军队阵列整体前进或后退、左移或右移、横排队列依次前进、一起向左挥戈、一起向右挥戈等整齐划一的团体动作,在检阅台上观看军阵操练,就好像我们在体育场看台上观看团体操表演,会看到参演人员整齐划一的动作所形成的各种图形。"戠"字本义就是"规则的图形及其变换"。因此,我们可以得到"识(識)"字的本义、引申义。其本义是:用语言描述图案的形状和细节。引申义:区别、辨别。从这一意义上讲,能够正确运用得体的语言表达对事物的辨别,并能够针对面临的问题,有的放矢地将对事物运动、发展的判断信息有效地表达呈现给适合的接收者,就称之为拥有了"知识"。

不同的语言运用,能够产生截然不同的信息交流效果。《语言的魅力》这篇短文给我们讲述了一个感人的故事:

【案例】

在繁华的巴黎大街的路旁,站着一个衣衫褴褛、头发斑白、双目失明的老人。他不像其他乞丐那样伸手向过路的行人乞讨,而是在他身旁立一块木牌,上面写着:"我什么也看不见!"不用说,他是被生活所迫才这样做的。街上来来往往的行人很多,那些穿着华丽的绅士、贵妇人,那些打扮漂亮的少男少女们,看了木牌上的字都无动于衷,有的还淡淡一笑,便姗姗而去了。这天中午,法国著名诗人让·彼浩勒也经过这里。他看看木牌上的字,问盲人老者:"老人家,今天上午有人给你钱吗?"

"唉!",那位盲人老者叹息着回答:"我,我什么也没有得到。"说着,脸上的神情非常悲伤。让·彼浩勒听后,拿起笔悄悄地在那行字的前面添上了"春天到了,可是"几个字,就匆匆地离去了。

晚上,让·彼浩勒又经过这里,问那个盲老人下午的收入情况,那位盲人笑着对诗人说:"先生,不知为什么,下午给我钱的人多极了!"让·彼浩勒听了,也摸着胡子满意地笑了。

"春天到了,可是我什么也看不见"这富有诗意和感染力的语言,之所以能够产生这么大的作用,就在于他有非常浓厚的感情色彩。春天是多么美好的,那蓝天白云,那绿树红花,那教堂尖顶的莺歌燕舞,那塞纳河畔嬉戏的孩子,怎能不叫人陶醉呢? 但这良辰美景,对于一个双目失明的老人来说,只是一片漆黑。这是多么的令人心酸呀! 当人们想到这个盲老人连万紫千红的春天都看不到,怎能不对他产生同情和关怀之心呢?

这篇短文让我们感受到了语言的巨大力量——它可以在人与人之间织出爱的纽带,沟通彼此的心灵。

对于如何实现有效的信息交流,达到沟通的目的,著名的管理学大师彼得·德鲁克

（Peter F. Drucker）总结了 4 项原则。

（1）沟通是知觉

有个古老的难题："如果在森林中有一棵树倒下了，而周围并没有人听到，那么是不是有声音呢？"现在我们知道，对这个问题的正确答案应该是：没有声音。存在着声波，但如果没有人感觉到它，就没有声音。声音是由感觉产生的。声音是沟通。

这一答案可能显得平淡无奇。古代的那些神秘论者毕竟早已知道这点，因为他们也始终回答说，如果没有人听到，就没有声音。但这个似乎平淡无奇的讲法却具有很大的实际意义。

首先，它意味着语言沟通的重点是信息的接收者。所谓发信人所发出的信息并没有实现沟通，他发出的只是声波，但是如果没有人听到，就没有实现沟通。其次，关于知觉，我们还知道，人们只能知觉到他们能够知觉的事物。正如人不能听到一定频率以上的声音那样，人的知觉也不能知觉到超过其知觉范围以外的事物。当然，从物理上讲，他可以听到或看到，但不能接收，不能成为有效的沟通。

柏拉图在其修辞学著作中引述苏格拉底的话说，人们必须用对方自己的经验来同对方讲话。因此有"阳春白雪""下里巴人""对牛弹琴"之说。人们只能用接收者的语言或术语来同他进行沟通，才能够实现有效的沟通。而术语必须以经验为依据。因此，试图对人们解释术语是没有什么用的。如果这些术语不足以以接收者的经验为依据，他们就不能接收，因为这些术语超出了他们的知觉能力。

（2）沟通是期待

一般来讲，我们知觉到的是我们期待着去知觉的。我们在很大程度上看见我们所期待看见的、听见我们所期待去听见的。我们根本接收不到我们所不期望的。我们视而不见、听而不闻，把它忽略了；或者，我们对之作了错误的理解，把它看成、听成我们所期待的事情了。因此，在我们能进行信息沟通以前，我们必须知道接收信息的人期望看到和听到的是什么。只有在了解了这些以后，我们才能知道是否可以利用他期望的方式来进行信息交流—以及他的期望是什么—或者是否需要有"不同的震动"，有一个适当的"唤醒"，以便打破信息接收者的原有期待，并迫使他接受和承认已发生了他所不期望的事情。

（3）沟通提出要求

沟通必然提出要求，必然要求信息接收者成为某种人、做某种事、相信某种事，它始终求助于动机。换句话说，如果信息交流符合接收者的愿望、价值观和目的，它就有效；如果它不符合他的愿望、价值观和动机，它就很可能根本不被接受，甚至被抵制。当然，最有力的信息交流能够起到"改造作用"，即改变人们的个性、价值观、信念和愿望。但这是极为罕见的，而且每一个人的心理上都极为强烈地抵制它。据圣经上说，即使是上帝，也要先把以色列扫罗王的眼睛打瞎，然后扫罗王才相信上帝，而上升到使徒保罗的同等地位，旨在改造人的沟通要求人们降伏。因此，一般来讲，除非信息能适应于接收者自己的价值观，至少在一定程度上适应其价值观，否则不可能有沟通。

（4）沟通和信息是不同的

沟通是知觉，而信息则是逻辑。因此，信息是纯粹形式上的，离开了接收者的知觉，信息就没有任何意义。作为本体论意义上的信息，它是非人称的，不是人与人之间的。信息越是能摆脱人的因素，即摆脱感情和价值观、期望和知觉等因素，则其越真实可靠、越具有信息的作用。但是为了接收信息，更不用说使用信息了，信息接收者必须知道并了解其解读方式。这就要求有事先的协议，即要求有某种沟通；信息接收者至少要知道信息是关于什么事情的。比如，某一数字是表示山的高度呢，还是表示联邦储备银行的现金余额？在这两种情况中，信息接收者都必须知道是什么山或什么银行，才能从数据中得到有价值的信息。

更多和更好的信息并不能解决有效沟通的问题，并不能弥补沟通的间距。相反，信息越多，则对于有效而能起预期作用的沟通的需要越大。换句话说，信息越多，沟通的间距可能越大。而在缺乏有效的沟通的情况下，并不能真正地提供信息，而只能提供数据。

2）信息的文字呈现

（1）文字呈现信息的意义

文字的发明是人类文明的重要标志。恩格斯在《家庭、私有制和国家的起源》一书中指出："人类由于文字的发明及其应用于文献记录而过渡到文明时代"，美国的路易斯·亨利·摩根（Lewis H. Morgan）在其《古代社会》一书中也曾说过："没有文字记载，就没有历史，也就没有文明。"

第一，文字的发明克服了语言交际在时间和空间上的局限，使一发即逝的语言能够"传于异地，留于异时"。这样一来，"恢万里而无阂，通亿载而为津"。相隔千山万水的人也可以通过文字写成的文本相互交际、传递信息。

第二，文字通过书面语能更好地记录人类的文化活动。在没有文字以前，人类的文化活动主要是通过传说和史诗来传诵的，那时每一个文化群体或部落都有一些专门唱史诗和讲传说的人。如果唱史诗的人都去世了，文化记录也就中断了。如果某一民族的语言不再使用了。这个民族的民族史也因此消失了。文字的出现为记录人类文化活动提供了更好的手段。如果说语言使人类摆脱了动物的本能生活方式，那么文字则使人类由原始蒙昧状态进入了文明状态。有了文字则"俯贻则於来叶，仰观象乎古人。济文武于将坠，宣风声于不泯。"

第三，文字表达能促进思维的发展。一种文化如果没有文字，就如一个人不识字。识字的人和文盲在智力和能力上的区别是非常大的。我们把有文字的社会称为文明社会，把没有文字的社会称为原始社会。文明社会的人群和原始社会的人群在思维上的区别相当大。有了文字，人类不仅通过表音符号思维，而且可以通过表形、表意文字思维。文字使思维有了表象。文字的出现使人类不仅可以通过文字文本进行超越时间和空间的交流，还可大容量地传承文化和人类文明。人生道路多么广远它都能指明，世间哲理多么精微客观存在都能囊括。它的作用同雨露滋润万物本比，它的手法幽微简直与鬼神相似。文字刻于金石美德传遍天下,文章播于管弦更能日新月异。

(2)文字呈现信息的研究

关于如何形成良好的写作文字,做到"理新文敏,裁章置句",我国西晋时期的著名文学家陆机(公元 261—303 年)撰写了著名的《文赋》,这是中国最早系统地探讨文学创作问题的论著。全文以赋的形式写成。

针对人们在行文写作中常常会遇到的"意不称物,文不逮意"的困境,陆机围绕"物、文、意"三者的关系处理,全面地论述了文章创作的复杂过程。

陆机认为所谓"物",就是文章所要表现的事物。它既可以是引发作者写作欲望的外在客观事物,也可以是耽思旁讯时联翩浮现于想象中之物;既可以是目之所见,也可以是心中所感;既可以是感性的具体的自然的事物,也可以是抽象的理论的事物。凡是可以成为文章表现对象的所有事物,都可以囊括进"物"这一概念。

而所谓"文"即通过文字呈现出来的文本形态。所表现的对象和构思之意,都要通过具体的文辞形式落实下来,形成一定的文章。这里所说的文,与辞意观里的"辞"紧密相连,因为文章的写成需要通过言辞的表达,"辞"在一般意义上来讲有言语、言辞和概念的意思。但在陆机这里,"辞"还应该有"艺术语言"这个层面上的意义。《文赋》中谈到文辞、构思、技巧、想象等创作问题,其目的就是要提高文学艺术语言的表现能力,最终解决"意不称物,文不逮意"的难题。具有审美特征的艺术语言是构成文学作品的物质材料,也是作家用于表达情志的重要手段。

而所谓"意",则主要指作者有意识的构思之意,既指所要表现的思想内容,所欲抒发的情感志趣,又包括通过构思所形成的包括意象选择提炼、表现方法技巧、谋篇布局等一整套构想之"意",还包括种种微妙的审美直觉与感受。总之,创作主体构思命意和直觉感受的各种内容,都包含在"意"中。

从《文赋》来看,陆机认为在文艺创作的构思过程中,立意是主要的,先有构思而后有文辞。文章的开始是构思,"其始也,皆收视反听,耽思傍讯,精骛八极,心游万仞"。构思完成,"然后选义按部,考辞就班"。即先构思,再布局文章并选用文辞。

关于文意和文辞的主次关系,陆机认为文辞是为表现"文意"服务的。他说"词程才以效伎,意司契而为匠",只有先立文意,才能掌握全局,文辞只不过是量才使用,使之各自贡献其技巧。又说:"理扶质以立干,文重条而结繁妙",高质量的文意就像树木的本体,要扶植起来成为主干,优雅的文辞就像树木的枝叶,繁茂的绿叶才能显现树之高洁。可以看出,陆机《文赋》中的"意"字不仅指一般的思想内容,也指文章的中心思想,即所谓"理"。

在文辞关系上,陆机还主张"意巧辞妍,意辞相合",如果文章言义不顺则绝不能成为好的文章,"或辞害而理比,或言顺而义妨",彼此分开就能两全其美,合在一起就会两败俱伤。当文辞与文意不能一致时,就需要在细微之处考量比较辞、意的优劣;决定辞、意的取舍。避免"辞少则情寡,辞多则意失"。最终达到"文能逮义"的目的。

我国古代的另一部文学理论专著,南朝梁刘勰的《文心雕龙》认为:文学本原于"自然之道"。"自然之道"的"自然",意为本然、天然、自然而然的道理或规律。而"文"则是自然规律的体现或表现形式。即通过"文"可以了解、掌握和阐明"自然之道"。"心生而言立,言立而文明,自然之道也。"即有了思想活动,语言才得以跟着确立,语言确立了,文章才能鲜明,这是自然的道理。

【案例】

凡思绪初发,辞采苦杂,心非权衡,势必轻重。是以草创鸿笔,先标三准:履端于始,则设情以位体;举正于中,则酌事以取类;归馀于终,则撮辞以举要。然后舒华布实,献替节文,绳墨以外,美材既斫,故能首尾圆合,条贯统序。若术不素定,而委心逐辞,异端丛至,骈赘必多。三准既定,次讨字句。句有可削,足见其疏;字不得减,乃知其密。思赡者善敷,才核者善删。善删者字去而意留,善敷者辞殊而义显。字删而意缺,则短乏而非核;辞敷而言重,则芜秽而非赡。

人之立言,因字而生句,积句而为章,积章而成篇。篇之彪炳,章无疵也;章之明靡,句无玷也;句之清英,字不妄也。

通过文字呈现信息还应该处理好概括与具体的关系,做到概括中有具体,把概括和具体糅合在一起。概括是在感性认识后的一种高层次的理性升华,是对事物本质、运动规律的认识和表达。没有概括,事无巨细,不分高矮主次,貌似"全面",结果会把重要的、本质的东西淹没在罗列材料的叙述中。但概括又不能空洞,空洞就缺乏个性,缺少分量,不能说服人。

此外,好文章需要反复推敲。清康熙年间的学者唐彪曾作过一个贴切的比喻:"作文如攻玉然,今日攻去石一层,而玉微见;明日又攻去石一层,而玉更见;再攻不已,石尽而玉全出矣。作文亦然,改窜旧文,重作旧题……文必日进也。"因此,对文章要"权衡损益,斟酌浓淡",要用浓缩的文字恰当反映复杂多样的客观实际,需要用很大力气去修改。为了恰当反映客观情况,有些人在文稿起草前,在谋篇布局、提炼主题、敲定观点、选择材料上已有修改;起草中也有局部修改;初稿写完要作全面修改。简言之,修改工作贯穿于写作始终。只有通过反复不断地修改、推敲,才能进一步提高文稿的质量。

唐代王勃说:"文章之道,自古称难。"陆机分析文章之难"盖非知之难,能之难也"。

为了解决这一难题,使文字的呈现达到"文精意赅",我国在明、清两代的科考中实行了八股文制,八股文要求文体有固定格式:由破题、承题、起讲、入手、起股、中股、后股和束股8个部分组成。即通过"破题"揭示论题的主旨;然后通过"承题"论题加以阐发;进而开始议论,这是"起讲";而后通过"入手"到"起股""中股""后股"从正反两个方面提出论据,最后通过"束股"得出结论。八股文要求"文意根于题,措事类策,谈理似论,取材如赋博,持律如诗严"。同时,八股文还严格限制了行文字数,反对"空话连篇,言之无物"。要求文章要精粹,论点明确,用词精炼,论据引经据典,论证简洁明了,"理尽一言,语无重出"。

【案例】

八股文范例:不以规矩

题目取自《孟子·离娄上》,"孟子曰:离娄之明,公输子之巧,不以规矩,不能成方圆;师旷之聪,不以六律,不能正五音;尧舜之道,不以仁政,不能平治天下"。

规矩而不以也,惟恃此明与巧矣。(破题)

首先点题:不以规矩(不遵守规矩)。为什么有人会"不以规矩"呢?无非是靠着自己的"明"或"巧"罢了。

夫规也、矩也,不可不以者也;不可不以而不以焉,殆深恃此明与巧乎?(承题)

重复破题的内容,强化自己的观点。

尝闻古之君子,周旋则中规,折旋则中矩,此固不必实有此规矩也。顾不必有者,规矩之寓于虚;而不可无者,规矩之形于实。奈之何,以审曲面势之人,而漫曰舍旃也?(起讲)

开始分析"规矩":有的人的规矩"不必有",因为他的规矩是在心中的,一举一动自然有规矩;有的人则必须遵循具体的规矩。对于不同的人要采取不同的办法,不能一概舍弃规矩。"舍旃"就是"舍弃"。

有如离娄之明,公输子之巧,诚哉明且巧矣。(入手)

夫有其明,而明必有所丽,非可曰睨而视之已也,则所丽者何物也?夫有其巧,巧必有所凭,非可曰仰而思之已也,则所凭者何器也?亦曰规矩而已矣。(起股)

以上三段重点论述"明"和"巧":即便你真的具有这两种品质,能够藐视规矩,但怎么样才能证明你具有这两种品质呢?还是得靠"规矩"来确定明和巧的标准。所以说,"明"和"巧"也必须依赖规矩而存在,世间万物都要有规矩。

大而言之,则天道为规,地道为矩,虽两仪不能离规矩而成形。小而言之,则袂必应规,夹必如矩,虽一衣不能舍规矩而从事。孰谓规矩而不可以哉?(中股)

而或谓规矩非为离娄设也,彼目中明明有一规焉,明明有一矩焉。则有目中无定之规矩,何取乎手中有定之规矩?而或谓规矩非为公输子设也,彼意中隐隐有一规焉,隐隐有一矩焉。则有意中无形之规矩,何取乎手中有形之规矩?(后股)

反面论证:即使说有人确实不守规矩,或规矩不是为他而设的,那么证明他心中还是有一套规矩的,只是不符合大众心中的规矩罢了,说来说去,还是离不开规矩。

诚如是也,则必有以代规而后可,则必有以代矩而后可。夫吾有不规而规者,何必以规?吾有不矩而矩者,何必以矩?而不然者,虽明与巧有出乎规矩之上,如规而不规何?如矩而不矩何?(束股)

假设论证:如果世界上真的没有了规矩,那拿什么来判断是非价值呢?还是需要确立一些标准的,但这些标准说白了,不还是"规矩"吗?所以,无论世人怎样叛逆,都逃不出"规矩"的手掌心。

夫人之于离娄,不称其规矩,称其明也。人之于公输,不称其规矩,称其巧也。则规矩诚为后起之端。然离娄之于人,止能以规矩示之,不能以明示之也。公输之于人,止能以规矩与之,不能以巧与之也。则规矩实为当循之准。不以规矩,何以成方圆哉!(结束全文)

结束语:虽然说世界上肯定是先有聪明才智,再有判断聪明才智的标准。但是,聪明的才智是很难流传的,只有白纸黑字的标准(也就是"规矩")能流传后世。所以说,规矩在人类的发展中起到了很大的作用,人不能没有规矩!

透过这篇八股范文可以感受到:想写好一篇文章,必须要有广博的知识(熟悉经典)为支撑、很强的发散思维和逻辑思维能力为基础。同时也需要一定行文规范的约束!而八股文为我们提供了文精意赅的典范,其写作理论和技巧可为现在的我们所借鉴。

(3)文字呈现信息的金字塔原理

在国外,学者们也孜孜以求探索应用文字准确、有效呈现信息之道。其中代表性的研究属巴巴拉·明托(Barbara Minto)的《金字塔原理(*The Pyramid Principle*)》。

在《金字塔原理》一书中,麦肯锡管理咨询公司的第一位女性咨询顾问,巴巴拉·明托给我们勾画出了形成一篇良好文字以有效呈现信息的基本结构——金字塔结构。

金字塔原理的基本结构是:结论先行,以上统下,归类分组,逻辑递进。先重点后次要,先总结后具体,先框架后细节,先结论后原因,先结果后过程,先论点后论据。

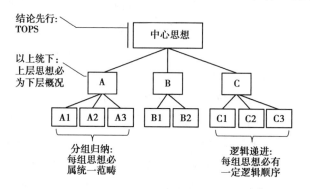

图9-1 文字信息呈现的金字塔结构

所谓结论先行要求每篇文章必须只支持唯一的思想,而贯彻这一思想必须做到TOPS:Targeted(有的放矢)、Over-arching(贯穿整体)、Powerful(掷地有声)、Supportable(言之有据)。

而所谓以上统下,要求每一层次上的思想或概念必须是其下一层思想或概念的总结和概括,而下一层的思想或概念则是上一层思想或概念的支撑论据。

分类归纳则要求,每一组类的思想必须属于同一概念范畴,并且需要依照一定的逻辑,而且这个逻辑必须符合大家认可的共识。

逻辑递进则要求,处理好信息表达的横向关联和逻辑顺序。巴巴拉·明托认为可以用到的有 3 种基本的逻辑:即演绎推理、归纳推理和外展推理(图 9-2);处理好 4 种次序:即演绎顺序、时间顺序、结构顺序和重要性顺序。

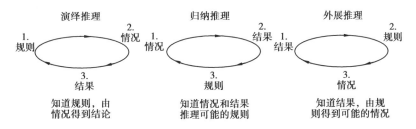

图 9-2　金字塔原理的 3 种基本逻辑

所谓 MECE 是指在构思一个重大议题时,可以将原议题分解为若干细分议题,进而确定在进行分析研究时需要遵循的基本原则。其中:ME(Mutually Exhuasive)即相互排斥,是要确保分解后的细分议题具有排他性,彼此不相互重叠或交叉覆盖(No Overlaps);而 CE(Collectively Exhuasive)则是要确保细分后的议题还能还原整体议题,即没有遗漏(No Gaps),通过 MECE 将所有的问题都进行缜密的分层、归类。

而对于如何搭建金字塔结构,巴巴拉·明托给出了两种具体做法:自上而下方法和自下而上方法。

①自上而下方法。

当你非常熟悉你所面临的问题,并且掌握了足够的信息时,可以考虑采用自上而下方法。

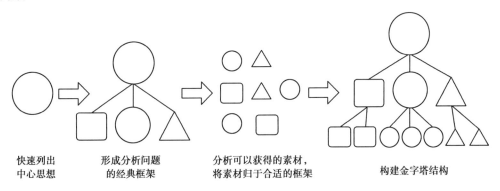

快速列出中心思想　　形成分析问题的经典框架　　分析可以获得的素材,将素材归于合适的框架　　构建金字塔结构

图 9-3　构建金字塔结构的自上而下方法

②自下而上方法:

对于面临的问题领域不够熟悉和了解,掌握的信息量不够大、素材不够充分时,可以采用自下而上方法。

运用金字塔原理形成的文字表达能够达到有效沟通的效果,逻辑清晰地阐述事物的内在联系,观点鲜明,重点突出,易读易懂,从而使信息呈现的效果更好。

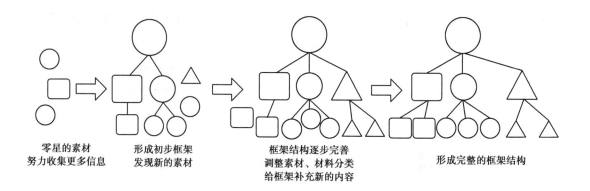

图 9-4　构建金字塔结构的自下而上方法

9.1.2 传统信息呈现方式的缺陷

以上信息的两种传统呈现方法,无论是采用语言呈现,还是采用文字呈现,其载体均是自然语言。采用自然语言呈现信息存在着固有的缺陷,其问题主要是:①表达式的层次结构不够清晰;②个体化认知模式体现不够明确;③量词管辖的范围不太确切;④句子成分的语序不固定;⑤语形和语义不对应;等等。

然而,采用自然语言呈现信息最大的问题还在于歧义(Ambiguity)所导致的二义性理解。歧义包括:

①注音歧义:对于语音歧义,著名学者赵元任先生曾编了一个单音故事,以说明语音和文字的相对独立性。故事是大家耳熟能详的《施氏食狮史》"石室诗士施氏,嗜狮,誓食十狮。氏时时适市视狮。十时,适十狮适市。是时,适施氏适市。氏视是十狮,恃矢势,使是十狮逝世。氏拾是十狮尸,适石室。石室湿,氏使侍拭石室。石室拭,氏始试食十狮尸。食时,始识十狮尸,实十石狮尸。试释是事"。整个故事所有字均为同样的发音。如果用语言诵读这个故事,可能没有人能够听懂并解释故事讲的是什么。

②分词歧义:所谓分词就是将一段由字组成的文本切分成由词组成的文本的过程。中文文本不同于英文文本,英文文本词与词之间有空格相隔,存在明显的界限,而中文文本中词是字的组合,词与词之间并没有明显的界限。由于中文文本的这种性质,中文分词达不到百分百的准确,存在切分错误,也就是切分歧义。分词歧义是指一个文本存在两种以上的分词结果,歧义字段指存在不同切分形式的字段。由于这种歧义的存在,对于我们正确理解自然语言所表达的真实语义带来了困难。比如"门把手弄坏了"这句话。究竟是"门/把/手/弄/坏了",还是"门把手/弄/坏了"。

③词性歧义:是指词的语音形式或者书面形式相同而词性不同所造成的歧义现象。"Time flies like an Arrow"可以理解为"时间像箭一样飞驰(光阴似箭);也可以理解为时间苍蝇喜欢箭(有一种苍蝇叫"时间"),之所以产生这样两种不同的理解,是因为这句话中的两个词汇"flies"和"like"这两个词汇具有两种不同的词性。其中"flies"一词既可以作名词"苍蝇"解;也可以作动词"飞行"解。而"like"一词则既可以作动词"喜欢"解;也

可以作副词"和…一样"解。于是造成了同一句话的两种理解。

④语法歧义:汉语语法中结构关系有 5 种基本类型,分别是主谓结构、偏正结构、述宾结构、述补结构和联合结构。一个歧义句可以划分为不同的句法结构。如:"喜欢中国的小姑娘"一句,既可以理解为述宾结构的"喜欢/中国的小姑娘",又可以理解为偏正结构的"喜欢中国的/小姑娘"。

⑤语用歧义:特定的话语存在几种不同的理解或表达几种言外行为的现象。例如《阿凡提的故事》中有这样一个故事:阿凡提当了理发匠,可大阿訇理发后总是不给钱。阿凡提非常生气,所以想捉弄一下大阿訇。这一天大阿訇又来剃头,在刮脸的时候,阿凡提问:"大阿訇,你要眉毛吗?""当然要,这还用问。""行,给你!"阿凡提一边说着一边就把大阿訇的两条眉毛刮了下来,递到了他的手里,大阿訇气得什么话都说不出来。阿凡提又问:"大阿訇,你要胡子吗?"胡子是大阿訇最宝贝的东西,他不能再让阿凡提给剃掉,赶忙说:"不要! 不要!"阿凡提连声说好,只听咔咔几刀,大阿訇的胡子又被刮了下来,扔在了地上。在这个故事里,聪明的阿凡提巧妙地利用语用歧义戏弄了阿訇。

以上自然语言所存在的不确定性、上下文有关性、多义性、模糊性、非系统性和环境密切相关性,都会妨碍人们对文字或话语的准确理解,从而会影响信息呈现的效果和效用。

另外,对于复杂的系统性问题,需要分析的因素及因素间错综复杂的关系、用于分析问题的学科知识纵横交织。应用自然语言难以简洁明了地将与问题相关的信息清晰地加以呈现。

比如物质世界存在的各种元素,如果没有元素周期表(The Periodic Table),而要用语言或文字来描述元素性质的递变规律和元素之间的内在联系,将会何其艰难。

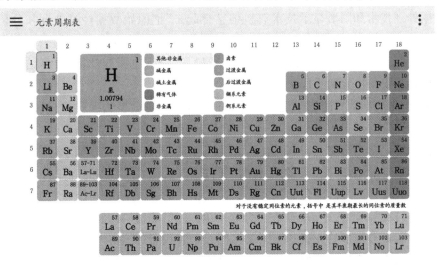

图 9-5 门捷列夫的元素周期表

然而,有了俄国的著名科学家门捷列夫所编制的元素周期表,将物质世界的秘密直观地揭示出来,让我们得以直观地知晓元素的原子结构及其物理性质,如原子半径、元素的化合价、元素的金属性与非金属性、元素化学性质的稳定性、单质的熔点以及元素位置的推断等一系列的知识。真是"一幅图胜过千言万语"。

于是,在语言和文字表达信息的基础上,人们开始探索信息的形象化呈现,这就是信息呈现的可视化研究。

9.1.3 信息呈现的可视化

交互信息图形研究的先驱阿尔伯特·凯洛说:"多媒体可能成为未来信息交流中最重要的因素。"罗登贝克则认为应该更多地使用动画,把收集到的信息制作成数据快速变化的图表,也可以更加清晰地展示出这些信息的含义。用动画呈现变化,可以是地图上某个轮廓变大变小,可以是条形图的颜色变化,也可以是线条位置的移动。

通过图形化的工具及手段的应用,能够一目了然地揭示包含在数据中的复杂信息。良好的视觉效果不仅可以很好地呈现数据,而且人们也可以通过图形信息有效地实现沟通与交流。人类从外部世界获得的信息约有80%以上来自视觉系统,当错综复杂的信息以直观的可视化的图形形式展示在分析者面前时,分析者往往能够一眼洞悉数据背后隐藏的信息并转化为知识以及智慧。

信息可视化(Information visualization)是一个跨学科领域,旨在研究大规模非数值型信息资源的视觉呈现,通过利用图形图像方面的技术与方法,帮助人们理解和分析数据,达到视物致知的作用。即从看见事物到获取知识。传统的数据统计或数据挖掘方法是对数据的简化和抽象,却往往隐藏了数据的真实结构和细节,信息可视化则可以还原乃至增强数据中的全局结构和具体细节,从而有效地展现、传播与沟通信息中蕴含的知识和思想。从这个意义上讲,信息可视化体现出宽物善知的作用。信息可视化技术把计算机的数据处理技术和图形显示技术有机地结合起来,把原始数据经过处理和分析之后,再用一定的绘图规则,生成图形或图像,以直观的方式把事件的规律或结果表达出来,再通过人机交互的方法,让人们能够对数据进行操作,分析事物变规律、预测结果,是常用的辅助处理和支持决策的手段。

自18世纪后期数据图形学诞生以来,抽象信息的视觉表达手段一直被人们用来揭示数据及其他隐匿模式的奥秘。20世纪90年代问世的图形化界面,则使得人们能够直接与可视化的信息进行交互,从而造就和带动了信息可视化研究。信息可视化试图通过利用人类的视觉能力,来搞清抽象信息内涵的意思,从而加强人类的认知活动。

信息图表设计通过标准化的符号系统,将深奥、繁杂的信息和统计数据转换成创意概念,随之转换成图形描述,并演绎生动的"戏剧"。借此,具有固定知觉能力的人类就能够有效地驾驭日益增多的数据。美国著名图表信息设计家乌尔曼说:"成功的视觉交流信息设计将被定义为被铸造的成功建筑、被凝固的音乐,信息理解是一种能量。"

1)信息可视化的起源

18世纪末,威廉·普莱费尔(William Playfair,1759—1823年)发明了"走势图",包括线状图(Line graph)、柱状图(Bar Chart)、饼(圆)图(Pie(Circle)Chart)等数据的图形

表达方式,丰富了信息可视化呈现的手段,被视作信息图形呈现领域工作的开端。他通过绘制轨迹图直观地展示了英国从进口量大于出口量到出口量大于进口量的时间点。

在 1854—1856 年的克里米亚战争中,由于医疗条件恶劣,英军伤病员死亡率高达 42%。南丁格尔(Florence Nightingale)主动请缨担任战地护士。她分析过堆积如山的军事档案,指出在克里米亚战役中,英军死亡的原因是在战场外感染疾病,以及在战场上受伤后因没有适当的护理而伤重致死,真正死在战场上的人反而不多。出于对资料统计的结果会不受人重视的忧虑,让数据能够更加让人印象深刻。她制作出一种色彩缤纷的图表形式,向不善阅读统计报告的国会议员,报告克里米亚战争的医疗条件。翔实的数据、直观的图表说服了军方人士、国会议员和维多利亚女王,战地医疗改良的提案才得到支持,并成功地将伤员的死亡率降低到 2.2%。

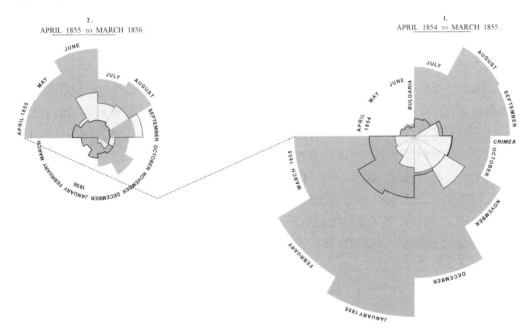

图 9-6 南丁格尔玫瑰图

南丁格尔被描述为"在统计的图形显示方法上,是一个真正的先驱",她所制作的极坐标图,被称为南丁格尔玫瑰图。

1983 年,信息设计的先驱者爱德华·塔夫特(Edward Tufte)发表了第一部关于数据图形学理论的专著《*The Visual Display of Quantitative Information*》,奠定了信息可视化研究的基础。后来,斯图尔特·卡德(Stuart K.Card)、约克·麦金利(Jock D.Mackinlay)和乔治·罗伯逊(George G.Robertson)于 1989 年提出了信息可视化的英文术语(Information Visualization),信息可视化逐渐发展成为一门新兴学科。

2)信息可视化的应用领域

(1)信息可视化应用的分类

美国马里兰大学教授本·施奈德曼(Ben Shneiderman)把数据分成以下7类:一维数据(1-D)、二维数据(2-D)、三维数据(3-D)、多维数据(Multidimensional)、时态数据(TemporaD)、层次数据(Tree)和网络数据(Network)。信息可视化方法根据不同的数据也可划分为以下7类:

①一维信息可视化。一维信息是简单的线性信息,如文本,或者一列数字。最通常的一维信息可能就是文本文献了。在很多情况下,可视化文本文献不是必要的,因为它们可以容易地被完整阅读,或者阅读所需要的特定部分。然而,在某些情况下,我们需要借助可视化技术增加文本信息的有效性。文本信息的可视化的方法主要有:图符标识法、高维空间描述法、群集映射法以及自组织地图算法等。

②二维信息可视化。在信息可视化环境中,二维信息是指包括两个主要属性的信息。宽度和高度可以描述事物的大小,事物在 X 轴和 Y 轴的位置表示了它在空间的定位。城市地图和建筑平面图都属于二维信息可视化。

③三维信息可视化。三维信息通过引入体积的概念超越了二维信息。许多科学计算可视化都是三维信息可视化,因为科学计算可视化的主要目的就是表示现实的三维物体。计算机模型可以让科学家模拟试验、操作那些现实世界中代价昂贵、实施困难、非常危险或者是现实世界中不可能进行的事情。

④多维信息可视化。多维信息是指在信息可视化环境中具有超过 3 个属性的信息,在信息可视化中,这些属性的重要性是相当重要的。多维数据指的是具有多个维度属性的数据变量,广泛存在于基于传统关系数据库以及数据仓库的应用中,例如企业信息系统以及商业智能系统。多维数据分析的目标是探索多维数据项的分布规律和模式,并揭示不同维度属性之间的隐含关系。Keim 等人归纳了多维可视化的基本方法,包括基于几何图形、基于图标(Icon-based)、基于像素(Pixel-based)、基于层次结构、基于图结构以及混合方法。其中,基于几何图形的多维可视化方法是近年来主要的研究方向。大数据背景下,除了数据项规模扩张带来的挑战,高维所引起的问题也是研究的重点。

散点图(Scatter Plot)是最为常用的多维可视化方法。二维散点图将多个维度中的两个维度属性值集合映射至两条轴,并在二维轴所确定的平面内,通过图形所标记的不同视觉元素来反映其他维度属性值。例如,可通过不同形状、颜色、尺寸等来代表连续或离散的属性值。

但是,二维散点图能够展示的信息维度十分有限,研究者将其扩展到三维空间,通过可旋转的 Scatter plot 方块(dice)扩展了可映射信息维度的数目。散点图适合对有限数目的较为重要的维度进行可视化,而通常不适于需要对所有维度进行同时展示的情况。

投影(Projection)是能够同时展示多维信息的可视化方法之一。其能够将各维度属性列集合通过投影函数映射到一个方块形图形标记中,并根据维度之间的关联度对各个小方块进行布局。基于投影的多维可视化方法一方面反映了维度信息属性值的分布规律,同时也直观展示了多维度信息之间的语义关系。

平行坐标(Parallel Coordinates)是研究和应用最为广泛的一种多维可视化技术。它将不同维度的信息与坐标轴建立起映射关系,在多个平行轴线之间以直线或曲线映射表示多维信息,是一种常用的高维数据可视化方法。该方法能够把高维数据直观地在二维平面上显示。利用该技术得到的结果具有易于分析和理解的特性,能更加直观地把握多维大数据集的变化规律,对多维数据进行研究带来了很大的帮助。近年来,研究者将平行坐标与散点图等其他可视化技术进行集成,提出了平行坐标散点图 PCP(Parallel Coordinate Plots)。将散点图和柱状图集成在平行坐标中,支持分析者从多个角度同时使用多种可视化技术进行分析。再如 Geng 等人建立了一种具有角度的柱状图平行坐标,支持用户根据密度和角度进行多维分析。大数据环境下,平行坐标面临的主要问题之一是大规模数据项造成的线条密集与重叠覆盖问题,根据线条聚集特征对平行坐标图进行简化,形成聚簇可视化效果,将为这一问题提供有效的解决方法。

如图 9-7 所示,在每加仑汽油能行驶的里程(MPG)和汽缸之间,八缸汽车相对于六和四缸的一般有较低的里程;汽缸和汽车动力的相关性更为直接,汽缸越多就意味着更多的马力。当然,也存在一些交叉线,所以更多的汽缸并不总是意味着更多的能量,但总的趋势显然是存在的。在马力和重量之间,情况是相似的:马力越大一般意味着车辆的重量越重;最后,重量和年份之间的线交叉很多,这表明多年来汽车变得更加轻量化了。你也可以很容易地看出,年轴只记录了少量不同的数值,类似于汽缸的情况。虽然这只是一个非常简单的示例,但它显示了大多数数据集中的典型结构。

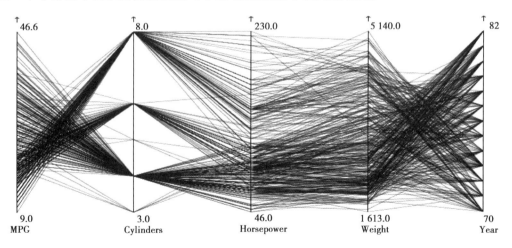

图 9-7 平行坐标图示例

⑤时间序列信息可视化。时间序列信息本身就很自然地适合于信息的可视化。可视化在时间序列分析和预测中起着重要的作用。原始样本数据的可视化图可以提供有价值的诊断来识别可以影响模型选择的时间结构,如趋势、周期和季节性。时间序列信息的首选,也可能是最流行的可视化方法——线图。

图 9-8 是根据从澳大利亚气象局获取的澳大利亚墨尔本市 1981—1990 年十年间的

日最低气温数据,并通过 Python 编程而得到的线图,在此图中,时间显示在 X 轴上,而观察值则沿着 Y 轴呈现。

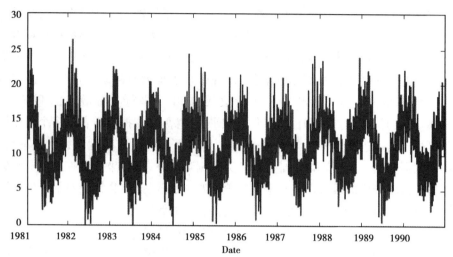

图 9-8　澳大利亚墨尔本市最低日气温图

⑥层次信息可视化。抽象信息之间的一种最普遍关系就是层次关系,如磁盘目录结构、文档管理、图书分类等。传统的描述层次信息的方法就是将其组织成一个类似于树的节点连接表示。这种表示结构简单直观,但是,对于大型的层次结构而言,树形结构的分支很快就会拥挤交织在一起,变得混乱不堪,这主要是因为层次结构在横向(每层节点的个数)和纵向(层次结构的层数)的扩展不成比例造成的。如何在有限的屏幕空间显示层次结构尽可能多的节点,将部分焦点部分突出显示出来,同时又能够将整个层次结构加以显示,是层次结构信息可视化的难点。根据实现方法的不同,大型层次信息的可视化可以通过节点连线图法(Node Link)和空间填充法(Space Filling)两种方法实现。

节点连线图法采用直线或曲线连接父节点与子节点,由于空间利用率低,对于大规模的层次化信息,需要采用如空间压缩、约束树、Foucs+Context 等技术来进行可视化;空间填充法则是将一个空间区域划分为多个子区域,每个子区域还可以细分,结果原空间区域被一系列子区域所填充。其最具代表性的填充算法是 Treemaps 算法及其衍生算法。

节点连线图法一个较为著名的案例是由 John Lamping 等人提出的 Hyperbolic Tree,这是一个基于双曲几何的可视化和操纵大型层次结构信息的 Foucs+Context 树。它实现了美国国家科学数字图书馆(NSDL)在其主页上利用可视化技术对具有层次关系的分类学科的导航功能。

⑦网络信息可视化。目前,借助 Web 发布和传播的信息不计其数,这些信息分布在遍及世界各地的数以万计的网站的网页上,这些信息通过文档之间的超链接彼此交织在一起。不论 Web 现在的规模有多大,它还将继续迅速膨胀。如何方便地使用网络上的信息,成为一个迫切需要解决的问题。网络信息的可视化主要有两个方面的应用:网络信息组织与检索的可视化以及网络拓扑结构的可视化。自动布局算法是网络信息可视化

的核心技术,目前主要有 3 种应用,一是仿真物理学中力的概念来绘制网状图,即力导向布局(Force Directed Layout);二是分层布局(Hierarchical Layout);三是网格布局(Grid Layout)。

（2）信息可视化的过程

人的创造性不仅取决于人们的逻辑思维,而且取决于人的形象思维。为了了解信息之间的相互关系以及演变、发展趋势,人们求助于可视化技术。所谓"可视化"(Visualization),是指在人通过视觉观察客观事物并在头脑中形成该客观事物的影像的过程,这是一个心智处理过程。可视化提高了人们对事物的观察能力及整体概念的形成能力。

信息的可视化结果便于人的辨识、记忆和理解,同时其对于信息的处理和表达方式有着用其他方法无法取代的优势。信息可视化技术以人们惯于接受的图形、图像并辅之以信息处理技术,将被感知、被认知、被想象、被推理、被综合及被抽象了的对象属性及其变化发展的形式和过程,通过形象化、模拟化、仿真化、现实化的技术手段表现出来。可视化不仅是客观现实的形象再现,也是客观规律、知识和信息的有机融合。

信息可视化的基本过程如图 9-9 所示。

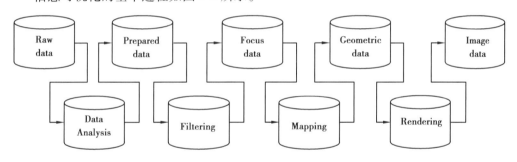

图 9-9　信息可视化的过程

该模型由 Robert B. Haber 和 David A. McNabb 提出。这个过程是一个线性流程,将数据的可视化过程分成 5 个大的阶段,分别要经历 4 个流程,每个过程的输入是上一个过程的输出。其中:

①数据分析处理。即对所收集到的原始数据的分析处理,包括对数据进行数据清洗、数据规范、数据分析。数据清洗首先把脏数据、敏感数据过滤,其次再剔除和目标无关的冗余数据,最后将数据结构调整为系统能接受的方式;数据规范则涉及在前一章中介绍的数据处理方法,包括数据采样、标准化(归一化)、离散化、降维、聚类等;数据分析中最简单的方法当然是一些基本的统计方法,如求和、中值、方差、期望等;复杂的方法则涉及数据挖掘中的各种算法。

②数据过滤(Filtering)。顾名思义是采用一定的方式将满足过滤条件的记录选出,从而帮助我们有效地缩减数据的范围与数量,从而方便信息可视化的实现。

③可视化图形制作(Mapping)。图形制作的关键变换是通过可视化编码或视觉编码(Visual Encoding)将数据映射到最终可视化结果上的过程,即从基于数学关系的数据表

映射为能够被人视觉感知的图形属性结构。通常,数据本身并不能自动映射到几何物理空间,因此需要人为创造可视化表征或隐喻来代表数据的含义,并且根据建立的可视化结构特点设置交互行为来支持任务的完成。可视化结构在空间基中通过标记以及图形符号对数据进行编码。可视化映射需满足两个基本条件:一是真实地表示并保持数据的原貌,并且只有数据表中的数据才能映射至可视化结构;二是可视化映射形成的可视化图形符号的表征或隐喻是易于被用户感知和理解的,同时又能够充分地表达数据中的相似性、趋势性、差别性等特征,即具有丰富的表达能力。

图形符号和信息间的映射关系使我们能迅速获取信息。所以可以把图片看成一组图形符号的组合,这些图形符号中携带了一些信息,我们称它编码了一些信息。而当人们从这些符号中读取信息时,我们称作我们解码了一些信息。

解码由图形符号所呈现的信息,靠的是视觉系统,如果说图形符号是编码信息的工具或通道,那么视觉就是解码信息的通道。因此,通常把这种图形符号→信息→视觉系统的对应称作视觉通道。

用于视觉编码的图形符号有位置变量(一般指二维坐标)、视觉变量(包括:尺寸、数值、纹理、颜色、方向和形状)7个基本符号,将其映射到点、线、面后则有21种编码可用的视觉通道。后来人们又补充了几种其他的视觉通道:长度、面积、体积、透明度、模糊/聚焦、动画等。

④渲染(Rendering)。图像渲染是将三维的视觉场景和实体处理转换为一个二维图像的过程。场景和实体用三维方式表示,更接近于现实世界,便于操纵和变换。图形渲染包括真实感图形渲染和非真实感图形渲染两种类别。

3)信息可视化的发展前景

(1)可视化数据挖掘(Data-mining visualization)

信息可视化不仅用图像来显示多维的非空间数据,使信息接收者和使用者加深对数据含义的理解,而且用形象直观的图像来指引检索过程,能够加快信息检索的速度。在信息可视化中,显示的对象主要是多维的标量数据,目前的研究重点在于,设计和选择什么样的显示方式才便于用户了解庞大的多维数据及它们相互之间的关系,其中更多地涉及心理学、机交互技术等问题。

可视化数据挖掘是一个使用可视化技术在大量的数据中发现潜在有用知识的过程,它可以将许多数据同时显示在屏幕上,并将每一个数据值映射成屏幕的一个像素。像素的颜色对应于每个数据值或是数据值与给定查询值之间的差值。在这种技术中,用户由可视化的视觉反馈指导并且能更快地研究数据库中数据的众多特性。可视化数据挖掘的关键技术主要包括3个方面,即交互性技术、选择查询技术和可视化模型。目前,可视化数据挖掘主要有两种分类系统,一种是Keim提出的分类体系,另外一种是Card提出的分类体系。下面分别介绍这两种分类体系的具体内容。

Keim等人将面向多变量和多维信息的可视化数据挖掘技术分为六大类,包括:一是像素导向(Pixel-based)技术,其基本含义是将每一个数据值映射成一个有色的像素并将数据值按照它的属性显示在分离的窗口中,数据值的范围也根据一个固定的颜色表映射成了像素。像素导向技术可分为查询无关的(Query independent)像素导向技术和查询相关的(Query dependent) 像素导向技术。前者是基于简单的数据排列方式——将数据项的值从左到右地逐行排列或从上到下地逐列排列。这种技术主要适用于用户可视化一个大型数据库,对根据某种属性(如时间序列等)具有自然序列的数据是非常有效的;而后者是按照数据项间关联度的高低来进行排列的,关联度高的数据项居于窗口的中央,而关联度低的数据项则以螺旋型排列在窗口的外缘,但这种技术所显示的并不是各数据项本身,而是各数据项与给定查询值之间的差值,它主要适用于用户的目标是数据库的交互浏览。二是几何映射(Geometric projecfion)技术,其目的在于发现多维数据集的相关信息。几何映射技术的种类主要包括主成分分析、因子分析、多维尺度分析等初步统计技术,大部分几何映射都可以归纳到"事务映射"的范畴。三是图标技术(Icon-based)。它的作用是将每一个多维数据映射成一个图标,并使其可视化特征与数据值一致。常用的图标技术主要有 Chernoff 面法和棍状图法。四是分层技术。分层技术将 K 维的空间和现存的子空间细分为一个分层的样式。像 n-Vison 技术、"Worlds wthin Worlds"等方法都属于层次技术。层次技术能将 K 维的非层次表格数据在二维层次的空间进行显示。还有一些层次技术方法,如 TreeMap、ConerMap 等,可以表示非表格结构的数据信息。五是图形技术。图形技术的基本原理是利用专用的页面布局算法、查询语言和抽象技术有效地显示一个大的图形。六是混合技术。混合技术集成了上面所述的多种技术,为了清晰表现数据信息,可视化结果可以在一个窗口显示,也可以在多个窗口显示。可视化窗口的关联是一种非常重要的方法,它是目前可视化数据挖掘的研究热点。

　　Card 等人根据信息可视化的类型将可视化数据挖掘技术分为 4 个层次。最高层的可视化工具可以为用户提供在其运行环境之外(如 Internet 或在线服务器)进行信息收集的可视化途径。第二层可视化工具旨在通过创建信息工作空间的快速获取和高度交互的可视化表示来支持用户执行任务。第三层是可视化的知识工具,描述数据的可视化表达,它提供了一个控制集用以与这些可视化的表达进行交互,这就使用户能够确定并提取数据的关系。第四层次是增强的可视化对象,它的目标在于揭示对象内部的一些本质信息。

　　第三层次中的可视化知识工具可以根据可视化结构 (Visual Structure)的类型进一步细分。可视化结构用于描述空间在信息编码的实现过程(即数据维度是如何表达的),常用的可视化结构主要包括以下 4 种:①物理的。主要指数据表达与现实世界的对象相对应的可视化方法,计算可视化就属于这种类型。它通常用构造现实世界物体的三维表示来观察物体,从而获取相关的信息。②一维、二维和三维表示。通过将数据投影到正交的坐标轴内实现信息的编码。一维的可视化结构主要用于表示时间线和文本信息,它常被用作大可视化结构的一部分。二维的可视化主要是一些二维的离散图或者离散的图形矩阵,最简单的例子就是平面几何数据。三维可视化则用于物体的真实表示。③多维结构,用于对具有很多属性的数据进行抽象表示,这些属性数据没有清晰的结构和关系。虽然科学计算可视化也可以处理多维数据,但是它处理的大多数数据集都有空间特征,这些空间特征直接影响可视化的结果。④树和网络,通过连接和包围等方法为数据项的关系编码。这种方法在一定程度上与 Keim 所述的层次技术和图形技术相对应。当描述数据分类、组织结构或磁盘空间管理等事务时,人们能够很自然地想到树型结构,用树型结构能够同时显示许多节点,并提供了浏览和查找机制,让用户观察整个树的结构。而网络则常用于描述数据点带有节点的表达方式,它可以通过连接数据节点来表达数据之间的关系。许多可视化数据挖掘的商业软件都具有较强的交互功能,它们都在不同程度上支持数据的预处理、外部数据库连接以及各种数据挖掘算法。影响可视化数据挖掘技术应用的一个重要因素是目前许多较为成熟的可视化技术都无法处理大数据集。

(2)可视化技术在空间信息挖掘中的应用

空间数据挖掘通常以地图应用为主,通常表现为地理现象的分布规律、聚类规律、发展演变规律、相连共生的关联规则等;而应用数据挖掘在 GIS 遥感影像解译中,由于同物异谱和同谱异物的存在,单纯依靠光谱值知识的统计分类和特征提取难以满足要求,如果能将空间目标的关联知识考虑进去,可以大大提高自动化和准确程度。由此可见,数据挖掘与 GIS 集成可以根据不同的研究内容分为面向空间要素的数据挖掘、面向非空间要素的数据挖掘和空间要素信息与非空间要素信息的联合数据挖掘。

根据不同的类型,所选的可视化技术也不相同,需要根据实际情况决定采用何种可视化数据挖掘技术。面向空间要素的数据挖掘主要是挖掘空间实体间的空间关系、空间规则和特征信息,主要从两种数据挖掘的粒度——基于目标实体和栅格来考虑。面向非空间要素的数据挖掘是对经过空间化后的数据在非空间层次进行一般的数据挖掘,即建立在对 GIS 所管理的空间实体所对应的属性信息的数据挖掘,然后利用 GIS 对所挖掘的结果进行表达,是一种较低层次的数据挖掘与 GIS 集成应用。空间要素和属性信息关联的空间数据挖掘不同于前两者的数据挖掘集成,它的研究内容不局限于对地理要素的空间位置和空间关系的研究,还包括对空间现象(四季变换、温度变化、刮风降水)、空间因素(高山、谷地、平原)、空间组成(土壤、地貌、植被、水域、矿产)、空间活动(动物迁徙、人类活动、水土流失、沙漠侵蚀)等的研究,力图从中揭示出相互影响的内在机制与规律。

(3)知识管理(KM)可视化

①知识管理体系。所谓的“知识工作者”(Knowledge worker)最主要的任务之一,就是如何在做决策前已具备决策能力或搜集到所需知识。而如何利用网络资源和信息技术手段,系统地搜寻知识、整理知识、组织知识,并最终有效地加以利用则是知识工作者必备的技能。但是纯粹以文字组织知识不仅困难而且无法展现其全貌。特别是对隐性知识,用纯文字的记录很难将知识片段间错综复杂的关联说清楚。思考大师狄波诺认为,避免人类语言造成的僵化,有一个很好的办法就是在思考的时候,脑海里尽量多用“图形”少用文字。

一个完整的知识管理体系应该包括:知识收集、知识提炼、知识存储和知识应用 4 个阶段。这是个循环往复、螺旋上升的过程,借助可视化方法表现它,可以帮助我们更准确地理解它们的相互关系,并寻找和发现新的可视化"隐喻"来表示知识。如前所述,知识收集、知识提炼、知识存储和知识应用是知识管理因为"隐性知识"要能够转化为"显性知识"才能够被纪录保存,这个过程叫作隐形知识的"表达外化";而"显性知识"则经过人类大脑的综合组织,被作为"隐形知识"而保存在脑中。知识形态之间的转化,需要一种视觉化模型来表达和呈现,就好比 UML(Unified Modeling Language;统一建模语言)作为一种可视化建模语言,被用作软件系统开发流程中的分析和设计阶段一样。

②几种常用的知识可视化工具。一是概念图(Concept Map)。概念图是康乃尔大学的诺瓦克博士(J.D.Novak)根据奥苏贝尔(David P.Ausubel)的有意义学习理论提出的一种教学技术。它通常将某一主题的有关概念置于圆圈或方框之中,然后用线将相关的概念和命题连接,连线上标明两个概念之间的意义关系。二是思维导图(Mind Map)。思维导图最初是 20 世纪 60 年代英国学者托尼·巴赞(Tony Buzan)创造的一种笔记方法,其运用图文并重的技巧,把各级主题的关系用相互隶属与相关的层级图表现出来,把主题关键词与图像、颜色等建立记忆链接。托尼·巴赞认为思维导图是对发散性思维的表达,因此也是人类思维的自然功能,是打开大脑潜能的万能钥匙,可以应用于生活的各个方面。三是认知地图(Cognitive Maps)。认知地图也被称为因果图(Causal Maps),是由 Ackerman & Eden(2001)提出的,它将"想法"(Ideas)作为节点,并将其连接起来。

③可视化知识建模语言 KML(Knowledge Modeling Language)。如何在浩瀚信息海洋中获取自己所需的知识,进而进行有效的管理并最终利用知识创造价值是知识管理的重要目标。而如何构建良好的知识模型来存储和表达所需的知识,是知识创造价值过程的关键因素。但是,纯粹以文字组织知识不仅困难而且无法展现其全貌。特别是对隐性知识,纯文字的记录,很难将知识片段间错综复杂的关联说清楚。针对这种需求,通过使用可视化知识建模语言人们可以将内在的知识记录转化为图形化的文档,从而得以展现知识的全貌,而知识的使用也变得更加直观和有效。KML 语言由知识组件、关系和图形 3部分组成,加上合理的语法和语义规则,可以很容易地画出树形或者网状结构的知识地图(无论是概念型、流程型,还是职称型知识地图)。通过使用 KML,人们可以将内在的知识记录转化为图形化的文档,从而得以展现知识的全貌,而知识的使用也变得更加直观和有效。

④仿真技术和虚拟技术在信息可视化领域的应用研究。

通过交互式虚拟现实系统实现非空间信息向用户的传输实际上就是一个有效的信息反馈循环过程。首先,非空间信息通过信息可视化系统转换成为图形,通过采用虚拟现实系统,实现了信息可视化符号系统的压缩,导致了一种优化的、更加有效的信息表达方式的产生。其次,用户能身临虚拟现实环境中实现信息的查询,用户与虚拟现实系统间的交互为信息可视化的表现提供了一个全新的方式。

例如,通过交互功能实现对显示参数和场景参数的修改,可为用户在某一时刻实现对某类信息的理解、完成任务精确地提供信息。在许多情况下,信息的提取是通过交互、感知和认知进行深入研究的起点。因此,交互式虚拟现实系统的主要功能在于其研究和探索功能。这符合人类的认知行为。每个人都有自己的探索和认知方式,虚拟现实系统则为此提供了极大的灵活性。仿真技术和虚拟现实技术都是在可视化技术基础上发展起来的,是由计算机进行科学计算和多维表达显示的。仿真技术是虚拟现实技术的核心,仿真技术的特点是用户对可视化的对象只有视觉和听觉,而没有触觉;不存在交互作用;用户没有身临其境的感觉;操纵计算机环境的物体,不会产生符合物理的、力学的动作和行为,不能形象逼真地表达地理信息。而虚拟现实技术则是指运用计算机技术生成一个逼真的,具有视觉、听觉、触觉等效果的,可交互的,动态的世界,人们可以对虚拟对象进操纵和考察。其特点是利用计算机生成一个三维视觉、立体视觉和触觉效果的逼真世界,用户可通过各种器官与虚拟对象进行交互,操纵由计算机生成的虚拟对象时,能产生符合物理的和生物原理的行为和动作;具有从外到内或从内到外观察数据空间的特征,在不同空间漫游;借助三维传感技术(如数据头盔、手套及外衣等)用户可产生具有三维视觉、立体听觉和触觉的身临其境的感觉。虚拟技术的最大特点就是把过去善于处理数字化的单维信息发展为也能适合人的特征的多维信息,它支持的多维信息空间为人类认识和改造世界提供强大武器,使人类处于一种交互作用的环境。目前,虚拟现实技术在其他行业和领域得到了广泛的应用,但在信息可视化方面仍处于研究状态。

4)信息可视化的工具

大数据时代,信息呈现出数据量大、价值密度低,以及快时效等特点,人们保存、检索、分析及利用信息的能力面临着巨大的挑战。信息可视化工具的出现,使得大规模非数值型的信息资源得以实现视觉呈现,为人们理解和分析数据提供了帮助。实现信息的可视化呈现,必须要有得心应手的工具,以下是 Netmagzine 所列举的一些典型的信息可视化工具,无论你是准备制作简单的图表还是复杂的图谱或者信息图,这些工具都能满足你的需要。

(1)Execl

Excel 的图形化功能并不强大,但 Excel 是分析数据的理想工具。作为一个入门级工具,Excel 是快速分析数据的理想工具,也能创建供内部使用的数据图,但是 Excel 在颜色、线条和样式上可选择的范围有限,这也意味着用 Excel 很难制作出能符合专业出版物和网站需要的数据图。但是作为一个高效的内部沟通工具,Excel 应当是你百宝箱中必备的工具之一。

(2)Google Chart API

Google Chart API 是一个动态图表工具集,能够在所有支持 SVG\Canvas 和 VML 的浏览器中使用。但是 Google Chart 的一个大问题是:图表只能在客户端生成,这意味着那些不支持 JavaScript 的设备将无法使用,此外也无法离线使用或者将结果另存为其他格式。尽管存在上述问题,不可否认的是 Google Chart API 的功能异常丰富,如果没有特别的定制化需要,或者对 Google 视觉风格的抵触,那么你大可以从 Google Chart 开始。

（3）D3

D3（Data Driven Documents）是支持 SVG 渲染的另一种 JavaScript 库。D3 能够提供大量线性图和条形图之外的复杂图表样式,例如 Voronoi 图、树形图、圆形集群和单词云等。

（4）Python

Python 是 20 世纪 90 年代初由荷兰人吉多·范·罗苏姆（Guido van Rossum）创建的。目前,Python 已经成为最受欢迎的程序设计语言之一。由于 Python 语言的简洁性、易读性以及可扩展性,在国外用 Python 做科学计算的研究机构日益增多,一些知名大学已经采用 Python 来教授程序设计课程。例如卡耐基梅隆大学的编程基础、麻省理工学院的计算机科学及编程导论就使用 Python 语言讲授。它提供了经典的科学计算扩展库,如 NumPy、SciPy 和 matplotlib 等,能够方便地实现快速数组处理、数值运算以及图形绘制。

9.2 信息的传播

从前面的概念基础部分的知识可知,信息可以划分为 3 个基本的层次,即语法信息、语义信息和语用信息。在这 3 个层次中,语法信息是最基本的层次,语用信息和语义信息可以由信息的使用者从语法信息中加工产生出来。因为语法信息是对"事物运动状态和方式"本身的表达,而语义信息是对事物"运动特征和方式"的逻辑含义的理解,语用信息则是对事物"运动状态和方式"在特定情景下相对于信息使用者所产生的效用。也就是说,语法信息是"事物运动状态和方式"的形式化表达,而语义信息和语用信息分别是这种形式化表达所包含的内容和价值。由此可知,语义信息和语用信息是建立在语法信息的基础之上的。有了语法信息,信息使用者就可以从中获得相应的语义信息和语用信息。

因此,从技术上讲,信息传播所关心的核心问题是信息的形式化表达的传输,而与信息的内容及价值无关。信息的传播是实质是信息脱离产生它的源事物而附着在一定的载体上,并借助于载体的运动,在空间中从一点传送到另一点的过程。信息传播从技术的角度,核心的问题是怎样将语法信息准确、迅速、安全、可靠地实现跨越空间的传递。只要有效地实现了语法信息的传输,语义信息和语用信息就必然包含其中了。然而从信息传播应用效果的角度,还必须考虑所传播的信息的语义和语用效果及其价值。

9.2.1 信息传播的模式

信息传播模式是指研究信息传播过程、性质、效果的公式。卡尔·多伊奇（Karl W. Deutsch）1963 年在《政府的神经:政治传播与控制的模式》一书中曾论述过在社会科学研究中"模式"的主要优点。首先是模式具有构造功能,能揭示各系统之间的次序及其相互关系,能使我们对事物有一个很难从其他方法中获得的整体形象。在这一方面,模式能为各种不同的特殊状态提供一个标准的图景。其次是模式具有解释功能,它能用间接的方式提供如果改用其他方法则可能相当复杂或含糊的信息。其三,模式具有预测功能。利用模式进行研究,可以对事物运动的过程和结局进行预测。因此,借助于对传播模式的研究,可以将传播过程所涉及的各种因素系统化、视觉化、简洁化,使得人们更容易理解传播过程,表现出在传播过程中确实存在但无法直接观察到的联系,能够显示传播过程所涉及的各种因素和各个环节之间的关系,进而可以分析传播过程中可能存在的问题和传播效果。

20世纪20年代以来,西方传播学研究中出现了反映不同观点和不同研究方法的多种模式,但没有一个被普遍接受的模式。具有代表性的传播模式有以下几种:

1)信息传播的"5W"模式

信息传播的"5W"模式又称为传播的政治模式。该模式首次将传播活动解释为由传播者、传播内容、传播渠道、传播对象和传播效果5个环节和要素构成,即:谁(Who)、说什么(Says What)、通过什么渠道(in Which Channel)、对谁说(to Whom)、产生什么效果(with What effect)。该模式于1948年由美国政治学家H.D.拉斯韦尔提出,后被广为引用。西方学者认为"5W"模式概括性强,用5个要素将复杂的信息传播过程加以描述,对信息传播的研究起了很大的推动作用,但它忽略了信息传播中的"反馈"传播因素以及这种反馈对于信息交流过程的影响作用,因而存在一定的局限性。

2)香农-韦弗模式

香农-韦弗模式又称为信息传播的数学模式。1948年由美国数学家香农(Claude Elwood Shannon)和W.韦弗提出。其特点是解释了信息传播的基本组成部分,即信源、信道、信息、信宿和噪声。西方学者认为,此模式开拓了传播研究的视野,模式中"噪声"的引入表明了传播过程的复杂性,而且"噪声"不仅限于信息传播的"渠道"。

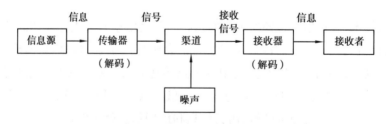

图9-10　信息传播的香农-韦弗模式

3)两级传播模式

20世纪40年代,两级传播模式由美国社会学家P.F.拉扎斯菲尔德提出。此模式强调"舆论领袖"在信息传播中的作用。西方学者认为,两级传播模式综合了大众传播和人际传播,但夸大了"舆论领袖"的作用及其对大众传播媒介的依赖性,把信息传播过程简单化了。其将受众截然分为主动和被动、活跃和不活跃两部分,不符合信息传播的现实情况。此模式以后演变为多层次的 N 级传播模式。

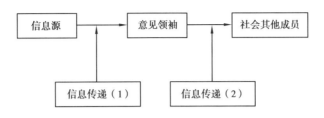

图 9-11　信息传递的两级传播模式

4）施拉姆模式

施拉姆模式于 20 世纪 50 年代，由美国传播学者施拉姆（W.Schramm）提出，是较为流行的人际传播模式。此模式强调传者和受传者的同一性及其处理信息的过程，揭示了符号互动在传播中的作用。图 9-12 中的"信息反馈"，表明传播是一个双向循环的过程。

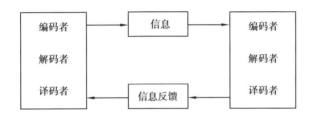

图 9-12　信息传播的施拉姆模式

施拉姆模式的优点是反映了信息传播过程中信息交流双方的互动性和循环性，体现了信息传播者与受众之间的角色互换，这就内含了这样一种观点："信息会产生反馈，并为传受双方所共享"，其在一定程度上揭示了信息传播过程的相互连接性和交织性。其缺点：一是没有反映出信息交流过程中环境因素的影响，特别是伴随网络技术的广泛应用而发展起来的"自媒体"等对信息传播的影响；二是没有反映出信息交流双方存在的差异性，即信息传播中信息交流双方往往是非对等关系。

5）德弗勒模式

德弗勒模式又称大众传播双循环模式，20 世纪 50 年代后期由美国社会学家 M.L.德弗勒提出。在闭路循环传播系统中，受传者既是信息的接收者，也是信息的传送者，噪声可以出现于传播过程中的各个环节。此模式突出双向性，被认为是描绘大众传播过程的一个比较完整的模式。

施拉姆模式与德弗勒模式在既往的模式中补充了反馈因素，因而更符合信息传播的互动特点。

6）韦斯特利-麦克莱恩模式

韦斯特利-麦克莱恩模式由美国传播学者 B.韦斯特利和 M.麦克莱恩提出。图 9-14 中 X 指信源，包括社会环境中的任何事件或事物；A 为信息传播者；B 为传播信息的受众,其可以是个人,也可以是群体,还可以是一个社会系统;C 为信息传播路线上的把关人,他们从 A 或 X 处选择信息传播给 B,B 得到的是经过 C 过滤后的信息;F 为反馈信息,其中 FBA 指受众(B)向原始信源(A)的反馈,FBC 指受众向传播组织的反馈,FCA 指把关者(C)向传播者(A)的反馈;X′指传播者为进入信息渠道而作出的选择,X″指媒介组织向受众传递的加工过的信息。

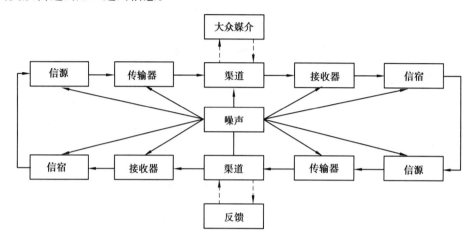

图 9-13　信息传播的德弗勒模式

这一模式分析了 A,B,C 三者之间的内在联系,并指出了信息传播过程的交互性,注重了反馈的重要性,特别强调把关人在信息传播中的作用。

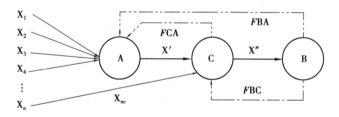

图 9-14　信息传播的韦斯特利-麦克莱恩模式

7)波纹中心模式

波纹中心模式由美国信息传播学者 R.E.希伯特等在 20 世纪 70 年代中期提出。图 9-15 中"代码"指文字符号系统,"调节者"指政府、团体、消费者,"过滤器"指文化和社会系统,"信息放大"兼有空间和心理的含义。

如图 9-15 所示,信息的大众传播过程犹如投石于水池中产生的现——石子击起波纹,波纹向外扩展到池边时,又向中心反向波动;在扩展和回弹的过程中,波纹(即传播中的信息)受到许多因素的影响。此模式强调信息传播同社会、文化等的关系,显示了信息传播过程的复杂性和动态性。

信息传播学研究中使用模式方法建构的传播模式,实际上就是科学地、抽象地在理论上把握传播的基本结构与过程,描述其中的要素、环节及相关变量的关系。传播是一

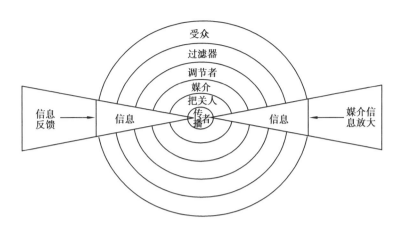

图 9-15　信息传播的波纹中心模式

个从传播者到受传者的信息流通过程。在信息传播学发展的不同阶段、不同模式中,可以体现出从信息传播者到受传者之间关系所发生的变化。在信息传播学简短的历史中,信息传播学者构想和提出了许多的传播模式,从早期的传播模式建立直至网络传播模式出现以前的传播模式,虽数量不下百余种,但是都未摆脱线性传播的基本特征,即传播学的基本模式——拉斯韦尔公式(5W 模式)。

实际上,所有对传播模式的表述可以归为两大类,即表征传播过程及结构的模式(如基本模式)和表征传播要素关系的模式(如影响、效果、受众、媒介模式)。比较而言,前者更是对传播本质的整体把握。正如前面所讲到的,在解构信息传播中所引入的两个视角——过程观和结构观,传播学基本模式就是以此为基础而建立的。由此,拉斯韦尔公式即成为认识、研究传播的核心框架。

9.2.2　信息传播的基本要素

在信息传播过程中涉及以下基本要素。

信息源(又称信源):是产生事物运动状态和方式的源事物(即信息),它是信息传播的源头,如果没有信源,那么整个信息传播活动则无法进行。

传播者:是信息传播行为的引发者,即以发出信息的方式主动作用于他人的人。在信息传播中,传播者既可以是个人,也可以是组织或群体。信息传播者的作用主要有两个方面:一是信息的传播始于传播者;二是信息传播的内容、对象取决于传播者。信息传播者根据与信息源的关系,可以分为直接信息传播者和间接信息传播者;根据是否进行专职传播,可以分为专职传播者和普通传播者。

信息:是信息传播的本体,是由一组相互关联的有意义的符号组成,能够表达某种完整意义的信息。信息是传播者和受传者之间社会互动的介质,通过信息的传播,两者之间发生有意义的交换,达到互动的目的。

编码:为了进行信息传播,信源传播者必须将希望传播的观念或思想转化成信息,这个转化过程叫作编码,在编码过程中要进行有效的符号创造。

受传者(又称信宿):即信息的接收者和反映者,是传播者的作用对象。作用对象一词并不意味着受传者是被动的存在,相反,他可以通过反馈活动来影响传播者。受传者同样可以是个人,也可以是组织或群体。

传播媒介:又称为传播渠道、信道、手段或工具。传播媒介是信息的搬运者,也是将信息传播过程中的各种因素相互连接起来的桥梁和纽带。现实生活中的信息传播媒介是多种多样的,邮政系统、大众传播系统、互联网络系统、有线和无线电话系统都是现代人常用的传播媒介。传播媒介的关键问题是容量与速度,要求以最快的速度传播大容量的信息。

反馈:受传者对所接收到的信息的反应或回应,也是受传者对传播者的反作用。获得反馈信息是传播者的意图和目的,发出反馈信息是受传者能动性的体现。反馈是体现信息传播的双向性和互动性的重要机制,其速度和质量因媒介渠道的性质有所不同,但它是信息传播过程中不可或缺的要素。

9.2.3 常见的信息传播方式

1)多向主动传播

多向主动传播是指信息的发送者根据自己的选择和判断将信息处理后传播给事先没有确定的接收者。其传播的形式主要有:信息管理机构的信息报道服务、企业的广告发布、广播电视节目、新闻发布会、网络信息发布等。多向主动传播是信息服务的基本形式。

2)多向被动传播

多向被动传播是信息传播者根据广泛的信息接收者的需求,向他们提供信息资料的传播。如图书馆、信息中心的书刊资料阅览和信息提供服务以及网络信息服务。在这种传播模式下,信息服务的提供者没有事先确定的服务对象和明确的信息服务需求,它们对大量的信息进行收集、选择、加工、整理、存储,向未知的信息用户提供导航和搜索服务。

3)单项被动传播

单项被动传播是指信息发送者根据事先确定的信息接收者的特定需求来进行的信息传播。信息服务机构根据自己掌握的知识、经验和信息资源,接受信息用户的请求,判断信息用户的信息需求,向信息用户提供满足其需求的结果信息。在这种传播方式中,信息需求是由用户提出的,而且往往是不可预知的,因而对于信息服务机构而言是被动的,而信息的传递对象又是特定的信息用户,所以这种信息传播称为单项被动传播,也称为有向被动传播。

4)单项主动传播

单向主动传播是指信息的发送者根据自己的选择和判断将信息主动传递给事先确定的接收者。这种信息传播方式一般是信息传播机构与信息用户之间有着较为固定和密切的合作关系,信息服务机构了解用户的信息需求,从而能够准确、及时地向特定用户提供信息。近年来发展起来的"信息推送服务(Information Push Services,IPS)"即是单项主动传播的典型应用。

IPS 的基本过程是用户信息需求了解、专题信息搜索、信息定期反馈。首先由用户向系统输入自己的信息需求,这包括用户的个人档案信息、用户感兴趣的信息主题等,然后由系统或人工在网上进行针对性的搜索,最后定期将有关信息推送至用户主机上。这里突出的是信息的主动服务,即改"人找信息"为"信息找人",通过邮件、"频道"报送、预留网页、手机短信等多种途径送信息到人。目前,许多信息服务机构都推出了诸如个性化频道定制、个人智能化搜索代理等。

IPS 是信息个性化服务的具体体现,是现代网络环境下,信息传播的新方式。其具有以下优点。

(1)及时主动性

这是推送服务最基本的特点,即当有新的信息需要提交时,依据传送信息的类型和重要性不同,推送软件会主动提醒用户接收新信息,从而提高了用户获取信息的及时性。

(2)针对目的性

推送服务提供的信息是根据用户的特定需求定制的,这充分体现了用户的个性化需求。这种个性化的服务还是动态的,用户只需在定制之初描述信息需求,推送软件就会自动跟踪用户的使用倾向,实时地完成特定信息的推送。

(3)集成性

在 IPS 模式下,为保证信息内容的精炼、准确,系统能够从各种渠道,通过数据挖掘、知识发现等方式获取信息,并对其进行加工集成,通过固定的渠道传送给用户,这种经过加工的信息显然更全面,准确性更高。

(4)便捷高效性

在 IPS 模式下,用户只需输入一次信息请求,就可获得连续的信息服务。推送服务还采用信息代理机制,可以自动跟踪用户的信息需求。这样的推送服务既节省了用户主动拉取的时间,又减少了冗余信息的传递,提高了信息的匹配度,从而大大方便了用户,提高了信息传播的效用和效率。

上述 4 种信息传播方式并非彼此独立,而是相互联系的,它们之间不能相互替代,而要长期共存。多向主动传播是专业信息服务得以开展的最基本和最重要的信息传播方式。要进行信息的多向传播,必然要同时完成信息的收集、信息的加工整理以及信息的检索等相关环节的工作,并以此为基础,其他几种类型的信息传播才能够得以进行。此外,对于不同类别的信息接收者而言,有了信息机构的多向主动传播,才具有了了解和获取各类信息的基础。多向传播一般较单向传播容易,因为单向传播要求具有特定的目标,需要信息传播机构花费精力和时间去了解特定用户的信息需求。与被动传播相比较,主动传播较为容易,因为其有较为充裕的时间进行相关的准备工作。有向主动传播(即信息的推送服务)是信息传播服务的高级形式,只有定向、准确地将信息传播给特定的利用者,才能够最大限度地发挥信息传播的效用。

9.2.4　信息传播的效果

所谓信息传播效果是指信息传播者发出的信息经媒介传至受众而引起受众在思想观念、行为方式等方面的变化。传播效果研究有两个基本方面:其一是对个人效果产生的微观过程分析;其二是对社会效果产生的宏观过程分析。这两个方面的研究来源于对传播效果的分层次理解。①它指的是带有说服动机的传播行为在受传者身上引起的心理、态度和行为的变化。从这个角度衡量,传播效果指传播活动在多大程度上实现了传播者的意图或目的。②不管传播者有没有传播意图,他们所从事的传播活动总会伴随着各种各样的结果。从这个角度衡量,传播效果指受传者受到了传播活动的影响,在什么方向、多大程度上加强或改变了他们的态度和行为。

信息传播效果的形成受到多种因素和条件制约,但在这一过程中居于最优地位的无疑是作为信息传播主体的传播者。传播主体不但掌握着传播工具和手段,而且决定着信息内容的取舍选择,作为传播过程的控制者发挥着主动作用。

传播者决定着信息的内容,但从信息传播取得理想效果的角度而言,即便是同一内容的信息,如果出于不同的传播者,人们对它的接受程度也是不同的。这是因为,人们首先要根据传播者本身的可信性对信息的真伪和价值作出判断。即信源的可信性。

信源的可信性包括两个因素:①传播者的信誉,包括是否诚实、客观、公正等品格条件;②传播者对特定问题是否具有发言权和发言资格,即专业权威性。这两个因素构成了信源可信性的基础。

20 个世纪 50 年代,美国学者卡尔·霍夫兰(Carl Hovland)等人采用心理学控制试验的方法用于传播效果的研究,分析信源的可信性与信息传播效果之间的关系,结果表明高可信度信源的传播效果远远好于低可信度信源。

然而,进一步的实验发现,随着时间的推移,高可信度信源的传播效果会出现衰减,而低可信度信源的传播效果则有上升趋势。这说明,信源的可信性对信息传播的短期效果具有极为重要的影响,但从长期效果来说,最终起决定作用的是信息内容本身的说服力,即信息传播的效果最终决定于所传播信息内容的真实性,观点的客观性、科学性。

第 4 编
基于信息的管理

　　在前面的概念基础部分,我们将信息管理定义为对信息的管理以及基于信息的管理。基于信息的管理即以信息方法为视角、以信息技术为手段、以信息活动所抽象和代表的人类的有目的活动及其管理过程为对象,通过对其展开研究,从而洞察问题、寻求机会、提供解决方案并有效规避风险,实施智能管理并确保既定目标实现的过程。

第 10 章 信息与组织的管理

10.1 组织管理的基本职能

早在 1916 年,与马克斯·韦伯(Max Weber)、弗雷德里克·温斯洛·泰勒(Frederick Winslow Taylor,1856—1915)并称为西方古典管理理论的三位先驱,并被尊称为管理过程学派的开山鼻祖的法国管理理论家亨利·法约尔(Henri Fayol)在其著名的著作《工业管理与一般管理》中就指出了管理者通常应该行使的 5 种职能,即计划、组织、指挥、协调和控制 5 大管理职能,并对每一个职能都进行了相应的分析和讨论。

1)计划

法约尔认为管理意味着展望未来,预见是管理的一个基本要素,预见的目的就是制订行动计划。在这里,法约尔是把计划和预见作为一个相同的概念提出的,而预见即表示对未来的估计,也表示为未来做准备,它是以企业的资源、其所经营业务的性质和未来的趋势为其根据的。

法约尔认为,一个好的行动计划应具备以下特征:①统一性,即一次只能执行一个计划,但一个计划可以分为总计划和部门的专业计划,作为一个整体相互结合、联系。②连续性,即应该使第二个计划有机地衔接第一个计划,第三个接上第二个,持续不断。③灵活性,即计划应能够顺应人们对事物的认识的发展和环境的变化而适当调整。④精确性,即根据预测,尽可能使计划适应未来发展的需求;在近期计划中要求有较高的精确度,而长期计划则采取简单的一般方法——制订长期计划是法约尔对管理思想的一个杰出贡献。法约尔认为:计划即预见是管理的首要因素,具有普遍的适用性,而且是一切组织活动的基础。

2)组织

组织可分为物质组织与社会组织,法约尔所论及的仅只是社会组织,即为企业的经营提供所有必要的原料、设备、资金、人员。在法约尔的组织理论中,组织结构的金字塔是职能增长的结果,职能的发展是水平方向的,因为随着组织承担的工作量的增加,职能部门的人员就要增多,而且,随着规模的扩大,需要增加管理层次来指导和协调下一层的工作,所以纵向的等级也是逐渐增加的。组织所应完成的管理任务有:①检查计划制订情况和执行情况;②注意组织活动是否与企业目标、资源和需要相适应;③建立一元化的、有能力的、有效的领导;④配合行动,协调力量;⑤制订清楚、明确、准确的决策;⑥有效地配备和安排人员、明确职责;⑦鼓励首创精神与责任感;⑧建立合理的报酬方式和惩罚制度;⑨制定纪律,使个人利益服从企业利益;⑩注意指挥的统一和进行全面控制,等14 项管理原则。

3)指挥

指挥即让社会组织发挥作用,是一种以某些个人品质和对管理的一般原则的了解为基础的艺术。担任指挥工作的领导应该做到:①对职工有深入的了解,明白对每个人可寄予什么期望,给予多大信任;②淘汰没有工作能力的人;③对企业和职工之间的协定很了解;④做出榜样;⑤对组织要定期检查,并使用概括的图表来促进这项工作;⑥召开讨论统一指挥和集中努力时要让主要助手参加;⑦不要陷入琐碎事务;⑧力争使成员团结、主动、积极和忠诚。

4)协调

这指企业的一切工作都要和谐地配合,以便于企业经营的顺利进行,并有利于企业取得成功。使各职能的社会组织机构和物资设备机构之间保持一定比例,在工作中做到先后有序、有条不紊。在法约尔看来,协调是一种平衡行动,使支出和收入相等,使设备适合于实现生产目标的需要,以及确保销售和生产之间的协调一致。组织工作和计划工作通过规定任务、制定时间表以及实行目标管理等方法,来推进协调工作。

5)控制

控制就是要分析各项工作是否都与已定计划相符合,其目的在于指出工作中的缺点和错误,以便纠正并避免重犯。对物、对人、对行动都可以进行控制。控制涉及企业组织的一切方面。当控制工作太多、太复杂、涉及面太大时,就应作为一项独立的工作,并设立专门的检查员或监督员。在控制中,一个要避免的危险是对各部门的领导和工作进行过多的干预。这种越权行为会造成最可怕的双重领导:一方面是不负责任的控制人员,他们有时在很大范围内造成有害影响;一方面是被控制的业务部门,他们没有权力采取措施来反对这种控制。一切控制活动都应是公正的,控制这一要素在执行时也需要有持久的专心工作精神和较高的艺术。

1937 年,美国管理学家、哥伦比亚大学公共管理研究所所长卢瑟·古利克(Luther Halsey Gulick)与英国管理学权威林德尔·厄威克(Lyndall Urwick)在其合编的《管理科学论文集》中,将法约尔的有关管理过程的论点加以展开,提出了有名的“管理七职能”论,取其每种职能英文词的首字而称作 POSDCoRB。即:Planning(计划)、Organising(组织)、Staffing(人事)、Directing(指挥)、Coordinating(协调)、Reporting(报告)、Budgeting(预算)。这 7 种管理职能,以后虽有人加以增减或修改,但基本上包括了到那时为止的有关管理过程的观点,并成为以后有关这类研究的出发点。

加拿大管理学家亨利·明茨伯格(Henry Mintzberg),是管理界享有盛誉的管理学大师,经理角色学派的主要代表人物,他在组织管理学方面的主要贡献在于对管理者工作的分析。1973 年,明茨伯格以一本《管理工作的实质》(*The Nature of Managerial Work*)一举成名,在该书中明茨伯格揭示了管理者的三大类角色:人际角色、信息角色、决策角色。

人际关系方面:管理者有挂名首脑角色、领导者角色、联络者角色 3 种角色。明茨伯格认为:人际角色直接产生于管理者的正式权力基础。管理者需要扮演一些礼仪性质的角色;需要领导员工共同为企业目标而努力奋斗;也要与组织内个人、小组一起工作,与外部利益相关者建立良好的关系。

在信息方面:管理者有接受者角色、传播者角色、发言人角色 3 种角色。明茨伯格重点研究了信息对于管理者的重要性。他认为决策的关键是对信息的把握,管理者需要负责确保和其一起工作的人具有足够的信息,从而能够顺利完成工作。整个组织的人依赖管理结构和管理者以获取或传递必要的信息。从根本上来说,管理者必须为保持组织的信息畅通负责。

在决策方面:管理者则有企业家角色、资源分配者、故障排除者、谈判者角色。明茨伯格提到:管理者要处理信息并得出结论。管理者要通过决策使得工作小组按照既定的路线行事,并分配资源以保证计划的实施。管理者要做组织运转故障的排除者。危机事件的处理者。还要作为谈判者与各种人和组织讨价还价。

10.2 组织的管理与信息

10.2.1 从管理的角度看:管理不能离开信息

1)从管理的职能看,管理的每一个职能都与信息有关

计划是企业管理的首要职能。科学的计划必须以全面反映客观经济过程的大量内、外部信息资料为依据,才能在计划中明确目标、分解任务、规定时间和建立指标等。也就是说,掌握准确、翔实的信息,是企业计划工作的前提。

组织工作需要良好的信息沟通,信息沟通顺畅,组织职能就会得到较好落实;信息交流不畅,组织工作就会失效。

控制则需要动态掌握目标信息与状态信息,并与计划对比后洞察问题、查明原因,并采取相应的措施,很显然,没有信息也就没有控制可言。

协同同样依赖于信息。管理中有一个可怕的恶魔,就是"不确定性"。比如,供应链中的很多问题都是"不确定性"造成的,包括预测错误、交货延迟、机器宕机、订单取消等。这些问题的发生导致企业中不必要的库存增加,企业甚至不知道到底需要多少库存,也不知道库存应该放在哪里。为了应对市场需求的变化,供应链企业通过共享库存信息、共享销售数据及用户订货等信息,可大大提高供应链企业在生产销售方面的预测准确

度,降低供应链生产的安全库存,消除或减少由预测不准确而给供应链企业带来的损失。

2)从管理的过程看,管理过程就是信息加工过程

图 10-1 描述的是管理的一般过程与信息加工处理过程的对应关系。

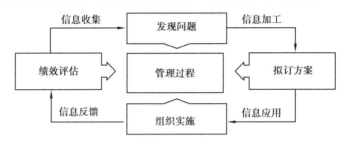

图 10-1　管理过程与信息加工过程

图 10-1 中所描述的管理一般过程是:发现问题→拟订方案→组织实施→绩效评估;而信息的加工过程则为:信息收集→信息加工→信息应用→信息反馈。比对这两个过程,可以直观地发现,它们彼此之间逻辑结构相同、功能一一相互对应。发现问题是一个信息收集的过程;拟订方案则是一个信息加工的过程;方案的组织实施是信息的运用过程;而对管理结果的绩效评估分析则是一个信息的反馈过程。因而,可以由此得出结论:"管理过程实质上是一个信息加工处理的过程"。

10.2.2　从信息的角度看:信息正在改变组织的管理

1)信息使用的能力决定经营管理能力的放大倍率

无论是内部的管理与控制,还是与外部的联系与协同,都是通过信息进行的。充分利用信息来控制企业人、财、物的合理配置和有序流动,发挥各自的效能,就能增大企业的产出,放大企业的经营能力。

20 世纪 60 年代,针对库存管理中普遍应用的订购点法存在的缺陷,美国生产管理与计算机应用专家 Oliver W. Wight 和 George W. Plosh 提出了物料需求计划(Material Requirement Planning),它能够根据总生产进度计划中规定的最终产品的交货日期,规定必须完成各项作业的时间,编制所有较低层次零部件的生产进度计划,对外计划各种零部件的采购时间与数量,对内确定生产部门应进行加工生产的时间和数量。一旦作业不能按计划完成时,MRP 系统可以对采购和生产进度的时间和数量加以调整,使各项作业的优先顺序符合实际情况。

这无疑是一种较为先进的生产组织模式,但是,这种方式的实施需要以大量数据的精确计算为支撑,以汽车制造为例,一次整车计划的调整,将涉及上千个零部件和几百道工序的大量数据计算,要运用到库存模型、生产模型、产品结构模型、工艺路线模型、零件数据模型等众多的模型。

而在那个年代,计算机技术尚未得到成熟运用,要满足这样庞大数据的计算和模型

间的关系分析,缺乏强大的即时计算的技术支持,这么一种好的方法只能停留在纯粹的理论研究状态,而难以形成现实的生产力。直到进入 20 世纪 80 年代,随着计算机技术的发展、成熟,MRP 才得以在现实中兑现其能力,并逐步演进为 MRPII、ERP 等生产组织方式,推进了 JIT 等先进的精益制造模式的应用。

又如,在 20 世纪 90 年代,当 IBM 的"深蓝"超级计算机成功挑战国际象棋特级大师卡斯帕罗夫,赢得了首次计算机对人类智力竞赛的胜利,人们在欢呼人工智能的发展取得的进展的同时,依然认为,计算机人工智能距离人的智慧还差之太远。他们以围棋为例,认为计算机要战胜人类是不可想象的。

普林斯顿研究人员曾经做过这样一个统计分析项目,对于一个标准的围棋棋盘而言,一共有 19×19＝361 个位置,每个位置存在黑子、白子、空 3 种情况。因此棋局的每一次落子理论上存在 3^{361} 种可能。但是根据围棋规则,不是所有位置都可合法落子,因此在排除所有不合法的棋局后,精确的合法棋局数为 $2×10^{170}$,如果只是通过简单的穷举计算,则一台使用 15 TB 硬盘空间、8～16 核处理器、192 GB 内存的服务器将需要花费约 90 天的时间,这显然是不符合围棋对弈规则的。

然而,由 Google 公司开发的人工智能系统 AlphaGo Master 通过所配备的 1 920 个 CPU 加上 280 个 GPU、辅之以机器深度学习(Deep Learning)与增强学习(Reinforcement Learning)的系统软件的支持,居然在 5 天内横扫中、日、韩围棋棋坛,创造了 60 场连胜的纪录,并在 2017 年与人类世界实时排名第一的中国顶尖围棋选手柯洁的对决中取得完胜。

尽管 AlphaGo 只是针对围棋博弈而开发的系统,但其原理可以被广泛应用到现实问题中,比如医疗中的癌症检测、工业领域的机器人训练等,可以极大地延伸和拓展人类的智力。2016 年,美国一位 17 岁的高中生 Brittany Wenger 即通过 Google 公司所开发的免费开放的机器学习开发工具 TensorFlow 的支持,成功地开发出了一套可以有效地提前监测乳腺癌的人工神经网络,其准确率超过了 90%。

2)信息推动的数字化经济改变了企业的盈利模式

数字化经济时代的到来,企业对利润的追逐已由传统的"规模效应"转为对依附在产品和服务中知识含量"超额利润"的追求。

在传统工业经济时代,规模效应是赢得利润的基本方式,因为任何生产都是有成本的,一般包括固定成本和可变成本。要达到盈利,必须使销售收入大于生产成本,而这其中的固定成本是不变的,所以生产的产品越多,分摊到单个产品中的固定成本就越少,盈利就越多。经济学中的规模效应是根据边际成本递减推导出来的,就是说企业的成本包括固定成本和可变成本,混合成本则可以分解为这两种成本,在生产规模扩大后,可变成本同比例增加而固定成本不会增加,所以随着生产规模的扩大,单位产品成本就会下降,企业的销售利润率就会上升。因此做大规模一直是企业盈利的基本模式。

成立仅仅 30 多年的美国高通公司(Qualcomm)已在移动通信行业累计研发投入超过 470 亿美元,并且每年都坚持将财年收入的 20% 投入到新技术和新产品的研发之中。截至 2017 年,Qualcomm 在全球已经获得和正在申请中的专利数量达到了 13 万件。通过开放式的专利组合授权,Qualcomm 不断将最新的创新成果与产业界分享,将知识产权转化为切切实实的价值和财富,从中获得高额的溢价回报,并将所获得的收益持续性地投入再研发,促生新的创新,实现了"创新—知识产权—创新"的正向良性循环。Qualcomm 2017 财年专利收入竟然高达 64.45 亿美元。

Qualcomm 的这种通过信息支持的、借助创新而获取的依附在知识上的"超额利润"的盈利模式,彻底颠覆了传统工业经济时代以规模取胜的盈利之道。这种方式不但实现了盈利的目标,而且通过持续创新确保了其在行业中的领先优势。

Qualcomm 的盈利模式的成功范例,验证了 J.J. Servan-Schreiber 的预言"人类社会正在从指数曲线式消耗自然资源的工业社会,过渡到指数曲线式创造物质财富,并能使人类才智得到发展的信息社会"。

3)信息技术改变了沟通方式促进了管理的扁平化

信息时代催生了"即时经济",时间成为获得竞争优势的新源泉,波士顿顾问公司 (Boston Consulting Group) 资深副总裁乔治·斯塔克 (George Stalk) 在《哈佛商业评论》发表的《时间:下一个竞争优势资源(1988)》一文中根据日本企业竞争优势的演进过程看到了时间对于企业的前景,认为:"时间是商业竞争的秘密武器,由于反应时间导致的优势将带动其他各种竞争优势。在最短的时间内以最低的成本创造最大的价值是企业成功最新的模式",并首先提出了"基于时间的竞争"的概念。认为市场竞争优势最明显的变化表现为基于时间的竞争(Time-based Competition, TBC),从时间上反映出来的优势可以带动其他的竞争优势(Stalk and Hout, 1990)。这些研究表明,单一的依靠能力取胜的时代已经过去,能力必须与速度结合才能形成符合时代要求的新的核心竞争力,而对时间和速度的追求必然要求管理的扁平化。

1981 年,日本摩托车行业的本田和雅马哈之间爆发了一场战争——雅马哈宣称要取代本田成为全球最大的摩托车生产厂商,而本田则毫不示弱,立即应战:"要彻底打败雅马哈。"大战伊始,双方各投入了 60 多种型号的摩托车。在随后的 18 个月中,本田推出了 113 种型号,且每种型号新颖别致、功能先进;而雅马哈只推出了 37 种型号,且技术落后,与本田相比相形见绌。到 1983 雅马哈的滞销产品堆积如山,存货期超过 12 个月。最后,雅马哈宣布投降,其总裁 Eguchi 说:"是我们要求结束本哈大战的,我们失败了。"本田赢得竞争胜利靠的不是削价倾销和铺天盖地的广告,尽管它也做了这一切,其成功的奥秘是频率极高的产品更新速度和对消费者需求的快速回应,从而把雅马哈淹没在新型产品的汪洋之中。

本田的胜利说明,在当今激烈的市场竞争中,不再是一个规模大的公司吃掉另一个规模小的公司,而是动作快的公司赶超动作慢的公司,做得好的公司赶超做得差的公司。

速度制胜的含义是,企业对市场变化的响应要快、决策要快、执行要快,这就要求企业建立一种扁平化的、层级较少的管理体系;企业的创新速度要快,这就要求企业建立一套灵敏的、顺应市场变化的快速反应系统;企业的制造速度要快,这要求企业规模制造的水平要高;企业的销售速度要快,这要求企业建立一套快速的市场营销网络。速度跟上了,假设原来 1 小时的效益是 1 元,现在变成了 2 元,速度的效益就体现出来了,而且快速的企业流程运转将会使企业及员工的注意力更集中、管理更加精准,潜能也更容易得到发挥。

然而,在传统的工业经济时代,已经形成定势的组织设计中的管理跨度理论却制约着组织架构的设计。所谓"管理跨度"(Span of Management)理论,是指管理人员要想有效地行使监督、管理的职能,其直接管理的下属的人数是有限的,当超过这个限度时,管理效率会随之下降,因此主管人员要想有效率地领导下属,就必须增加管理层次,如此下去,形成了有层次的管理结构。

管理跨度理论最早由英国著名的管理学家林德尔·厄威克(Lyndall Urwick)提出,在其于 1938 年发表的《科学的组织原则》一书中提出了著名的管理 8 项原则,其中第五条原则即控制幅度原则。并在其《管理的要素》一书中指出"每一个上级所管辖的相互之间有工作联系的下级人员不应超过 5 人或 6 人",如果说下级人员的数量以算术级数增加,那么需要由上级领导加以注意的下级人员之间的相互关系的排列组合则将会以几何级数增加。当然,厄威克的论证还属于经验性的逻辑推论。在其影响下,立陶宛裔的咨询师格莱库纳斯(V.A. Graicunas)对其给予了数学证明。他对影响控制幅度的组织关系进行了数学分析并指出:当增加一个下属时,直接单独联系的数量将按算数级增加,如果再加上直接团体联系和交叉联系,相应的联系总数则将按指数比例增加。假定有 n 个部下,则组织关系的理论总量遵循以下公式: $n(n^{n-1}+n-1)$ 。

格莱库纳斯认为,工业界的经理们往往想通过增加他们所管辖的机构和人员来"增加他们的威望和影响",这种欲望会导致管理的部属过多,进而造成工作延误、缺乏协调、组织混乱等弊病。

因此,组织管理理论中的管理跨度理论认为,管理者由于精力、知识、经验和能力的限制,其所能有效管理的下属人数是有限的。随着下属人数的增加,信息量和管理难度将呈指数式增加,当下属人数增加到一定程度,就超越了管理者所能有效管理和控制的范围。随着一个组织的人数的增加,由于有效管理跨度的限制,就必须增加管理层次。企业的高层、中层、基层管理者组成的是一个金字塔状的组织结构。最高决策者位于金字塔顶,他们的指令通过一级一级的管理层最终传达到执行者;基层信息通过一层一层的筛选、过滤,最后上达最高决策者。

此外,受制于管理跨度理论的制约,对于一些典型企业组织,还意味着管理成本的增加。这里可以简单地做一个计算,假设有两个组织,它们的作业人员均为 4 100 人。如果一个组织的管理跨度各层次均为 4,而另一个组织的跨度为 8。那么,跨度大的组织就可减少 2 个管理层次,大约精简 800 名管理人员。假如管理人员的平均年薪为 4.2 万美元,则加宽管理跨度后将使组织在管理人员工资上每年节省 330 万美元!从成本的角度看,宽跨度的管理明显地更有效率。

IBM 公司的管理层最多时曾多达 18 层,这意味着 IBM 最高决策者的决策指令,需要通过 18 个管理层才能传递至最基层的执行者,不但传递速度极其缓慢,而且传递过程中的信息失真非常大。公司顶层的管理者的意图经过层层传递,到底层时往往已经走样;反之,来自底层的信息动态,传递到顶层的时候也会变样。而市场则是变化莫测、瞬息万变的,这种层级式的组织架构正在成为提高组织响应变化的速度的桎梏。

1981 年,被誉为"全球第一 CEO"的杰克•韦尔奇(Jack Welch)就任通用电气公司的 CEO 后,对通用电气公司的管理结构进行了大刀阔斧的改革。从 1981 年到 1992 年,该公司被裁撤的部门多达 350 余个,管理的层级由 12 层锐减至 5 层,公司的副总裁由 130 名缩减至 13 名。通过这一番改革,通用电气的官僚主义大为减轻,灵活性明显提高。依照韦尔奇的说法,组织扁平化不只是要节省开支,更重要的是改善了管理的功能。扁平化不仅为通用节省了费用,更加速了沟通,将原本就属于企业的"控制"与"责任"还给了企业。

通用公司的成功引起了企业界的关注和纷纷效法,"扁平化"一词一时成为企业组织变革的时尚。然而对于一个相对刚性的金字塔型的组织结构,欲将其实施纵向压扁,其势必在横向上拓宽。这意味着,伴随组织管理扁平化的实施,传统工业经济时代被奉为经典的管理跨度将被突破。

这种突破既有信息时代对速度的追求带来的必然性,也有信息技术的高度发展和应用的日益普及带来的使然性。计算机网络技术、移动智能通信的广泛应用,极大地改变了组织中信息沟通、交流以及协同的方式,使之变得更为及时、便捷、有效,使得组织管理的扁平化有了技术的支撑和保障。

10.3　信息与组织的战略

10.3.1　战略的定义

战略一词来源于军事,古称"韬略",指对战争全局的筹划和谋略。在中国,战略一词历史久远,"战"指战争,而"略"指谋略。现在,"战略"一词被引申至政治和经济领域,其含义演变为泛指统领性的、全局性的、左右胜败的谋略、方案和对策。

企业战略(Business Strategy)是指企业以未来为导向,根据企业外部环境的变化和内部的资源条件,为求得企业长期生存和持续发展而做出的长远性、全局性的谋划或方案。

"不谋万世者,不足谋一时;不谋全局者,不足谋一域","夫未战而庙算胜者,得算多也,未战而庙算不胜者,得算少也,多算胜,少算不胜,而况于无算乎!"一个组织或企业如果没有战略,就好像没有舵的轮船,不能有效地把控方向。

组织的战略管理理论因侧重点不同,形成了众多的学派。结构学派,强调对产业结构(产业中竞争环境)的分析;能力学派,强调企业内部核心能力的培育;资源学派,强调企业内、外部资源整合的重要性;联盟学派,强调企业间借助构筑战略联盟来实现竞争。

然而各学派的本质都是围绕如何制订及实施企业竞争战略,使企业获得竞争优势并实现战略目标而展开的。

对于任何组织而言,战略管理有两项基本的任务,其一是进行战略分析。即分析企业的外部环境,从而明确应该做什么;分析企业的内部环境明确能够做什么;以及分析企业的内、外部环境,明确要做什么和能够做什么的最佳契合。其二是赢得竞争优势。即通过制订与实施竞争战略,或是使企业率先进入优势产业,或是通过培育内部核心能力来获得核心竞争力,再抑或利用企业内、外部各种资源及战略联盟来建立稳固的竞争优势。

10.3.2　战略分析

战略管理的基本任务首先是进行战略分析,分析方法包括:

1)PEST 分析

即宏观环境的分析。宏观环境又称一般环境,是指一切影响行业和企业的宏观因素。对宏观环境因素进行分析,不同行业和企业根据自身特点和经营需要,分析的具体内容会有差异,但一般都应该对政治(Political)、经济(Economic)、社会(Social)和技术(Technological)这四大类影响企业的主要外部环境因素进行分析。简单而言,称之为PEST 分析法。

2)微观环境分析(行业/产业及竞争环境分析)——波特的"五力模型"分析模型

"五力分析模型"是管理学大师迈克尔·波特(Michael Porter)于 20 世纪 80 年代初提出的,用于竞争战略分析的工具,其可以有效地分析企业所处的竞争环境。波特所分析的"五力"分别是:供应商的讨价还价能力、购买者的讨价还价能力、潜在竞争者进入的能力、替代品的替代能力以及行业内竞争者现在的竞争能力。

波特的五种力量模型将大量的因素汇集在一个简便的模型中,以此分析一个行业的基本竞争态势。一种可行战略的提出首先应该包括确认并评价这 5 种力量,不同力量的特性和重要性因行业和公司的不同而变化。通过该模型的分析,重点解决组织应该做什么的问题。

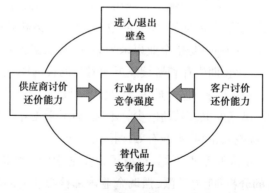

图 10-2　波特的"五力模型"

3）内部环境分析（企业资源、能力及核心竞争力分析）——波特的"价值链模型"

迈克尔·波特提出的"价值链分析法"，把企业内外价值增加的活动分为基本活动和支持性活动。基本活动和支持性活动构成了企业的完整的价值链。波特认为并不是每个环节都创造价值，实际上只有某些特定的价值活动才真正创造价值，这些真正创造价值的经营活动，尤其是那些对价值增值贡献最大的活动，就是企业价值链上的"战略环节"。企业要保持的竞争优势，实际上就是确保企业在价值链上某些特定的战略环节上的优势。运用价值链的分析方法来确定核心竞争力，就是要求企业密切关注组织的资源状态，要求企业特别关注和培养在价值链的关键环节上获得重要的核心竞争力，以形成和巩固企业在行业内的竞争优势。

4）内外环境结合分析——SWOT 分析

所谓 SWOT 分析，即基于内外部竞争环境和竞争条件下的态势分析，就是将与研究对象密切相关的各种主要内部优势、劣势和外部的机会和威胁等，通过调查逐一列举出来，并依照矩阵形式排列，然后用系统分析的思想，把各种因素相互匹配起来加以分析，从中得出一系列相应的结论，而结论通常带有一定的决策性。

在 SWOT 分析中，S（Strengths）、W（Weaknesses）是内部因素，而 O（Opportunities）、T（Threats）则是外部因素。按照企业竞争战略的完整概念，战略应是一个企业"能够做的"（即组织的强项和弱项）和"可能做的"（即环境的机会和威胁）之间的有机组合。

开展以上分析需要大量精准的关联信息，要求科学可信的分析，才能够以之为依据，形成符合环境、形势及企业现实的战略。

基于详尽的战略分析方可形成组织的竞争战略，这些战略包括：

（1）差异化战略（Differentiation Strategy）

差异化战略又称别具一格战略，是指为使企业的产品、服务、企业形象等与竞争对手有明显的区别，以获得竞争优势而采取的战略。这种战略的重点是创造被全行业和顾客都视为是独特的产品和服务。实现差异化战略的方法多种多样，如产品的差异化、服务差异化和形象差异化等。实现差异化战略，可以培养用户对特定品牌的忠诚。因此，差异化战略是使企业获得高于同行业平均利润水平的一种有效的竞争战略。

（2）低成本战略（Overall cost leadership）

低成本战略又称为成本领先战略。企业竞争优势的来源之一是低成本优势。如果企业产品或服务的品质不低于竞争对手，而企业的成本累计低于竞争对手的成本，企业就具有了低成本优势，就能够以更低廉的成本面对最终顾客，从而赢得市场和顾客。如果企业的低成本优势对于竞争者而言是难以模仿和复制的，便会形成持久的竞争优势。

（3）强耦合战略（Strong coupling）

通过与产业链、价值链的上下游（主要是客户和供应商）的合作伙伴构成优势互补、合作共生的紧密联系，结成稳固的利益相关体，形成战略联盟，发挥各自优势，形成乘数效应，共同面对和赢得竞争。

10.3.3 依托信息技术的战略实施

实现上述战略,可以采用的方法有很多,我们侧重从如何借助于信息技术或信息方法帮助战略实现的角度,介绍几个成功实施战略的案例。

【案例】

案例1:差异化战略——Levi Strauss 的合身系统

在世人心目中,在全球年销售超过 35 亿条的 Levi's 牛仔裤不仅是时尚潮流的引领者,更是一个美国精神的典型服饰代表,其带有鲜明的符号象征意义:"独立""自由""冒险""性感"等。

然而,在 20 世纪 90 年代,由于遭遇来自竞争对手的低价促销及优质服务的竞争,Levi's 这家创立于 1873 年的百年老店面临着前所未有的危机,根据纽约一家研究机构 Tactical Retail Solution Inc.所公布的数据显示,Levi's 在美国的牛仔裤市场占有率,从 80 年代高峰期的 70% 下滑到 1990 年的 30.9%,甚至 1993 年底仅握有 18.7% 的市场份额。而 15 到 19 岁的消费群占有率也从 1993 年的 33% 滑落成 1994 年的 26%。

面对竞争带来的严峻挑战,Levi's 借助与 Dell 公司的合作之赐,于 1994 年推出了(Personal Pair)计划。利用计算机将顾客的身材数据自动采集,通过系统内备的 2 万多组模式,综合臀部、腰身、内部接合、高耸设计、拉链遮布、色泽等基本剪裁要素,转化为服装设计蓝图。顾客签单后即发往位于田纳西州的生产厂,成品则通过联邦快递发送给客户。通过这种最大限度满足个性化需求的定制制造模式将差异化演绎到了极致,一举重新夺回了市场。

2010 年根据已经汇集的 6 000 万顾客数据,Levi's 公司推出了革命性创新之作——Curve ID 剪裁系统。这个 Levi's 拥有独家注册专利的全新裤装剪裁系统,通过大数据挖掘,提出了以颠覆性的"身型比例替代腰围尺码"概念重新定义裤型标准,首创三大曲线系列 B 型(Bold Curve)尽显女性玲珑曲线、D 型(Demi Curve)着重展现女性完美比例以及 S 型(Slight Curve)有效美化女性纤细身材,彻底改变了女性试穿、购买牛仔裤的传统方式,帮助女性顾客更快速、更精准地找到舒适且凸显完美曲线的牛仔裤装。信息技术帮助 Levi's 公司巩固了其牛仔服装业的王者地位。

Levi's 公司能够重新获得竞争优势,除了正确地选择了差异化战略,信息技术的采用功不可没。

Levi's 与 Dell 合作研发出了一套服装剪裁数据自动采集系统,即所谓的合身系统(Personal Pair),系统借助于光敏传感器、热红外传感器等手段,只需要很短的时间,即可将顾客服装设计所需要的身段尺寸、肤色感光度等关键数据自动采集,通过计算机中存储的组合模块的优化分析,设计出为顾客量身打造的、符合顾客个性化特征的款式,形成面料、色泽的合理搭配。设计出来的方案可以通过可视化屏幕,将上身后的效果展现给顾客,顾客还可以通过简单的操作面板与系统进行交互,提出对设计方案的修改意见,得到参与设计的体验。设计好的方案通过 E-mail 发送到生产厂,而在田纳西州的生产厂,借助于计算机辅助的"套裁系统",可以形成最优化的下料方案,最大限度地利用原材料,降低用料成本。

通过这一整套由信息技术支撑的体系所构成解决方案,Levi's 获得了显著的收益,产品售价平均提高 20%(产品的独特性)、产成品库存实现了零库存(定制生产)、顾客满意度平均上升 20%(量身打造、顾客参与)、产品成本下降(优化生产)。Levi's 的差异化战略获得了巨大的成功。

案例 2:低成本战略——Wal-Mart 的连续库存补充系统

连续库存补充计划(Continuous Replenishment Program,CRP),是利用及时准确的销售时点信息确定已销售的商品数量,根据零售商或批发商的库存信息和预先规定的库存补充程序,确定准确的发货补充数量和配送时间的一种计划方法。

早在 1984 年,Wal-Mart 公司就投入 4 亿美元的巨资,与美国休斯公司合作,发射了全球第一颗商业卫星,实现了商用信息的全球联网。在 20 世纪 90 年代初,采用了全球领先的卫星定位系统(GPS),控制公司的物流,提高配送效率。

在此基础上,Wal-Mart 公司又投入 6 亿美元建立了目前的计算机及卫星交互式通信系统。凭借这套系统,公司内部、分销中心和零售店之间可以快速地进行对话。其供应商通过一体化的信息系统获得 Wal-Mart 的 POS 信息和 ANS(Advanced Shipping Notice)信息,通过对这些信息的分析,供应商可以动态把握 Wal-Mart 的商品库存,确定自己发货的时间、数量和运输方式,而供应商的发货信息也预先通过 ANS 的形式发给 Wal-Mart 公司,以高频率、小批量的方式为 Wal-Mart 公司进行连续库存补充,实现了基于 CRP 的供应商库存管理(VMI-Vendor Managed Inventory)。使 Wal-Mart 公司发货准确率提高 40%,库存周转率提高 30%,物流成本仅为销售额的 1.3%,远低于行业 5% 的水平,如果按年销售额 4 800 亿美元(2017 年)计算,仅此一项可以为 Wal-Mart 公司节约支出 177.6 亿美元,其以人均实际销售额为衡量指标的生产率比竞争对手高出了 40%。

此外,通过这种体系,Wal-Mart 公司与供应商之间形成了紧密联系,Wal-Mart 公司通过建立价值让渡机制,将供应商纳入自己的价值链体系中,而供应商则在保证商品质量的前提下,给予 Wal-Mart 公司以进价上的高达 10% 的折扣。比如 Wal-Mart 公司与宝洁(P&G)公司就是这样的关系。

这样,Wal-Mart 公司就得到了降低成本的两个有效途径。一是通过基于 CRP 实现的 VMI,成功地实现库存成本的转移(Transfer costs);二是,通过供应商的让渡,而得到了比竞争对手更低的进货价格。让 Wal-Mart 公司能够兑现其销售理念"永远是平价"来面对最终消费者。从而成功地实现其低成本战略。

苹果公司前任总裁乔布斯曾经说过,如果全球的 IT 企业只剩下三家,那一定是微软、Intel 和 Dell,如果只剩下两家,将只有 Dell 和 Wal-Mart。这显然只是个玩笑话,Wal-Mart 虽是零售业的翘楚,但无论如何还算不上 IT 企业。不过,Wal-Mart 对信息技术的执着追求和成功运用却是有目共睹的,正是缘于此,Wal-Mart 的低成本战略才屡试不爽。尽管信息化并不是 Wal-Mart 取得成功的充分条件,但它却是 Wal-Mart 成功的必要条件。

案例 3:强耦合战略——Baxter Inc. 的顾客响应系统

通过实施强耦合战略,构建紧密依赖关系,紧紧"套牢"顾客和供应商,信息系统能帮助企业对抗外部竞争。美国 Baxter Healthcare International 公司的无库存和供货系统运用供应链管理创建了一个有效的客户响应系统,使得加盟的重要顾客——医院不愿意再转向其他的供应商,从而赢得了市场,获得了竞争优势。

Baxter 公司是美国最大的药品和医疗器械供应商,提供了美国医院所用产品的2/3,这需要多达 120 000 项的商品库存。维持这样一个庞大的库存需要付出的成本是非常大的。然而对于 Baxter 而言,更大的成本是医院转向其他的竞争者。如何才能够有效地防范这样的风险,Baxter 想到了信息技术。Baxter 向医院赠送计算机,而计算机里预装了一套由美国医院供应公司(AHSC)开发的信息系统,系统的核心软件是药品和医疗器械的库存管理系统,通过在医院安装的计算机终端,Baxter 便能够动态掌握医院药品和医疗器械的消耗状态及其规律,主动向医院推出 CRP 和 VMI,接管了医院的药品和器械库存管理,并承诺针对缺货实施连续不间断地供货,直接将其配送到现场,使医院做到了药品和医疗器械的最小化库存,Baxter 则成了医院的仓库和直接供货商,成功地将行业中的竞争对手挤出市场,实现了企业与医院的双赢格局。进而,Baxter 全资收购了 AHSC 公司,当竞争对手欲模仿其战略,也向医院实施 CRP 时,其所拥有的 AHSC 软件系统,成了 Baxter 的另一大利润来源。

在此案例中,Baxter 以信息技术为纽带,将作为客户的医院"套牢"在自己的供应链体系,形成了稳固的供、销关系,筑起了进入壁垒,有效地防范了竞争者的进入,赢得了竞争。

以上案例表明,信息方法和信息技术是在信息社会条件下,支持和保障组织的战略得以有效实施的技术手段和行之有效的方法。

10.4   信息与组织的变革

企业的发展离不开组织变革,在竞争全球化的今天,市场格局瞬息万变,内外部环境的变化,企业资源的不断整合与变动,都给企业既带来了机遇也带来挑战,这就要求企业必须关注组织的变革。

一般来说,驱动组织实施变革的主要原因在于:

(1)企业经营环境的变化

诸如国民经济增长速度的变化、产业结构的调整、政府经济政策的调整、科学技术的发展引起产品和工艺的变革等。企业组织结构是实现企业战略目标的手段,企业外部环境的变化必然要求企业组织结构做出适应性的调整。

（2）企业内部条件的变化

主要包括:①技术条件的变化,如企业实行技术改造,引进新的设备要求技术服务部门的加强以及技术、生产、营销等部门的调整。②人员条件的变化,如人员结构和人员素质的提高等。③管理条件的变化,如实行计算机辅助管理,实行优化组合等。

（3）企业本身成长的要求

企业处于不同的生命周期时对组织结构的要求也各不相同,如小企业成长为中型或大型企业,单一品种企业成长为多品种企业,单一企业成为企业集团,与价值链上的企业结成战略联盟等。

对于企业组织变革的必要性,有这样一种流行的认识:企业要么实施变革,要么就会灭亡。然而,事实并非总是如此,有些企业进行了变革,反而加快了灭亡的进程。这就涉及组织变革模式的正确选择问题。这里将比较两种典型的组织变革模式:激进式变革和渐进式变革。激进式变革力求在短时间内,对企业组织进行大幅度的全面调整,以求彻底打破组织的初态模式并迅速建立"目的态"的组织模式。渐进式变革则是通过对组织进行局部的合理化或自动化的调整,力求通过一个渐进的过程,使组织变得更为柔性、灵活,实现由组织的初态模式向"目的态"组织模式的转变。

10.4.1　组织的自动化与合理化

自动化（Automation）是指机器设备、系统或者过程（生产、管理过程）在没有人或较少人的直接参与下,按设定的要求,经过自动检测、信息处理、分析判断、操纵控制,从而实现预期的目标的控制过程。

采用自动化技术不仅可以将人从繁重的体力劳动、部分脑力劳动以及恶劣、危险的工作环境中解放出来,而且能扩展人的功能,极大地提高劳动生产率,增强人类认识世界和改造世界的能力。

在组织的管理过程中,自动化能够提高管理中发现问题和解决问题的响应速度,增强作业与管理的精准度,减少人为的失误,提高作业效率,降低人力资源成本,提高管理的有效性。因此,借助于信息技术实现自动化一直是组织变革所关注的重点。

组织的合理化则是一种渐进式的变革。它主要针对组织实施自动化变革后带来的"瓶颈"环节,主要的对象是相关的自动化单元之间的联系的合理化,通过对这些联系的合理化改造而实现提高整体效益的目的。

例如:美国一家飞机制造公司原有产品仅包括 4 种类型的直升机。每一种直升机有专门的用途。从技术上来看,没有任何两架飞机是完全相同的,即产品间的差异化程度大,标准化程度低。在激烈的市场竞争条件下,这种生产方式不利于实现规模经济。为了赢得竞争优势,该公司决定变革生产组织的模式。其具体措施是对个部门进行合理化调整与组合。

首先,由原来各种机型的设计人员共同设计一种基本机型,使之能够与各种附件(如:枪、炸弹发射器、电子控制装置等)灵活组合,以满足不同客户的个性化需求。然后将各分厂拥有批量生产经验的员工集中起来从事基本机型的生产。原来从事各类机型特殊部件生产的员工,根据新的设计仍旧进行各种附件的专业化生产。这样,通过内部调整,既有利于实现大批量生产,也能够满足市场的多样化需求。

这种通过自动化和合理化实现的组织变革方式,对组织实施变革所产生的震动较小,而且可以经常性地、局部地进行不断调整,直至达到所追求的目标状态。

10.4.2 组织的流程再造

流程再造(Business Process Reengineering, BPR)是由美国麻省理工学院的教授迈克尔·哈默(Michael Hammer)和 CSC 咨询集团总裁詹姆斯·钱皮(James Champy)提出的一种组织变革的模式,是在 20 世纪 90 年代达到了全盛的一种管理思想。

企业业务流程再造是一种企业活动,其内容为从根本上重新而彻底地去分析与设计企业的业务流程,并管理相关的企业变革,以追求组织绩效的显著改善,并使企业达到戏剧性的成长。企业再造的重点在于选定对企业经营极为重要的几项企业程序加以重新规划,以求其提高营运之效果。目的是在成本、品质、对外服务和时效等方面取得重大改进和业绩的显著提升,因而它属于一种激进式的变革。

流程再造发端于美国福特汽车公司的"无发票运动"。20 世纪 80 年中期,福特公司像许多美国大企业一样,面临着来自日本竞争对手的严峻挑战,美国公司不得不想方设法削减管理费和各种行政开支。福特公司 2/3 的汽车零部件都来自外部供应商,公司应付账款部门负责审核并签发供货账单和处理应付款项等工作的员工总数超过了 500 人。而当福特公司控股日本的马自达公司后,福特的两位执行董事访问马自达时,发现马自达公司负责此项业务的仅仅只有 5 个人。人员对比的巨大差异诱发了他们的好奇心,经过详细了解,他们发现了导致这种差异的根本原因——组织的业务流程。图 10-3 和图 10-4 是两个公司业务流程的对比。

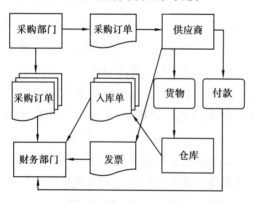

图 10-3 福特公司业务流程

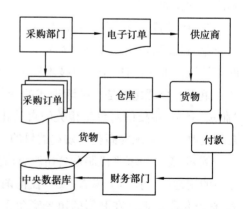

图 10-4 马自达公司业务流程

　　福特公司的这两位执行董事将这一发现带回到自己的企业,启动了福特公司的流程再造活动——"无发票运动",以马自达的业务流程为标杆,对公司原有的业务流程实施了优化,并取得了显著的成效,使得该部门的员工减少到 125 人,并且工作效率得到大幅度的提高。如此显著变革绩效源于福特公司根据马自达公司的成功范例实施的业务流程再造。

　　总结福特公司这一成功的案例,Michael Hammer 于 1990 年在《哈佛商业评论》上发表的"*Reengineering Work：Don't Automate，But Obliterate*(再造:不是自动化,而是重新开始)"一文中率先提出了流程再造的概念。与 Michael Hammer 同时,美国巴布森学院信息、技术与管理领域的著名教授托马斯·达文波特(Thomas Davenport)也发表了《新工业工程：信息技术和企业流程再设计》(*The New Industrial Engineering：Information Technology and Business Process Redesign*)以及《通过信息技术实现再造工程(*Process Innovation：Reengineering Work through Information Technology*)》两篇论文。由此揭开了企业流程再造的序幕。

　　伴随着哈默与詹姆斯·钱皮合著的《再造公司:企业革命的宣言》(*Reengineering The Corporation—A Manifesto For Revolution*,1993)一书的出版,一场蔚为壮观的企业流程再造革命掀起了高潮,迅速波及全球。"流程再造"一词迅速成为全球企业界的流行语,流程再造理论被誉为继 18 世纪英国经济学家亚当·斯密的专业分工理论之后具有划时代意义的企业管理理论。

　　哈默和詹姆斯·钱皮将 BPR 定义为:"从根本上重新思考、彻底改造业务流程,以便在衡量企业绩效的关键指标上取得显著性的改善"。这个定义包括了流程再造的 4 个核心关键词:根本的(Fundamental)、彻底的(Radical)、显著性(Dramatic)和流程(Process)。这是企业流程再造的 4 个核心内容:

　　然而,在这么多年的具体实践中,BPR 并没有获得所期望的理想效果,其成功与失败的比例大致各占一半,而据哈默本人所实施的流程再造企业追踪调查的结果,其成功的比率更低。总结其中的教训,可以给出 3 条基本理由:

　　一是实施 BPR 的理念。按照哈默与钱皮等人的观点,BPR 是对现有流程根本上的否定和彻底的改造,从零起点重新设计流程。按照这样的方式,成功了固然变革的效果显著,但是其需要承担的风险却是巨大的,一旦变革失败,新的流程不能够如期建立,而原有的流程已经否定,这将会使得组织陷于混乱。

　　其二,哈默、钱皮等人虽然提出了流程再造的理念和思想,却没有给出成功实施流程再造的结构化的方法。缺乏行之有效的、具有可操作性的规范化方法的指导,流程再造的实施只能够凭借实施者各自摸索,变革的成功就难以得到保障。

　　第三,对于再造的流程,往往过多地关注于有形的物理流程,而缺乏对具体的物理流程起着指挥、协调和控制的信息流程和知识配置流程的再造的重视。

　　有鉴于此,针对以上 BPR 所存在的不足,我们给出了基于信息方法的实施流程再造的基本逻辑流程,如图 10-5 所示。

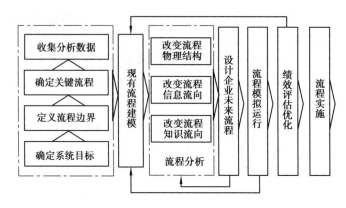

图 10-5　基于信息方法的 BPR 实施流程

按照以上的逻辑流程的设定,我们将基于信息方法的 BPR 的实施过程划分为 4 个大的逻辑步骤或阶段。

第一步:流程再造的准备阶段。这一阶段的主要任务是:①确定流程再造的系统目标,即确定流程再造要解决的关键问题以及流程再造应该实现的核心目标;②根据锁定的问题和需要实现的目标,确定流程再造涉及的范围,即定义实施流程再造的边界;③确定需要实施再造的关键流程,即将实施流程再造的重点,借助于价值链分析的方法,锁定在哪些对实现企业组织目标价值贡献最大、最具有决定性作用的关键环节;④展开数据收集,即获取对于分析现有流程存在的问题、导致问题的原因以及提出对问题的分析假设有价值的信息,并借助于信息分析锁定需要通过再造解决的关键问题。

第二步:流程再造的分析阶段。这一阶段的任务是:①构建现有流程的分析模型,即通过构建能够准确反映现有流程的现实状态、流动方式的描述性模型,帮助理解现有流程存在的主要问题以及导致问题的主要原因。②开展流程分析,即分析现有流程中的物理流动、信息流动和知识流动,弄清楚这 3 种流动相互之间的作用关系,发现这 3 种流动中各自存在的主要问题,找出对流程进行改进和优化的机会。而这中间,对于信息流和知识流的分析尤为重要。因为物理流程的有效流动需要通过信息流和知识流来规划、指挥、协同、控制和保障,有了科学、正确、流畅的信息流和配置合理的知识流,企业组织的物理流程才能够得到行之有效的保障。

第三步:新流程的设计与评估。其任务主要是:提出流程(包括物理流程、信息流程和知识流程)的再造方案,将设计出来的新流程通过模拟运行(虚拟运行)审查其所能够达成的效果,发现新流程设计方案中依然存在的问题与不足,如果有问题则回溯到第二阶段,重新拟定流程的优化设计方案。这一过程可以反复循环,直到得到最终的满意流程再造方案。最后将结果方案进行规范化和固化,并投入实际运行。这种借助于虚拟分析手段的方案评估能够有效降低流程再造的成本,控制和降低流程再造的风险。

第四步:将经过反复检验证实已经达到实施再造的优化目标要求的、优化后的流程进行定型和固化,并形成规范化的指导文档,投入最终运用。

与以上基于信息方法的 BPR 的实施逻辑相匹配,有的学者提出了信息流程再造

（IPR—Informatiom Process Reengineering）的思想。其基本理由是：

信息流与业务流程是企业中的两种客观存在。在企业内部，上下级之间计划指令的传达，各个部门之间的沟通都是信息流的表现形式；在企业外部，企业与供应商、顾客、投资者、政府管理部门、公众等利益相关者之间的互动也都是信息流的表现形式，它们共同构成了企业的信息流体系。

而业务流程是为顾客创造价值的一系列逻辑相关的活动，是构成企业的基础单元，企业的运作就是由许许多多业务流程来实现的。业务流程内部活动之间以及业务流程之间的逻辑相关性本质上是一种信息关联关系，在这种关联关系中，信息流对业务流起着指挥、协调、控制和保障作用。

实际上，每一个组织的业务流程中都蕴含着一个信息流，这些信息流都是相互关联的。就此而言，企业业务流程也可以看作是企业信息流程。这是由信息流程与业务流程的逻辑统一性决定的。

所谓 IPR 是指以组织的信息流再造为先导的企业业务流程再造，其主要特点包括：

1）战略性

IPR 作为 BPR 的前期规划阶段，可以不考虑或基本不考虑实际的业务流程及其结构，它只需遵从企业的战略目标，根据企业目标和顾客的需求来选择和确定必需的信息流，对信息流进行整体优化组合。

2）抽象性与映射性

IPR 不涉及具体的业务流程和组织结构的调整，只是根据输入变量的变化来推导和优化组织的信息流及其关系，进而形成理性的信息流结构；而这种信息流是组织物理流程的抽象，是借助于信息流的物理流程的表达和映射，优化后的信息流可以反过来指导和协调实体物理流。

3）模拟性与可重复性

信息流程是对企业组织具体业务流程的映射，其重组过程实质上是对实体流程重组的信息模拟。IPR 模拟过程由于更多是在计算机上虚拟进行的，所以可以在成本极低的前提下，对各种优化方案进行反复试错，直到找到最佳的实施方案，从而有效规避 BPR 的实施风险和降低成本。

4）信息技术依赖性

正是有了信息技术，信息流才能从业务流程中分离出来并相对独立地运行。而也正是因为信息技术，原来只属于理论范畴的业务模式，才有可能应用于实际。

因此，应当以信息方法为指导，重点审视组织中的物理流、信息流与知识流的相互关系以及实现其有效衔接的要求，寻找实施再造的将会与可能，并给出基于信息技术的解决方案。

IPR 的主要实施路径：IPR 与 BPR 的目标是一致的，主要包括重塑企业的核心竞争力、适应环境与顾客迅速变化的个性化需求以及创造新的商业模式和经营模式。与这些目标相对应,IPR 的主要路径包括以下 3 种类型。

①第一种类型:通过对企业价值链的分析、解构和优化而实现 IPR。这是基于企业组织内部资源重组的一种 IPR 模型,称为基于价值链的 IPR(VC-based IPR,VC-IPR)。

②第二种类型:通过大规模定制满足顾客迅速变化的个性化需求进而实现的 IPR。这是由外部因素激发而引发的内外部资源优化重组模式,称为基于大规模定制的 IPR(Mass Customization-based IPR,MC-IPR)。

③第三种类型:通过探索虚拟企业经营模式进而形成的 IPR 模型。这是企业组织升级、转型之后形成的一种更高形态的跨企业资源的优化重组模式,称为基于虚拟企业组织或企业动态联盟的 IPR(Virtual Enterprise-based IPR,VE-IPR)。

企业组织的 IPR 始于对战略目标的分析。企业组织的价值增值活动是由战略目标确定的,但价值增值活动是在企业组织长期的发展过程中渐次形成的,某些活动是适应特定时期企业组织的内外部环境需求设置的,其可能本身并不带来价值增值但后期会影响其他活动的增值,这就需要运用"价值链方法"来进行分析,以确定增值能力或潜力更大的核心价值活动和排除不能增值的活动。

企业组织的每一个价值活动都内含着一个信息流,所以可利用 E-S-I-A-N 法,即通过清除(Eliminate)、简化(Simply)、合并(Integrate)、自动化(Automate)、新增(New)等方法,识别企业组织中的核心信息流及必需的辅助信息流,并精简、剔除其中不能实现增值或增值能力较弱的流程环节,然后再根据企业组织业务经营活动的规律和信息流的流动规律,调整核心信息流和辅助信息流之间的相互关系,形成企业的信息流程图,并在此基础上构建能够有效确保价值活动实现增值的优化的业务流程、设计信息系统并带动企业组织的 BPR 过程。这就是 VC-IPR 模型。

为了快速响应顾客的个性化需求,大规模定制企业需要进行组织和业务流程重组,与此相关的信息流也需要重组。

对于大规模定制而言,首要的问题是能够动态地获取顾客不断变化的需求信息;其次,需要具备能够将顾客需求信息快速转化为产品或服务的柔性生产能力;再次,需要具备快速、多批量、低成本的生产系统,此外还需要联结这些功能的高效的战略规划系统及资源配置系统。

也就是说,大规模定制模式的核心信息流主要包括市场营销信息流程、研究与开发信息流程、生产制造信息流程以及资源规划信息流程,以这些核心信息流程为中心增加必要的辅助信息流程就形成了 MC-IPR 模型。

虚拟企业本质上是不同企业核心能力的集合体,是当市场出现新机遇时,具有不同资源与优势的企业为了共同开拓市场,共同对付其他的竞争者而组织的、建立在信息网络基础上的共享技术与信息,分担费用,联合开发的、互利的企业联盟体。其常常是参与联盟的企业追求一种完全靠自身能力达不到的超常目标,即这种目标要高于企业运用自身资源可以达到的限度。因此企业自发的要求突破自身的组织界限,必须与其他对此目标有共识的企业实现全方位的战略联盟,共建虚拟企业,才有可能实现这一目标。与此相对应,其业务流程的重组主要表现为核心能力的重组,这些核心能力同时也对应着虚拟企业的核心信息流。其信息流程的再造可以从 3 个方面进行分析:

①盟主企业的核心信息流。虚拟企业是以盟主为核心构建的,盟主企业多属于知识型企业,在所属行业或某个细分市场有较强的竞争优势,其通过联合其他企业实现优势的放大,一般地,盟主企业核心信息流主要包括战略规划信息流程、R&D 信息流程和市场营销信息流程。

②伙伴企业的核心信息流。伙伴企业专业化分工明确,核心能力互补,其核心信息流也是一种互补关系,生产制造信息流、市场营销信息流、供应信息流、财务信息流等,都可能成为伙伴企业的核心信息流,但在通常情况下,每个伙伴企业一般只拥有一种核心信息流程。

③虚拟企业的核心信息流。盟主与伙伴企业的核心信息流就构成了虚拟企业的核心信息流,其中,盟主企业的核心信息流程具有带动作用,能够把伙伴企业的信息流程整合起来。

VC-IPR 模型侧重从价值增值的角度来分析和实施 IPR,MC-IPR 模型侧重从满足客户个性化需求的角度来分析和实施 IPR,而 VE-IPR 模型则侧重从整合企业外部资源、实现合作竞争的角度来分析和实施 IPR。

具体应用中,VC-IPR 的适应范围最广,几乎所有企业都能够用 VC-IPR 方法来指导企业流程重组,但 VC-IPR 更适合处于信息化初期的企业,因为其缺乏规范的业务流程,经过重组之后具有较大的价值增值潜力。

MC-IPR 模型则适合有一定信息化建设基础的企业,其已经完成或即将完成信息化改造,在整合顾客与供应商的资源以及快速反应能力等方面又具备了实现大规模定制的条件,借助 MC-IPR 追求差异化战略,有利于提升企业的品牌,获取高额利润。

VE-IPR 模型则较为适合具有带动作用的领先型企业和高新技术企业为龙头的企业集群,它们以对行业的洞察力和独特核心能力为基础,通过整合具有互补作用的企业特别是中小企业,形成动态发展的、以虚拟企业为集聚方式的企业集群,有利于成倍放大动态联盟的竞争力和整合整个产业链,形成共同面对市场的能力,实现基于"双赢或多赢"的跨越式发展。

借助以上以信息流程再造为引导的组织流程再造方法,可以以更为稳妥有效的方式、更小成本付出,实现组织的流程再造,实现组织的变革。

【案例】

案例:美国通用汽车公司的信息集成

GM 公司(General Motor Corp.)是世界上最大的汽车制造商,其 70 多个汽车生产线分布在 30 多个国家,销售范围遍及全球 200 多个国家与地区,2002 年雇员达 335 000 人,销售代理商有 14 000 多个,销售各类交通工具 850 万辆,销售收入 1 770 亿美元,约占全球汽车市场份额的 15.1%。GM 还是一个多品牌、多业务的多元化公司,在改造之前,有多达 150 个网站、63 个呼叫中心(Call Center)、23 个数据库。此外,几乎所有的代理商都有自己的网站、系统和数据库。据 GM 的统计,由于 GM 与代理商的顾客信息不能够有效地互联共享,彼此之间的电子邮件重复率高达 34%,这种重复以及普遍存在的"信息孤岛"所造成的人力、资金、资源的浪费以及效率低下、顾客满意度下降等是 GM 启动信息集成改造的直接动因。

GM 信息化的目标是"强化和整合 GM 的需求和供应链系统,建设一个数字化忠诚网络(Digital Loyalty Network,DLN)"。DLN 包括 3 个基本要素:"数字化"意味着技术能力;"忠诚"意味着聚焦顾客、赢得顾客的忠诚并使 GM 增值;而"网络"则意味着协调和利用供应链和分销链上的所有合作伙伴,从而为顾客提供满意的服务。正如 GM 的信息化目标所表述的那样,它不仅仅是简单地实现 GM 的数字化,无论数字化也好,还是网络化也好,都是为赢得顾客忠诚和实现 GM 增值服务的,这使得 GM 的信息化与公司的战略目标实现了高度的统一。

1996 年,GM 聘请 R. Szygenda 为公司的信息主管(CIO)。当 Szygenda 来到 GM 任职的时候,他面对的是 7 000 多个离散的信息系统,不能互联的工作站。各种各样的"信息乡间小路",一个 GM 品牌的销售数据不能为另一个部门的经理所共享,22 个设计工程系统各自为政。"GM 的信息技术体系结构是如此分散,要使它们实现统一几乎是不可能的"。

在这样的情况下,要实现企业的目标,首先必须实现企业内的组织集成。进入 GM后,Szygenda 做的第一件事情是设法使 GM 的高层领导认识信息技术的战略价值。由顾客服务副总裁 M. Hogan、采购副总裁 H. Kutner、信息系统与服务副总裁(CIO)和 Szygenda 共同组建了"数字 GM"领导小组,直接负责 GM 的信息化建设。其次是着手改造 GM 的信息组织结构。为了改进业务部门与 IT 部门的交流与合作,Szygenda 先后聘用了约 200 个信息官员和业务流程专家,让他们在全公司内进行合作。到 1997 年,每一个事业部都设置了一个直接向事业部经理汇报的 CIO。为了加速信息技术与核心业务模式的整合,Szygenda 又设置了一种跨功能的"流程信息官员(Process Information Officer,PIO)",这些 PIO 主要负责设计、发展和实施各职能领域(包括产品研发、产品生产、销售、服务、营销、业务服务、供应链等)的主要业务流程。

GM 的信息组织结构中,在 Szygenda(CIO)之上,GM 的 CEO——R. Wagoner 是他的顶头上司,他直接向 Wagoner 汇报;在 Szygenda 之下,有各区域事业部的信息官员(PIO)领导的信息部门和直属 Szygenda 领导的 IT 部门(包括全球应用解决方案部门、全球技术服务部门和全球技术管理部门);Szygenda 统率下的各类信息部门还与 GM 的其他信息部门,诸如战略规划部门、人力资源部门、合同管理部门、采购部门、法律部门和财务部门等,有直接或间接的关联。Szygenda 所创建的跨功能集成的信息组织结构,为 GM 信息化的发展奠定了坚实的组织基础。在信息组织结构改造和建设的同时,Szygenda 领导自己创建的跨功能团队开始实施一系列 IT 项目,以此整合企业的内部信息系统。

通过这些 IT 项目的实施,GM 建立了自己的广域网(Wide Area Networks,WANs)和局域网(Local Area Networks,LANs),大量中间件的应用使原来离散的信息系统实现了对话和互通。

通过推行计算机系统的标准化(包括数据的输入和输出标准、数据结构和格式标准、软件标准、硬件标准和界面标准等),确保了信息系统的一体化发展。

通过 SCM 项目的实施,GM 首先实现了内部物流(库存供应物流、生产供应物流和产成品供应物流)的统一,成立了新的订单和履行部门(Order-To-Delivery),实现了企业内部信息的集成。Szygenda 不满足于实现企业内部信息系统的整合,他还提出了新的目标:借助新的信息技术,与顾客、供应商和合作伙伴实现实时互联,创造新的网络销售和沟通渠道,促成 GM 向数字企业转型。

通过新建的网络门户 GM Supply Power 实现了后端与各类供应商的整合;通过 B2B 电子商务平台 Covisint 实现了电子商务运营;通过 Super-3PL 项目整合所有第三方物流服务商(Third-party Logisitics Providers,3PLs),增强了信息系统的可视化程度,使 GM 能追踪运输过程中的货物和资产。

为此,基于互联网的 GM 网络把供应商、代理商、雇员、合作伙伴和顾客等所有的利益相关者联系在一起,使 GM 基本上实现了企业信息内外部的集成。通过 CRM 项目的实施,GM 提高了顾客的忠诚度和满意度。由于汽车制造行业是一个成熟的、完全竞争的行业,顾客的需求是企业成功与否的重要的决定因素,面向顾客服务始终是 GM 信息化的核心。

GM 实施的面向顾客层信息集成项目主要包括:

①借助数据仓库,整合分散的企业顾客管理(Enterprise Customer Management)数据库。该系统能够捕获每一次顾客互动中的有价值的信息,并反馈给产品发展部门和营销部门,当顾客再次登录时,任何地方的 GM 代理商都能够根据顾客的信息为他们推荐合适的产品或服务,这种个性化的解决方案有利于把顾客留在 GM 的顾客社区中,并增加顾客的忠诚度。

②鉴于顾客对产品交付时间的期待差异,GM 开发了一个灵活的差异化的供应链响应系统,响应时间介于 1~8 周,这样就缓解了顾客需求与生产供应之间的压力。

③创建集成化的网络分销渠道 GM BuyPower,同时使网络分销渠道与个性化的代理商分销渠道形成有机的整合,方便顾客选择代理商和自己喜好的产品,GM BuyPower 还能够为 GM 的供应商提供有价值的信息,提高供应商的响应能力和产品质量。

④通过实施 GM Owner Center 项目,顾客可以在网上创建他们拥有的 GM 车辆档案,包括车辆的基本信息、维护情况和服务历史等,这样可以使顾客拥有"家"的感觉。

⑤通过实施 OnStar 项目,顾客只需要按一个按钮,就可以收听最新的新闻和交通信息,能够实时地与 GM 进行直接沟通。GM 设想通过这个项目使每一辆 GM 的交通工具都成为无限的和无线的 GM 电子通信网络的一部分,能够使 GM 的消费者随时与 GM 在

一起。GM 的所有顾客管理信息化项目都是围绕如何提高顾客忠诚度来做文章的,这是 GM 信息化的核心,也是 GM 公司战略的核心。其实,GM 还不满足于赢得顾客的忠诚度, 通过上述一系列项目,GM 的顾客关系管理信息系统能够追踪消费者的信息及其变化,能 够通过分析消费者的信息来推断顾客未来的需求,这样就为 GM 赢得了时间,使 GM 有可 能走在消费者需求的前面,使 GM 不再单纯地适应顾客需求的变化而是引导顾客需求变 化,这才是 GM 数字化战略追求的真正的目标。

10.5 信息与组织的科学决策

在基础概念部分,已经讲述了决策的相关概念。科学的决策对于一个组织而言具有 举足轻重的作用,Herbert Simon 甚至认为:"管理就是决策"。从前面的介绍知道,在决策 的各个阶段,信息都具有至关重要的作用,以至于 Herbert Simon 说:"决策就是驾驭信息 的能力"。

那么,信息以及信息技术怎样作用于决策呢? 对于不同类别的决策以及决策的不同 阶段的不同任务,信息技术又能够给予什么样的支持呢? 以下分别从信息对决策过程的 支持以及信息对不同类别的决策的支持两个方面,就信息技术对决策的支持进行讨论。

1)信息对决策过程的支持

这里将决策的过程及其任务,用图 10-6 予以展示。

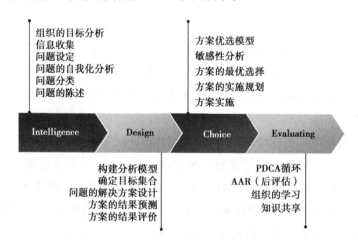

图 10-6　决策的过程及其任务

针对图 10-6 所示的决策阶段及其相关任务,提供一个与之对应的图 10-7 来标识服 务于这些阶段的相关信息技术。

如图 10-6 和图 10-7 所示,对应于决策的每一个阶段,都有相应的信息技术手段与方 法予以支持。

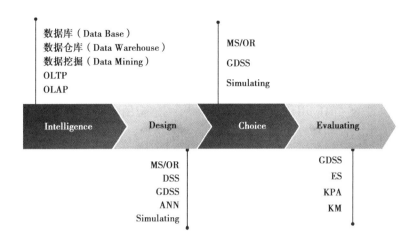

图 10-7 信息技术对决策过程的支持

（1）决策的情报收集阶段

通过数据库（DataBsae）技术，能够有效地及时汇集和存储反映组织活动状态的数据，使得能够随时、精准地掌握组织的运行处于什么样的状态，并将这些状态数据与组织的目标进行比较，从而实现对问题的实时洞察。

通过数据仓库（DataWarwhouse）技术，能够大批量、多角度、多层次地汇集描述组织运行的历史数据，并借助于相应的分析工具，能够从不同的视角得到不同"粒度"的分析结果，从而把握组织运行的态势，并从中发现其基本规律。

通过数据挖掘（DataMining）技术手段，能够有效地挖掘出数据或信息所包含的"内容"，发现问题、分析成因，寻找出解决问题的机会。

对于确定性的问题，可以借助于联机事物处理系统（OLTP—— On-Line Transaction Processing）手段，实时处理伴随组织业务活动产生的数据，发现和分析存在的问题及其原因，查找出解决问题的办法，并施以自动化的解决。

对于非确定性问题，可以借助联系分析处理系统（OLAP—— On-Line Analytical Processing）手段，进行分析数据的聚合，搜索查询结果，并通过人机交互探索解决问题的方案。

（2）决策的方案设计与抉择阶段

管理科学（MS- Management Science）是管理理论与管理实践紧密结合的学科，其侧重于研究同现代生产、经营、科技、经济、社会等发展相适应的管理理论、方法和工具。自 20 世纪 50 年代以来，科技与生产迅速增长，企业规模越来越大，国际化进程加速，这一切都给管理工作提出了许多新问题，引起了人们对管理的普遍重视。除管理工作者和管理学家外，其他领域的一些专家，如社会学家、经济学家、生物学家、数学家等都纷纷加入了研究管理的队伍，他们从不同角度、采用不同方法来研究管理问题，产生了研究管理理论的各种学派，形成了著名的管理学家哈罗德·孔茨（Harold Koontz）所称的茂密的管理学理论丛林(*The Management Theory Jungle Revisited*,1980),这些理论为研究管理问题提供了研究视角和方法论。

P.M Morse 与 G.E Kimball 在他们的奠基作中给运筹学下的定义是:"运筹学 OR-Opration Research 是在实行管理的领域,运用数学方法,对需要进行管理的问题进行统筹规划,并作出决策的一门应用科学"。运筹学拥有一整套的定量分析模型,包括:规划论(线性规划、目标规划、非线性规划、整数规划和动态规划等)、库存论、图论、决策论、对策论、排队论、可靠性理论等。借助这些分析模型,可以研究系统中的人、财、物的组织管理、筹划调度等问题,以期发挥最大效益。

管理科学为管理问题的定性分析提供了方法论和分析手段;而运筹学则为管理问题的定量分析提供了有效的分析工具。

因此,MS/OR 的结合可以有效地支持决策中的方案设计。

DSS/GDSS。DSS(Decision Support System)即决策支持系统。它是支持决策活动的具有智能作用的人机系统。该系统能够为决策者提供所需的数据、信息和背景资料,帮助明确决策目标和进行问题的识别,建立或修改决策模型,产生并提供各种备选方案,并且对各种方案进行评价和择优选择,通过人机交互功能进行分析、比较和判断,为正确的决策提供必要的支持。GDSS(Group DSS)即群决策支持系统。它是一种以网络技术和分布式共享技术为基础的,以支持多个决策者共同参与的决策过程为目的的计算机与决策者的交互系统。其典型应用有:决策室(Decision Room)、局部决策网络(Local Decision Network)、远程决策(Remote Decision Making)等。GDSS 能够有效模拟多个决策者参与的群体决策过程,支持决策过程。

人工智能(AI-Artificial Intelligence)是研究、开发用于模拟、延伸和扩展人的智能的理论、方法、技术及应用系统的一门新的信息技术科学。其主要目标是使计算机能够胜任一些通常需要人类智能才能完成的复杂工作。

例如,2017 年一举战胜集多个世界冠军于一身的中国棋手柯洁而震惊世界的AlphaGo。它是 Google Inc 旗下 DeepMind 团队所开发的结合了深度学习(Deep Learning)与增强学习(Reinforcement Learning)功能的一套 AI 系统,它通过分析专业棋手棋谱,得到两个结果,快速走棋策略(Rollout Policy)与策略网络(SL Policy Network)。其中快速走棋策略类似于人类棋手通过观察盘面获得的"直觉",其使用线性模型训练;而策略网络则经过深度学习模型训练进行分析,类似于人类的"深思熟虑"。继而,通过新的策略网络与先前训练好的策略网络进行互相对弈,利用增强学习来不断修正参数,最终得到增强的策略网络(RL Policy Network)。然后,将所有结果组成一个价值网络(Value Network),对整个盘面进行"全局分析"判断,最后,综合"直觉""深思熟虑""全局分析"的结果进行评价,循环往复,从而找出最优的对弈方案,使自己立于不败之地。

借助于人工智能,可以对所依托的信息不够充分、信息具有模糊性、决策方案的探索具有不确定性的相关决策,通过机器的深度学习、模糊数据分析等技术和手段提供支持。

模拟仿真(Simulating)是一种基于模型的方案分析活动,它用虚拟模型的模拟分析来代替真实系统进行动态实验和研究。借助于演绎法建模和归纳法建模两种方法,通过信息处理而得到问题解决方案及其结果分析,为预见所拟定的方案中存在的缺陷和防范方案的实施可能产生的不期望的结果提供了可能;而且,由于仿真技术采取的是虚拟分析的手段,能够以较低的成本实现方案的反复分析、比较,进行结果的预评估,从而为有效地辅助决策提供支持。

(3)决策的评审阶段

这一阶段的核心任务是,通过"后评估"总结成功的经验、吸取失败的教训,并通过组织的学习与系统思考,从而提升自我和超越自我。通过评审得到的知识是组织重要的知识,通过这些知识的积累、复制和共享,能够帮助组织取得更大的成功。这一点得到了学习型组织的倡导者、美国麻省理工学院(MIT)斯隆管理学院资深教授、国际组织学习协会(SoL)的创始人和主席彼得·圣吉(Peter Senge)的特别重视,认为这是组织得以提高整体竞争优势和实现持续发展的源泉。

因此,知识的管理与共享即成为了决策评审阶段的重中之重。而信息技术可以为此提供辅助。比如,微软的知识门户系统、IBM 的 Lotus 知识管理系统、WebSphere Portal Server 等,都是实现这一目的的有效工具。

图 10-8 是微软公司的知识地图(Knowledge Map)的示意图,它包含了微软公司生产经营涉及的 137 项显性知识和 200 项隐性知识。

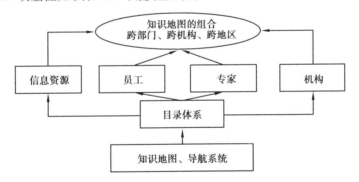

图 10-8　微软的知识地图

借助于这套知识地图系统,微软公司的员工可以方便地实现知识共享,从而为其有效地开展工作提供知识支持和辅助。

2)信息对不同类别的决策的支持

在概念基础部分的决策概念中,区分了结构化决策、半结构化决策和非结构化决策。不同类型的决策需要不同的决策技术。

对于结构化决策问题。由于它是组织中随时需要面对的,而又是具有结构化特征的,应该在利用完备的信息,并在对决策所需解决的问题进行深度分析的基础上,致力于使这类决策做到规范化、精准化,并借助信息技术和程序化的手段,使之实现决策的例行化和自动化。从而节约人们用于这类决策的宝贵的时间和精力,使之应用于更为复杂的问题的解决。

对于非结构化的决策问题,则需要大力发展大数据分析技术及人工智能技术,强化计算机的深度学习和深度分析能力,使之广泛应用于组织的管理活动中,特别是探索计算机在高层管理及组织结构中的应用,尤其是对于宏观社会管理中,影响范围广、涉及因素复杂,关乎国民经济发展和重大民生问题的决策,则需要在以信息技术为核心的社会计算学的支持下,在获取与问题相关的综合、实时的信息的基础上,通过对问题的模拟仿真分析和反复推演,在充分把握问题的发展态势、演变趋势以及可能出现的风险的基础上,推演决策可能带来的不同结果,并以之为支撑形成科学、合理的、平衡多方面目标诉求的解决方案。

10.6 信息与组织的智能控制

管理控制是指管理者影响组织中其他成员以实现组织战略及其目标的过程。管理控制涉及组织中的一系列活动,包括:计划组织的行动、协调组织中各部分的活动、交流信息、评价信息、决定采取的行动、影响人们去改变其行为。管理控制的目的是使战略得以有效的执行,从而使组织的目标得以实现。因此管理控制强调的是战略执行。管理控制是管理者执行战略、实现目标的手段和工具。

管理控制与一般控制的不同之处在于:

①一般控制所面对的往往是非社会系统,如机械系统。其衡量成效和纠正偏差过程往往可以按照给定程序而自动进行。其纠正措施往往是在接受到反馈信息后即刻就付诸实施的。而在管理控制中,主管人员面临的是一个社会系统,其信息反馈、识别偏差、分析原因、制定和纠正措施的过程往往更为复杂。

②一般控制的目的在于使系统运行的偏差不超出允许范围,维持系统活动在某一平衡点上。管理控制活动不仅要维持系统活动的平衡,而且还力求使组织活动有所前进、有所创新,使组织活动达到新的高度和状态,或者实现更高的目标。

智能控制(Intelligent Controls):是在无人干预的情况下,能够自主地驱动智能机制实现控制目标的自动控制技术。一个系统如果具有感知环境、不断获得信息以减小不确定性和计划、产生以及执行控制行为的能力,即称为智能控制系统。智能控制技术是在向人脑学习的过程中不断发展起来的,人脑是一个超级智能控制系统,具有实时推理、决策、学习和记忆等功能,能适应各种复杂的控制环境。

智能控制与传统的或常规的控制有密切的关系,不是相互排斥的。常规控制往往包含在智能控制之中,智能控制也利用常规控制的方法来解决"低级"的控制问题,但是智能控制的重点在于扩充常规控制方法并建立一系列新的理论与方法来解决更具有挑战性的复杂控制问题。

①传统的自动控制是建立在确定的模型基础上的,而智能控制的研究对象则存在模型严重的不确定性,即模型未知或知之甚少,或者模型的结构和参数在很大的范围内变动,比如工业过程的病态结构问题、某些干扰的无法预测,致使无法建立其模型,这些问题对基于模型的传统自动控制来说很难解决。

②传统的自动控制系统的输入或输出设备与人及外界环境的信息交换很不方便,希望制造出能接受印刷体、图形甚至手写体和口头命令等形式的信息输入装置,能够更加深入而灵活地和系统进行信息交流,同时还要扩大输出装置的能力,能够用文字、图纸、立体形象、语言等形式输出信息。另外,通常的自动装置不能接受、分析和感知各种看得见、听得着的形象、声音的组合以及外界其他的情况。为扩大信息通道,就必须给自动装置安上能够以多模态的信息接收和感知手段,如文字、声音、信号、物体等识别装置。近几年计算机及多媒体技术的迅速发展,特别是信息物理系统(CPS)的发展,为智能控制在这一方面的发展提供了物质上的准备,使智能控制变成了多方位“立体”的控制系统。

③传统的自动控制系统对控制任务的要求要么使输出量为定值(调节系统),要么使输出量跟随期望的运动轨迹(跟随系统),因此具有控制任务单一性的特点,而智能控制系统的控制任务更为复杂,例如在智能机器人系统中,它要求系统对一个复杂的任务具有自动规划和决策的能力,有自动躲避障碍物运动到某一预期目标位置的能力等。对于这些具有复杂的任务要求的系统,采用智能控制的方式便可以得到满足。

④传统的控制理论对线性问题有较成熟的理论,而对高度非线性的控制对象,虽然有一些非线性方法可以利用,但不尽如人意。而智能控制为解决这类复杂的非线性问题找到了一个出路,成为解决这类问题行之有效的途径。工业过程智能控制系统除具有上述几个特点外,又有另外一些特点,如被控对象往往是动态的,而且控制系统在线运动,一般要求有较高的实时响应速度等,恰恰是这些特点又决定了它与其他智能控制系统如智能机器人系统、航空航天控制系统、交通运输控制系统等的区别,决定了它的控制方法以及形式的独特之处。

⑤与传统自动控制系统相比,智能控制系统具有足够的关于人的控制策略、被控对象及环境的有关知识以及运用这些知识的能力。

⑥与传统自动控制系统相比,智能控制系统能以知识表示的非数学广义模型和以数学表示的混合控制过程,采用开闭环控制和定性及定量控制结合的多模态控制方式。

⑦与传统自动控制系统相比,智能控制系统具有针对环境的变化自动改变功能与结构的特点,能够实现总体自寻优,具有自适应、自组织、自学习和自协调能力。

⑧与传统自动控制系统相比,智能控制系统有补偿及自修复能力和判断决策能力。

总之,智能控制系统通过智能机自动地完成其目标的控制过程,其智能机可以在熟悉或不熟悉的环境中自动地或人机交互地完成拟人任务。

　　智能控制的核心在高层控制,即组织控制。高层控制是对实际环境或过程进行组织、决策和规划,以实现问题求解。为了完成这些任务,需要采用符号信息处理、启发式程序设计、知识表示、自动推理和决策等有关技术。这些问题求解过程与人脑的思维过程有一定的相似性,即具有一定程度的"智能"。对许多复杂的系统,难以建立有效的数学模型和用常规的控制理论去进行定量计算和分析,而必须采用定量方法与定性方法相结合的控制方式。定量方法与定性方法相结合的目的,需要机器用类似于人的智慧和经验来引导求解过程。

第 11 章　组织中的信息系统

20 世纪,随着全球经济的蓬勃发展,众多经济学家纷纷提出了新的管理理论。20 世纪 50 年代,西蒙提出了管理依赖于信息和决策的思想;同一时期,维纳(Norbert Wiener)发表了控制论,他认为管理是一个过程,是根据不可控制变量从过去到现在的信息来适当地确定可以调节的变量的最优值,以实现对于我们最为合适、最有利的状态。1958 年,盖尔写道:"管理将以较低的成本得到及时的、准确的信息,做到较好的控制"。这个时期,计算机开始用于会计工作,出现了数据处理(Data Processing)一词。

1970 年,Walter T. Kennevan 给刚刚出现的管理信息系统一词下了一个定义:信息系统能够"以口头或书面的形式,在合适的时间向经理、职员以及外界人员提供过去的、现在的、预测未来的有关企业内部及其环境的信息,以帮助他们进行决策"。在这个定义里 Kennevan 强调了用信息支持决策,但并没有强调应用模型,也没有提到计算机的应用。

1985 年,管理信息系统学科的创始人,美国明尼苏达大学卡尔森管理学院的著名教授 Gordon B. Davis 对管理信息系统给出了一个较完整的定义,即"管理信息系统是一个利用计算机软/硬件资源以及手工作业,运用分析、计划、控制和决策模型以及数据库的人机系统。它能提供信息支持企业或组织的运行管理和决策功能"。这个定义全面地说明了管理信息系统的目标、功能和组成,而且反映了管理信息系统在当时达到的水平。

管理信息系统是一个由人、计算机等组成的能进行信息的收集、传递、储存、加工、维护和使用的系统。管理信息系统能实测企业的各种运行情况;利用过去的数据预测未来;从全局出发辅助企业进行决策;利用信息控制企业的行为;帮助企业实现其规划目标。

管理信息系统是一个以人为主导的,利用计算机硬件/软件、网络通信设备以及其他办公设备,进行信息的收集、传输、加工、储存、更新和维护,以企业战略竞优、提高效益和效率为目的,支持企业高层决策、中层控制、基层运作的集成化的人机系统。(《管理信息系统(第三版)》,薛华成,1999)

美国纽约大学斯特恩商学院信息系统教授肯尼思·劳东(Kenneth Laudon)则认为:

273

管理信息系统从技术上可定义为相关互联部件的一个集合,它收集、处理、储存和分配信息以支持组织的决策和控制;由管理的观点看,信息系统是一个基于信息技术的,针对环境给予的挑战的组织和管理的解答。(《管理信息系统》,Kenneth Laudon & Jane Laudon,2002)

11.1　组织中的信息系统概述

现代组织通常是由一个金字塔般的层次结构组成,这种"科层结构"的组织架构是由德国社会学家,被誉为"组织管理理论之父"的马克斯·韦伯(Max Weber)在《社会和经济组织理论》一书中首先提出的。这是韦伯通过对组织的行政管理考察,在广泛地分析其所处的时代的社会、经济和政治结构,深入地研究了工业化对组织结构的影响之后,所提出的理想的行政组织体系。在韦伯的思想影响下,科层制组织形式作为一项管理传统,普遍应用于管理实践中,在组织管理的各个层次,都有明确的分工和职责权限、清晰的人与工作的关系、自上而下的等级关系以及非人格化的制度安排,并形成了经典的金字塔状的三层组织结构模式,在其顶层是组织的战略管理层,负责制定组织的营运目标和战略;其下是组织的管理控制层,负责组织战略在执行过程中的管理和控制;最底下是事务处理层,负责组织业务的实施与操作。

层级组织是伴随着工业化大生产而发展起来的一种管理组织形式,它的优势在于其强有力的控制力和复制力,适应了时代发展的要求。其特征可以归纳为:直线指挥,分层授权;分工细致,权责明确;标准统一,关系正式。直线指挥,分层授权保证了企业行动的迅速;分工细致,权责明确促进了效率的提高;标准统一、正式的角色关系则保证了企业活动的有序性。

但随着知识创新时代的来临,著名的管理大师彼得·德鲁克早在 1959 年,就率先提出了"知识工人"的概念(《明天的里程碑》*Landmarks of Tomorrow*);1962 年,美国经济学家弗里茨·马克卢普(Fritz Machlup)在《美国的知识生产与分配(*The Production and Distribution of Knowledge in the United States*)》一书中提出了"知识产业"的概念;1973 年,丹尼尔·贝尔发表了《后工业化社会的来临(*The Coming of Post-industrial Society*)》一书,认为知识是后工业化社会中的关键性资源;1993 年,彼得·德鲁克在其《后资本主义社会(*Post-Capitalist Society*)》一书中系统地论述了"知识社会"的概念,指出知识已经成为生产过程中的关键资源,知识已经成为生产力、竞争力和经济成就的关键。2018 年诺贝尔经济学奖获得者、斯坦福大学教授、新增长理论的主要建立者之一保罗·罗默(Paul Romer)则认为:通过技术、知识等内生创新,可以颠覆传统收益递减的规律。

以上论断表明,在知识经济时代,知识已经成为了最基本的生产要素,其他生产要素都必须靠知识来更新,知识的生产、分配和使用(或消费)成为了驱动经济发展和社会财富增加的重要引擎;信息技术成为经济活动的基础,信息的生产与传播在组织中的战略地位越来越显著。

　　针对这样的变化,传统的组织结构必然要有与之相适应的调整。学术界和产业界纷纷探讨组织结构的变革。除了驱动组织结构向网络化、结构扁平化、分工柔性化、权力节点化、内部市场化等方向变革外,在传统的三层架构的企业组织结构中,增加了一个层次:知识工作层。其主要负责组织中的信息流转和实现组织的产品或服务的创新;在这一层次,活跃着两类群体。一是信息工作者,其使命是实现信息在组织中的有效流转;二是知识工作者,其使命是实现组织的产品与服务的创新。

　　对应着现代组织的四层组织架构,存在着服务于与之职能相对应的信息系统,包括事务处理系统(TPS)、办公自动化系统(OAS)、知识工作系统(KWS)、管理信息系统(MIS)、决策支持系统(DSS)以及经理信息系统(EIS)。这些系统与组织层级的对应关系如图 11-1 所示。

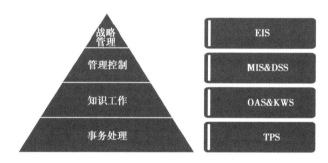

图 11-1　组织中的信息系统

　　这些不同功能与形态的信息系统与组织的管理层次以及对应的决策类型,可以通过图 11-2 表示。

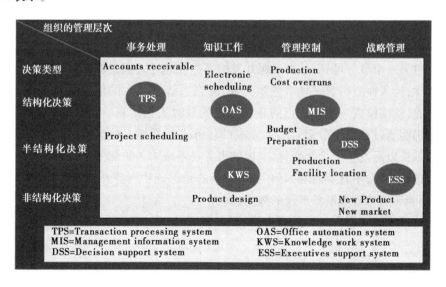

图 11-2　信息系统与组织管理层次及决策类型的关系

11.2　面向组织事务处理层的 TPS

事务处理系统,即 Transaction processing systems(TPS)。TPS 存在于企业的各个业务职能部门,支持组织的日常业务处理,记录、汇总、综合、分类伴随组织的业务活动而产生的信息,并为组织的操作层次服务的基本信息系统,它以提高组织事务处理的效率和自动化水平为目的,也是组织中其他信息系统的基础。

1)TPS 的基本特性

所谓事务被定义为组织业务活动最小的工作单元,其不论成功与否都作为一个整体进行工作。不会有部分完成的事务,一个事务作为一个整体是成功的,则事务中的每个任务都必须成功。因此,当事务处理系统创建事务时,将确保事务的某些基本特性。系统的开发者假设事务的特性应该是一些不需要他们亲自管理的特性。这些特性称为 ACID 特性。

事物的 ACID 特性,即事物的原子性(Atomicity)、一致性(Consistency)、隔离性(Isolation)和持久性(Durability)。

原子性:用于标识事务是否完全完成,一个事务的任何更新要在系统上完全完成,如果由于某种原因出错,事务不能完成它的全部任务,系统将返回到事务开始前的状态。

一致性:事务在系统完整性中确保一致性,这通过使系统的任何事务最后都处于有效状态来实现。如果事务成功完成规定的操作,则系统中所有变化将正确地应用,系统处于有效状态。如在事务处理中出现错误,则系统的所有变化将自动地回滚,返回到未处理前的原始状态。从而确保系统始终处于一致状态。

隔离性:在隔离状态执行事务,使系统在给定时间内执行唯一操作。事务的隔离性有时称为串行化,它保证多个事务不能在同一时间修改相同数据。隔离性不仅仅保证多个事务不能同时修改相同数据,而且能够保证事务操作产生的变化直到变化被提交或终止时才能对另一个事务可见,从而确保并发的事务彼此之间毫无影响。

持久性:持久性意味着一旦事务执行成功,在系统中产生的信息的所有变化将是永久的。为此,应该设置一些检查点防止在系统失败时丢失信息。甚至硬件本身失败,系统的状态仍能通过在日志中记录事务完成的任务进行重建。持久性的概念允许开发者认为不管系统以后发生了什么变化,完成的事务是系统永久的部分。

所有这些特性,不管其内部如何关联,其目的是保证从事务开始到完成,不管事务成功与否,都能正确地管理事务涉及的数据。

事务处理系统一般有 3 种处理方法:批处理方法、联机处理方法和联机输入延迟处理方法。

2)事务处理系统的特点

①处理的对象是组织中的业务和基本信息,它较少涉及组织中的综合管理和决策过

程,属于典型的数据驱动型系统。

②追求处理效率和自动化,TPS 主要解决人工事务处理过程中的低效率问题。引入计算机和通信技术以提高信息处理的效率和自动化程度,把人从繁重的事务处理过程中解脱出来。

③方法简单。TPS 主要针对事务处理中的方法简单、流程固定的问题转由计算机处理,一般不涉及过多的模型。

④它是信息系统的基础。现代信息系统虽然功能繁多、结构复杂、系统庞大,但信息处理仍然是现代信息系统的基础,在任何时间信息系统都离不开信息处理,而且基本业务信息处理总是信息系统中的主要信息处理工作。

3）事务处理系统的基本形态

事务处理系统的系统实现主要有两种基本形态:即联机事务处理和联机分析处理。

（1）联机事务处理 OLTP（On-Line Transaction Processing）

联机事务处理也称为面向交易的处理系统,其基本特征是伴随事务活动的开展所产生的原始数据可以实时的传送到计算中心进行处理,并在很短的时间内给出处理结果。这样做的最大优点是可以即时地处理输入的数据,及时地对变化了的情况予以回答。因而联机事务处理系统也称为实时系统（Real time System）。

OLTP 是传统的关系型数据库的主要应用,主要是进行基本的、伴随日常事务的信息处理,例如当库存量降到指定级别时,订购更多的货物;在制造厂中将零部件组装为成品时对零部件进行跟踪等。

OLTP 的基本特征:

①支持大量并发用户根据业务活动进展定期添加和修改描述和反映业务状态的数据。

②随时反映变化的单位状态,但不保存其历史记录。

③包含大量数据,其中包括用于验证事务的大量数据。

④由数据驱动,具有复杂的结构。

⑤可以进行优化以对事务活动做出响应。

⑥提供用于支持单位日常运营的技术基础结构。

⑦交易一般是确定的,所以 OLTP 是对确定性的数据进行存取。

（2）联机分析处理 OLAP（On-Line Analytical Processing）

OLAP 是共享多维信息的、针对特定问题实现联机数据快速访问和分析的软件技术。

OLAP 通过对信息多种可能的观察形式进行快速、稳定一致、交互性的存取,允许决策者对数据进行深入观察。根据要求快速、灵活地进行大数据量的复杂查询处理,并以直观、易懂的形式将查询结果提供给决策者,以便于其准确掌握企业（公司）的经营状况,了解对象的需求,制定正确的方案。

OLAP 具有灵活的分析功能、直观的数据操作和分析结果可视化表示等突出优点,从而使用户对基于大量复杂数据的分析变得轻松而高效,以利于迅速做出正确判断。

OLAP 的概念最早是由"关系数据库之父"E.F. Codd 于 1993 年提出的,他同时提出了关于 OLAP 的 12 条准则。

①OLAP 必须提供多维概念视图;②透明性准则;③存取能力准则;④稳定的报表能力准则;⑤客户/服务器体系结构;⑥维度的等同性准则;⑦动态的稀疏矩阵处理准则;⑧多用户支持能力准则;⑨非受限的跨维度操作准则;⑩直观的数据操纵;⑪灵活的报表生成;⑫不受限的维与聚集层次。

联机分析处理的主要特点,是直接仿照用户的多角度思考模式,预先为用户组建多维度的数据模型,在这里,维度指的是用户的分析角度。例如对销售数据的分析,时间周期、产品类别、分销渠道、地理分布、客户类群都分别是一个维度。一旦多维度数据模型建立完成,即可快速地从不同角度获取数据,也能动态地在各个角度之间切换或者进行多角度综合分析,具有极大的分析灵活性。这是联机分析处理被广泛关注的根本原因,它从设计理念和真正实现上都与旧的管理信息系统有着本质的区别。

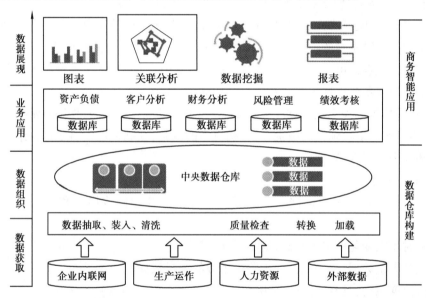

图 11-3　OLAP 的作业流程

OLAP 是决策支持领域的一部分。传统的查询和报表工具是告诉你数据库中都有什么(what happened),OLAP 则更进一步告诉你下一步会怎么样(What next),以及如果我采取这样的措施又会怎么样(What if)。用户首先建立一个假设,然后用 OLAP 检索数据库来验证这个假设是否正确。比如,一个财务分析师希望了解是什么原因导致了贷款拖欠,他可能先做一个初始的假定,认为低收入的人信用度也低,然后用 OLAP 来验证这个假设。如果这个假设没有被证实,他可能去察看那些高负债的账户,如果还不行,他也许要把收入和负债一起考虑,一直进行下去,直到找到他想要的结果或放弃。

也就是说,OLAP 分析师建立一系列的假设,然后通过 OLAP 来证实或推翻这些假设来最终得到自己的结论。OLAP 分析过程在本质上是一个演绎推理的过程。

11.3　面向组织知识管理层的 OAS 与 KWS

1) 办公自动化系统(OAS)

办公自动化(Office Automation, OA)是将现代化办公和计算机硬/软件技术及网络功能结合起来, 利用现代通信技术、办公自动化设备和电子计算机系统或工作站来实现事务处理、信息管理和决策支持的综合自动化的新型办公方式。OA 采用 Internet/Intranet(内联网)技术, 基于工作流的概念, 以计算机为中心, 采用一系列现代化的办公设备和先进的通信技术, 广泛、全面、迅速地收集、整理、加工、存储和使用信息, 使组织内部的各类人员方便、快捷地共享信息, 高效地协同工作; 改变过去复杂、低效的手工办公方式, 为科学管理和决策服务, 从而达到提高行政效率的目的。它是为组织实现对管理和运营各环节的掌控、调配和协作重要平台, 是将组织的应用、内容、人员及流程个性化统一交互的协作环境。

(1)OA 系统的特点

协同工作、敏捷管理:为员工提供个人事务多维度的统一处理平台, 实现了对信息化组织高度集成和优化, 把工作中高度关注的"人"或"事件"的信息有效关联起来, 集中呈现和管理。并支持多人协同事务处理, 智能协调, 轻松方便。个人和组织能够变得协调和敏捷, 快速反应增强事务处理能力。友好的界面风格、强大易用的功能, 全面整合个人工作, 极大地提高了员工的工作效率。

知识管理, 共享平台:通过信息收集、筛选、沉淀、发布等手段将企业分散的知识片段, 包括来自各项业务的管理经验与知识, 归集汇总, 使企业的信息和知识快速传播和转移。每个人、每个部门都可以按照权限分门别类地管理各种信息, 充分解决了个人知识、公共知识、共享知识的管理、分类、查询、共享的问题。帮助企业搭建一个对知识有效积累、共享、利用、创新及管理的平台, 避免隐性的知识无法传承和分享。

公文管理, 易用好用:创新的"敏捷管理"模式下公文管理, 适合企业的公文流转, 规范企业公文的办理方式, 具备完善的发文拟稿、审批、签发、套红、归档、印发及收文管理; 支持 WORD 模板格式、修改痕迹、电子印章、审批过程短信通知和消息提醒。企业内外部的收发文, 均采用电子化流转方式, 真正实现无纸化办公。特别解决了远程、出差、休假委托代办等企业协同管理中的难点问题, 真正做到了流转快的敏捷之道。

整合应用, 消除孤岛:可选择扩展功能应用插件无缝集成到标准产品中, 满足组织管理职能的个性化需求。通过简单的参数配置, 可将办公网站以及其他任何基于 B/S 架构的系统集成在一起, 消除组织中的信息和应用孤岛, 突破管理的各种屏障, 使组织中的各种资源融会贯通。

实时通信, 移动办公:借助内嵌式的统一消息平台, 将所处理事务及时推送到用户桌面, 通过手机短信、即时消息、信息提醒等工具, 为组织的管理提供一个畅通的信息沟通交流平台,满足不同客户在不同场合的需求,随时、随地移动协同办公。并可通过即时通信,实现员工及时、便捷的在线交流等,从而大大提高信息处理的及时性。

设置灵活,易于维护:系统管理可对一些基本的数据和应用进行配置,如组织架构、流程、岗位、人员及权限设置;工作流引擎提供了方便的流程定义工具,用户可以根据自己需要处理的各种实际工作,自定义流程、步骤、办理人等,在流转办理的过程中,帮助企业迅速定义适合自身实际情况的办公应用。操作简单、方便易用,减轻了系统管理员的工作负担,实现了高效管理。

(2)OA系统的功能

协同工作:提供企业员工多人协同事务处理平台,强大功能包括待办事项、工作计划、当前事务、任务管理、日程安排、工作日志、个人通信录、内外部电子邮件等。通过协同事务处理平台,企业员工可以全面协同办理各项事务工作,并对工作执行情况进行自动提醒、跟踪、预警,智能协调,轻松方便。友好的界面风格、强大易用的功能,全面整合个人工作与集体事务,全面提升员工工作效率。

流程中心:强大的流程中心采用可视化、组件化、向导式、拖曳式流程配置引擎,方便企业快速扩展新的业务功能和模块,适应业务的灵活多变性需求。满足大中型集团企业内部流程的建立、监控、变更等要求,实现工作流程的自动化、标准化、规范化。

行政办公:以信息化手段管理日常行政活动,公开、及时、方便。有助于企业对各种资源进行有效管理,合理调控,符合企业实际采用的行政办公流程,极大地简化了行政事务的申办程序。涉及日常用品的入库与申请/领用、会议申请与会议室调度及会议室管理、图书借阅/归还过程的管理等。

知识管理:通过信息收集、筛选、发布、沉淀等手段将组织中分散的知识片段,包括来自各项业务子系统的管理经验与知识,归集汇总,使组织的信息和知识能够快速传播和转移。帮助组织搭建起对知识有效积累、共享、利用、创新及管理的平台,避免隐性的知识无法传承和分享。

日程安排:允许每个用户以天为单位安排未来一段时期的工作任务,即使事务繁杂也能处理得有条不紊;上级领导根据权限可以查看、督办。

公文管理:能够满足办公过程中的收文登记、拟办、批示、阅办、分发、传阅、归档、查询等操作;发文的拟稿、流转、审批、签发、自动生成收文阅办单和发文阅办单、套红、归档、印发等操作;支持审批过程消息提醒和短信通知;支持多种格式的公文,保留修改痕迹;支持电子印章和领导修改批注留痕;支持拟稿纸和阅办单的意见打印;支持插入多个转发文附件和多个其他文件附件,并提供收发邮件、转发邮件、回复邮件、撤回邮件、邮件高级查询等功能。

工作流管理:根据国际工作流管理联盟(Workflow Management Coalition,WfMC)的定义,工作流(Workflow)是自动运行的业务过程的整体或部分,表现为参与者对数据、文件、信息或任务按照规程采取行动并令其在参与者之间传递。在办公自动化系统中引入工作流技术,能够将办公业务活动分解、定义成规范的任务、角色、规则和过程来进行执行、监察与控制,从而达到提高办公过程的准确性和有效性的目的。工作流管理具有以下特点:①面向业务过程。所谓业务过程是相关业务活动的集合,这些活动均关联于特定的托付事项(Commitment),为过程的产出增值。②自动与协同。工作流技术能够帮助设定的业务活动自动按照规程执行,并有效协同上下游业务。③监察与控制。监察(Monitoring)与控制(Control)是工作流系统的重要功能与特征,其不仅包括对正在执行的业务过程,还包括它的定义和改变。④标准化。工作流技术要求对每项业务活动制定标准化的"业务清单",并跟踪其执行过程。⑤动态规划。工作流技术支持针对组织的业务变更对工作流进行动态规划。

　　OA 系统的建设必须满足开放性、易用性、健壮性、严密性和实用性等五大基本特性。通过开放性,实现 OA 系统与其他信息化平台的整合集成,打破信息孤岛、应用孤岛和资源孤岛;通过易用性,满足不同人员、不同业务对 OA 系统功能的需求;通过健壮性,确保 OA 系统的实用、可靠;通过严密性,实现"用户、角色、权限+数据"4 个维度的管控;通过实用性,实现 OA 系统 80% 的标准化+20% 个性化的配置,方便用户自定义 OA 系统的功能模块和平台模块。

　　2) 知识工作系统(KWS)

　　随着科技进步及社会发展,社会和经济领域中出现了大量包含复杂性知识要素的技术及管理问题,那些利用自身知识资源和工具,承担知识任务的新兴工作群体被称为知识工作者。"知识工作者"的概念最初由美国著名的管理学家彼得·德鲁克(Peter Drucker)提出。德鲁克认为:知识工作者是主要利用知识和信息进行工作的人,他们通过应用理论知识和分析性的技术技能实现和提供创新性产品和服务,并能够充分利用现代技术知识提高工作效率。知识创新力是知识工作者最主要的特点。此外,知识工作者的工作主要是一种思维性活动,知识的更新和发展往往随环境条件的变化而有所适应,具有很大的灵活性。所以,知识工作者兼具知识性、创造性、灵活性等方面的特征。

　　加拿大著名的学者弗朗西斯·赫瑞(Frances Horibe)认为:"简而言之,知识员工就是那些创造财富时用脑多于用手的人们。他们通过自己的创意、分析、判断、综合、设计给产品或服务带来附加价值"。

　　知识工作系统(Knowledge Work System)是指知识工作者在进行知识创作、产品与服务创新时,能为其提供辅助以提高效率的各种信息的科技、软件与系统。利用 IT 的科技来协助知识工作者更容易、更有效、更快捷地"创造新知识"。因此,知识工作系统——KWS 是专门用来加强知识创造和保证新知识与技术经验能正确地集成于企业的专门化信息系统。

　　知识工作系统的功能需求:

　　①KWS 必须向知识工作者提供他们需要的特殊工具。比如,强大的绘图工具、分析工具、沟通和文件管理工具。这些系统要有强大的计算能力来处理复杂的图形或复杂的计算,以满足研究者、产品设计者和财务分析人员的复杂计算之需要。

　　②KWS 应具有友好的用户接口。友好的用户接口不仅可以使得使用者不需花很多

时间就能学会软件系统的使用,而且能够使知识工作者与系统之间进行方便的交互,实现双方的有效协同。

③KWS应具有虚拟现实(Virtual Reality)分析能力和可视化表达能力。能够以视觉形式直观反映知识工作者的创意和设计,并进行模拟仿真分析。

④KWS应具有良好的支持知识存取的知识库功能和信息通信能力,能够保障知识工作者跨越时空限制便捷地获取和利用知识。

⑤KWS应具有良好输入输出界面,方便知识工作者对新产品或新服务的设计构思及规格说明的快捷输入,输出系统分析所形成的模型、图纸、模拟结果。

知识工作系统在现实社会中已经得到广泛的运用。

在制造业中虚拟制造/虚拟设计/虚拟装配(CAD/CAM/CAE)、工业仿真(VRP-IE)、3D建构、产品可视化、多人多工种协同作业(化身系统、机器人人工智能)等应用极大地缩短了创新产品从创意到交付使用的时间,提高企业的市场反映能力,减少决策失误,降低企业风险。

在城市规划方面,应用虚拟现实技术将3D地面模型、正射影像和城市街道、建筑物及市政设施的三维立体模型融合在一起,直观再现城市建筑及街区景观,用户在显示屏上可以很直观地看到生动逼真的城市街道景观。

在石油、天然气勘探方面,中石化公司借助于名为"Petro-One"的知识工作系统,能够实现地震数据体层位解释、断层解释、属性分析、分频处理、井轨迹设计等完整的油气勘探开发辅助分析功能,因而能够极大地提高油气勘探开发的精度和效率,降低勘探开发的风险。某地区30 000平方米的三维地震数据,以及180多口井的井位及部分测井资料,通过该系统仅一天即完成岩体刻画的构造成图及断裂系统分析。工作效率较以前有数十倍的提高,分析精度也大为改善。

在医学方面,Pieper及Satara等研究者在20世纪90年代初基于两个SGI工作站建立了一个虚拟外科手术训练器,用于腿部及腹部外科手术模拟。这个虚拟的环境包括虚拟的手术台与手术灯,虚拟的外科工具(如手术刀、注射器、手术钳等),虚拟的人体模型与器官等。借助于HMD及感觉手套,使用者可以对虚拟的人体模型进行外科手术,手术后果及术后康复预测具有显著的效果。

11.4　面向组织管理控制层的 MIS 与 DSS

11.4.1　管理信息系统

管理信息系统(Management Information System,MIS)是一个具有高度复杂性、多元性和综合性的人机系统,它全面使用现代计算机技术、网络通信技术、数据库技术及管理科学、运筹学、统计学、模型论和各种最优化技术,为经营管理和决策服务。

1）管理信息系统的概念结构

从概念上看,管理信息系统由四大部件组成,即信息源、信息处理器、信息用户和信息管理者,如图 11-4 所示。

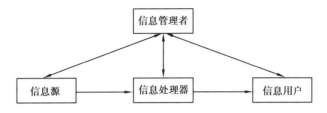

图 11-4　管理信息系统的概念结构

其中,信息源是信息的产生地;信息处理器负责信息的传输、加工、存储等;信息用户是信息的使用者,其应用信息制定决策和实施控制;信息管理者负责信息系统的规划、设计与实现以及在系统实现后的运行管理。

2）管理信息系统的功能结构

管理信息系统既然是面向管理的系统,那么从使用者的角度看必须具有特定的管理功能。各种功能之间应该存在着相应的信息联系,并构成一个系统整体。反映和描述这种功能关系的就是管理信息系统的功能结构,如图 11-5 所示。

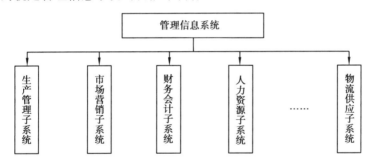

图 11-5　管理信息系统的功能结构

3）管理信息系统的软件结构

支持管理信息系统各种功能的软件系统或软件模块所组成的系统结构,就是管理信息系统的软件结构,如图 11-6 所示。

图 11-6 中,每一个方框代表一个软件模块或是一个文件,每一个纵列是支持某一管理领域的软件系统;同时,它对应自己的专用数据文件。整个系统拥有为全系统所共享的公用数据文件、公共应用程序、公用模型库系统和数据库系统。

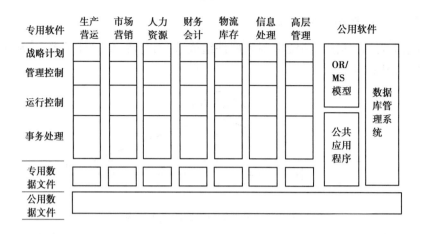

图 11-6　管理信息系统的软件结构

11.4.2　决策支持系统

决策支持系统（Decision Support System，DSS），是以管理科学、运筹学、控制论、决策科学和行为科学为基础，以计算机技术、仿真技术和信息技术为手段，针对半结构化乃至非结构化的决策问题，支持决策者开展决策活动的具有智能作用的人机系统。该系统能够为决策者提供所需的数据、信息和背景资料，帮助决策者明确决策目标和进行问题的识别，建立或修改决策模型，提供各种备选方案，并且对各种方案进行评价和优选，通过人机交互功能进行分析、比较和判断，为科学、正确地决策提供必要的支持。它通过与决策者的一系列人机对话过程，为决策者提供各种可靠方案，检验决策者的要求和设想，从而达到支持决策的目的。它是管理信息系统向更高一级发展而产生的先进信息管理系统，其侧重解决组织中的半结构化与非结构化决策问题。

20 世纪 70 年代中后期，由美国麻省理工学院的米切尔·斯科特（Michael Scott）和基恩（Peter Keen）首次提出了"决策支持系统"一词，标志着利用计算机与信息支持决策的研究与应用进入了一个新的阶段，并形成了决策支持系统新学科。

1）决策支持系统的基本架构

决策支持系统基本结构主要由 4 个部分组成，即数据库及其管理系统部分、模型库及其管理系统部分、知识库及其管理系统部分、人机交互接口部分。

接口管理子系统：是 DSS 与系统用户（决策者）之间的中介，在系统的使用者、数据库、模型库以及知识库起着传递（转换）命令、数据和结果的接口，为决策者提供信息收集、问题识别、模型构造、模型改进、分析计算等功能。接口管理子系统通过人机对话机制，使得决策者能够依据个人的经验，主动利用 DSS 所拥有的各种支持功能进行学习、分析、再学习，得以实现对一个最优的决策方案的选择。由于 DSS 的使用者大都是非计算机专业的组织管理人员，他们要求系统使用方便、灵活性强，有较好的用户体验，因此接口管理子系统的软硬件开发与功能配置往往是 DSS 成败的关键。

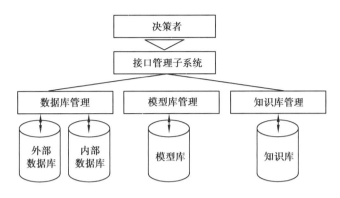

图 11-7　决策支持系统的结构

数据库子系统:是 DSS 中存储、管理、提供和维护用于支持决策的数据的基本部件,是支撑模型库子系统和知识库子系统的基础。其主要由数据库、数据析取模块、数据字典、数据库管理系统以及数据查询模块等构成;其功能包括对各种类型数据的存储、检索、处理和维护,并能够从来自不同渠道的各种信息资源中析取满足支持决策的数据,并将其转换成 DSS 所要求的各种内部数据。与一般信息系统的数据库相比,DSS 的数据库特别要求灵活、易改,并且在修改和扩充中不丢失数据。

模型库子系统:是 DSS 中构建和管理模型的软件系统。其由模型库和模型库管理系统构成。其中,模型库是存储在计算机中的各种模型或模型组件的集合,其由许多计算机程序模块组成。主要的类型有:①通用模型库。模型建立和编制均由用户完成,系统仅提供宿主语言(如各种高级语言或专用语言)以支持模型的动态构建和与之相关的模型的求解方法等。②专用模型库:专为某些特定的决策或决策者设计的模型库,用户只需直接引用模型库中预先定制的模型,不必创建模型,即可实现决策过程中的模型应用。

模型库管理功能包括:建立模型文件系统下的存取路径以对模型进行存取和模型构件的动态组装,对模型进行增加、删除、修改及查询,对模型文件进行编辑和编译以及新模型的动态加入等;模型库子系统与接口管理子系统交互,可以实现用户对模型的操作、处置和控制;模型库子系统与数据库子系统的交互,可以实现模型所需数据的提供,实现模型的输入、输出和中间结果存取的自动化;模型库子系统与方法库子系统交互,可以实现目标搜索、灵敏度分析和仿真运行自动化等。

知识库子系统:是 DSS 中存储、管理、调用及维护支撑决策支持系统功能所需的各类知识与算法的部件,其由知识库和知识库管理系统构成。其中,知识库所存储的是那些既不能用数据方式表达,也不能用模型方式表达的知识,主要是支持决策所需的专家知识、经验知识和领域知识,而知识库管理系统则有两个基本功能:一是,回答决策过程中分析与判断问题所需的知识请求;二是,回答知识库中知识的增加、扩展、维护等请求。

2) DSS 的基本功能

①管理并随时提供与决策问题有关的组织内部信息,如订单要求、库存状况、人员情况、生产能力与财务报表等。

②收集、管理并提供与决策问题有关的组织外部信息,如政策法规、经济统计、市场行情、同行动态与科技进展等。

③收集、管理并提供各项决策方案执行情况的反馈信息,如订单或合同执行进程、物料供应计划的落实情况、生产计划完成情况等。

④以一定的方式存储和管理与决策问题有关的各种分析模型,如定价模型、库存控制模型与 MRP、CRP 模型等。

⑤能够存储并提供常用的数学方法及算法,如回归分析方法、线性规划、最短路径算法等。

3)决策支持系统的特征

①DSS 主要针对组织的上层管理人员可能会经常面临的结构化程度不高、说明不充分的问题。

②DSS 把模型或分析技术与传统的数据存取技术检索技术结合起来,并通过模型驱动。

③DSS 易于为非计算机专业人员以交互式会话的方式使用。

④DSS 强调对用户决策方法改变的灵活性及适应性。

⑤DSS 支持但不是代替高层决策者制定决策。系统只是支持用户而不是代替他判断。因此,系统并不提供所谓"最优"的解,而是给出一类满意解,让用户自行决断。同时,系统并不要求用户给出一个预先定义好的决策过程。

4)决策支持系统的发展

(1)群体决策支持系统(GDSS)

针对现代组织的决策常常是由群体参与的特点,在常规的决策支持系统的基础上,按照支持群体决策的特征要求,利用计算机网络和通信技术,发展出了群体决策支持系统(Group Decision Support Sysytem,GDSS),以支持多个决策者共同参与的,在必要时跨越时空的限制,通过相关规程实现相互协作的决策,探寻半结构化或非结构化决策问题的解决方案。

从决策过程的角度,可以将 GDSS 分为合作型和非合作型。

在合作决策的过程中,决策者试图通过友好和信任的方法作出一个共同的决策,并对决策结果共同承担责任。相应地,合作型 GDSS 所采取的主要策略有:寻求一致、相互妥协、折中、协商以及投票等。具体采用哪一种(或几种)机制,应根据不同问题的特点作出不同的选择。

在非合作决策过程中,决策者的利益往往是相互冲突的。每个决策者为了满足自己的利益,都试图贬低或损害他人的利益。这类 GDSS 所采取的主要策略是诱发冲突和鼓励竞争,从而揭示相关决策方案中存在的问题,寻求最优化的解决方案。无论采取哪种策略,最终,GDSS 都要以某种方式实现参与者的协调与沟通,评价各决策者的相关决策方案,得出最佳的方案。

从通信的角度,可以将 GDSS 分为以下 4 种类型:

①决策室(Decision Room)型。这种类型的 GDSS 的主要特征是在群决策过程中,各决策者同处一室,没有(或基本没有)使用网络通信机制,通信是通过口头形式或简单的报文形式完成的,是最初级的群决策形式。它不能有效地屏蔽各决策者之间的相互影响。

②局部决策网络(Local Decision Network)型。这种类型的 GDSS 建立在局域网(LAN)的基础上,每个决策者作为网上的一个结点,拥有自己的工作站和私有资源。在决策过程中,各决策者在自己(办公室中)的工作站上参与群决策,通过网络相互通信,以了解其他决策结点的状态及全局状态。这种类型的 GDSS 强调各决策结点的独立性。

③电话会议(Teleconferencing)型。这是由多个决策室型 GDSS 组成的一种复合型GDSS。整个系统建立在一个中程或远程网络上,每个网络结点都是一个决策室型的GDSS。网络将各地的决策室联系起来,形成全系统范围内更广泛的群决策系统。网络上传递的往往是各结点的声、像、图、文信息,需要多媒体技术的支持。

④远程决策(Remote Decision Making)型。这种类型的 GDSS 与局部决策网络型GDSS 有较多相似的特点,两者的主要差别在于这种类型的 GDSS 是建立在远程网上的,且系统更加强调网络通信的实时性和各结点的独立性。

典型的 GDSS 由硬件、软件资源和决策者 3 部分组成。其中:

硬件资源:是指各决策者独立使用的工作站(或终端)、共享使用的外部数据库、模型库及 I/O 设备等硬件资源,还包括整个 GDSS 基的通信网络系统。

软件资源:包括在各决策者的工作站(或终端)上运行的决策支持软件、支撑 GDSS的底层软件(如公共数据库系统、公共模型库系统、公共方法库系统)及网络管理软件(如规程库子系统、通信子系统);支持决策者与系统进行交互的人机接口系统等。

决策者:不仅包括参与决策的决策者,还包括决策过程的辅助协调人员。

GDSS 的系统构成如图 11-8 所示。

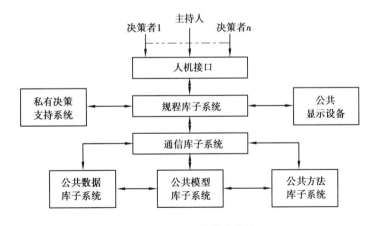

图 11-8 GDSS 的基本结构

(2)分布式决策支持系统(DDSS)

DDSS 是由多个物理分离的信息处理特点构成的计算机网络,网络的每个结点至少含有一个决策支持系统或具有若干辅助决策的功能。与一般的决策支持系统相比,DDSS

有以下一些特征：

DDSS 是一类专门设计的系统，能支持处于不同结点的多层次的决策，提供个人支持、群体支持和组织支持。不仅能从一个结点向其他结点提供决策，还能提供对结果的说明和解释，有良好的资源共享。能为结点间提供交流机制和手段，支持人机交互、机机交互和人与人交互。具有处理结点间可能发生的冲突的能力，能协调各结点的协同操作，既有严格的内部协议，又是开放性的，允许系统或结点方便地进行扩展，同时系统内的结点作为平等成员而不形成递阶结构，每个结点享有自治权。

（3）智能决策支持系统（IDSS）

IDSS-Intelligence Decision Supporting System 的概念最早由美国学者波恩切克（R. H.Bonczek）等人于 20 世纪 80 年代提出，它既能处理定量问题，又能处理定性问题。

智能决策支持系统是知识工程（KE, ）人工智能（AI, Artificial Intelligence）和 DSS 相结合，应用专家系统（ES, Expert System）技术，使 DSS 能够更充分地应用人类的相关知识，如关于决策问题的描述性知识，决策过程中的过程性知识，求解问题的推理性知识，通过逻辑推理来帮助解决复杂的、不确定性领域的决策问题的辅助决策系统。

比较完整与典型的 IDSS 是在传统 DSS 的基础上，增设知识库与推理机，在人机对话接口子系统中加入自然语言处理系统 NLS，形成智能化的多模态人机接口，在 4 个库之间插入问题处理系统（PSS）而构成的四库系统结构。

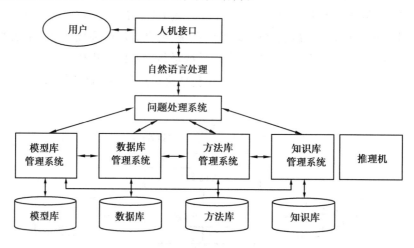

图 11-9 IDSS 的结构框架

智能人机接口：四库系统的智能人机接口能够接受自然语言或接近自然语言的方式表达的决策问题及决策目标，较大程度地改变了人机界面的性能，使之更方便决策者与系统的交互。

问题处理系统（PPS）：处于 IDSS 的中心位置，它起着衔接用户与系统环境的桥梁作用，系统通过 PPS 对决策问题进行分类并确定问题求解的策略。其主要由两部分组成。其中：

①问题分析系统：转换产生的问题描述，判断问题的结构化程度，对结构化问题选择

或构造模型,采用传统模型求解;对半结构化或非结构化问题则由规则模型与推理机制来求解。

②问题处理系统:是 IDSS 中最活跃的部件,它既要识别与分析问题、设计求解方案,还要为问题求解调用数据、模型、方法及知识等资源,对半结构化或非结构化问题还要触发推理机进行推理或新知识的推求。

随着 DSS 应用范围的不断扩大,应用层次的逐渐提高,DSS 已进入到全局性或区域性经济社会发展战略研究、大型企业生产经营决策等领域的决策活动中来,这些决策活动不仅涉及经济活动各个方面、经营管理的各个层次,而且各种因素互相关联,决策的环境更加错综复杂。对于省、市、县等发展战略规划方面的应用领域,决策活动还受政治、社会、文化、心理等因素的不同程度的影响,而且可供使用的信息又不够完善、精确,这些都给 DSS 系统的建设造成了很大的困难。在这种情况下,一种新型的、面向决策者、面向决策过程的综合性决策支持系统产生了,即智能—交互—集成化决策支持系统(Intelligent,Interactive and Integrated DSS,简称 3IDSS)。

集成化:在上述情况下,采用单一的以信息为基础的系统,或以数学模型为基础的系统,或以知识、规则为基础的系统,都难以满足相关领域的决策活动的要求。这就需要在面向问题的前提下,将系统分析、运筹学方法、计算机技术、知识工程、人工智能等有机地结合起来,发挥各自的优势,实现决策支持过程的集成化。

交互性:决策支持系统的核心内容是人机交互。为了帮助决策者处理半结构化和非结构化的问题,认定目标和环境约束,进一步明确问题,产生决策方案和对决策方案进行综合评价,系统应具备更强的人机交互能力,成为交互式系统(Interactive systems)。

智能化:决策支持系统在处理难以定量分析的问题时,需要使用知识工程、人工智能、机器学习等方法和工具,这就是决策支持系统的智能化(Intelligent)。

在现实应用中,DSS 分为 3 个技术层面:

①专用 DSS:是针对特定用户的特定需求而构建的具有特定功能的 DSS。

②DSS 生成器:一种用以方便、快捷地研制和构造专用 DSS 的计算机软/硬件平台。

③DSS 工具:用于构造专用 DSS 和 DSS 生成器的基础技术或基本软/硬件单元。

这 3 个层次面向不同的人员,发挥不同的作用。3 个层次之间有着依托和支撑关系。

11.5　面向组织战略管理层的 ES 与 ESS

11.5.1　专家系统

专家系统(ES—Expert System)是一种大型复杂的智能计算机软件系统,是人工智能(AI)理论研究开始走向实用化的标志和里程碑,是人工智能从一般思维规律的探索,走向专门知识利用的突破口。它把专门领域中某个专家或若干个专家的知识、经验和思考、解决问题的方法,以适当方式储存在计算机中,使计算机能在推理机的控制下模仿人类专家进行推理和判断,分析并解决问题,在一定范围内取代专家或者发挥专家助手作用。简而言之,专家系统是一种模拟人类专家,解决特定领域问题的计算机软硬件系统。自 1968 年图灵奖得主、知识工程的倡导者、美国斯坦福大学教授爱德华·费根鲍姆(Edward Albert Feigenbaum)等人研制成功第一个专家系统 DENDEL 以来,专家系统的研究与应用获得了飞速的发展,并且成功运用于医疗、军事、地质勘探、教学、化工等领域,产生了巨大的经济效益和社会效益。目前,专家系统已经成为人工智能领域中最活跃、最受重视的领域。

1)专家系统的逻辑框架

专家系统具有如图 11-10 所示的基本逻辑框架。

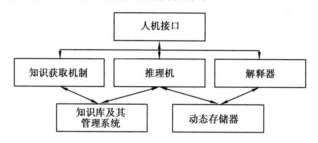

图 11-10 专家系统的基本框架

专家系统的主要的功能部件有:

(1)知识库(Knowledge Base)

知识库用以存放专家知识。ES 的问题求解过程是通过知识库中的知识来模拟专家的思维方式的,因此,知识库是 ES 质量是否优越的关键所在,决定着专家系统的质量和水平。构建知识库有多种方法,常用的有产生式系统、谓词系统、语义网络等。

(2)推理机(Inference Engine)

推理机是专家系统实现问题求解的核心执行机构。推理机针对问题的当前条件或已知信息,反复匹配知识库中的规则,获得新的结论,得到问题求解的结果。在这里,推理方式可以有正向、反向推理和双向推理 3 种方式。

正向推理指的是从现有已知条件出发,自底向上地进行推理(条件的综合),直到预期目标实现。逆向推理则从预期目标出发,自顶向下地进行推理(目标的分析),直到搜寻到符合的条件。而双向推理则是从已知的当前状态出发向前推导导致当前状态的条件和向后推导可能产生的结果。在产生式系统中,运用逆向推理时,由后件而不是前件引导产生式的搜索工作。因此按推理方向可将产生式系统分为前件驱动和后件驱动两种类型。条件—行动型产生式系统采用前件驱动的工作方式。

推理机的程序与知识库的具体内容无关,即推理机和知识库是分离的,这是专家系统的重要特征。

(3)人机交互界面(Man-machine Interface)

它是 ES 与用户进行交流的界面。通过该界面,用户输入基本信息,回答系统提出的相关问题,而系统则输出推理结果及相关的解释等。

（4）综合数据库

综合数据库也称动态存储器或上下文机制（Context）,是反映当前问题求解状态的集合,用于存放系统运行过程中所产生的所有信息,以及所需要的原始数据,包括用户输入的信息、推理的中间结果、推理过程的记录等。综合数据库中由各种事实、命题和关系组成的状态,既是推理机选用知识的依据,也是解释机制获得推理路径的来源。

（5）解释器（Explanatory System）

其能够根据用户提出问题或要求,对系统的推理结论、推理的求解过程做出解释和说明,帮助用户对推理结果及其过程的理解。因而使专家系统更具有人情味。

（6）知识获取机制（Knowledge Acquisition）

它是专家系统的知识库是否优越、可用的关键环节,也是专家系统设计的"瓶颈"问题,通过知识获取机制,提取专家所拥有的领域知识,将之转化为计算机可以表达和存储、查询的方式构建知识库,也可以扩充和修改知识库中的内容,还可以实现机器自动学习功能。

2）专家系统的工作流程

专家系统的工作流程如图 11-11 所示。

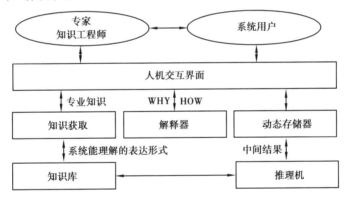

图 11-11　专家系统的工作流程

在以上流程中,首先通过知识工程师与专家的交互,获取专家的领域专业知识,实现专家所特有的知识（隐性知识）的显性转化,并借助于知识获取机制,形成计算机能够识别、理解的表达形式,构建能够有效查询、提取的知识库,知识库应该能够方便地实现其内容的扩展和更新;用户通过多模态的人机界面向系统提出需要解决的问题并回答系统的提问;系统根据对用户问题的理解,驱动推理机展开对问题的分析、推理过程,并形成推理结果;最后系统通过解释器向用户解释以下问题:系统为什么要向用户提出该问题（Why）,系统是如何得出最终结论的（How）等,并通过人机界面向用户提交。

推理机的工作原理:

以专家系统中的普遍应用的产生式系统为案例,来解释推理机的工作机制。

所谓产生式系统是构造知识型系统和建立认知模型时常用的知识表示的形式系统。

1943 年美国波士顿大学管理学教授波斯特(James Post)首先将他提出的一种计算形式体系命名为产生式系统。20 世纪 50 年代末期,纽厄尔和西蒙在研究人类问题求解的认知模型时也使用了产生式系统这一术语。产生式系统现代已成为研制人工智能系统时采用的最典型的体系结构之一。

产生式:它是指形如 $\alpha \to \beta$ 或 IF α THEN β 或其等价形式所表达的一条规则,其中 α 称为产生式的"条件左件"或前件(RLS);而 β 称为产生式的"结果右件"或后件(RRS)。①如果 α,β 分别代表需要注视的一组条件及其成立时需要采取的行动,那么这样的产生式称为条件—行动型的产生式;②如果 α,β 分别代表前提及其相应的结论,那么称之为前提—结论型的产生式。

产生式系统:产生式系统由下列 3 部分组成:

①规则库(Rule-Base):产生式规则的集合。每条规则由左右两部分组成,左部鉴别规则的适用性或先决条件,右部描述规则应用时所完成的动作。应用规则来改变数据库。

②动态存储器(亦称当前数据库或上下文机制)。用以存放专家系统工作时问题求解进程中的各种当前信息,它决定着产生式求解的当前状态是否可用。

③推理机制:整个推理及问题求解过程的控制机制。它根据上下文机制中的当前信息,识别规则库中规则的条件左件(α)与上下文相匹配的所有产生式(称为触发产生式),再根据规则选择和决定启用一条触发产生式,并采用所启用的产生式的"结果右件(β)"改变上下文的内容,改变后的上下文又可触发新的产生式,驱使推理及问题求解过程持续进行。这一过程包含 4 个步骤:

①匹配操作阶段:首先,将已知的条件输入到动态数据库(Context)中。然后,逐一与规则库中的规则进行比对,找出能够与 Context 中内容相互匹配的 RLS 的所有规则,形成触发产生式(可用规则),并对其加注标记。

②冲突消解阶段:如果存在多条触发产生式,则去掉执行 RRS 规定的操作会导致 Context 内容重复的触发产生式。

③结果操作阶段:如果不存在记有标记的产生式(触发产生式),则终止推理过程,将 Context 的内容作为结果输出;否则,选取序号最低(或仅有)的触发产生式,执行其 RRS 所规定的操作,并更改 Context 中的内容。

④循环阶段:清除所有产生式的标记,转步骤①循环执行推理过程。

【案例】

产生式系统推理应用案例:物品识别

设已有规则库如下:

P1:If on-c1 green Then put-on-c1 produce

P2:If on-c1 packed in small container Then put-on-c1 delicacy

P3:If on-c1 refrigerated OR on-c1 produce Then put-on-c1 perishable

P4:If on-c1 weight 15lbs AND on-c1 inexpensive AND NOT on-c1 perishable
　　Then put-on-c1 staple

P5:If on-c1 perishable AND on-c1 weight 15lbs Then put-on-c1 turkey

P6:If on-c1 weight 15lbs AND on-c1 produce Then put-on-c1 watermelon

而已知某物品有特征为:绿色、重 15 磅。运用专家系统推理以识别该物体,其推理过程如下:

将已知物体的特征输入到动态存储器(C1),然后进入推理循环:

■第一次循环

C1=(green,weight 15lbs,produce)

■第二次循环

C1=(green,weight 15lbs,produce,perishable)

■第三次循环

C1=(green,weight 15lbs,produce,perishable,Turkey)

■第四次循环

C1=(green,weight 15lbs,produce,perishable,Turkey,watermelon)

至此,系统得到推理结果:该物品是一个西瓜。

3)专家系统的分类

根据应用领域可以划分为以下几类:

①诊断型专家系统:根据对症状的观察分析,推导出导致症状产生的原因以及排除故障方法的一类系统,如医疗、机械、经济等,其应用案例有斯坦福大学研究开发的诊断血液中细菌的感染的 MYCIN 系统、诊断汽车柴油引擎故障原因的 CATS 系统。

②解释型专家系统:根据表层信息解释深层结构或内部情况的一类系统,如地质结构分析、物质化学结构分析等。

③分析预测型专家系统:根据现状预测未来情况的一类系统,如气象预报、人口预测、水文预报、经济形势预测等,其应用案例有如分析油井储存量之专家系统 DIPMETER 及分析有机分子可能结构之 DENDRAL 系统。

④设计型专家系统:根据给定的产品要求设计产品的一类系统,如建筑设计、机械产品设计等。

⑤决策型专家系统:对可行方案进行综合评判并优选的一类专家系统。

⑥监视型专家系统:对某类行为进行监测并在必要时进行干预的一类专家系统,如安全监视、灾害监测系统等,其中著名的有 1982 年 EGG 公司开发的 REACTOR 系统(用于核反应堆故障诊断与处理),1983 年 Bell 实验室开发的 ACE 系统(用于电话电缆故障诊断与维护)。

11.5.2　EIS 系统

主管信息系统(Executive Information System,EIS),人们通常也称其为经理信息系统,是服务于组织的高层经理的一类特殊的信息系统。EIS 能够使经理们得到更快更广泛的信息。EIS 首先是一个"组织状况报导系统",它能够迅速、方便、直观(用图形)地提供综合信息,并可以预警与控制"成功关键因素"遇到的问题。EIS 还是一个"人际沟通系统",经理们可以通过网络下达命令,提出行动要求,与其他管理者讨论、协商、确定工作分配,进行工作控制和验收等。

1983 年,Scott Morton 将 EIS 改称为 ESS,它被用来向经理们提供信息,以改进他们的管理计划、监控和分析工作。与典型的 DSS 相比,这种 EIS 需要从企业内部事务处理系统(TPS)和外部的信息源获取大量的数据,建立比较大的数据库。他认为这是所有 EIS 都应具有的最重要的共同的特征。此外,他特别强调 DSS 中的模型是如此典型以致它不能满足经理们对它的柔性要求。而 ESS 更多的是面向数据的存取,而不是面向模型。

1984 年,Eliot Levinson 进一步拓宽了 EIS 和 ESS 的定义。他定义 ESS 是基于计算机的被设计用来辅助企业中的高层管理人员进行管理的系统。他第一次将 ESS 的功能扩展到数据存取和分析之外,包括了支持高层管理人员所有可能的管理活动。

该系统是综合了各种信息报告系统和决策支持系统的特色而构成的一种专为组织中高层领导使用的信息系统,从它所处理和提供信息的特点来看,它主要是为满足高层领导对战略信息的需求而构筑的。它提供经过过滤处理的关键性信息,如组织运动状态的监控信息、竞争对手活动的信息、与公司的关键成功因素相关的信息、公司政治经济法律环境的信息等,使相关组织的高层领导能够及时发现问题,并作出相应的决策。

随着 EIS 在组织中不断地成功应用,人们普遍认同了 EIS 的重要地位,但是 EIS 到底应该向何处发展? 这是一个众多企业家和信息系统领域的学者所关心的问题。

事实上,在当今日益加剧的竞争压力下,高速发展的技术和不断更新的管理观念给 EIS 带来了许多新的问题。为了解决那些富有挑战性的组织问题,作为支持高层经理工作的最为有效的信息系统,EIS 必须满足以下要求,而这些要求的满足都依赖于 EIS 的不断发展和进步。

1)综合数据的实时获取

目前成功实现的 EIS 在获取内部数据和监测内部状态方面已颇有成效,但对外部数据的获取仍然十分有限,这与 EIS 倡导者的初衷存在着一定的差距。由于外部环境的复杂多变和外部数据的高度非结构化,在目前阶段的技术水平支持下,对外部的状态监测和数据访问比对内部的状态监测和数据访问更加难以实现。

事实上,在以往经验的基础上经理可能不把 EIS 作为正式的外部信息源,也对此不做出较高的期待。高层经理宁愿自己去做大部分的外部信息监测,并且认为其中有一些只有他们才能看得出的微妙之处。此外,在自动地从外界大量的繁杂数据中智能化识别和析取经理需要的信息方面,EIS 系统的能力还很弱。EIS 既然是对范围广、结构化差、多变的经理活动提供支持,则系统数据的外部化和智能化是必不可少的。在市场全球化趋势下,组织管理的重心也逐渐外移,经理处理外部信息的比重将不断上升。随着信息技术的发展,新的数据获取与处理技术,如数据仓库(Data Warehouse)、数据挖掘(Data

Mining)和数据集市(Data Market)的出现,尤其是大数据技术及其应用的出现,EIS 中的数据的外部化和智能化方面将有所加强。

2)柔性的系统结构

变化是当今的信息系统所面临的最基本的挑战之一。组织的业务变更、业务流程重组、竞争者的变动、组织联盟、新技术的采用、新系统的移植等一系列变化因素正改变着组织的信息技术环境。缺乏柔性的信息系统已成为组织成功的严重障碍。逐步提高组织信息系统的柔性及适应能力已经成为了为变化率日益增长的组织提升应变能力的必由之路。柔性是组织在剧变的环境中发展及立于不败之地的不可缺少的能力。柔性的企业需要柔性化的信息系统。EIS 集中于满足高层经理战略决策信息的需求。它侧重于对外部信息与内部信息的提炼以及对高层经理决策与控制的辅助,其特点在于根据高层经理的需要和习惯裁剪信息产品形成自己的视图,从而使之能够有效地洞察问题、发现机遇、规避风险,这就使得其面对的问题往往是动态变化的,其处理的信息对象又往往是高度非结构化的。由此可见,EIS 的本质决定了对该系统的柔性化和灵活化的要求。

3)个性化的定制系统

新时期动态的组织环境和信息技术使得组织向扁平化和集成化发展,出现了许多新的组织结构。这意味着在组织的各项工作中涉及了更多的信息与更大程度的沟通,需要不同于传统的信息系统的支持。这都表明对组织协作和权力分布提供支持的信息系统时代的到来。传统意义上的 EIS 被定义为仅仅供少数高层管理者使用的系统,其目前的应用仅仅局限于组织中的关键人物,由此导致的应用上的非经济性是显而易见的。由此看来,使这种面向少数组织成员的信息系统扩展到其他的知识工作者是十分必要的。许多情况下,只要能使组织成员的工作表现有显著的进步,EIS 完全可以扩展到组织的较低层次。EIS 开发技术的成熟化将降低成本,从而可以扩大用户层面。在未来扁平化网络化的组织结构中,EIS 的协作化和分布化将是必然的趋势。

更为重要的是,EIS 是服务于组织的高层管理者,而不同的管理者,其管理风格、行为准则、对待风险的态度、对问题求解的价值观等方面往往存在着很大的差异,如何面对这种个性化的差异,构建满足其需求的 EIS ,则更是 EIS 建设的最大挑战。

这种趋势呼唤着一种全新的信息系统的应用模式:这种模式以一体化的四层架构形成支撑信息系统应用的完整环境。

第一层:IaaS(Infrastructure as a Service——基础设施即服务),又称为 Hardware-as-a-Service。在传统的信息系统应用模式下,特定的组织建设信息系统需要自行购买支持系统运行所需要的全部硬件设备,而在 IaaS 模式下,IaaS 供应商会提供场外服务器、存储设备和网络硬件,最终用户可以通过租用方式使用。节省了维护成本和办公场地,用户可以在任何时候利用这些硬件来满足其应用需求。一些大的 IaaS 公司包括 Amazon,Microsoft,VMWare,Rackspace 和 Red Hat。

第二层:PaaS(Platform as a Service——平台即服务),又称为中间件平台。供应商将软件研发的平台(业务基础平台)作为一种服务,包括:虚拟服务器和操作系统、网页应用管理、应用设计,应用虚拟主机以及应用开发协作工具等,以 SaaS 的模式提交给用户。这节省了用户在硬件上的费用,也让分散的场所之间的合作变得更加容易。一些大的 PaaS 提供者有 Google App Engine,Microsoft Azure,Force.com,Heroku,Engine Yard。最近兴起的公司有 AppFog,Mendix 和 Standing Cloud 等。

第三层:SaaS(Software as a Service——软件即服务),是一种基于互联网提供软件服务的应用模式。其供应商为特定的组织定制信息化所需要的所有网络基础设施、硬件运作平台及应用软件,并负责所有前期的实施、后期的维护等一系列服务,企业无须购买软硬件、建设机房、招聘 IT 人员,即可通过互联网使用能够满足自身需求的信息系统。

第四层:DaaS(Data as a service——数据即服务),是继 IaaS,PaaS,SaaS 之后又一个新的服务概念。数据即服务是指与数据相关的任何服务都能够发生在一个集中化的位置,如数据聚合、数据质量管理、数据清洗等,然后再将数据提供给不同的系统和用户,而无须再考虑这些数据来自于哪些数据源。

通过以上 4 个层次的相互协同,可以根据不同管理者的需求动态部署资源及功能,从而搭建起满足组织高层管理需要的柔性化、个性化的信息系统。

第 12 章　信息系统的规划与开发

12.1　信息系统的规划方法

信息系统规划(Information System Planning,ISP)是指:将组织的目标、支持组织目标所必需的信息、提供这些必需信息的各个功能信息系统,以及这些信息系统的实施等诸要素加以集成,从而形成信息系统建设方案的过程,是面向组织中信息系统发展远景的信息系统开发计划。信息系统的规划是信息系统开发生命周期中的第一个阶段,也是信息系统开发过程的第一步,其质量的好坏将会直接影响信息系统开发的成败。

经过多年的理论研究与运用实践,形成了众多的用于管理信息系统规划的方法。其中,比较经典且应用较为普遍的方法有:关键成功因素法(Critical Success Factors,CSF)、战略目标集转化法(Strategy Set Transformation,SST)和企业系统规划法(Business System Planning,BSP)。其他还有企业信息分析与集成技术(BIAIT)、产出/方法分析(E/MA)、投资回收法(ROI)、零线预算法、阶石法等方法。在进行信息系统规划的具体的实践中,影响最大、使用得最多的是前面 3 种方法,我们也重点介绍前面 3 种方法。

1)关键成功因素法(CSF)

关键成功因素(Critical Success Factors, CSF)是在探讨产业特性与企业战略之间关系时经常使用的观念。所谓关键成功因素指的是对企业成功实现所追求的目标起到关键作用的因素。

1970 年美国哈佛大学 William Zani 教授在 MIS 模型中使用了关键成功变量,认为这些变量是确定 MIS 成败的关键因素。10 年后,美国麻省理工学院的 John Rockart 教授把 CSF 提高成为 MIS 的战略,将其运用到管理信息系统的战略规划。

关键成功因素法是从企业的整体目标的分析入手,通过分解其业务目标,识别确保目标实现的关键成功因素与核心竞争力,以及衡量这些因素的性能指标,然后,根据这些因素确定企业分配资源的优先级别,产生数据字典来为企业发掘新的机遇。关键成功因素法需要识别与系统目标相联系的主要数据类及其关系。

关键成功因素法认为一个组织的信息需求是由少数的几个关键成功因素决定的,关键成功因素是帮助企业达到一定的目标所不可缺少的业务、技术、资金以及人力因素,是由工业、企业、管理者和外部环境因素所形成的。

应用CSF,可以对确保企业成功的重点因素进行辨识,确定组织的信息需求与功能需求,了解信息系统在企业中的位置。所谓的关键成功因素,就是关系到组织的生存与组织成功与否的重要因素,它们是组织最需要得到的决策信息,是管理者重点关注的活动区域。不同组织、不同的业务活动中的关键成功因素是不同的,即使在同一组织同一类型的业务活动中,在不同的时期,其关键成功因素也有所不同。因此,一个组织的关键成功因素应当根据本组织的判断,包括企业所处的行业结构、企业的竞争策略、企业在本行业中的地位、市场和社会环境的变动等。

关键成功因素法是以关键因素为依据,来确定系统信息需求的一种 MIS 总体规划的方法。该方法认为,在现行的企业系统中,总是存在着多个变量影响着系统目标的实现,其中若干个因素是关键的和主要的(即关键成功变量)。CSF 方法就是通过分析,识别出企业成功的关键因素,找出确保实现目标所需的关键信息集合,进而围绕这些因素来确定系统的信息需求与功能需求,就能确定系统开发的优先次序和形成系统总体规划。运用 CSF 方法开展信息系统规划的具体步骤如下:

①陈述组织的使命,即了解和分析组织所追求的发展愿景和需要实现的总体战略目标。

②识别组织的目标。组织的业务目标是实现组织的总体战略目标的根本保障。

③识别所有的成功因素。主要是分析影响战略目标的各种因素和影响这些因素的子因素。

④确定关键成功因素。不同行业的关键成功因素各不相同。即使是同一个行业的组织,由于各自所处的外部环境的差异和内部条件的不同,其关键成功因素也不尽相同。

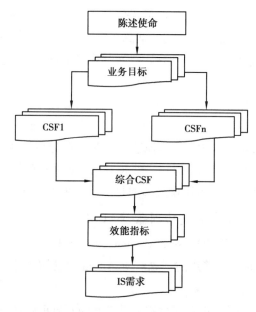

图 12-1　CSF 的逻辑流程

⑤CSF 效能指标分析。弄清楚评价 CSF 成功与否的衡量标准、评价指标和评判方法,即确定评价 CSF 需要了解哪些状态。

⑥数据及功能分析。确定支持效能评价所需要的数据,明确数据的获取来源及方式,明确进行数据分析所需要的功能。

⑦定义信息系统需求。将已经明确的数据需求和功能需求加以归纳和综合,即可得

到能够支持 CSF 的信息系统的规划方案。

以上过程构成了应用 CSF 方法进行信息系统规划的完整过程,其中最核心、最重要的任务是识别和描述支持组织目标的关键成功要素以及明确评价与衡量关键要素的指标体系。"如果你不能衡量,那么,你就不能管理;而如果你不能描述,那么你就不能衡量"。

关键成功因素指的是实现组织的目标起关键作用的相关因素。关键成功因素法将关键成功因素的重要性置于企业其他所有目标、策略和目的之上,寻求管理决策阶层所需的信息层级,并指出管理者应特别注意的范围。若能掌握少数几项重要的因素(一般关键成功因素有 5~7 个),便能确保组织战略的实现,它是一组能力的组合。如果企业想要持续成长,就必须对这些少数的关键领域加以管理,否则将无法达到预期的目标。关键成功因素法就是通过分析找出使得企业成功的关键因素,然后再围绕这些关键因素来确定系统的需求,并进行系统的规划。

在确定关键成功因素以及明确关键成功因素的评价与衡量目标时,可以借助于价值链模型和战略地图等分析工具来展开分析。

价值链分析模型是由美国著名管理学家迈克尔·波特提出的。迈克尔·波特[竞争优势(*Competitive Advantage*:*Creating and Sustaining Superior Performance Hardcover*),1985]认为,组织的价值链由一系列业务流程构成,而每个业务流程又可分解为若干具体的作业。企业的价值创造活动可分为基本活动和辅助活动两类,基本活动是企业的基本增值活动,辅助活动既支持整个价值链的活动,又分别与每项具体的基本活动有着密切联系,对基本增值活动起到支持和保障作用。

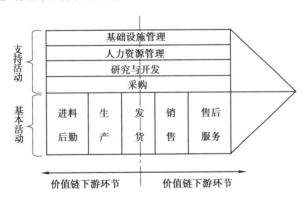

图 12-2　价值链模型

这些活动共同构成了企业的价值链。并不是每个环节的活动都直接创造价值,实际上只有某些特定的价值活动才真正创造价值,这些对真正创造价值起到关键作用的经营活动,就是企业价值链上的"战略环节",只要能够有效地把握住这些战略环节,就能够确保组织目标的实现。

战略地图(Strategy Map)由罗伯特·卡普兰(Robert Kaplan)和戴维·诺顿(David Norton)两位学者共同提出。

战略地图以平衡计分卡(KPI)为基础,并以其 4 个层面的目标(财务层面、客户层面、内部层面以及学习与增长层面)为核心,通过分析这 4 个层面相关目标的相互关系而绘制的企业战略因果关系图。战略地图能够动态反映实现组织的权益集团价值最大化的目标所必须依靠的生产战略和增长战略的执行情况,并将其通过相应的评价指标予以反映。

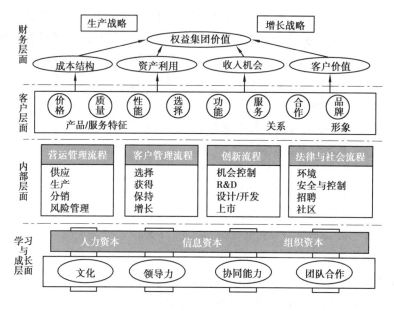

图 12-3　战略地图框架

通过价值链分析,能够帮助我们明确需要重点确保和支持哪些对组织目标的实现起到关键作用的业务活动;通过战略地图的分析,能够帮助我们清楚相关的关键业务活动成功与否的评价标准,这就为支持这些关键业务活动的信息系统的规划提供了明确的功能需求和信息需求。

确认关键成功因素有以下 8 种方法:

(1)环境分析法(Environmental analysis)

包括将要影响或正在影响产业或企业绩效的政治、经济、社会等外在环境的力量,换句话说,重视外在环境的未来变化,比公司或产业的总体变化来得重要。但是该方法实际应用到产业或公司上会产生困难。

(2)产业结构分析法

应用 Porter 所提出的产业结构"五力分析"架构,作为此项分析的基础。此架构由 5 个要素构成。每一个要素和要素间关系的评估可提供分析者客观的数据,以确认及检验产业的关键成功因素。产业结构分析的一个优点是此架构提供一个很完整的分类,另一项优点就是以图形的方式找出产业结构要素及其间的主要关系。

(3)产业/企业专家法

向产业专家、企业专家或具有知识与经验的专家请教,除了可以获得专家累积的经验与智慧外,还可以获得客观数据中无法获得的信息,但是因缺乏客观的数据的支持,导致实证或验证上的困难。

（4）竞争分析法（Competitive Analysis）

分析公司在产业中应该如何竞争，以了解公司面临的竞争环境和态势，此方法研究焦点的集中，可以提供更详细的资料，且深度的分析能够有更好的验证性，但其发展受到特定的限制。

（5）产业领导厂商分析法

通过该产业领导厂商的行为模式分析，可当作产业关键成功因素重要的信息来源。因此对于行业领导厂商进行分析，有助于确认关键成功因素，但是对于其成功的解释仍会受到限制。

（6）企业本体分析法

此项技术乃针对特定的企业，对企业的某些方面进行分析，如优劣势评、资源组合、优势稽核及策略能力评估等。由于透过各功能的扫描，确实有助于关键成功因素的发展，但需要耗费较长的时间，而且获得的数据相当有限。

（7）突发因素分析法

此项技术亦是针对特定的企业，透过对企业管理业务相当熟悉的专家协助。虽然较主观，却常能揭露一些其他传统客观方法无法察觉的关键成功因素，且不受功能类别的限制，甚至可以获得一些短期的关键成功因素，但是难以验证这些短期的关键成功因素。

（8）市场策略对获利影响的分析法（PIMS Results）

针对特定企业，以 PIMS（Profit Impact of Market Strategy）研究报告的结果进行分析。此技术的主要优点在于这种方法的实验性基础，而其缺点在于"一般性的本质"，即无法指出这些数据是否可直接应用于某一公司或某一产业，也无法得知这些因素的相对重要性。

2）企业系统规划法（BSP）

企业系统规划法（Business System Planning，BSP）是由 IBM 公司于 20 世纪 70 年代提出的一种进行管理信息系统规划的结构化的方法论。它与 CSF 法相似，首先自上而下识别系统的目标，识别确保目标实现所需的业务过程，识别支持业务过程开展所需的数据类别，然后自上而下的规划系统和自下而上设计系统，以支持系统目标的实现。

BSP 方法是一种根据企业目标制定企业（MIS）战略规划的结构化方法，通过这种方法可以确定出未来信息系统的总体结构，明确系统的子系统组成和开发系统的先后顺序；对数据进行统一规划、管理和控制，明确各子系统之间的数据交换关系，保证信息的一致性。

BSP 方法的基本思路是要求所建立的信息系统支持企业目标；表达所有管理层次的要求；向企业提供一致性信息；对组织机构的变革具有适应性实质。即把企业目标转化为信息的全过程。

企业系统规划法是从企业的目标分析入手，逐步将企业的目标转化为管理信息系统的目标和结构，从而更好地支持企业目标的实现。通过这种方法可以做到：确定出未来信息系统的总体结构,明确系统的子系统组成、子系统之间的信息交互关系以及开发子系统的先后顺序。对数据进行统一规划、管理和控制,明确各子系统之间的数据交换关系,保证信息的一致性。

BSP方法的优点在于利用该方法能保证所规划的信息系统能够独立于企业的组织机构,使信息系统具有对环境变更的适应性。即使将来企业的组织机构或管理体制发生变化,信息系统的结构体系也不会受到太大的冲击。

实施 BSP 法的基本原则包括:①必须支持企业的战略目标。②应当表达出企业各个管理层次的需求及其关系。③应该向整个企业提供一致信息。④应该经得起组织机构和管理体制变化。⑤先"自上而下"地进行识别和分析系统的需求,再"自下而上"地进行系统设计。

(1)BSP 的工作步骤

用 BSP 方法制定规划是一项系统工程,其主要的工作步骤如图 12-4 所示。

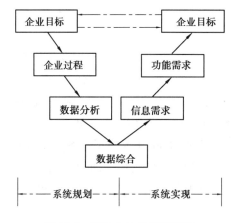

图 12-4　BSP 方法的逻辑流程

①明确系统目标。

通过对系统初步的调查,分析企业所追求的战略目标,分析企业的管理现状、了解企业有关决策过程、组织职能和部门的主要活动、企业管理中存在的主要问题、各类人员对信息系统的看法。要在企业各级管理部门中取得一致看法,使企业的发展方向明确,使信息系统支持这些目标。

②定义企业过程。

定义企业过程是 BSP 方法的核心环节。所谓企业过程指的是在企业管理中必要而且逻辑上相互关联的一组决策和活动的集合。通过企业过程企业能够有效地管理各类资源,确保其能够发挥效用,实现管理的目标。提供对业务过程的识别,可对企业如何完成其目标有较为全面、深刻的理解,可以作为规划和建立信息系统的基础。按照企业过程建造的信息系统,能够保障其功能与企业的组织机构相对独立。因此,当组织的结构发生变动时不会引起管理信息系统的结构变动。

由于识别和定义过程对于 BSP 方法的重要性,IBM 的工程师给出了详细的作业流程。

　　首先,他们将整个组织的所有管理活动划分为计划/控制活动、产品/服务的提供活动以及支持资源类的活动 3 个大类,然后逐类识别服务于这些类别的相关过程。并通过绘制过程流程图和编制过程说明的方式,将识别出来的每一个过程加以详细的描述。借助这些描述,可以清晰地反映相关过程的活动方式、处理流程和内部逻辑。进而对识别出来的企业过程进行过程的聚类与分组,以及过程与组织职能的关联分析,目的是弄清楚哪些过程属于公共过程,即这些过程为多个管理职能提供服务;以及弄清楚过程与过程之间的相互依赖关系以及关系的紧密程度。最后分析哪些过程对于组织目标的实现具有关键作用,而这些关键过程才是信息系统应该支持和保障的重点。

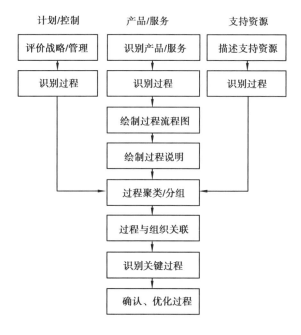

图 12-5　过程识别流程图

　　③业务过程优化与重组。在企业过程定义的基础上,分析哪些过程是正确的;哪些过程是低效的,需要在信息技术支持下进行优化处理;哪些过程不适合计算机信息处理,应当取消。通过检查和确认过程的正确性和完备性,对过程按功能分组,如经营计划类过程、财务规划类过程、成本会计类企业过程等。

　　④定义数据类。数据类(Data Cluster)是指支持企业过程所必需的逻辑上相互关联的数据,即一个特定过程要实现其功能所必须得到的输入数据和应该生产的输出数据,它是一类数据的集合。一个系统中存在着多种类别的数据类,如顾客、产品、材料、合同、库存等。数据类是根据企业过程来加以识别的,即通过对每一个企业过程的输入、输出分析(IPO 分析),就能够分别从各项企业过程的角度,将与这些过程有关的输入、输出数据按逻辑相关性整理出来并归纳成数据类。

　　⑤设计管理信息系统总体结构。在所有企业过程和相应的数据类都得到了明确的

定义之后,便可以构造一张过程/数据类关系表,该表格又称为过程/数据类矩阵或 U/C 矩阵,其反映了企业过程与数据类的产生(Create)与使用(Use)关系。设计管理信息系统总体结构的主要工作就是利用 U/C 矩阵来划分子系统,并描述子系统之间的相互信息联系,刻画出新的信息系统的框架和相应的企业过程与数据类的依赖关系。

⑥确定子系统开发、实施的顺序。由于资源的限制,信息的总体结构一般不能同时开发和实施,总有一个先后次序。完成子系统的划分之后,需要根据企业目标、子系统之间的逻辑依赖关系和技术约束确定子系统实现的优先顺序。一般来讲,对企业贡献大的、需求迫切的、容易开发的子系统优先开发,支撑基础性数据的子系统优先开发,容易见到成效的子系统优先开发。

⑦完成 BSP 研究报告,提出建议书和开发计划。

(2)子系统的划分

BSP 方法是根据信息的产生和使用来划分子系统的,它尽量把信息产生和使用彼此依赖密切的企业过程划分在一个子系统中,从而能够减少子系统之间的相互信息交换,增强子系统之间的相对独立性。在 BSP 方法中,划分子系统的步骤如下:

①制作 U/C 矩阵。将定义好的过程与数据类制作成一张描述过程/数据类相互关系的二维表,即 U/C 矩阵。用矩阵中的列表示需要产生和应用的数据类,而行表示企业过程,并用字母 U(Use)和 C(Create)表示功能对数据类的使用和产生关系,在过程与数据类的交汇点上标注 C 表示这个数据类由对应的过程产生,标注 U 则表示这个过程要使用这个数据类。例如,销售功能需要使用有关产品、客户和订货方面的数据,则在这些数据下面的销售一行对应交点标注 U;而销售区域数据产生于销售功能,则在对应交叉点上标注 C。

表 12-1　U/C 矩阵

数据＼过程	客户数据	订货数据	产品结构	加工线路	材料表	成本	零件规格	材料库存	成品库存	职工数据	销售区域	财务数据	工资计划	设备负荷	材料供应	工作令
经营计划						U						U	C			
财务规划						U				U		C	C			
产品规划	U	U									U		U			
产品设计	U	C		U	C											
产品工艺			U	C	U	U										
库存控制								C	C						U	U
生产调度														U		C
产能规划			U											C	U	
材料需求			U		U										C	

过程＼数据	客户数据	订货数据	产品结构	加工线路	材料表	成本	零件规格	材料库存	成品库存	职工数据	销售区域	财务数据	工资计划	设备负荷	材料供应	工作令
工艺流程				C										U	U	U
销售管理	C	U	U													
客户管理	U	U	U								C					
订货服务	U	C	U													
货物发运			U													
通用会计	U		U								U					
成本会计		U					C									
人员计划										C						
聘用考核										U						

②调整功能/数据类矩阵。初始制作的 U/C 矩阵中,数据类和过程是随机排列的,U,C 在矩阵中排列也是分散的,难以反映相互间的逻辑关系与联系,必须加以调整。

首先,对矩阵中的过程对应的相应的行,按照过程之间的业务关系所存在内在逻辑排列,每一功能组中按资源生命周期的 4 个阶段排列。功能组指服务于同类型管理职能的功能,如"经营计划""财务计划"属计划类型,归入"经营计划"功能组。

其次,调整排列"数据类"的各列,使得矩阵中的 C 关系向矩阵的主对角线集聚。因为功能的分组并不绝对,在不破坏功能成组的逻辑性基础上,可以适当调配功能分组,使 U 也尽可能靠近主对角线。表 12-1 的过程/数据类矩阵经上述调整后,得到表 12-2 所表示的过程/数据类矩阵。

通过这样的调整,在 U/C 矩阵中的对角线附近可以产生一些 C 关系相对密集的区域,并用粗线条的框标注,而其所对应的过程,彼此之间存在着业务或职能上的相互依赖,其彼此之间的数据依赖关系也较为紧密。

这些区域就是经过聚合后的未来信息系统的功能子系统。如经营计划管理子系统、生产制造管理子系统、销售管理子系统、人力资源管理子系统等。

③用带箭头的连线把散落在框外的 U 关系与子系统联系起来,表示子系统之间的数据依赖关系,这种关系清晰地反映了数据由谁产生、由谁使用。而这些关系是未来进行信息系统设计时,需要设计实现的子系统之间的数据输入输出接口。

④进行系统准确性检验。

在建立过程/数据类矩阵——U/C 矩阵后,还需要根据"数据守衡"原则对初步规划出来的系统框架进行正确性检验,以确保系统功能、数据划分和所建 U/C 矩阵的正确性。

表 12-2 信息系统规划架构

过程	数据	计划	财务数据	产品结构	零件规格	材料表	材料库存	成品库存	工作令	设备负荷	材料供应	加工线路	客户数据	销售区域	订货	成本	职工数据
经营计划	经营计划	C	U													U	
经营计划	财务规划	U	C													U	U
技术准备	产品规划	U		U									U	U			
技术准备	产品设计			C	C	U							U				
技术准备	产品工艺			U	U	C	U										
生产制造	库存控制						C	C	U		U						
生产制造	生产调度			U						C	U						
生产制造	产能规划									C	U	U					
生产制造	材料需求			U		U					C						
生产制造	工艺流程								U	U	U	C					
销售	销售管理												C	U			
销售	客户管理			U									U	C	U		
销售	订货服务	U											U		C		
销售	货物发运			U				U					U				
会计	通用会计			U												U	
会计	成本会计														U	C	
人事	人员计划																C
人事	聘用考核																U

借助 U/C 矩阵所规划的系统进行正确性检验可以从以下 3 个方面进行：

首先，是进行系统的完备性检验（Completeness）：即通过检验确保 U/C 矩阵中所有的数据类必须有一个产生者和至少有一个使用者；其次，进行系统的一致性检验（Uniformity）：即通过检验确保 U/C 矩阵中所有的数据类必须而且仅有一个产生者；最后，进行系统的无冗余性检验（Non-verbosity）：即要确保 U/C 矩阵中不允许出现空行和空列。

通过以上检验，就得到了对未来准备实施的信息系统的规划方案，其包括系统的总体框架、子系统的划分以及子系统间的数据依赖联系，明确了所规划的信息系统的功能需求和信息需求。

BSP 方法优点明显，它是一种结构化的方法，只要遵循其所规定的步骤，即可有效地实现特定组织的信息系统规划。但传统的 BSP 方法在应用中仍存在以下问题：①BSP 方法的核心是识别企业过程，在识别过程阶段，过于注重局部，没有强调从全局上描述整个企业业务流程，不能有效确保功能的完整性和整体性。②在定义数据类时，比较常用的是分析每一过程利用什么数据，产生什么数据，同样没有从全局上考虑整个数据流程，无法有效保证数据的一致性和数据流程的通畅性。③BSP 方法在需求分析阶段带有一定的盲目性，例如在识别过程时，它要求尽可能多地识别出更多的过程，而不管这些过程是否符合逻辑，大小是否一致，而这一点正是后面合并和调整过程阶段浪费时间的原因，由于列出的过程过多、过于琐碎，将会导致分析矩阵过于庞大，而难以对其进行分析，也因此将会增加企业问题的评价和子系统划分的难度。此外，由于信息系统开发的时间一般比较长，在此期间企业某些生产方式和管理方式可能会发生变化，原有的信息系统计划没有充分考虑到这一点，导致在系统开发阶段反复修改需求计划，浪费大量人力和物力。

3) 战略集转移法（SST）

1982 年 William King 把组织的战略目标和信息系统的战略目标分别看成"信息集合"，"战略集转移法（Trategy Set Transformation，SST）"就是把组织的战略目标转变为 MIS 的战略目标，从而进行信息系统规划的一种方法。

该方法认为组织的战略目标是一个"信息集合"，其由组织中的使命、目标、战略和其他影响战略的相关因素组成。其中，影响战略的因素包括：组织的未来发展趋势、组织面临的机遇和挑战、组织管理的复杂性、组织改革面临的阻力、环境对组织目标的约束等。

SST 方法的基本思想是：信息系统是为组织的战略目标服务的，所以制定信息系统的战略目标必须以组织的战略目标为依据。因此，首先需要根据组织目标确定信息系统目标；其次对应组织战略集的元素识别相应信息系统战略约束，最后根据信息系统目标和约束提出信息系统战略。其基本步骤是：

(1) 识别组织战略目标

组织的使命是对组织存在价值的长远规划和设想，是组织最本质、最宏观的内核。

目标是组织在确定时限内应该达到的基本愿景和标准。目标是根据组织使命而确定的，其通常表现为多目标组成的层次结构，一般划分为总目标（战略目标）、分目标（业务目标)和子目标(具体任务目标)。

战略是组织为了实现其既定目标所确定的对策和举措。

支撑战略的因素包括发展趋势、机遇和挑战、管理复杂性、环境对组织的约束等。

识别组织战略目标具体步骤是:

①识别组织的权益集团;

②确定权益集团的要求;

③定义组织满足权益集团要求的任务与战略;

④解释和验证组织的战略。

(2)组织战略目标转化成信息系统战略目标

SST方法认为:组织的管理信息系统是为实现组织战略目标服务的,所以制定信息系统的战略目标必须以组织的战略目标为依据。因此,首先需要根据组织的战略目标确定信息系统的战略目标;其次通过对组织战略集的约束识别来确定相应的信息系统的战略约束;最后根据信息系统目标和约束提出信息系统的开发战略。即信息系统的目标与组织的战略目标是一种相互映射关系,这种关系如图12-6所示。而SST方法就是实现这种映射的过程。

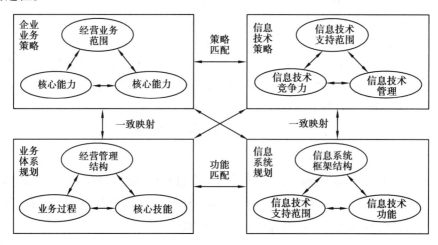

图12-6 组织战略目标转移为信息系统目标

以上,将组织的战略集转化为信息系统的战略集的过程应该是一一对应、相互匹配的,包括目标、约束、设计原则和功能。

4)3种系统规划方法的比较

关键成功因素法(CSF)的优点是,能够抓住关键环节和主要问题,使目标的识别突出重点。由于高层领导比较熟悉这种方法,所以使用这种方法所确定的目标,高层领导乐于努力去实现。这种方法最有利于确定企业的管理目标,进而将其转换为信息系统的目标。其缺点是其缺乏结构化的方法指导,要想成功地运用需要依赖设计者的经验与判断。

战略目标集转化法(SST)从另一个角度识别管理目标,它反映了各种管理职能的目标要求,而且给出了按这种要求梳理出来的分层的目标体系,然后通过映射将其转化为信息系统目标的结构化分析方法。它能够保证识别和定义的目标较为全面、较少疏漏,而且两个目标集彼此对应,但它在突出重点方面不如前者。

企业系统规划法(BSP)最大的优点在于,它是一套结构化的分析、设计过程,遵循其过程就可以逐一地识别出企业过程及相关的数据类,进而规划出结构合理、关系清晰的系统。然而,BSP 虽然也首先强调目标,但它没有明显的目标导引过程。它通过识别企业"过程"引出了系统目标,企业目标到系统目标的转化是通过业务过程/数据类等矩阵的分析得到的。由于数据类也是在业务过程基础上归纳出的,所以我们说识别企业过程是企业系统规划法战略规划的中心,而不能把企业系统规划法的中心内容当成 U/C 矩阵。

以上 3 种信息系统的规划方法各有优缺点,可以把它们各自的优点综合成所谓的 CSB 方法(即将 CSF,SST 和 BSP 结合)来加以使用。首先通过 CSF 方法来确定企业的目标,进而采用 SST 方法进一步补充和完善企业的目标,然后将这些目标转化为信息系统目标,再用 BSP 方法校核企业目标和信息系统目标,确定信息系统结构。这种方法可以弥补单个方法各自存在的不足,较好地完成信息系统的规划,但由于这种结合方法过于复杂而有可能削弱单个方法的灵活性。

迄今为止信息系统的规划没有一种十全十美的方法。由于战略规划本身的非结构性,可能永远也找不到一个唯一解。进行任何一个企业的信息系统规划均不应简单照搬以上方法,而应当具体情况具体分析,选择以上方法的可取的思想,加以灵活运用。

12.2　信息系统的开发方法

管理信息系统的开发是一个较为复杂的系统工程,它涉及计算机处理技术、系统理论、组织结构、管理功能、管理知识、行为理论、认知规律以及工程化方法等诸方面的问题。为实现信息系统开发在效率、质量、成本等方面的要求及达到用户的满意,除了技术、管理等因素外,系统开发方法也起着很重要的作用。指导信息系统开发的思想有"自顶向下(Top-to-Down)"方式和"自底向上(Bottom-to-Up)"两种基本模式,而围绕这两种基本模式,产生了不同的信息系统开发方法。常用的信息系统开发方法有:结构化生命周期法、原型法、面向对象的方法以及近年来形成的基于构件的系统开发方法和 SaaS 法等方法。

12.2.1　结构化生命周期法

结构化生命周期法在相关文献里也称为结构化的系统开发方法(Structured System Analysis and Design,SSA&D),是国内外都较为流行的一种经典的信息系统开发方法,其在信息系统的开发中得到了广泛的推广和应用,尤其在中大型企业开发综合性、复杂的大型信息系统时,该方法显示了较大的优越性。它也是迄今为止所有的开发方法中应用得最为普遍、最成熟的一种信息系统开发方法。

结构化生命周期法的基本思想是采用结构化的系统分析和设计的方法——通过"自顶向下,逐步求精"的过程,依据系统开发的生命周期(图 12-7),将复杂的信息系统开发过程,严格划分成足够简单、目标清晰、任务明确,并能被清楚地理解和表达的若干阶段,并明确规定每一个阶段的基本任务、工作流程、管理目标,产生并编制相应的规范化的文档,下一阶段的工作在上一阶段文档的基础上进行,使得信息系统的开发工作易于管理和控制,形成一个结构化、可操作的规范,一个阶段一个阶段分步推进和实现。

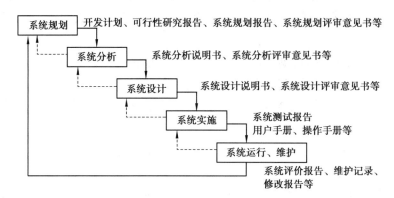

图 12-7 结构化生命周期法的开发阶段

1)结构化生命周期法的开发过程

(1)系统规划阶段

该阶段的范围是整个业务系统,目的是从整个业务的角度出发确定系统的优先级,形成信息系统的规划框架和新系统的总体方案,并对这些方案进行可行性论证与分析,产生系统开发计划和可行性研究报告两份文档。

(2)系统分析阶段

这一阶段的任务是根据系统开发计划所确定的范围,对现行系统进行详细调查,描述现行系统的业务流程,指出现行系统的局限性和不足之处,确定新系统的基本目标和逻辑模型,这个阶段又称为逻辑设计阶段。

系统分析阶段的工作成果体现在"系统分析说明书"中,这是信息系统建设的必备文件。它是提交给用户审阅的文档,也是下一个阶段的工作依据,因此,系统分析说明书要清晰、易懂,用户通过它可以了解新系统的功能,判断是否满足自身的需求。系统分析说明书一旦评审通过,就是系统设计的依据,也是系统最终验收的依据。

(3)系统设计阶段

系统设计的目的是设计一个以计算机为基础的技术解决方案以满足用户的业务需求。其又分为总体设计和详细设计两个环节。总体设计的主要任务是构造软件系统的总体逻辑结构;详细设计包括代码设计、人机界面设计、输入/输出设计、数据库设计、程序设计等。

系统分析阶段回答了新系统"做什么"的问题,而系统设计阶段的任务就是回答"怎么做"的问题,即根据系统分析说明书中规定的功能要求,考虑实际条件,具体设计实现逻辑模型的技术方案,也即设计新系统的物理模型。所以这个阶段又称为物理设计阶段。它又分为总体设计和详细设计两个阶段,产生的技术文档是"系统设计说明书"。

（4）系统实施阶段

系统实施的目的是组装信息系统技术部件,形成可运行的系统,并最终使信息系统投入运行。系统实施阶段的任务包括计算机软/硬件设备的购置、安装和调试,应用程序的编制和调试,系统测试、人员培训,数据文件转换,系统调试与转换等。系统实施是按实施计划分阶段完成的,每个阶段应写出"实施进度报告"。系统通过测试之后写出"系统测试报告",并形成系统运行指南和用户操作手册。

（5）系统运行与维护阶段

目的是对系统进行运行管理和维护,使之能正常地运作。系统投入运行后,需要经常进行维护,记录系统运行情况,根据一定的程序对系统进行必要的修改,评价系统的工作质量和经济效益。

2）结构化生命周期法的优缺点

（1）优点

①阶段的顺序性和依赖性。其整个开发过程逐阶段递进,前一个阶段形成的成果是后一个阶段工作的前提和依据,而后一阶段的完成往往又使前一阶段的成果在实现过程中具体了一个层次。

②从抽象到具体,逐步求精,从时间的进程来看,整个系统的开发过程是一个从抽象到具体的逐层实现的过程,每一阶段的工作,都体现出自顶向下、逐步求精的结构化技术特点,从而能够确保系统的系统性、严密性和完备性。

③逻辑设计与物理设计分开,即首先进行系统分析,然后进行系统设计,而且可以形成分析和设计的规范化的文档,从而大大提高了系统的正确性、可靠性和可维护性。

④质量保证措施完备。每一个阶段均设置有审核节点,对该阶段的工作任务完成情况进行审查,对于出现的错误或问题,能够及时加以解决,不允许转入下一工作阶段,也就是对本阶段工作成果进行及时评定,使错误较难传递到下一阶段。错误纠正得越早,所造成的损失就越少。

（2）缺点

它是一种预先定义需求的方法,基本前提是必须能够在系统开发的早期就完备地识别和定义出系统的信息需求和功能需求,只适应于可以在早期阶段就能够完全确定用户需求的项目。然而在实际中要做到这一点往往是难于现实的,用户很难在系统开发初期就准确地陈述其需求。另外,该方法所要求的文档的编写工作量极大,随着开发工作的进行,这些文档需要及时更新,需要耗费大量的人力物力。最后,系统的开发周期过长。运用结构化生命周期法开发系统,对于一个中、大型组织的信息系统开发,一般需要历时18 个月左右,而这个时间正是信息技术更新换代的节奏,这就极有可能导致按期初的规划和设计要求而配置的软硬件设备到投入运用时已经落后。

因此,结构化生命周期法适用于一些组织相对稳定、业务处理过程规范、功能需求和信息需求明确,而且在一定时期内不会发生大的变化的大型、复杂的综合信息系统的开发。

12.2.2 原型法

所谓信息系统原型,就是一个可以实际运行,可以反复修改,可以不断完善的信息系统。

随着第四代计算机程序语言(4GL)这样的面向问题的程序设计语言以及图形用户界面(Graphic User Interface,GUI)等技术的出现,形成了根据明确的需求快速生成应用系统的条件和能力。针对传统的生命周期法的缺点,自20世纪80年代中期以来,快速开发系统的原型法逐步被接受,并成为一种流行的信息系统开发方法。

原型法(Prototyping Method)一反生命周期法"自顶向下(Top to Down)"的开发思路,依循以"自底向上(Bottom-to-Up)"的系统开发思想,形成了一种由基本需求出发,逐步使得系统趋于完善的信息系统的开发方法。

原型法基本的思想是:在信息系统开发的初期,凭借系统开发人员对信息系统开发的经验和对用户的基本需求及系统主要功能的要求的基本了解,在强有力的软件开发环境的支持下,迅速构造出具备满足所识别需求功能的信息系统的初始原型系统,随即将所形成的原型系统投入实验性运行,然后与用户一起对原型系统所具有的功能和运行效果进行评价,发现所建系统存在的缺点和不足,进而根据对原型系统的评价所形成的意见,对原型系统进行针对性修改、完善和扩充,再将所形成的新的原型系统投入运行,然后再进行评价、修改、完善和扩充,如此反复循环,直到完全满足用户的需求。

1)原型法的开发过程

运用原型法进行信息系统的开发过程由如图 12-8 所示的步骤完成:

①开发过程可行性研究。对系统开发的意义、目标、费用、时间作出初步的确定和计算,确定系统开发的必要性和可行性。

②确定系统的基本要求。系统开发人员向用户了解用户对信息系统的基本需求,即系统应该具有的一些基本功能、应该产生的基本信息以及人机交互界面的基本形式等。

③建造系统初始原型。在对系统所应该具备的基本功能需求与信息需求有了基本了解的基础上,系统开发人员运用以第四代语言(4GL)为代表的强有

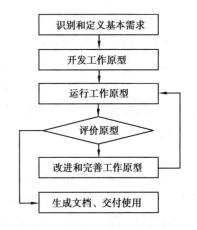

图 12-8　原型法的工作流程

力的软件开发工具,快速地建造一个能够满足所定义的基本功能的、可运行的系统——系统原型。

④用户和开发人员评审。将所形成的原型系统投入运行,并由用户和开发人员一起对刚完成的或经过若干次修改后的系统进行评审,提出完善和修改意见。

⑤修改原型系统。开发人员根据用户的意见对原始系统进行修改、完善和扩充。

⑥开发人员在对原始系统进行修改和完善后,又将此系统投入运行并与用户一起就此新的系统进行评审,如果仍然不能满足要求,则要进行下一轮循环,如此反复地进行修改、运行、评审,直到用户满意为止。如果经过用户的评审,所开发的系统已经符合要求,则可根据开发原始系统的目的,或者作为最终的信息系统投入正常运行,或者是把该系统作为初步设计的基础。

2)原型法的优缺点

(1)优点

①能够增进用户与开发人员之间的有效沟通。传统的开发方法中,系统用户主要靠阅读大量的文件或资料了解信息系统,然后向系统分析员表述他们对未来信息系统的需求意见。而原型法展示给用户的是可以实际运行的原型系统,用户看得见、摸得着,可以直观了解和把握信息系统并清楚地把他们对系统的意见告诉给系统分析员。

②用户在系统开发过程中起主导作用。结构化方法强调了面向用户的观点,但用户参与较多的是系统分析阶段。而采用原型法进行系统开发,用户在整个开发过程中起主导作用,随时提供现场的第一手资料,帮助开发者认识用户的真正需求。

③动态辨认用户的需求。系统分析的困难之一是用户与开发者之间的沟通,尤其对一些动态需求,不容易用语言文字来描述。可以实际运行的系统原型有助于开发者发掘和验证这类不易用一般语言来规范交谈的动态需求。

④启迪衍生式的用户需求。在系统投入运行之前,有些系统的某些特定的功能用户也无法预先知道,通过对原型系统的评价,可以启发用户对系统提出新的需求。

⑤缩短开发周期、降低开发风险。原型法以用户为主导,能够更有效地辨认用户需求,不仅使系统分析的时间大为缩短,而且减少了开发人员对用户需求理解上的偏差,从而降低了系统开发的风险。

(2)缺点

①由于原型法采用的是自底向上(Bottom-to-Up)、逐步完善的堆砌式的开发方法,缺乏系统的总体规划和明确的最终任务目标的约束,导致原型法不如结构化的生命周期法成熟和便于管理控制。

②对开发工具要求高。采用原型法需要方便、灵活的软硬件支撑环境,包括:支持4G语言的关系数据库系统(RDBS);与 RDBS 相对应的方便、灵活的电子数据字典;具有描述和存储所有实体的功能,与 RDBS 相对应的快速查询系统;能支持任意非过程化的(即交互定义方式)组合条件的查询;高级的软件工具(如 4GLS 或信息系统开发生成环境等),用以支持结构化程序,并且允许采用交互的方式迅速地进行程序的书写和维护,产生任意程序语言的模块(即原型);非过程化的动态报告生成器、表格生成器或屏幕生成器,允许设计人员根据需求变化灵活的定义报告或屏幕输出样本等。如是才能够确保系

统的有效开发。

③由于用户的大量参与,也会产生一些新的问题。如原型的评估标准是否完全合理,原型的开发者在修改过程中,容易偏离原型的目的。

④缺乏系统一致、逻辑严密的文档支持,难以确保系统的开发质量,增加了系统的维护代价。

3) 原型法的适用范围

原型法的适用范围是比较有限的,主要用于小型、简单、处理过程比较明确、没有大量运算和逻辑处理过程的系统。或者是运用于那些难于在开发初期准确定义其需求的复杂系统的开发。

伴随原型法的广泛运用,其派生、演变出了一些变种:包括丢弃式原型法(Throw-It-Away Prototyping Method)、演化式原型法(Evolutionary Prototyping Method)、递增式原型法(Incremental Prototyping Method)等。

原型法对于了解用户需求,提高用户满意程度,提高开发速度等方面有其突出的特点,对于分析层面难度大、技术层面难度不大的系统,采用原型法能够有效地开发系统;但对于大型复杂系统,即技术层面的困难远大于其分析层面的系统,则不宜用原型法。对于这样的系统,可以将原型法与结构化生命周期法结合起来使用,用原型法进行需求分析,以经过修改、确定的原型系统作为系统开发的依据,在此基础上完善系统的分析、设计说明书。

12.2.3 基于构件的信息系统开发法

软件构件化(Software Component)技术是在大工业生产模式的启发下应运而生的,是软件技术跨世纪的一个发展趋势,其目的是彻底改变软件的传统生产方式,从根本上提高软件生产的效率和质量,提高开发大型软件系统尤其是商用信息系统的成功率。

有了软件构件之后,应用开发人员就可以利用现成的软件构件(软件复用),装配成能够适用于不同领域、功能各异的应用软件系统。复用软件一直是整个世界软件业所追求的梦想,软件构件化为实现这一梦想指出了一条切实可行的道路,而中间件(middleware)正是构件化软件的一种形式。

基于构件的信息系统开发(Component Based System Development,CBSD)即是在这种情况下产生的一种信息系统开发方法。运用基于构件的方法开发信息系统,涉及两个核心基础概念:即构件和中间件。

1) 构件

所谓构件是一块单独封装的、具有特定的独立功能、可复用的固化软件,其支持灵活的即插即用要求,可以方便地插入网络、语言、应用、工具或操作系统中工作。它具有如下基本特点:

①构件是具有通用功能或特定功能的可复用的软件模块;

②构件遵循二进制标准制作,不依赖于某种特定的高级语言,它可以由面向对象语

言或非面向对象语言实现,从而实现在不同软硬件环境下的应用;

③构件通过接口输出其功能,外界仅能通过接口访问构件,向构件输入需要处理的数据,并借助构件的输出获取处理结果;

④构件支持相互调用操作,它可跨越地址空间、网络、语言、操作系统的异构环境下被调用,与其他构件协同工作;

⑤构件不是一个完整的应用,但是多个构件可以通过彼此调用组合构造一个完整的应用。

而构件技术则是指通过组装一系列可复用的软件构件(Reusable Software Component)来构造应用软件系统的软件技术。通过运用构件技术,系统开发人员可以有效地进行软件复用,减少重复开发,缩短软件的开发时间,降低软件的开发成本。

1968 年 NATO(北大西洋公约组织)软件工程会议,D.Mcllroy 在提交会议的论文《大量生产的软件构件(*Mass-Produced Software Componen*)》中,首次提出了"软件组装生产线"的思想。从那以后,采用构件技术实现软件复用,采用"搭积木"的方式生产应用软件,成为软件开发人员长期的梦想与追求。

所谓软件复用是指重复使用"为了复用目的而设计的软件"的过程。就软件开发而言,软件复用包括:早期的函数复用、面向对象言语中的"类"的复用,以及互联网时代的完整软件体系的构件复用。

因此,软件复用其实就是为了达到复用目的而重复使用预先设计并实现的专业软件。其中,重复使用该软件不但是为了"有复用目的"软件的在不同应用环境下的重复使用,而且也有可能是为了"非复用目的"软件的重复使用而设计的软件,抑或是在某个特定的应用系统中新、旧版本之间进行重复使用代码的行为与过程。一般来讲,在重复软件的不断更新发展过程中,软件重复使用的行为大概可以总结为在 3 个维度上发生,即时间维(在不同的时间应用)、平台维(在不同的系统平台上应用)和应用维(应用于不同的目的)。

其中,时间维是指使用以前的软件版本作为新版本的基础,加入新的功能,适应新的需求,即软件维护;平台维是指以某平台上的软件为基础,修改其和运行平台不相适应的部分,使其能够运行于新的平台,即软件的移植;应用维是指将特定软件用于其他的应用系统中,新系统具有不同功能和用途,即真正的软件复用。这 3 种行为中都重复使用了现有的软件,但是,真正的复用是为了支持软件在应用维的演化,使用"为复用而开发的软件(构件)"来更加快捷、高效地开发新的应用系统。

分析传统产业的发展,其基本模式均是以符合标准的零、部件(构件)生产以及基于标准构件的产品生产(组装)为基本特征的。其中,构件是核心和基础,而"复用"则是必需的手段。实践表明,这种模式是产业工程化、工业化的必由之路。标准的零部件生产业的独立存在和发展是相应产业形成规模经济的前提与基本模式。机械、建筑等传统行业以及年轻的计算机硬件产业的成功发展均是基于这种模式,并充分证明了这种模式的正确性、可行性和高效性。这种模式可以为软件产业化发展提供良好的借鉴,软件产业要发展并形成规模经济,标准构件的生产和构件的复用是关键因素。这正是软件复用受到高度重视的根本原因。

软件复用可以从多个角度进行考察。依据复用的对象,可以将软件复用分为产品复用和过程复用两种类型。产品复用指复用已有的软件构件,通过构件的集成(组装)得到新的应用系统;过程复用指复用已有的软件开发应用过程,使用可复用的应用生成器来自动或半自动地生成所需要的应用系统。过程复用依赖于软件自动化技术的发展,目前只适用于一些特殊的应用领域。产品复用是目前实现软件产业化的现实的、主流的途径。

依据对可复用信息进行复用的方式,可以将软件复用区分为"黑箱复用"和"白箱复用"。黑箱复用指对已有构件不需作任何修改,直接加以复用。这是理想的复用方式。白箱复用指已有构件并不能完全符合特定用户的特定需求,需要根据用户的需求进行适应性修改或过程改造后才可使用。而在大多数应用系统的构件组装过程中,构件的适应性修改是必需的。

基于构件的软件复用技术具有以下优点:

①获得可应用系统的时间:可以将信息系统开发的时间减少为采用传统方法的50%到20%;

②缺陷密度:可以将采用传统方法开发系统存在的缺陷密度降低到20%至10%;

③维护成本:借助构件技术,可以将系统维护成本降低为采用传统方法所开发系统的20%到10%;

④整体软件开发成本:采用基于构件的开发方法可以将系统开发成本平均降低大约15%,而长期项目可降低成本高达75%。

2)中间件

所谓中间件,是处于操作系统和应用系统之间的软件系统,也有人认为它应该属于操作系统的一部分。人们在使用构件技术开发信息系统时,往往是将一组构件集成在一起,构成一个面向特定应用的平台(包括开发平台和运行平台),但在这组构件中必需有一个能够实现其相互通信的中间件,即中间件=平台+通信。

中间件技术提供了一种有效的信息交换机制,能够屏蔽底层操作系统的复杂性和网络协议的差异性,解决了异构的不同应用系统之间相互交换数据的问题,使得程序开发人员面对的是一个简单而统一的开发环境,减少了程序设计与开发的复杂性,不必再为具体的应用程序在不同系统软件上的移植而进行重复工作,从而大大减少了技术上的负担。

由于信息系统是开放的、不断成长的和多变的系统,分布性、自治性、异构性已经成为信息系统的固有特征。实现信息系统的综合集成和随需而变,已经成为信息化建设的普遍需求,并直接反映了信息化建设的水平。中间件通过网络互连、数据集成、应用整合、流程衔接、用户互动等形式,已经成为大型网络应用信息系统开发、集成、部署、运行与管理的关键性支撑软件。

中间件技术的发展方向将聚焦于消除信息孤岛,推动无边界信息流的有效流动,支撑开放、动态、多变的互联网环境中复杂的信息系统应用,实现对分布于互联网之上的各种具有自治特征的信息资源(包括计算资源、数据资源、服务资源、软件资源等)的简单、标准、快速、灵活、可信、高效能及低成本的集成、协同和综合利用,能够有效提高组织的信息系统基础设施的业务敏捷性和随需而变的能力,降低信息系统总体的研发成本和运维成本,促进信息技术与组织业务之间的动态匹配。中间件技术正在呈现出业务化、服务化、一体化、虚拟化等诸多新的重要发展趋势。

3)基于构件的信息系统开发

基于构件技术的信息系统开发过程,可以划分为两个大的阶段,即"领域工程"阶段和"应用系统工程"阶段。两个阶段的基本任务及其相互关系如图 12-9 所示。

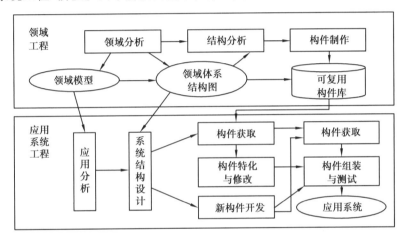

图 12-9　基于构件的开发方法

(1)领域工程

所谓"领域"是信息系统所服务的具有相同或相似应用需求的典型领域,而"领域工程"则是一组相似或相近的应用工程建立基本能力和必备基础的过程,它覆盖了建立可复用软件构件的所有活动。领域工程对典型应用领域中的系统需求进行仔细的分析,识别这些应用需求的共同特征和可变特征,对刻画这些特征的对象和操作进行选择与抽象,形成领域模型,依据领域模型产生领域系统的体系结构,并以此为基础识别、开发、组织和装配可复用构件。

这样,当开发同一领域中的新的应用系统时,便可以根据领域模型,确定新的应用系统的基本需求规约,根据特定领域的软件体系结构形成新应用系统的设计,并以此为基础选择可复用构件并进行组装和集成,从而快速形成新的应用系统。

领域工程分为 3 个阶段。

①领域分析:这一阶段的主要目标是获得领域模型(Domain Model)。在这个阶段中首先要进行一些准备性的工作,包括定义领域的边界、明确分析的对象、识别信息源(即确定领域分析和整个领域工程过程中的信息来源)。可能的信息源包括现存系统、技术

文献、问题域的专家和系统开发的专家、用户调查和市场分析、领域演化的历史记录等。在此基础上,就可以分析领域中系统的基本的信息需求与功能需求,确定哪些需求是被应用领域中的系统所广泛共享的,从而建立起"领域模型"。

②领域设计:这一阶段的目标是获得服务于特定领域的软件体系结构图(Domain Specific Software Architecture, DSSA)。建立了领域模型之后即可以派生出满足这些领域需求的 DSSA。DSSA 描述在领域模型中表示需求的解决方案,它不是单个特定系统的表示,而是能够适应同一领域中多个系统的共同需求的一个高层次的设计和一般范式。设计并实现 DSSA 所要求的相应构件,并依据领域分析模型和 DSSA 组织可复用构件形成领域构件库。

由于领域模型中的领域需求具有一定的变化性,要求 DSSA 也要相应地要具有变化性,以满足同一领域不同应用的需求。同时,复用构件是依据领域模型和 DSSA 来组织、设计和实现的,因此,在这个阶段通过 DSSA 获得,也同时形成了复用构件的使用规约。

③领域实现:这个阶段的主要目标是依据 DSSA 的描述,开发和组织可复用的软件构件。这些可复用构件可能是从现有系统中直接提取得到的,也有可能需要通过新的开发得到。这个阶段也可以看作复用构件的实现阶段,实现后的构件形成了支撑未来面向特定应用的信息系统开发的构件库。

(2)应用系统工程

所谓应用系统工程是指为特定的终端用户的需求而开发(应用工程)和实现特定信息系统的活动。如图 12-9 所示,应用系统工程的任务包括:应用系统的需求分析、应用系统的结构体系分析两个分析过程。通过这两个分析过程,结合参照领域模型和用户应用系统的具体实际,获得明确的特定应用系统的信息需求与功能需求。然后按图索骥,通过领域工程所建立 DSSA 和既有的构件库,去查找并获取能够满足这些特定应用系统所需要的构件;对于构件库中已经有的但不能够完全满足特定应用系统最终需求的构件,则对相关构件针对其特定需求加以"特化"或工程化修改,使之具备特定应用系统所要求的个性化功能;对于构件库中无对应功能构件的特殊的个性化需求,则需要开发全新的构件。进而,将这些构件按照系统结构框架并借助于中间件进行系统地组装,即可以快速形成能够满足最终用户个性化需要的、可运行的应用信息系统。新开发出的构件又可以加入到构件库中,使之不断地得到丰富。

12.2.4 信息系统应用的 SaaS 方法

SaaS 是 Software as a Service(软件即服务)的简称,它是随着互联网技术的发展和应用软件的成熟,而在 21 世纪开始兴起的一种完全创新的软件应用模式。它与"On-Demand Software"(按需软件), the application service provider(ASP, 应用服务提供商), hosted software(托管软件)具有相似的含义。它是一种通过 Internet 实现信息系统应用的全新方式。

在 SaaS 模式下,服务厂商将网络基础设施、软/硬件平台统一部署在自己的服务器上,终端客户可以根据自己实际需求,通过互联网向服务厂商定购所需的应用软件服务,按照所定购的服务多少和时间长短向服务厂商支付服务费用,并通过互联网获得服务厂商提供的服务,定制和使用满足自身业务需要的信息系统并得到结果信息。用户不用再购买软/硬件,而向提供商租用基于 Web 的软/硬件,来管理企业自身的经营活动,且无须对软/硬件进行维护,服务提供商会全权管理和维护软/硬件。有些软件厂商在向客户提供互联网应用的同时,也提供软件的离线操作和本地数据存储,让用户随时随地都可以使用其订购的软件和服务。对于许多小型企业的信息系统需求而言,SaaS 是采用先进信息技术的最好途径,它消除了企业购买、构建和维护信息系统基础设施和应用程序的需要。

在这种模式下,客户不需要再像传统信息系统开发及应用模式那样花费大量投资用于硬件、软件、人员,而只需要支出一定的租赁服务费用,通过互联网便可以享受到相应的硬件、软件和维护服务,享有软/硬件使用权和不断升级;作为终极用户的企业应用信息系统不用再像传统模式一样需要大量的时间用于布置系统,多数经过简单的配置就可以使用。这是网络应用最具效益的信息系统营运模式。

对于特定的组织而言,SaaS 的优点在于:

①从技术方面来看:SaaS 是简单的部署,不需要购买任何软/硬件,只需要简单注册,即可获得供应商提供的软/硬件功能。企业无须再配备 IT 方面的专业技术人员,同时又能得到最新的技术应用,满足企业对信息管理的不断变化的需求。

②从投资方面来看:特定的组织只需要以相对低廉的"月费"方式投资,不用一次性投资到位,不占用过多的营运资金,从而缓解企业资金不足的压力;不用考虑设备的成本折旧问题,并能及时获得最新硬件平台及最佳解决方案。

③从维护和管理方面来看:由于企业采取租用的方式来满足业务所需的信息管理和应用,不需要专门的维护和管理人员,也不需要为维护系统和管理人员支付额外费用,可以很大程度上缓解企业在人力、财力上的压力,使其能够集中资金对核心业务进行有效的运营;SaaS 能使用户在世界上都是一个完全独立的系统。连接到网络就可以访问和应用系统。

④风险小:传统模式下,如果系统的应用达不到企业的需求与目标,企业要更换新的软件服务商以及系统的升级换代,无疑会导致以前一次性投入的许可费付之东流。

⑤可持续发展:随着企业的发展成长,对信息系统的应用有了新的需求,将不得不为新功能再支付费用,而那些支付了高额费用而又不需要的功能只能闲置。

伴随 SaaS 模式的提出和应用,一系列与之协同和配套的服务模式应运而生。IaaS(Infrastructure as a Service——基础设施即服务)、DaaS(Data as a service——数据即服务)、PaaS(Platform as a Service——平台即服务)等相继出现。为信息系统的个性化定制与应用,形成了一整套完整、快速、有效的一体化解决方案。对于广大中小型企业来说,SaaS 是采用先进技术实施信息化的最好途径。但 SaaS 绝不仅仅适用于中小型企业,所有规模的企业都可以从 SaaS 中获利。

在我国约有 1 200 万家中小企业,这是一个数量非常庞大的软件运营服务(SaaS)消费群体。我国的中小企业由于受到 IT 预算少、缺乏专业的技术支持人员、决策时间长等问题的困扰,企业的信息化普及率一直不高。而另一方面,中小企业灵活多变、发展迅速等特点,又急需专业的 IT 系统和服务来帮助其提高工作效率、提升管理质量、降低运营成本,以增强其核心竞争能力。软件运营服务(SaaS)正是解决这些矛盾的最佳途径,用户可以根据自己的应用需要从服务提供商那里定购相应的应用软件服务,并且可以根据企业发展的变化来调整所使用的服务内容,具有很强的伸缩性和扩展性。

在客户通过 SaaS 获得巨大收益的同时,对于软件厂商而言就变成了巨大的潜在市场。因为以前那些因为无法承担软件许可费用或者是没有能力配置专业人员的用户,都变成了潜在的客户。同时,SaaS 还可以帮助厂商增强差异化的竞争优势,降低开发成本和维护成本,加快产品或服务进入市场的节奏,有效降低营销成本,改变自身的收入模式,改善与客户之间的关系。

当然,要成功运用 SaaS 实现组织的信息化,必须解决客户交由服务商进行处理的信息的安全与保密问题。因为这些数据有可能是客户的核心商业机密,如果缺乏严密、有效的安全、保密机制的约束,客户的数据就有可能外泄。这一问题的解决,一方面有赖于从制度层面制定完备的法律、法规体系,而另一方面则可以通过区块链技术予以解决。

区块链(Blockchain)是分布式数据存储、点对点传输、共识机制、加密算法等计算机技术的新型应用模式。

狭义来讲,区块链是一种按照时间顺序将数据区块以顺序相连的方式组合成的一种链式数据结构,并以密码学方式保证的不可篡改和不可伪造的分布式账本。

广义来讲,区块链技术是利用块链式数据结构来验证与存储数据、利用分布式节点共识算法来生成和更新数据、利用密码学的方式保证数据传输和访问的安全、利用由自动化脚本代码组成的智能合约来编程和操作数据的一种全新的分布式基础架构与计算方式。

区块链技术有以下基本特征:

①去中心化:由于使用分布式核算和存储,不存在中心化的硬件或管理机构,任意节点的权利和义务都是均等的,系统中的数据块由整个系统中具有维护功能的节点来共同维护。

②开放性:系统是开放的,除了交易各方的私有信息被加密外,区块链的数据对所有人公开,任何人都可以通过公开的接口查询区块链数据和开发相关应用,因此整个系统信息高度透明,既能够保障系统中用户的个人私有信息的私密性,又能够方便公开信息的高度共享。

③自治性:区块链采用基于协商一致的规范和协议(比如一套公开透明的算法)使得整个系统中的所有节点能够在去信任的环境自由安全的交换数据,使得对"人"的信任改成了对机器的信任,任何人为的干预不起作用。

④信息不可篡改:一旦信息经过验证并添加至区块链,就会永久的存储起来,除非能

够同时控制住区块链系统中 51% 以上的节点,否则单个节点上对数据库的修改是无效的,由此保证了区块链系统的数据稳定性和可靠性。

⑤匿名性:由于节点之间的交换遵循固定的算法,其数据交互是无需信任的(区块链中的程序规则会自行判断活动是否有效),因此交易对手无须通过公开身份的方式让对方自己产生信任,对信用的累积非常有帮助。

以上特征是通过区块链的四个核心技术实现的。

①分布式账本。就是交易记账由分布在不同地方的多个节点共同完成,而且每一个节点记录的都是完整的账目,因此它们都可以参与监督交易合法性,同时也可以共同为其作证。不同于传统的中心化记账方案,没有任何一个节点可以单独记录账目,从而避免了单一记账人被控制或者被贿赂而做假账的可能性。另一方面,由于记账节点足够多,理论上讲除非所有的节点被破坏,否则账目就不会丢失,从而保证了账目数据的安全性。

②对称加密和授权技术。存储在区块链上的交易信息都是公开的,但是账户身份信息是高度加密的,只有在数据拥有者授权的情况下才能访问到,从而保证了数据的安全和个人的隐私。

③共识机制。就是所有记账节点之间怎么达成共识,去认定一个记录的有效性,这既是认定的手段,也是防止篡改的手段。区块链提出了 4 种不同的共识机制,适用于不同的应用场景,在效率和安全性之间取得平衡。以比特币为例,采用的是工作量证明,只有在控制了全网超过 51% 的记账节点的情况下,才有可能伪造出一条不存在的记录。当加入区块链的节点足够多的时候,这基本上不可能,从而杜绝了造假的可能。

④智能合约。智能合约是基于这些可信的不可篡改的数据,自动化地执行一些预先定义好的规则和条款。以保险为例,如果说每个人的信息(包括医疗信息和风险发生的信息)都是真实可信的,那就很容易在一些标准化的保险产品中,进行自动化理赔。

以上介绍表明,区块链技术是实现 SaaS 模式下信息系统应用的安全保障技术。为了使得这一技术得以有效应用,我国政府于 2019 年 1 月 10 日发布了《区块链信息服务管理规定》,该《规定》的出台明确了区块链信息服务提供者的信息安全管理责任,为规范和促进区块链技术及相关服务健康发展,规避区块链信息服务安全风险,提供了有效的法律依据。

参考文献

［1］中国科学院信息领域战略研究组.中国至2050年信息科技发展路线图［M］.北京：科学出版社,2009.

［2］戴维斯.管理信息系统——概念,结构与开发［M］.哈尔滨：哈尔滨工业大学出版社,1985.

［3］杨善林,等.管理信息学［M］.北京：高等教育出版社,2010.

［4］郭秋萍,等.信息管理学［M］.北京：化学工业出版社,2011.

［5］司有和.企业信息管理学［M］.北京：科学出版社,2011.

［6］夏南强.信息采集学［M］.重庆：重庆大学出版社,2012.

［7］国务院办公厅.国家信息化发展战略纲要,2016.

［8］Silver David, et al. Mastering the Game of Go with Deep Neural Networks and Tree Search［J］. Nature, 2016(1)：484-489.

［9］巴巴拉·明托.金字塔原理［M］.北京：民主与建设出版社,2002.

［10］赫伯特·西蒙.管理决策新科学［M］.北京：社会科学出版社,1985.

［11］肯尼思·劳东.管理信息系统［M］.沈阳：辽宁大学出版社,2016.

［12］薛华成.管理信息系统［M］.北京：清华大学出版社,2012.

［13］黄梯云.管理信息系统［M］.北京：高等教育出版社,2016.

［14］高杉尚孝.管理信息系统［M］.合肥：时代出版传媒,2014.

［15］哈伯特.数据化决策［M］.北京：中国出版集团,2013.

［16］杜西格.习惯的力量［M］.北京：中国出版集团,2013.

［17］中国信息通信研究院.中国数字经济发展与就业白皮书［EB/OL］.新华网,2019-4-19.